重庆文化研究

（2016年卷）

重庆市文化艺术研究院／主编

西南師範大學出版社
国家一级出版社 全国百佳图书出版单位

图书在版编目(CIP)数据

重庆文化研究. 2016年卷 / 重庆市文化艺术研究院主编. -- 重庆 : 西南师范大学出版社, 2017.12
ISBN 978-7-5621-9113-1

Ⅰ. ①重… Ⅱ. ①重… Ⅲ. ①地方文化－研究－重庆－2016 Ⅳ. ①K297.19

中国版本图书馆CIP数据核字(2017)第310866号

重庆文化研究(2016年卷)
CHONGQING WENHUA YANJIU
重庆市文化艺术研究院 / 主编

责任编辑： 谭小军　路兰香
排　　版： 重庆大雅数码印刷有限公司·张祥
出版发行： 西南师范大学出版社
地址：重庆市北碚区
网址：www.xscbs.com
印　　刷： 重庆市国丰印务有限责任公司
开　　本： 787mm×1092mm　1/16
印　　张： 27.5
字　　数： 500千字
版　　次： 2017年12月　第1版
印　　次： 2017年12月　第1次印刷
书　　号： ISBN 978-7-5621-9113-1

定　　价： 78.00元

《重庆文化研究》(2016年卷)
编辑委员会

目录

001/ 宏观文化

论习近平在文艺工作座谈会上的讲话中的主体性思想 / 张　望　李国栋_003

论小康社会的文化发展途径 / 赵云雪_009

论重庆红色文化资源的时代价值 / 李景国　陈玲莉_023

国家形象建构:作为表征意指实践的“文化循环” / 刘丹凌_027

微文化:特征、风险与价值引领 / 蒲清平　张伟莉　赵　楠_035

中国城镇居民文化消费的影响因素——以中国4011个城镇家庭为例 / 李　志　李雪峰_047

059/ 巴渝文化

在历史中生成和演变——“南平僚”初探 / 故　牧　赵　秀_061

构建巴文化学的初步设想 / 胡天成_068

巴渝文化的构成要素 / 王明凯_078

巴渝古代文献述略 / 薛新力_085

渝人及其习俗 / 余云华_090

“巴渝文化”研究的重要地方志文献——读《重庆市略志》的学术思考 / 赵心宪_099

“大禹治水”新论 / 黄权生　罗美洁_105

寻根·融合·共识——首届南平僚国际学术研讨会综述 / 章义和_117

论“巴渝文化”是贯通重庆古今的主流文化 / 熊　笃_123
略论巴渝文化对当代重庆文化的影响 / 魏　锦_132

141/ **公共文化**

厚植公平正义价值观念的文化土壤——重庆市现代公共文化服务均等化价值取向研究 / 罗锐华_143
“文化共享”理念的理论演进与实践逻辑 / 王永友　史　君_149
介于国家与地方间的石柱县“坝坝电影” / 李　欢　杨　亭_163
精英艺术的大众化传播——美术馆的公共艺术教育职能探讨 / 王文娟_169
数字化背景下古籍整理展望 / 张文玥_174
地域美术史文献挖掘的路径与方法——兼及《蜀中广记》所见之巴渝美术史料辑录 / 聂树平　余　炤_181

189/ **文化产业**

民族电影身份之思——从20世纪90年代欧洲电影危机看当下中国电影 / 张　瑶　刘宇清_191
探究我国网络自制剧产业的发展现状 / 张　悦_196
大数据时代背景下的IP电影 / 杨怡馨_199
国产中小成本电影的现状及发展策略 / 孟　云　付筱茵_203
浅析重庆本土电视剧的发展历程、特点与优势 / 周　莹　王　烨_209
基于5W模式的重庆本土动漫现状分析 / 熊一如　丁桢桢_214
新媒体环境下电视节目发展策略浅析 / 宗绪麟_219

225/ **文化遗产** ▶

近十年我国非物质文化遗产教育研究进展 / 王　莉　贺能坤_227

用虚拟现实技术捕捉“非遗”——以重庆市的川剧保护为例 / 罗　敏_234

民间艺术复兴的可能性探索——以重庆地区传统手工艺为例 / 秦　臻_240

城镇化进程中秀山花灯多种生存态势研究 / 丁梦玲_244

子乍弄鸟尊的造型形态构建研究 / 袁恩培　马可瑞_249

255/ **文化传媒** ▶

社交媒体环境下我国意识形态安全面临的挑战及对策 / 姬全生　赵媛媛_257

网络媒体传播视域下我国主流意识形态建设研究 / 肖　红_264

网络新媒体下的拟态环境与反转新闻 / 倪　洋　王晓园_271

论自媒体时代的意识形态传播 / 王永友　宋　斌_275

微传播环境对我国国民阅读方式的影响 / 熊　娇_280

新媒体时代的网络谣言传播和治理 / 邱　诺_285

文化批评类图书选题策划的困境、对策及其启示 / 张　建　李金正_288

“VR+新闻”——从VR报道工作坊出发 / 杜　江　杜伟庭_294

浅析弹幕视频的传播特点及其发展现状 / 张　舒_300

手机二维码在新闻传播中的应用研究 / 刘　丹_304

未经许可续写作品的著作权保护与限制 / 苗成林　潘勤毅_308

众包新闻：意涵、参与者与本土化实践 / 张伟伟_315

321/ **艺术研究** ▶

暴力·游戏　娱心至上——关于动画创作的几点思考
/王英莉　段晓昀_323

动漫艺术发展的地域文化特色与路径研究——以重庆为例
/寇　强_330

记忆、物品与语言方式——评戴耘雕塑创作/王　林_336

关于新千年以来武侠电影流变的理性审视
/虞　吉　文　静_338

“互联网+”下的城市生活——微时代美学探究
/唐婉璐_346

试析自主意识在写意油画调性中的运用　/黄剑武_351

近30年来中国画艺术观念与创作实践/任仲佩　丁月华_357

浅论地域性特征对西南地区油画创作的影响/查红梅_362

试析汉唐古典舞身体语言建构　/赵　倩_366

风光摄影的应用心理研究　/王美木_376

现当代重庆漆器髹饰技艺的发展与传承演变研究/黄亚玲_383

文化转型与书法意义的古今嬗变　/张兴成_390

中国书画艺术笔墨语言的当代指向　/邱正伦_398

川剧音乐中的胡琴腔　/邹俊星_402

校园戏剧:演出市场建构背景下的价值再认识/黄　波_411

隆学义主要戏剧文学作品述评　/周津菁_416

回归民间的戏剧力量——谈303话剧社与“全民戏剧工作坊”　/蒋长朋_428

432/ **后记** ▶

[HONGGUAN WENHUA

宏观文化]

论习近平在文艺工作座谈会上的讲话中的主体性思想[①]

张　望　李国栋[②]

2014年10月15日习近平总书记在北京主持召开文艺工作座谈会，发表了重要讲话。[③]讲话深刻地分析和回答了当代中国文艺事业发展中的一系列带有根本性、方向性的重大问题，揭示了社会主义文艺的本质，是针对文艺发展规律和当前文艺建设导向的重要理论创见，应该引起我们的高度重视。讲话中，文艺主体性贯穿始终。主体性涉及文艺活动的全部构成要素。具体来说，文艺活动的主体性主要指作家的创作主体性、作品的对象主体性和读者的接受主体性。[④]高扬主体性是强化文艺工作者队伍建设、引导文艺作品创作、改进文艺批评质量的思想源泉，也是进一步加强社会主义精神文明建设的重要保障。

一、作家的创作主体性

作家在创作活动中所体现的主体性，主要是指作家的精神主体性。所谓精神主体性，就是指思想的能动性、立场的坚定性、人格的超越性。习近平总书记的讲话深刻地体现了精神主体性的基本构成与重要作用，指明了当前中国文艺工作者队伍建设的工作重点和方向。

（一）思想的能动性是创作主体性的机能和职责

文艺创作是创作主体的能动性活动，文艺创作者应以积极发挥精神的能动作用为职责，努力创作出无愧于主体精神意志的优秀作品。习近平总书记在讲话中强调："我国作家艺术家应该成为时代风气的先觉者、先行者、先倡者，通过更多有筋骨、有道德、

---

①原载于《文学教育》(上)2016年第8期。

②张望，西南大学文学院2015级硕士研究生。李国栋，西南大学文学院2015级硕士研究生。

③中共中央宣传部：《习近平总书记在文艺工作座谈会上的重要讲话学习读本》，学习出版社2015年版。

④刘再复：《论文学的主体性》，《文学评论》1985年第6期。

有温度的文艺作品，书写和记录人民的伟大实践、时代的进步要求，彰显信仰之美、崇高之美，弘扬中国精神、凝聚中国力量，鼓舞全国各族人民朝气蓬勃迈向未来。”因此，发挥思想的能动性，既是文艺创作者能够创作出丰富的文艺作品的根本动力，又是其引领时代风气、彰显信仰之美、凝聚国家力量的重要职责。

(二)立场的坚定性是创作主体性的要求和导向

文艺创作首先要站在某种立场上。作为社会主义建设者的文艺创作者应坚定地站在人民的立场上，坚持为人民服务、为社会主义服务这个根本方向。习近平总书在讲话中强调：“只有牢固树立马克思主义文艺观，真正做到了以人民为中心，文艺才能发挥最大的正能量。以人民为中心，就是要把满足人民精神文化需求作为文艺和文艺工作的出发点和落脚点，把人民作为文艺表现的主体，把人民作为文艺审美的鉴赏家和评判者，把为人民服务作为文艺工作者的天职。”因此；立场的坚定性既是文艺创作者创作出作品来满足人民精神需要的实践要求，又是促进社会主义文艺大发展大繁荣的价值导向。

(三)人格的超越性是创作主体性的实现和升华

文艺是铸造灵魂的工程，文艺创作者是塑造人格、铸造灵魂的工程师。文艺创作者应该以弘扬社会主义核心价值观为己任，在思想道德上追求卓越，从而实现人格的伟大超越。习近平总书记在讲话中强调：“广大文艺工作者要高扬社会主义核心价值观的旗帜，充分认识到肩上的责任，把社会主义核心价值观生动活泼、活灵活现地体现在文艺创作之中，用栩栩如生的作品形象告诉人们什么是应该肯定和赞扬的，什么是必须反对和否定的，做到春风化雨、润物无声。”因此，文艺创作者追求人格的超越性，既能使其创作主体性得以实现，又能使其责任意识和使命意识得到升华。

二、作品的对象主体性

文艺作品以人为中心，就是要赋予文艺作品中的人物以形象，赋予他们情感、思想和意志，把他们当成活生生的人、当成具有自主意识和自身价值的人。习近平总书记在讲话中提出了“人民需要文艺”“文艺需要人民”和“文艺要热爱人民”的辩证观点，对作品的对象主体性问题做出规定和阐释。

(一)表现人民是对象主体性的根本原则

文艺创作要以人民为中心,文艺创作者要把人民放在心中的最高位置,把人民作为文艺表现的主体。习近平总书记在讲话中强调:“人民是文艺创作的源头活水,一旦离开人民,文艺就会变成无根的浮萍、无病的呻吟、无魂的躯壳。”文艺作品中表现人民,是对象主体性必须坚持的原则。人民既是历史的创造者,也是历史的见证者,人民的生活中本来就蕴含着无穷无尽的艺术原料和矿藏,如果不表现“人民”这个主体,那么文艺作品将是空洞的、蒙昧的、机械的,对象的主体性必然是缺失的。

回顾历史,以环境决定论、阶级斗争论、英雄典型论为中心的文艺作品曾主导文艺界。造成这种情况的最根本原因是忽视了人的地位和价值,把人降低为工具,而没有把人当成自身的目的。在讲话中,习近平总书记特别强调:“人民不是抽象的符号,而是一个一个具体的人,有血有肉,有感情,有爱恨,有梦想,也有内心的冲突和挣扎。”这就是说,我们要充分认识到人的历史性存在、能动性存在,充分尊重人的个体价值与群体价值,正确处理创作主体与对象主体的关系。因此,文艺创作者要始终把人民的人情冷暖、喜怒哀乐放在心中,努力描写出人物的伟大灵魂和坎坷命运,构建和深化文艺作品的对象主体性。

(二)热爱人民是对象主体性的价值体现

热爱人民首先要对人民充满感情。习近平总书记在讲话中强调:“能不能搞出优秀作品,最根本的决定于是否能为人民抒写、为人民抒情、为人民抒怀。一切轰动当时、传之后世的文艺作品,反映的都是时代要求和人民心声。”不朽名篇的创作都充满了对人民命运的关切和悲悯,具有崇高的人民情怀。文艺创作者想要有成就,就必须对自己所创作的对象怀有感情。文艺创作者自觉地与人民同呼吸共命运,忧人民之忧,乐人民之乐,这样创作时才会有丰富的思想源泉,笔下的人物形象才会有不朽的灵魂。

热爱人民还要虚心向人民学习。习近平总书记在讲话中强调:“对人民,要爱得真挚、爱得彻底、爱得持久,就要深深懂得人民是历史创造者的道理,深入群众、深入生活,诚心诚意做人民的小学生。”创作者进行文艺创作不能以个人情感代替人民情感,而应该深入到人民的生活之中,向人民学习,向生活学习,紧跟时代潮流,这样才会有文艺实践的创新。向人民学习,不仅需要“身入”,还需要“心入”“情入”。扎根人民、扎根生活,把人民的生活“嚼透”,把人民的悲欢“尝遍”,这样才能创作出激荡人心的作品。以人民为中心,向人民学习,不仅是文艺创作的根本方法,还是文艺作品获得人民认可的关键,更是对象主体性获得生命力的唯一途径。

三、读者的接受主体性

读者在接受文艺作品的过程中具有审美的创造性反映,这是人的目的性和本质性的还原效应。[①]要繁荣社会主义文艺,弘扬中国精神,必须充分重视读者的接受主体性,为文艺作品提供评判标准和价值导向。具体来说,接受主体可分为一般读者、文艺批评家、文艺工作领导者三类,这三类接受者均对文艺作品提出了不同的要求和标准。

(一)一般读者

一般读者,即广大人民群众,是文艺作品接受者的主体部分。人民的物质需求在日益增长的同时,其精神需求也在不断地提高。习近平总书记在讲话中指出:"随着人民生活水平不断提高,人民对包括文艺作品在内的文化产品的质量、品位、风格等的要求也更高了。"因此,一般读者的接受主体性正处于日益活跃的状态。这要求文艺创作者必须跟上时代的步伐,创作出更多的人民喜闻乐见的优秀作品,让人民的精神文化生活不断地迈上新台阶。

强化一般读者的接受主体性,要注意接受者的深层文化心理需求。文艺创作的任务之一是要让社会主义核心价值观自发地在人内心激发,从而深化社会主义精神文明建设。习近平总书记在讲话中强调:"要号召全社会行动起来,通过教育引导、舆论宣传、文化熏陶、实践养成、制度保障等,使社会主义核心价值观内化为人们的精神追求、外化为人们的自觉行动。"这正是对广大人民群众审美创造性的尊重,也是对其接受主体性的张扬。

(二)文艺批评家

文艺批评家,即文艺评论工作者,是文艺作品接受者的高级部分。它与一般读者既有相同的一面,又有特殊的一面。文艺批评家必须承担甄别作品优劣、制定艺术标准的责任。习近平总书记在讲话中强调:"文艺批评是文艺创作的一面镜子、一剂良药,是引导创作、多出精品、提高审美、引领风尚的重要力量。"高度重视和加强文艺评论工作,就是要提高这部分接受主体的道德层次、审美层次、理论层次,从而达到专业性、学理性、权威性的艺术高度。

①刘再复:《论文学的主体性(续)》,《文学评论》1986年第6期。

强化文艺批评家的接受主体性，要以马克思主义文艺理论为指导。当前，活跃开放的社会环境带来各种各样的文艺思潮，文艺评论的环境纷繁复杂。因此，只有牢牢地坚守马克思主义的文艺批评立场，才能把握好文艺批评的方向。强化文艺批评家的接受主体性，必然要求其拥有强大的文艺批评精神。有许多文艺批评者只会互相吹捧，阿谀奉承，这极不利于文艺的健康发展。文艺批评必须褒优贬劣、激浊扬清，只有这样才能营造良好的文艺批评氛围。

(三)文艺工作领导者

文艺工作的领导者，即中国共产党，是文艺作品接受者的顶级部分。文艺工作的领导者是正确处理党和文艺、党性和人民性、政治立场和创作自由之间关系的关键性纽带，与一般读者、文艺批评家都有很大程度的不同。习近平总书记在讲话中指出："党的领导是社会主义文艺发展的根本保证。党的根本宗旨是全心全意为人民服务，文艺的根本宗旨也是为人民创作。"因此，党对文艺工作的领导的立场是坚定的、态度是自觉和自信的，是值得信赖的。

强化文艺工作领导者的接受主体性，就是要加强和改进党对文艺工作的领导。首先，各级党委要高度重视文艺管理工作，贯彻党的文艺方针政策，选拔合适的管理干部，支持文艺工作者的工作和关心他们的生活。其次，各级党委要切实加强对文艺工作的指导与扶持，给文艺作品提供宣传渠道，在宣传工作中要发挥文联、作协的优势。最后，现在文艺工作的对象、方式、手段、机制出现了许多新的情况和特点，因此各级党委要深化改革、完善政策、健全体制，针对新的文艺形态建立新的管理机制。另外，文艺工作者的自我管理和自我教育，是接受主体能动性和自觉性的体现。

四、结语

习近平总书记的讲话对文艺与人民、文艺与时代、文艺与政治等关系做出了深刻的论述，具有鲜明的实践性、人民性、时代性，这对中国文艺事业的发展具有深远意义。当前，中国文艺理论的建设和研究陷入窘境，在西方文论话语的强势挤压下，中国文论亟须反思和重建。[①]新时期的社会环境虽然发生了很大的变化，但是，我们仍然需要以马克思主义为指导，坚持那些已经被文艺实践长期检验过的基本原理。马克思主义世界观和方法论——辩证唯物主义和历史唯物主义——是经过实践检验的，是永远

①张江:《当代西方文论若干问题辨识——兼及中国文论重建》,《中国社会科学》2014年第5期。

都不会过时的。面对任何外来理论,我们必须首先捍卫我们的主体意识,不能迷失自我,盲目轻信。坚持中国特色社会主义文艺理论,坚持中国特色社会主义核心价值观,乃是重拾民族文化自信,实现与西方文艺理论平等对话的唯一路径。历史事实证明,主体性的迷失只能导致文化虚无主义思想的泛滥乃至技术主义的灾难,这是我们应该铭记的教训。当代中国的"文化焦虑症"[①],从根本上讲,就在于"主体性"精神的缺失。从这个意义上讲,习近平总书记的这次讲话正是重塑中国当代文艺主体性思想的重要理论工程之一。习总书记在讲话中所提出的宏观构想和基本方针还有待于我们进一步理解和深化。我们相信,在深入学习和贯彻习总书记讲话内容的基础上,我国的文艺事业和社会主义精神文明建设事业必将迈上新的台阶,迎来更加繁荣昌盛的美好明天!

①肖伟胜:《焦虑:当代社会转型期的文化症候》,《西南大学学报(社会科学版)》2014年第5期。

论小康社会的文化发展途径

赵云雪[①]

一、"小康社会"概念的提出与发展

在中国传统文化中,"小康"最早是指使民众休养生息。1979年,邓小平会见日本首相大平正芳时以实现"小康之家"的设想,首次提出"小康"概念,并指出小康社会与中国共产党在中国探索实现社会主义现代化的目标紧密联系。这里"小康"的内涵主要是指处于温饱水平和中等发达国家发展水平之间的一种经济发展状况。其评判标准和主要依据是经济发展水平和人民实际收入。[②]自此,"小康"逐渐成为言简意赅地表达中国老百姓追求美好生活的愿望和目标的代名词。并且自邓小平首次提出"小康"概念后,党的历届领导人结合我国社会发展实际和人民群众的利益诉求,多次对"小康社会"的内涵进行了阐述,从而使小康社会的内涵不断深化和拓展,内容不断丰富和完善,要求不断更新和提升。党的十六大报告《全面建设小康社会,开创中国特色社会主义事业新局面》第六部分"文化建设和文化体制改革"中指出:"全面建设小康社会,必须大力发展社会主义文化,建设社会主义精神文明。当今世界,文化与经济和政治相互交融,在综合国力竞争中的地位和作用越来越突出。文化的力量,深深熔铸在民族的生命力、创造力和凝聚力之中。全党同志要深刻认识文化建设的战略意义,推动社会主义文化的发展繁荣。"这一时期文化建设的任务首先要牢牢把握先进文化的前进方向,其次要坚持弘扬和培育民族精神,第三要切实加强思想道德建设,第四要大力发展教育和科学事业,第五要积极发展文化事业和文化产业,第六要继续深化文化体制改革。2007年10月,党的十七大在"全面建设小康社会"的基础上提出到2020年实现"全面建成小康社会"目标,并从经济、政治、文化、社会、生态等方面对这一目标的

---

①赵云雪,重庆市文化艺术研究院助理研究员。

②《邓小平年谱(1975—1997)》(下),中央文献出版社2004年版。

实现做了具体部署[①]。2011年10月，党的十七届六中全会通过的《中共中央关于深化文化体制改革　推动社会主义文化大发展大繁荣若干重大问题的决定》(以下简称《决定》)又指出，“全面建成惠及十几亿人口的更高水平的小康社会，既要让人民过上殷实富足的物质生活，又要让人民享有健康丰富的文化生活”，“推动社会主义文化大发展大繁荣，关系实现全面建设小康社会奋斗目标，关系坚持和发展中国特色社会主义”，凸显了小康社会建设对文化大发展大繁荣的要求。这些要求充分体现了科学发展观，反映了新的历史条件下党对小康社会建设的要求更加严格、内容更加全面、蓝图更加清晰[②]。2012年11月，党的十八大在系统总结党的十六大以来取得的巨大成就，深刻分析国内外形势新变化和面临的新情况新问题的基础上，把“全面建成小康社会”作为大会主题，对其做了具体阐释，并提出“显著增强文化软实力”的目标。与党的十七大比较，十八大强调增强文化软实力，提升了文化发展在全面建成小康社会中的战略地位，从而进一步丰富了“小康社会”战略目标在文化建设上的新要求。

二、我国目前的文化发展状况与目标

目前，根据我国具体国情，国家文化部每年都会发布文化发展统计公报以及相关统计数据：

一是文化单位机构和人员。从2006年至2014年全国文化单位机构数及从业人员数的统计结果来看，2006年至2011年，全国文化单位机构数呈逐年攀升趋势，2012年至2014年有所回落；从业人员数从2006年至2013年都呈逐年攀升趋势，直到2014年才有所回落。如图1所示。

①《十七大以来重要文献选编》(上)，中央文献出版社2009年版，第15—16页。

②贾绘泽：《“小康社会”概念的提出和内涵的重要拓展——纪念邓小平诞辰110周年》，《桂海论丛》2014年第4期。

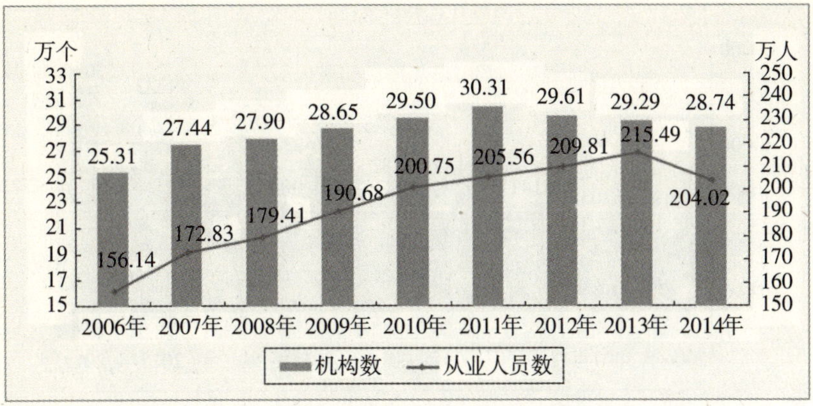

图1　2006年—2014年全国文化单位机构数及从业人员数

二是公共文化服务体系。公共图书馆方面，平均每万人公共图书馆建筑面积、人均公共图书藏量、总流通人次、书刊文献外借册次从2006年至2014年都呈逐年攀升趋势。如图2、图3所示。

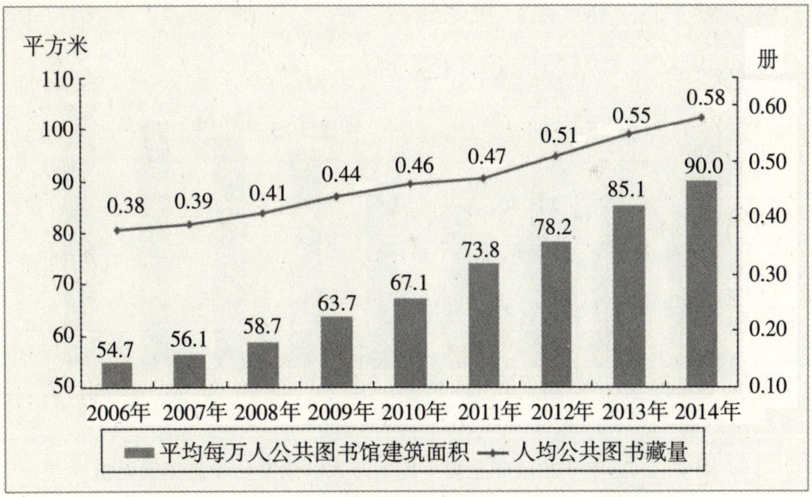

图2　2006年—2014年全国公共图书馆人均资源情况

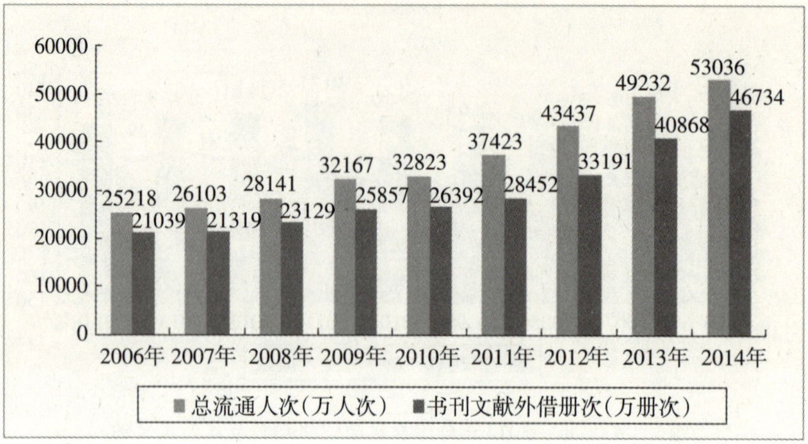

图3 2006年—2014年全国公共图书馆总流通人次及书刊外借册次

三是群众文化机构。平均每万人群众文化设施建筑面积从2006年至2014年都呈逐年攀升趋势。如图4所示。

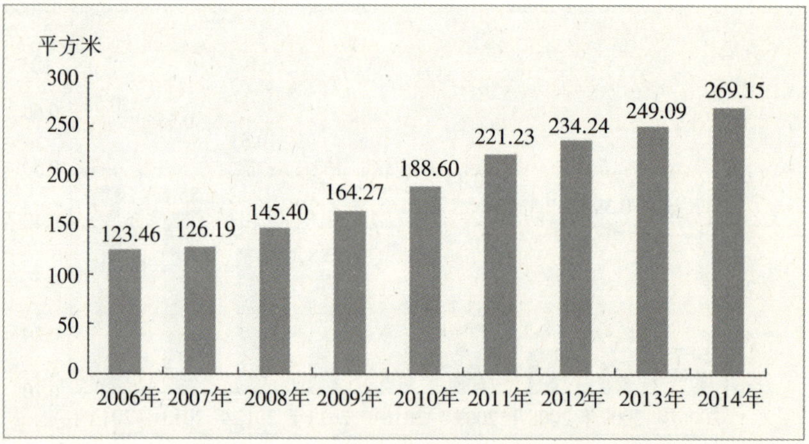

图4 2006年—2014年全国平均每万人群众文化设施建筑面积

四是艺术创作演出。文化单位机构数、从业人员数、演出场次、国内演出观众人次、营业总收入(包含演出收入)从2007年至2014年基本呈逐年上升趋势,其中从业人员数、演出场次、观众人次和演出收入在个别年份有所下降。如表1所示。

表1　2007年—2014年全国艺术表演团体基本情况

年份	机构数(个)	从业人员数(人)	演出场次(万场)	国内演出观众人次(万人次)	营业总收入(万元)	
						演出收入
2007年	4512	220653	92.7	75895.6	829045	203757
2008年	5114	208174	90.5	63186.8	933685	204842
2009年	6139	184678	120.2	81715.9	1121559	288214
2010年	6864	185413	137.1	88455.8	1239255	342696
2011年	7055	226599	154.7	74585.1	1540263	526745
2012年	7321	242047	135.0	82805.1	1968802	641480
2013年	8180	260865	165.1	90064.3	2800266	820738
2014年	8769	262887	173.9	91019.7	2264046	757028

五是文化产业与文化科技。近几年国家对文化产业的投入从无到有，并逐年增加，自2010年设立了文化产业发展专项资金以来，文化投入方式不断创新，全国国家级文化产业示范园区、国家级文化产业试验园区和国家文化产业示范基地都在迅猛发展和增长。国家还专门建设文化产业项目服务平台，加强文化科技创新载体建设，设立文化金融合作债券融资项目库，逐渐促进文化产业、文化科技的发展。

六是文化遗产保护。近年来全国文物机构、文物机构从业人员等方面的数量呈逐年上升趋势。国家级非物质文化遗产名录项目，国家级非物质文化遗产项目代表性传承人，非物质文化遗产保护机构及其从业人员、举办展览演出，文物机构接待观众等方面，数量都呈现出有条不紊的上升趋势。如图5、图6所示。

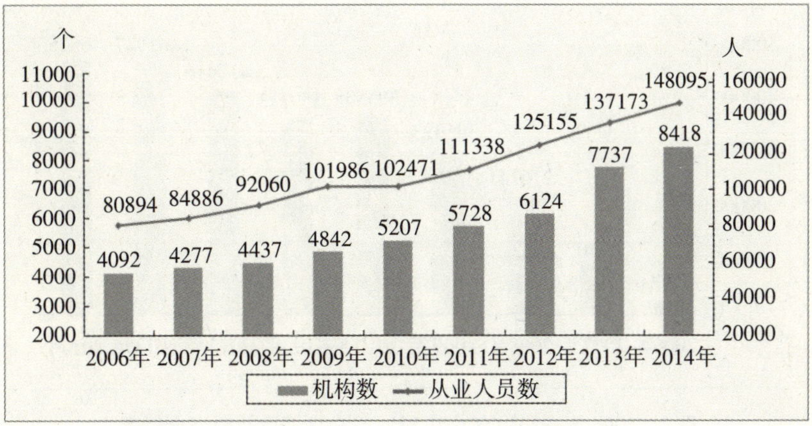

图5　2006年—2014年全国文物机构及从业人员情况

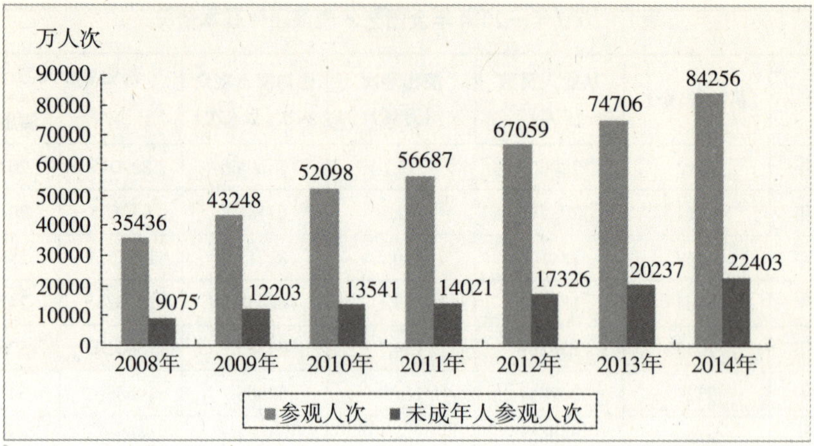

图6　2008年—2014年全国文物机构接待观众人次及未成年人观众人次

七是文化资金投入。随着国民经济的持续快速增长，各级政府不断加大对文化的资金投入，全国文化资金投入呈现持续增长的态势。国家大力推进重大文化工程项目，支持各地文化建设，重点文化项目建设稳步推进，包括乡镇综合文化站设施、内容建设，全国文化信息资源共享工程建设等；文化投入结构有所改善，进一步向西部地区倾斜，进一步向基层倾斜，进一步向群众文化倾斜；建立了公共文化服务经费保障分级投入新机制，探索引入了基金运行模式，建立了多元文化投入新模式等。如图7、图8、图9、图10所示。

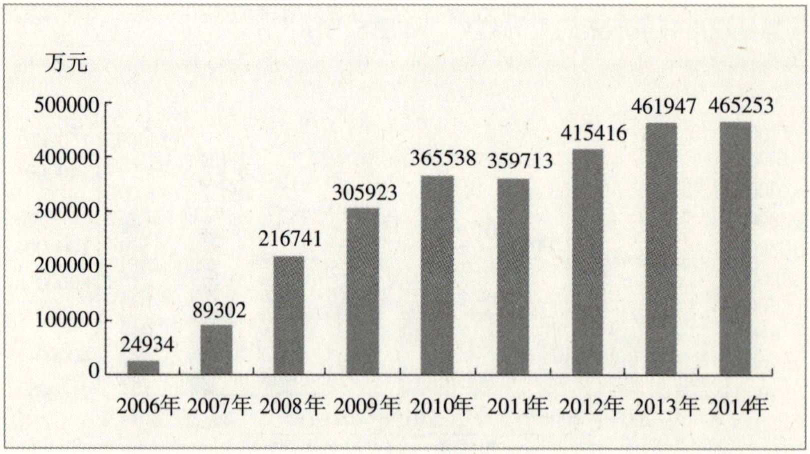

图7　2006年—2014年中央对地方文化项目补助资金情况

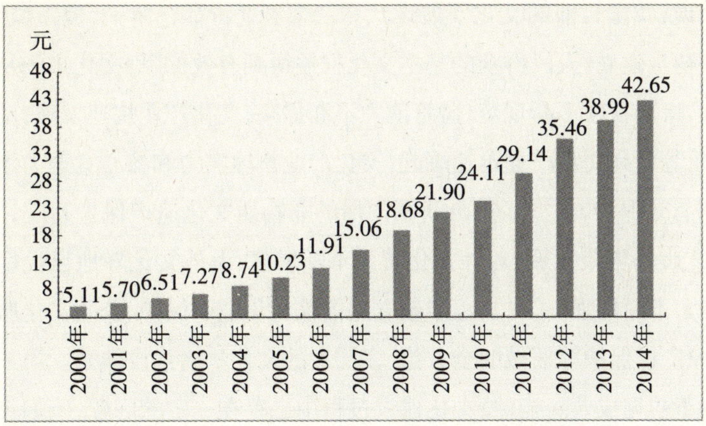

图8　2000年—2014年全国人均文化事业费

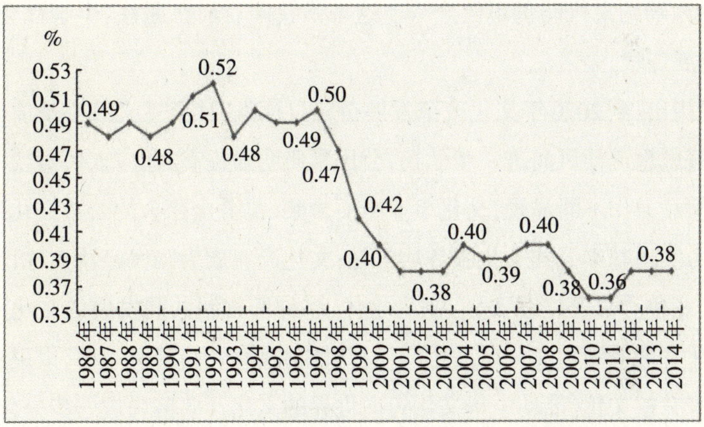

图9　1986年—2014年全国文化事业费占财政总支出比重

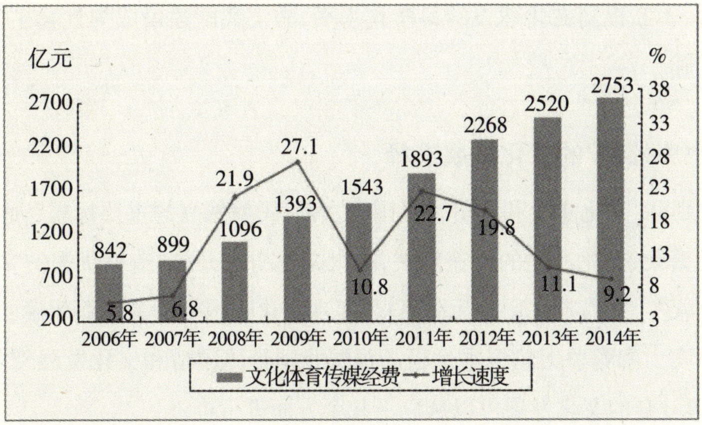

图10　2006年—2014年全国文化体育传媒经费总量及增长速度

总体来说，我国目前的文化发展现状有三个显著特征。第一，覆盖城乡的公共文化服务体系初步建立，人民群众的基本文化权益得到有效保障；文化市场从无到有，不断发展壮大，市场秩序不断规范，监管能力不断提高；文化产业快速发展，动漫、网络游戏、网络音乐等新兴文化产业迅速崛起，文化产业整体实力和核心竞争力不断增强；文化遗产得到有效保护，建立了符合我国国情的非物质文化遗产保护制度；文化创作热情高涨，文艺市场繁荣发展；对外文化贸易不断增多，海外文化阵地建设稳步推进，中国文化影响力不断增强。第二，逐步建立起覆盖文化遗产保护、公共文化服务、文化市场管理、知识产权保护等领域的全方位、多层次的文化法治建设体系。第三，文化行政管理体制改革初见成效。当然，文化建设过程中也存在一定的问题，例如：文化投入总量明显不足，文化投入结构仍不平衡，文化体制改革障碍导致资金整体使用效益不佳，文化发展的激励约束机制仍不健全等。这都是我国目前在通往“小康社会”征途上真实的文化发展现状。

《决定》指出，到2020年文化改革发展奋斗目标是：社会主义核心价值体系建设深入推进，良好思想道德风尚进一步弘扬，公民素质明显提高；适应人民需要的文化产品更加丰富，精品力作不断涌现；文化事业全面繁荣，覆盖全社会的公共文化服务体系基本建立，努力实现基本公共文化服务均等化；文化产业成为国民经济支柱性产业，整体实力和国际竞争力显著增强，公有制为主体、多种所有制共同发展的文化产业格局全面形成；文化管理体制和文化产品生产经营机制充满活力、富有效率，以民族文化为主体、吸收外来有益文化、推动中华文化走向世界的文化开放格局进一步完善；高素质文化人才队伍发展壮大，文化繁荣发展的人才保障更加有力。全党全国要为实现这些目标共同努力，不断提高文化建设的科学化水平，为把我国建设成为社会主义文化强国打下坚实基础。

三、“小康社会”的文化发展途径

十八大强调“文化实力和竞争力是国家富强、民族振兴的重要标志”，因此，推动文化事业全面繁荣、文化产业的快速发展，扩大文化对外开放，造就优秀的文化工作者，是增强文化软实力、提升文化国际话语权、实现文化强国梦的具体而明确的步骤，是增强文化整体实力和竞争力的根本途径。根据我国具体国情和文化发展现状及文化发展目标，小康社会的文化发展可以从以下几个方面进行推进：

1.继续深化文化体制改革,解放和发展文化生产力

改革是发展的动力,发展是改革的目的。实现全面建成小康社会的奋斗目标,建设社会主义文化强国,必须坚持社会效益和经济效益相统一,坚持改革和发展相结合。改革开放以来,中国共产党不断探索和推进文化体制改革,取得了良好的成绩,为社会主义文化建设提供了重要保障。然而21世纪以来,我国文化发展的环境和条件发生了深刻变化,社会主义文化的进一步发展面临着诸多问题,其中最突出的问题是原有的文化体制机制已经滞后于我国文化发展的需要,制约着我国文化生产力的发展,导致我国社会发展进程中出现了"文化滞差"现象,即在经济、物质生活大幅度提升的时候,人民群众的文化生活却严重滞后。因此,文化体制改革势在必行。

自党的十六大以来,我国文化体制改革的步伐明显加快,呈现出纵深发展的趋势,并取得了巨大的成就。文化体制改革成为推动社会主义文化大发展大繁荣的必然途径。2002年,党的十六大报告首次将文化事业与文化产业进行区分,指出要积极发展文化事业和文化产业,继续深化文化体制改革,突出强调文化建设的重要战略意义,提出文化建设和深化文化体制改革的一系列新要求,由此,我国的文化体制改革进入实质性推进阶段。党的十六届三中全会明确将文化体制改革纳入完善社会主义市场经济体制的重要任务之中,进一步指出了深化文化体制改革的总体思路和目标,即按照社会主义精神文明建设的特点和规律,适应社会主义市场经济发展的要求,逐步建立党委领导、政府管理、行业自律、企事业单位依法运营的文化管理体制。党的十六届四中全会上,胡锦涛指出:"围绕解放和发展文化生产力,积极稳妥地推进文化体制改革试点工作,组建国有文化企业集团,着手研究制定鼓励、引导和规范民营资本投资文化产业的措施,推动文化事业和文化产业加快发展。"[①]党的十六届五中全会进一步强调要构建公共文化服务体系,积极发展文化事业,大力发展文化产业,创造更多更好适应人民群众需求的优秀文化产品。2006年,中共中央国务院发布的《关于深化文化体制改革的若干意见》中明确指出,文化体制改革的目标任务是以发展为主题,以改革为动力,以体制机制创新为重点,形成科学有效的宏观文化管理体制,富有效率的文化生产和服务的微观运行机制,公有制为主体、多种所有制经济共同发展的文化产业格局,统一、开放、竞争、有序的现代文化市场体系。2007年,党的十七大报告进一步提出文化体制改革的任务:"在时代的高起点上推动文化内容形式、体制机制、传播手段创新,解

①《十六大以来重要文献选编》(中),中央文献出版社2006年版,第239页。

放和发展文化生产力，是繁荣文化的必由之路……深化文化体制改革，完善扶持公益性文化事业、发展文化产业、鼓励文化创新的政策，营造有利于出精品、出人才、出效益的环境。"[①]胡锦涛强调，深入推进文化体制改革，促进文化事业全面繁荣和文化产业快速发展，关系全面建设小康社会奋斗目标的实现，关系中国特色社会主义事业总体布局，关系中华民族伟大复兴。我们一定要从战略高度深刻认识文化的重要地位和作用，以高度的责任感和紧迫感，顺应时代发展要求，深入推进文化体制改革，推动社会主义文化大发展大繁荣。党的十八大强调建设社会主义文化强国，关键是要增强全民族文化创造活力，要深化文化体制改革，解放和发展文化生产力。

2.大力发展公益性文化事业，满足人民群众日益增长的精神文化需求

让人民享有健康丰富的精神文化生活，是全面建成小康社会的重要内容。党的十八大指出，全面建成小康社会时，文化产品更加丰富，公共文化服务体系基本建成。伴随经济的快速发展和人民生活水平的不断提高，人民群众的精神文化需求会增长得更快，文化民生正在成为更加重要的民生。实现全面建成小康社会的奋斗目标，建设社会主义文化强国，必须更好地保障人民基本文化权益，为人民群众提供更多更好的精神食粮。继续深入实施文化事业惠民工程，确保公共财政对文化建设投入的增长幅度高于财政经常性收入增幅，提高文化支出占财政支出的比例，完善投入机制。切实加强涉及基层群众切身利益的公共文化基础设施建设。全面推进各级文化馆、博物馆、图书馆、纪念馆等免费开放，提高服务效能；推进公共文化服务向社区、农村、边远地区、民族地区延伸。深入开展群众性文化活动和文化志愿服务活动，尊重人民主体地位，为人民群众提供广阔的文化舞台，引导群众在文化建设中自我表现、自我教育、自我服务。

3.传承优秀传统文化，重视文化创新与科技、文化消费与参与相结合

任何一个国家的文化发展都离不开对文化发展规律的尊重，只有遵循"去糟粕，取精华"的文化发展规律，才能实现文化的大发展大繁荣。所以要充分认识中华民族优秀传统文化的历史意义和现实价值，充分尊重和肯定中华优秀传统文化的丰富价值，在继承优秀传统文化的基础上，坚持保护利用、普及弘扬并重，始终坚守民族文化立场，维护民族文化基本元素，加强对优秀传统文化思想价值的全面认识、深入挖掘和科学梳理，大力建设中华民族优秀传统文化传承体系，更好地用民族优秀传统文化滋养

①《十七大以来重要文献选编》(上)，中央文献出版社2009年版，第26—28页。

民族生命力、激发民族创造力、铸造民族凝聚力,使优秀传统文化成为建设中华民族共有精神家园的重要支撑,成为新时代鼓舞人们前进的精神力量。[①]在传承优秀传统文化的基础上,创新是一个民族进步的灵魂,是一个国家兴旺发达的不竭动力,也是一个政党永葆生机的源泉。在当今世界文化交流、交融、交锋更加频繁的背景下,要正确对待和汲取外来文化的优秀成果,以更加理性、科学的态度进行文化反思、比较、展望,加强对外文化交流,吸收世界各国优秀文明成果,坚持古为今用、洋为中用的原则,以更加开放的胸襟、包容的心态、自信的心理、开阔的视野对待外来文化,广泛吸纳融汇世界各国优秀文化成果及其发展经验,做到继承和弘扬中华民族优秀传统文化而又体现社会主义时代精神,因此,文化创新也成为文化发展的一个重要环节。文化创新主要应立足于理论创新、体制创新、科技创新、艺术创新等方面。从另一个层面来讲,生产创新是文化创新的核心,是文化竞争力所在。好的创新一定是由内而外的创新,也就是说,首先是生产创新,然后才是传播创新和流通中的创新。生产创新则包含了内容创新、形式创新和技术创新。

文化产业,实则就是内容生产产业,文化创新必须把文化内容的生产创新放在核心位置。第一,以受众为出发点,文化产品的创作与生产以满足受众需求为要旨;第二,挖掘传统文化,打造富有中国气息的文化内容,民族的才是国际的;第三,产品真实而贴近生活细节,以接近现实、解释现实、重现现实和启迪现实为文化产品的最佳表达意境。当然,更重要的是开发文化衍生产品,不管是文化旅游、节会、节目,要想在此基础上延伸文化价值,就必须发展文化产业链。据国家文化部2014年文化发展统计公报显示,2014年文化部修订印发《国家文化产业示范基地管理办法》,开展第5批国家级文化产业示范(试验)园区和第6批国家文化产业示范基地申报评选命名工作。2014年年末全国共有10个国家级文化产业示范园区,10个国家级文化产业试验园区和339个国家文化产业示范基地,建设国家文化产业项目服务平台,面向全国公开征集重点项目3834个。文化部举办中国文化艺术政府奖第二届动漫奖,共评出30个奖项、80个入围项目。开展弘扬社会主义核心价值观动漫作品扶持计划,集中扶持革命传统教育、中华优秀传统文化主题的20个产品和42个创意项目。促进动漫与科技融合,深入推进手机(移动终端)动漫标准示范应用推广工程,开展动漫标准修订工作,整合手机(移动终端)动漫运营平台。2014年年末经文化部、财政部、国家税务总局三部

①侯文莉:《关于小康社会文化发展的几点思考》,《四川党的建设(城市版)》2013年第2期。

门联合认定的动漫企业共有669家,重点动漫企业43家。实施文化金融扶持计划,首次设立文化金融合作债券融资项目库,确定了106个项目,获中央财政文化产业发展专项资金支持6.73亿元,比2013年增长了46%。推进文化产业信贷融资,2014年年底全国文化产业本外币贷款余额1955亿元,同比增长30%以上。2014年,文化部围绕文化重点工作,组织专项攻关,积极推动将文化领域的技术研发纳入国家科技创新体系,组织申报了3个国家科技支撑计划项目,申请国家资金4000余万元。加强文化科技创新载体建设,评定首批6家文化部重点实验室。完成2014年度国家文化科技提升计划、国家文化创新工程项目、文化部文化科技创新项目、文化部文化行业标准制修订计划项目的申报、评审、立项、验收等工作。[①]可见,从横向与纵向两个方向进行扩展和突破,文化产业的大发展大繁荣才能指日可待。

文化产业发展需要不断地构造一些个性化的活动或者内容,以满足文化消费者的个性化需要,完成体验过程。参与的概念是对以往观赏概念的一个突破,深化了文化产品生产的内涵,也就是说,消费者不仅可以欣赏文化产品,也可以参与文化产品生产。正是因为文化消费者的参与,文化创新才能不断进行。这个过程不断推进,就有越来越多的人参与其中,最终,每个人都在创作自己的文化产品,这就是我们最终要达到的参与式的文化生产目标。另外,文化消费活动作为一种典型的精神追求活动,其发展、成熟、规模的扩大取决于社会生产力的发展、剩余物质产品规模的扩大以及居民收入水平的提高。改革开放以来,我国社会生产力得到极大的提高,经济的发展为文化消费提供了坚实的物质基础,经济越发展,人们越需要文化消费,因而精神产品在经济总量中所占比重也越大。随着收入水平的提高,人民群众的温饱问题已基本解决,对文化消费数量及质量的要求日益提高。而且随着我国市场经济的发展,文化消费需求日益多样化,文化产品的生产方式和文化资源的配置方式也有了很大变化,为人们的多样化选择提供了基本保障。

文化产品的创作者、生产者和文化服务的提供者要积极提供导向正确的、人民群众喜闻乐见的精品力作和优质的文化服务,努力满足不同地域、不同层次、不同群体、不同年龄的人民群众日益增长的文化需求,不断创造新的文化消费热点,利用现代科技,着力培育文化领域战略性新兴产业,提升文化产业发展水平。

①《中华人民共和国文化部2014年文化发展统计公报》,http://www.mcprc.gov.cn/whzx/whyw/201505/t20150514_440805.html.

4.改进文化传播手段,保障农村偏远地区文化产品有效供给

在由文化生产、流通、消费构成的文化产业链中,传播是文化生产和消费的中间环节。传播是消费的必要前提,只有经过传播,文化产品才能成为现实的精神财富,并为文化消费者所消费。近年来,数字技术、网络技术迅猛发展,这些为文化传播提供了新的载体,催生了新的文化业态。借助现代声光电技术和影视特技,文化舞台呈现出精彩纷呈的发展态势。环幕电影、球幕电影、交互电影等数码电影技术极大地丰富了电影的表现力,给人们带来前所未有的审美体验,增强了文化产品和文化服务的表现力、吸引力和感染力。运用高新技术,加快构建覆盖广泛、技术先进的文化传播体系,建设全国连锁经营、覆盖城乡的出版物发行网络、广电数字电影院线网络和演出院线网络,不断为文化产品和文化服务搭建新的传播平台。目前虽然我国发达地区文化的传播途径已经十分成熟并日趋多样化,但地处偏远山区的农村文化产品消费支出还很少,发达城市与偏远山区的文化消费存在巨大的差别。目前,政府应特别立足于解决农村偏远地区看书、看戏、听广播、看电影、看电视的五难问题,要投资兴建农村图书室、阅览室,配备一定数量的书刊以及管理人员;要积极开展送文化下乡活动,对专业剧团下乡演出给予经费补助;要加大广播电视村村通工程的实施力度,重视完善和发挥现有无线广播电视转播台(站)的作用,利用无线、有线和卫星等多种信号技术手段,力争使农民群众收听收看到套数更多、质量更好的广播电视节目。同时,结合乡镇机构改革和站(所)合并,组建集图书阅读、影视播放、宣传教育、文艺演出、科技推广、科普培训、体育活动和青少年校外活动等于一体的综合性文化站,将偏远地区农村文化建设重心下移到村,将文化传播活动深入到农民的日常生活之中,为农民群众提供更多更好文明健康的公共文化服务。

另外,广大农村蕴藏着许多原汁原味的民间文化财富,这些文化财富是农民在长期的生产生活实践中创造形成的,具有深厚的生活基础,具有巨大的文化感召力和影响力,我们要充分发挥这些传统文化资源的作用,把提高农村文化生活水平与传承优秀传统文化相结合。具有文化遗产特色的文化产业,是农民增收和丰富其自身文化生活的重要领域。因此,需要把优秀传统文化的传承传播与新农村建设相结合,为优秀传统文化赋予新的时代元素,为丰富农村文化生活,传播优秀传统文化提供众多载体。随着生产力的发展和时代的进步,我们还必须为这些传统文化注入新鲜血液和动力,挖掘、创新、传播传统文化,农村文化才会更有生命力和活力。因此,在文化产品供

给结构上，应注重农村题材的文化产品数量的增长和质量的提升，用农民群众喜闻乐见的方式和方法展示、传播文化，使广大农民更好地参与其中，助推文化的传播与共享，从而引导和扩大农村偏远地区的文化消费与文化共享，推进社会和谐发展。①

中国是一个发展迅速的社会主义大国，中华文化源远流长、博大精深，文化软实力同经济等硬实力相对应，对其他国家、其他民族具有重要的吸引力和影响力。提高文化软实力，不仅是我国文化发展战略中的重要支撑点和关键步骤，也是我国建设和谐社会战略思想的重要组成部分，是实现中华文化复兴的重要前提。目前，我国文化软实力与经济硬实力存在着巨大差异。虽然改革开放以来我国经济总量、国民生产总值一跃达到世界先进水平，但文化软实力的滞后让我们始终在文化全球化发展中缺乏吸引力和竞争力。文化软实力建设面临着许多问题和挑战，我国文化发展战略中的重中之重就是提升文化软实力，增强文化竞争力。

①罗忻、黄永林：《我国文化消费存在的问题及引导对策研究》，《兰州大学学报（社会科学版）》2013年第1期。

论重庆红色文化资源的时代价值[①]

李景国　陈玲莉[②]

生长在中国土壤里的独特的红色文化，不仅在新民主主义革命时期为马克思主义的传播发挥了积极作用，在社会主义建设时期，对推进精神文明建设也起到了不可替代的作用。充分发挥红色文化的价值与功能，弘扬红色文化，有助于唤起人民群众的文化归属感，使人民群众普遍认同、接受和信仰当代中国马克思主义。重庆拥有丰富的红色文化资源，在这里，有老一辈无产阶级革命家毛泽东、周恩来、邓小平、刘伯承、聂荣臻和革命先烈杨闇公、赵世炎等留下的众多令人难忘的红色记忆，重庆红色文化资源也因此具有鲜明的个性特征和较高的知名度。尤其是老一辈无产阶级革命家和革命先烈留给重庆的名扬海内外的"红岩精神"，成了中华民族的精神瑰宝。

一、重庆红色文化具有的民族精神

重庆"红色文化"体现了革命志士对党和国家无比忠诚的爱国情怀。1927年"三·三一惨案"后时任中共重庆地方执行委员会首任书记，后兼任军委书记的潼南人杨闇公不幸被捕。他被捕后，面对反动派的威逼利诱和断其腕、割其舌、剜其目的残酷折磨，仍刚毅不屈地说："你们只能砍下我的头，可丝毫不能动摇我的信仰。我的头可断，志不可夺！"最后，他高呼着"打倒帝国主义！打倒军阀！中国共产党万岁！"壮烈牺牲。杨闇公的牺牲表现了他热爱中华民族之情，表现了他对中国共产党和中国解放事业的无限忠诚。在抗日战争、解放战争时期，以周恩来同志为代表的中共中央南方局和八路军办事处在歌乐山麓、嘉陵江畔与日本帝国主义、国民党反动势力做殊死斗争；在赢得民族独立和人民解放的斗争实践中，无数革命志士用热血与生命换得民族的独立和人民的彻底解放。

---

①本文系2014年重庆市教委人文社科项目"社会主义核心价值观内化为大学生自觉行为的机理研究"（项目编号：14sksz31）的阶段性成果之一。原载于《改革与开放》2016年第6期。

②李景国，重庆文理学院林学与生命科学学院党总支副书记，副教授，研究方向：思想政治教育。陈玲莉，重庆文理学院教师。

重庆“红色文化”培育了不惧艰难的坚强信念。在中国的革命事业取得胜利的过程中，有很多意志坚强、视死如归的革命者，他们宁愿选择牺牲自己也绝不会放弃共产主义信仰，正是靠着这种坚定的信念，中国革命取得了胜利。在解放战争（1948年—1949年）临近尾声之际，在被国民党反动派统治的充满黑色恐怖的山城重庆，反动统治者对中国共产党人的迫害更加残酷，敌我双方的斗争异常激烈，共产党人在这种艰难的岁月里与敌人斗智斗勇，表现出不怕牺牲、英勇顽强、信念坚定的大无畏精神。在重庆渣滓洞，关押着这样一批特殊的“犯人”，比如江姐，在遭遇丈夫被敌人杀头，头颅高挂城门的痛苦之后，并没有被敌人的恐吓与威胁吓倒，而是强忍悲痛，坚决申请到丈夫生前战斗过的地方去工作，后因甫志高叛变，不幸被捕，被关押在渣滓洞。她在狱中受尽折磨，但面对敌人的酷刑，她没有丝毫的退缩，她说：“毒刑拷打是太小的考验，竹签子是竹子做的，共产党人的意志是钢铁铸成的。”江姐在狱中成熟、稳重、沉着、坚强的表现，无不展示出她对中国革命事业的忠诚。

重庆“红色文化”孕育了积极进取的精神。红岩精神，是重庆红色文化的象征；是一批批革命志士对共产主义信仰不懈追求的高度凝练；是革命先烈坚持真理，永不言败的伟大实践；是革命先辈为了国家和人民甘于奉献的真实反映；也是我们在推进社会主义建设与改革开放的过程中不可或缺的一种精神力量。传承和弘扬红岩精神就是把革命先辈身上涌现出的坚定的理想信念、爱党爱国的思想情操、崇高的人格魅力、优秀的人性品质根植于国民的心中，融入其生命，指导其行为，使其成为有理想、有信念、有爱心，懂协作，积极进取，富有社会责任感的人，让优秀的民族精神代代相传。

如今，重庆人在红岩精神的激励下塑造成的“顾大局、一心为公、万众齐心、艰苦创业的三峡移民精神”“自强不息、开拓开放的奋斗精神”都是其向往美好生活，追求高尚精神境界的生动体现，都是其拼搏奋进精神和信念的具体体现。

二、重庆红色文化具有的政治价值

重庆红色文化生长于重庆的本土文化土壤和环境。它是在中国共产党领导下形成的先进文化，承载着中国共产党领导中国人民进行革命、抵抗日本帝国主义侵略、建设社会主义新中国的历史。在这种先进文化的激励下，重庆人民在中国共产党的领导下，取得了西南地区解放、重庆直辖后GDP快速增长、三峡工程胜利竣工、库区居民成功移居等一个又一个的伟大胜利。在当前新的转型发展时期，重庆市委市政府作为人民当家作主的代表,更应凝聚和激励重庆人民的力量,唤起大众建设重庆的精神动力。建设"新重庆"这项伟大的事业,需要伟大的精神,重庆红色文化作为先进的文化形态,必然成为市委市政府新时期推进文化建设的重要抓手,成为坚守中国共产党意识形态的重要阵地。在培育重庆的建设者和接班人,建设和谐重庆的历史进程中,大力弘扬重庆红色文化精神,更符合时代的要求。

三、重庆红色文化资源的德育价值

重庆红色文化是鲜活的青少年道德教育素材,它是青少年践行爱国守法、明礼诚信、团结友善、勤俭自强品格的道德范本。革命志士遵守铁的纪律,对中国共产党无限忠诚,誓死不泄漏党和革命的机密,深明大义,顾全大局,面对强敌的酷刑不屈不挠,面对狡猾的敌人的诱惑毫不动心。这些高贵的道德品质对于青少年坚守民族精神,树立正确的世界观、人生观和价值观,以及养成良好的道德品质和文明行为都具有重要的现实教育意义。

出生于富商家庭的革命志士刘国志,曾担任中共重庆沙磁区学运特支书记,领导抗暴游行,营救"六一"大逮捕被捕师生。刘国志因"挺进报事件"被捕后,其亲友用重金买通特务头子,欲保释其出狱并让其赴美留学,反动派由此提出让他在脱党声明上签字的交换条件,他断然拒绝,直到"11·27"大屠杀中献出自己宝贵的生命。他用钢铁的意志、不屈的坚守,点燃了迎接曙光的火炬,托起了血染的红旗。他说:"我死了有党,等于没有死!"

四、重庆红色文化具有强大的经济助推价值

重庆红色文化除宣扬中华民族精神,传递它应有的政治价值之外,对地方的经济发展起着巨大的助推作用。近年来,重庆立足把具有地域特色的红色文化资源优势转化为地方经济发展优势,打造了"重庆红岩连线"国内红色旅游品牌,将红色旅游产业发展为本市极具活力的支柱产业之一。重庆红色文化资源与自然生态资源相结合,既有利于传播先进文化,提高广大干部群众的思想道德素质,又能促进旅游业的发展,积极助推重庆开放型经济发展水平的提升。2013年,"十一"小长假期间,"重庆红岩连线"所属的红岩革命纪念馆、歌乐山革命纪念馆等红色旅游景区吸引了来自各地的参观者,共接待中外游客515369人次,与2009年同比增长57%,创历史新高,凸显了重庆红色旅游的吸引力、竞争力。

参考文献:

[1]厉华、陈建新、刘和平,等:《红岩魂纪实系列——来自白公馆、渣滓洞集中营的报告》,重庆出版社1997年版。

[2]左益、杨全海:《论红色文化推进马克思主义大众化现时代价值》,《学校党建与思想教育》2011年第32期。

[3]李景国、杨江民:《三峡移民精神与构建社会主义核心价值体系》,《重庆文理学院学报(社会科学版)》2011年第4期。

国家形象建构:作为表征意指实践的“文化循环”[①]

刘丹凌[②]

20世纪西方哲学和社会科学的“语言学转向”和“文化转向”把认识论意义上的表征概念拓展为泛文化实践意义上的表征概念。斯图尔特·霍尔认为,“表征是某一文化的众成员间意义产生和交换过程中的一个必要组成部分,它的确包括语言的、各种记号的及代表和表述事物的诸形象的使用”[③]。约翰·费斯克将“表征”视为“制造符号以代表其意义的过程与产物”[④]。从客体形象到媒介形象,再到认知形象,国家形象的建构是复杂的表征意指实践过程,是纷乱的初级“源像”演化为典型的抽象形象之过程。

一、构成主义:理解国家形象建构的基本途径

在霍尔看来,经由语言[⑤]表征意义的运作有三种阐释途径。

一是反映论途径。这种阐释认为意义本身就存在于现实世界的客体、人、观念或事件当中,语言犹如一面镜子,只是映照出它们“本来”的意义、“真实”的意义。按照这种理路,国家形象的客体状态,亦即其物质的、自然的属性决定着国家的总体构造和意义生成。可以将其简单地概括为:国家的客体形象决定其媒介形象和认知形象,国家的媒介形象和认知形象是其实体形象意义的描摹和表达。这显然是一种机械的唯物

①本文系国家社科基金项目“经济全球化语境下的中国影像传播与中国形象研究”(项目编号:10BXW017)的阶段性成果。原载于《南京社会科学》2016年第4期。

②刘丹凌,西南大学新闻传媒学院教授,硕士生导师,新闻系系主任,重庆市社科专家。加拿大西蒙弗雷泽大学传播学院访问学者,复旦大学新闻传播学博士后流动站出站博士后,四川大学文艺学博士。主要研究方向:新闻传播理论、影像批评、媒介与社会等。

③[英]斯图尔特·霍尔:《表征——文化表象与意指实践》,徐亮、陆兴华译,商务印书馆2003年版,第15页。

④[美]约翰·费斯克:《关键概念:传播与文化研究辞典》,李彬译,新华出版社2004年版,第241页。

⑤在这里斯图尔特·霍尔是在宽泛的意义上使用“语言”一词,将语言视作符号系统,包括声响、形象、书写语言,绘画、照片等。

反映论。事实上,语言符号与它们所指的事物并不能完全对等,尽管某些符号,尤其是视觉符号,可能与它们所表征的客体在外表和感官上具有某些相似性。但是,语言符号和现实客体之间不是简单的反映、模仿关系,或一对一指称关系,语言符号可以意指的范围远远超出了现实世界本身,还包括想象、虚构和观念的世界。同时,现实世界自身也难以呈现出某种特定的超越物质层面的观念、情感等,因此意义生成并不是客体自身意义被发现的简单线性过程。

国家形象本身就是一个复杂的概念,它并不是单一的、明确的、固定的、不可改变的某种形状和概貌。仅国家的客体形象就包含物质与精神的双重内涵。一方面,疆域、人口、物产,以及在此基础上形成的经济、军事、科技等实际成果表现为它的物质样态;另一方面,国家及公民的行为特征、社会政治及经济制度、民族性格、历史传统、风俗习惯、文化艺术、价值理念等表现为它的精神样貌。因此,从"源像"开始,国家形象就不像杯子、桌子、树、天空、大海等具有清晰的、明确的内涵和外延,它始终处于一种多面相、多内容、多形式和多变化的状态之中,更不用说国家的媒介形象和认知形象了。总之,国家形象既不是单纯的具象存在,也不是单纯的抽象精神,是具象与抽象的综合体。它的意义和价值需要一系列概念的组织、集束、安排、整合,以及在它们之间建立复杂联系来共同建构,而无法通过"源像"的自我阐明来实现。

二是意向性途径。这种阐释认为,说者、作者通过语言把他们的独特意义强加给人们,也就是说,语言符号包含着信息发出者赋予这些符号的特定意义。这无疑切中了表征的一重要害——表征的过程也是意见、观念等形成、传播和接受的过程。如果按照这种途径来推论,那么国家形象的意义生成在很大程度上取决于其媒介形象的塑造者对它的赋意。显然,这种阐释的缺陷在于将意义的来源绝对化、单一化了,因为表达者并非符码意义的唯一或独特来源,个体的意向、观念必须进入语言的规则、信码和惯例当中才能被共享和理解。并且,意义的最终生成还取决于信息接受者、语境等多重因素。所以,尽管国家媒介形象的塑造者、表达者之主观赋意影响着国家形象的意义生成,但它不是唯一的决定因素。

三是构成主义途径。这种阐释认为事物本身和语言的个别使用者均不能确定语言的意义。事物并不呈现明晰的意义,而是"我们"构建了意义,这个意义缔构过程借用的是各种表征系统，即各种概念和符号。这也是人文社会科学“文化转向”最大的理论贡献：与其说意义是被“发现”的，不如说意义是“生产”的，或者说是“建构”的。构成主义并不否定物质世界的存在，但是他们认为传递意义的不是物质世界，而是我们用来表征各种概念的语言系统等。正是社会的行动者们使用他们文化的、语言的各种概念系统以及其他表征系统去建构意义，才使世界富有意义并向他人传递有关这个世界的丰富意义。[①]换句话来说，“表征”实际上已经进入了“物”的建构过程，“在形成各种社会问题和历史事件方面，其重要性不亚于经济和物质‘基础’，它已不再单纯是事件发生以后对世界的反映”[②]。

这为我们理解国家形象建构提供了新的视域——国家形象的意义生成是一个复杂的表征意指实践过程，即杜盖伊、霍尔的所谓“文化的循环”[③]的一种具体表现形式，它既是形象、状态、样貌的表达与接受之过程，亦是意义的输出和意义的解读之过程，涉及概念、观念，更涉及情感、情绪、态度、意愿和归属感，等等。其核心是意义的生产、意义的传播、意义的解读和接受，以及意义的情感态度和行为反应等一系列过程之综合。其影响不仅在于对公众头脑和心理的作用，还在于组织和规范社会实践，从而产生实际的社会影响。在“文化的循环”的动态链当中，意义的生成和输出错综复杂，存在于不同的节点，其中最重要的一环是传媒节点：“意义还通过种种不同的传媒生产出来，尤其是目前，通过复杂的技术，通过现代大众传媒这种全球通信手段生产出来，这使得意义以历史上从未有过的规模和速度在不同文化之间循环起来……”[④]尤其对于国家形象而言，其意义缔造更依赖于媒介表征——公众主要通过媒介信息、媒介形象来认知和理解国家形象，并完成认知意义上的国家形象构建。媒介如何抒写、如何表达、如何通过媒介语言体现出某些“意味”和“内涵”，即媒介如何通过“表征系统”为受众提供国家形象的认知和解释符码以及框架，将影响公众对国家形象的认知、阐释和赋意。

---

①[英]斯图尔特·霍尔：《表征——文化表象与意指实践》，徐亮、陆兴华译，商务印书馆2003年版，第24—26页。

②[英]斯图尔特·霍尔：《表征——文化表象与意指实践》，徐亮、陆兴华译，商务印书馆2003年版，导言第6页。

③[英]斯图尔特·霍尔：《表征——文化表象与意指实践》，徐亮、陆兴华译，商务印书馆2003年版，导言第1页。

④[英]斯图尔特·霍尔：《表征——文化表象与意指实践》，徐亮、陆兴华译，商务印书馆2003年版，导言第3页。

二、表征链:国家形象的意义生成

国家形象的建构不是单一表征运作的结果,而是一系列表征意指实践的过程,是国家形象表征链聚合并实现意义表达和认同的过程。索绪尔的"聚合链"思想可以为我们分析国家形象的表征链提供帮助。作为符号学的奠基人,索绪尔有两个重要的发现:一是语言符号的任意性——"能指和所指的联系是任意的"[①],也就是说,符号的物质形象与它所指称的意义之间没有必然联系;二是符号意义的关联性,语言符号的意义既不是由现实事物或经验决定的,也不是由符号本身决定的,而是由符号"聚合链"来决定的。具有意义关联性的符号群集形成了符号"聚合链",某一符号的确切意义取决于它在这个链条上的位置,以及它与其他符号的关系。在一个句子中,"聚合链"上的符号可以相互替换,虽然替换后句子的具体内容有所改变,但语言的功能与结构关系不会改变。[②]

国家形象表征链不是理性规约的产物,而是社会文化实践的形构,是表征符码在反复使用和阐释过程中逐渐形成的意义互涉和功能关联,也就是说,正是人们惯例性地使用符码(对符码的选择、替换、理解)以及使用者对符码意义的固定反映等[③],最终形成意义相对明确、固定的表征链。同一国家形象表征链上的符码本身是形态各异的,但它们相互关联、相互指涉、相互印证,共同作用于特定国家形象意义的生成。作为一种特殊的"文化循环"形式和表征意指实践过程,国家形象表征链的构成特征有三。

一是具有代表性的表征符码构成了国家形象的"表征链"。符码的代表性主要源自符码的普遍性,那些被广泛接受、能引起普遍联想的表征符码被选作为国家形象的典型符码,其普遍性价值在于这些符码浓缩了意识形态观念、时代主题、文化习惯和公众期待等。比如,中国龙、汉字、长城对人们而言,它们的普遍性意义就是其代表着中国悠久的历史、绵延的文化,并获得人们的普遍接受。普遍性越高的表征符码,代表性越强,越处于国家形象表征链中的突出位置,被采用的次数也越频繁、范围也越广泛。而一个符码成为代表性符码,是该符码不断"普遍化"的过程。

①[瑞士]费尔迪南·德·索绪尔:《普通语言学教程》,高名凯译,商务印书馆1985年版,第160页。

②[瑞士]费尔迪南·德·索绪尔:《普通语言学教程》,高名凯译,商务印书馆1985年版,第176页。

③[美]约翰·费斯克:《传播研究导论:过程与符号》,许静译,北京大学出版社2008年版,第48页。费斯克认为,惯例是符号的社会维度,它是使用者之间对符号恰当使用和反应的一种协定。如果没有社会惯例的维度,那么符号就仅仅是私人的,不能用于传播。

二是国家形象“表征链”的定型化亦是国家形象类型化的过程。国家形象表征的定型化，使得人们更容易把握、理解和记忆国家形象。在不同的媒介表达及公众认知中，存在不同类型的国家形象。这些类型化的国家形象正是某些国家形象表征链定型化的结果。理查德·戴尔认为：“一种类型就是任何一种简单的、生动的、记得住的、易于捕获的和广为认可的个性化，在其中少数特征被预设，而且变化或‘发展’被减少到最小程度。”①定型化其实质就是将少数“简单的、生动的、记得住的、易于捕获的和广为认可的”表征链定型固化的过程，生成一种阐释“框架”，使之成为具有稳定性和持久性的意义载体。按照霍尔对“定型化”特征的理解，国家形象表征链的定型化至少包含两个方面：

一方面，国家形象表征链的定型化是简化、提炼“差异”，并使“差异”固定化的过程。这里所说的“差异”，也就是事物的特殊性，是某一事物区别于其他事物的基本属性。正是“差异”让事物成为其自身，并且，“差异”越鲜明，事物越易于被辨识。这个使“差异”固定化的过程包括三个环节：首先，特定国家形象表征链中那些鲜明、生动、易于记忆和捕捉的表征符码不断“标出”自身，获得广泛的传播和普遍的接受，比如图腾、国旗、文物、族人脸庞、自然风光、人文景观等符码；其次，在反复的呈现、使用、阐释和再阐释过程中，这些特定国家形象表征链中的符码沉淀了相对稳定的象征性主题，比如特定的符码象征政治、经济、文化、历史等主题；再次，特定国家形象表征链所指涉的象征性主题被抽象和简化为最能彰显其本质特征的意义内核，比如民主的政治制度、发达的经济、璀璨的文化、悠久的历史等。国家形象表征链的简化和差异化有助于特定国家形象意义的表达和接受。

另一方面，国家形象表征链的定型化是一个通过“排他性”实践建立类型边界的过程。表征链定型化的实质在于通过对表征符码的价值评判，保留适合的并排除不适合的表征符码。这一边界的划分实际上就是建立起符码的分界线，分清哪些符码“可采用”“不宜采用”和“坚决不能用”，哪些是“正常”和“不正常”的，哪些是“可涉及”和“禁止涉及”的，等等。这些分界线相当于给符码贴上“保留”或“排除”的标签，虽然一些符码被“排除”，却保证了维持社会正常交流的“符号秩序”。这些分界线作为硬性的操作规则，实际上体现了一种意识形态的效果。

---

①转引自[英]斯图尔特·霍尔：《表征——文化表象与意指实践》，徐亮、陆兴华译，商务印书馆2003年版，第260页。

三是国家形象表征链是"历史性"符码和"当下性"符码的复杂聚合。根据产生时间的不同，可以简单地将国家形象的表征符码区分为"历史性"符码和"当下性"符码，前者主要指那些产生于过去并于当下仍有意义的表征符码，后者指产生于当下的新表征符码。"当下性"这一概念来自于特伦斯·霍克斯等学者在批评实践中倡导的"批判性当下论"。一切历史都是当代史，"当下"作为过去和将来的汇聚点，"当下论扎根于此时此地，同此时此地有着紧密的联系。它主动寻找，并突出和利用这种联系，以之为第一原则"[①]。特定国家形象表征链的符码不全是"当下性"符码，"当下性"符码由于其"新鲜"性可能导致理解和传播的困难；但特定国家形象表征链的符码也不全是"历史性"符码，因为国家形象的表征链不是固定不变的，而是变化更迭的。所以，国家形象表征链是"历史性"符码和"当下性"符码的聚合。

一方面，"当下性"符码是国家形象表征链的重要组成构件。"当下性"符码常常被引入特定国家形象的表征链中，由于"新鲜性""时代性"，其更容易引起人们的关注和共鸣，刺激人们的联想和认同。"历史性"符码可能在时代的变迁中丧失原有的"象征活力"和"联想刺激力"，或者在反复的使用中让人们对其产生审美疲劳抑或麻木感，从而被排挤到表征链的边缘位置，甚至被覆盖、替代。但是，新符码也可能在反复的使用中消耗掉其"当下价值"，从而丧失其在表征链中的优势地位。

另一方面，"历史性"符码也常常在新的时代语境中被赋予"当下性"含义。具体情况有二：一是对"历史性"符码进行"当下性"改写。对国家形象表征符码的改写是一次新的创造，但不是彻底再造一个新形象，而是通过局部的修改发挥符码新的意识形态功能。[②]二是"历史性"符码在当下社会语境中的调用。"历史性"表征符码为人们理解、建构国家形象提供了文化视野，而且对"当下性"符码的阐释不能脱离"历史性"符码。正如伽达默尔的阐释学所告诉我们的，先前的观念是理解后来者的基础。在文化记忆中，"历史性"表征符码作为"延续的场景"不断发挥这一基础作用。

---

①[英]彼得·巴里：《理论入门：文学与文化理论导论》，杨建国译，南京大学出版社2014年版，第291页。

②张颂仁、陈光兴、高士明：《历史意识与国族认同：杜赞奇读本》，世纪出版集团、上海人民出版社2013年版，第12—13页。杜赞奇对中国关帝形象的历史性变迁的分析，阐述了"复刻"这一形象所发挥的文化政治效果。

三、国家形象的表征与意识形态的勾连

国家形象的建构也是一个意识形态中介表征符码生产意义的过程，费斯克把表征视为“将一种抽象的意识形态概念纳入具体形式的过程”[①]。按照雷蒙·威廉斯的分析，意识形态有三种主要用法：一是某一特定阶级或群体的信仰体系，二是虚假的信仰体系——错误的思想或者错误的意识——与真正的或者科学的知识相冲突，三是意义和思想产生的一般过程。[②]在费斯克看来，这三种用法并不必然矛盾，而是如中国的锦盒套，用法一套在用法二之中，用法二套在用法三之中。[③]宽泛地讲，意识形态可以被描述为意义的社会生产，而这也是国家形象建构的核心要义。因为国家形象首先是作为一种政治范例起作用的，它既是社会个体与群体关于国家观念、价值的表达与认知，亦是他们对于社会现实的理解与评判，关系着社会共同体的建构与维系。那么，国家形象的建构是一个怎样的意识形态运作过程呢？

一方面，国家形象表征符码赋予特定意识形态具体的形式，由此来支持它所蕴含的迷思及价值观并使其公共化。比如广袤的土地、壮丽的山河、现代化的生产流水线、摩登的城市、发展中的新农村等表征符码将作为“大国”的中国形象展示得淋漓尽致，其背后隐含的是主流政治视域中关于“发展了的中国”的自豪感和使命感。国家形象表征符码的意识形态内涵有三种呈现方式。一是直接表达，这是主流政治媒体惯用的方式，即一种“宣传型”国家形象表征符码，比如有关“中国梦”和“社会主义核心价值观”的公益宣传。二是意识形态“化妆”为一种文化价值，巧妙地植入国家形象的表征符码中，意识形态观念被无声地“编码”于媒介文本，可以视之为“普遍型”国家形象表征符码。这是典型的“隐性国家形象”表征策略，可增强国家形象的说服力、吸引力，媒体通常采取这一方式塑造国家形象。三是意识形态以一种更为隐晦的方式“镶嵌”或黏附于国家形象表征符码中，形成了一种“艺术型”国家形象表征符码。詹姆斯·罗尔视之为“潜意识的劝导”，是一种“低于意识层面的暗示”[④]，“我们在全然不知，或未能以

①[美]约翰·费斯克：《关键概念：传播与文化研究辞典》，李彬译，新华出版社2004年版，第241页。

②转引自[美]约翰·费斯克：《传播研究导论：过程与符号》，许静译，北京大学出版社2008年版，第138页。

③[美]约翰·费斯克：《传播研究导论：过程与符号》，许静译，北京大学出版社2008年版，第138—139页。

④[美]詹姆斯·罗尔：《媒介、传播、文化——一个全球性的途径》，董洪川译，商务印书馆2005年版，第42页。

一种理性的方式保护自己的情况下，就被这些信息所影响”[①]。一些精英文化抑或边缘文化常常通过这种“潜意识”的方式塑造国家形象。

另一方面，国家形象表征符码在相互的勾连和印证中发挥文化认同功能。它们使文化成员通过接受共同的迷思和价值观来确认身份和位置，更确切地说，就是基于文化成员对特定国家形象表征符码及其隐含意义和迷思的使用、接受和回应，意识形态将他们建构为特定视域中的特定成员。阿尔都塞把意识形态视为一种物质性的实践，其重要作用在于建立“共识”，“所有意识形态的结构——以一个独一的绝对主体的名义把个人传唤为主体——都是反射的，即镜像的结构，而且还是一种双重反射的结构：这种镜像复制是构成意识形态的基本要素，并且保障着意识形态发挥功能。这意味着所有意识形态都有一个中心，意味着绝对主体占据着这个独一无二的中心位置，并围绕这个中心，用双重镜像关系把无数个体传唤为主体”[②]。国家形象的表征实际上是围绕“意识形态中心”形成的符码体系及意指过程，无论是国家形象的塑造者还是接受者，在对这些符码的运用过程中，不断被意识形态所塑造，无形中生产着“社会认同”。正如费斯克所言：“通过运用符号，我们保持了意识形态并赋予其生命，但同时我们也被意识形态、被我们对意识形态符号的反应所塑造。符号在使迷思和价值公共化的同时，也使它们能发挥文化认同的功能。”[③]

---

①[美]詹姆斯·罗尔：《媒介、传播、文化——一个全球性的途径》，董洪川译，商务印书馆2005年版，第42页。

②[法]阿尔都塞：《哲学与政治——阿尔都塞读本》(下)，陈越译，吉林人民出版社2011年版，第311页。

③[美]约翰·费斯克：《传播研究导论：过程与符号》，许静译，北京大学出版社2008年版，第143页。

微文化:特征、风险与价值引领[①]

蒲清平　张伟莉　赵　楠[②]

微博、微信、微公益、微支付、微电影、微文学、微分享……我们已经进入了一个“无处不微”的时代。特别是随着3G、4G移动通信技术的爆发式发展和智能手机的全面普及,Wi-Fi成为比空气还重要的生活必需品,“机不离手,时时在网”几乎成为这个时代人们的生活常态。基于手机应用和网络技术进行传播、阅读等成为人们的生活方式和生活习惯。雷蒙德·威廉斯认为文化包括“理想”的文化、“文献”的文化、“社会”的文化,其中“社会”的文化指的是一种特殊的生活方式,包括社会成员之间交流的独特形式。[③]目前这种“社会”的文化实际上就是我们所说的微文化,它正在深刻地影响和改变着人们的思维和行动。铺天盖地、浩如烟海的微资讯,或许将验证尼尔·波兹曼在《娱乐至死》中的说法,即“人们在汪洋如海的信息中日益变得被动和自私,真理被淹没在无聊烦琐的世事中,我们的文化成为充满感官刺激、欲望和无规则游戏的庸俗文化……我们将毁于我们热爱的东西”[④]。微文化正在建构“一种新的文化范式,它以独特而鲜活的感知去记录生活,改变了以往文化宏大叙事的风格,它由关注宏观迈向关注具象,由行政调节走向自我力量积聚,由外加变为内生”[⑤]。它裹挟着社会心态、个人情绪、生活方式等,深刻地影响着我们的生活。我们为了不毁于我们热爱的微文化,必须要对它的内涵、特征进行解构,对其风险进行分析诠释,因势利导,引领价值,为我所用。

---

①本文系教育部首批思想政治教育中青年杰出人才支持计划(教思政司函〔2015〕7号)、教育部人文社会科学研究一般项目“微公益培养大学生特质性感恩研究”(项目编号:13YJA710036)、教育部人文社会科学研究项目思政专项“微空间的生态治理与价值引领”(项目编号:15JDSZ3008)的阶段性成果。原载于《中国青年研究》2016年第1期 。

②蒲清平,重庆大学思想政治教育研究中心教授,博士。张伟莉,西南政法大学党委研工部部长,副教授。赵楠,重庆大学思想政治教育研究中心讲师。

③江凌:《时尚文化符号消费的心理动因与运行机制》,《福建论坛(人文社会科学版)》2014年第4期。

④[美]尼尔·波兹曼:《娱乐至死》,章艳译,广西师范大学出版社2009年版。

⑤胡纵宇:《微文化的价值基础与教育影响》,《社会科学家》2014年第11期。

一、微文化的特征辨析

目前学术界关于微文化没有统一而又明确的定义。张鸿声等将微文化定义为"一种由微博衍生而来的,暗含了尚简、崇微观念的各种因形式微小而被冠以'微某某'之名的微文化所共同形成的具有时代特色的文化现象"[①]。唐平秋等认为"微文化是一个大的集合体,具体外显为形式微小,以微媒体为载体,以碎片化、赛博化、去中心化为特征,被人们冠以'微某某'之名的文化形态"[②]。微文化具有后现代文化生态的所有基本特征——祛魅化、多元化、平面化、碎片化[③]。从本质上来说,微文化属于一种亚文化。在英国伯明翰学派看来,亚文化颠覆、解构与抵制主流文化的实质是争夺话语权和代际矛盾。在社会转型时期,青年亚文化将会表现出"更加强烈的离经叛道色彩和消极异化"[④]。因此,综合诸多观点,微文化应该被定义为:以微媒体为载体,迎合时代需求,注重个体的表达和诉求,易于传播和快速阅读的尚简、崇微的一种亚文化。该定义突出了微文化的几个显著特点:

1.快捷高效的微传播

文化的生产和传播总有其载体和途径,这种传播的载体、传播的方式与途径本身也是文化创新的一种方式。微文化近年来的异军突起与智能手机的普及和基于手机的应用APP——微媒体不断创新和开发——分不开,这些微媒体既是文化的生产链又是文化的产出品。微媒体突破了传统文化载体的束缚,与时代同步,与科技联姻,与心灵相通,高效快捷地生产出形式多样的微文化"作品",并以随手分享的方式进行微传播。如基于微博、微信、QQ、陌陌等社交软件的"圈子文化",基于贴吧、论坛以及其他主题的"趣缘文化",基于美图秀秀、秒拍、足迹视频制作软件的"自拍文化",等等,它们在微媒体的"T台"上放肆地"走秀",张扬各自的风采。

---

①张鸿声、郭兴:《无"微"不至:当代微文化解读》,《艺术百家》2014年第3期。

②唐平秋、李勇图:《微文化背景下大学生网络政治参与的现实审视与思考》,《教学与研究》2015年第5期。

③石文亭:《网络异化与大学生国家认同教育》,《当代青年研究》2014年第6期。

④方亭:《从动漫流行语解读中国青年亚文化的心理症候——以"萝莉""伪娘""宅男/宅女"为例》,《中国青年研究》2011年第1期。

2.全民参与的微创作

微文化使“话语从精英文化转向大众文化，从纯粹美学转向日常生活琐事，从宏大叙事转向随时随地随意对个人情感的抒发”[①]。文化创作突破了传统精英文化的藩篱，没有了高高在上的尊贵，使每一个“草根”文学梦的实现成为可能。任何人，只要能上网，随时可以发起一个微话题，开展一次微讨论，形成诸多微观点，完成一次微创作，随手进行微分享，进而吸引他人进行微评论，达到自我微陶醉。在微文化的世界里，不但文艺小清新张嘉佳可以《从你的全世界路过》，致使追捧潮席卷中国；农民大姐余秀华也可以《穿过大半个中国去睡你》，并一夜成名。微文化中全民参与式的创作狂欢，充分体现了巴赫金的狂欢理论。大众的广泛参与，没有等级，体现了平等意识，宏大叙事被消解，严谨的思维减退，语言的禁忌、限制被打破。[②]

3.多元碎片的微内容

微文化是一种生活方式的反映，生活化、娱乐化、情感化构成了微文化的主题。微文化内容呈多元化。张嘉佳的睡前微阅读系列之所以半年能创造14亿次阅读奇迹，其走的就是以个人为中心、以利益为驱动、以感情为主题的情感化心理路径。人们已不再热衷于上百万字的鸿篇巨著，而是倾心于不成系统的碎片化的所思所想。多元化地表达个性，随意“晾晒”自己的故事、心情与感悟，成为今天年轻人体验“存在感”的新途径，这些都在影响与重塑着文化本身。[③]而各种形式的网络流行语、迷恋文化、段子文化、热词文化、圈子文化、趣缘文化、吐槽文化也是微文化的多元的生动剧本，是微文化内容碎片化的表现。微文化把詹姆逊的“拼贴”理论体现得淋漓尽致，其内容绝大部分与日常生活休戚相关，是个人生活和心路历程的坦露，所以其“话语的书写是一种非线性、非顺序的书写，是没有内容和意义上的联系与延伸的一种碎片化的拼贴”[④]。近年来流行的热词，如“然并卵”（然而并没有什么卵用），“秀分快”（秀恩爱，分得快），“不约而同”（很久没有人约，而变成了同性恋），“城会玩”（你们城里人真会玩）等，是微文化尚简崇微特征的体现，也是碎片化语言的反叛表达。

---

①李琳：《网络流行语的后现代文化特征》，《兰州学刊》2015年第3期。

②季欣：《“反讽”的狂欢——中国青年网民“网络造句”现象的文化心理研究》，《中国青年研究》2013年第9期。

③时昱：《从谁的全世界路过？——当代中国青年的价值建构与文化选择》，《中国青年研究》2015年第9期。

④李琳：《网络流行语的后现代文化特征》，《兰州学刊》2015年第3期。

4.公共参与的微言行

哈桑强调后现代艺术是一种行动和参与的艺术，与传统文化的"出世"的追求不同，微文化更强调"入世"，在于自身的参与和文化的建构，是微言、微行、微动员的不断碰撞的共振[①]。微文化具有三重意蕴：(1)微言，微传大义，试图以些微的发声引起社会的反响和关注，通过很小的故事达到知微知著的效果，解读社会和人生哲理。(2)微行，以点赞、献爱心、声援、微公益等方式关注、关爱社会弱势群体，以微视频、微分享、微文字等反映这一群体的生存际遇。"随手拍""点赞捐""微志愿"等代表的是一种微行动。(3)微动员，卑微"草根"虽然人微言轻，却希望诉说和表达自己对真善美的热爱，对社会公平正义的追求，对社会不良现象的不满和讽刺。底层叙事下的网络动员和网络抗争贯穿微文化的生产和消费的全过程。

二、微文化的风险诠释

后现代理论充分肯定差异性、多元性和异质性[②]，但是后现代社会中的微文化带来的风险却具有不可估量的巨大摧毁力。

1.个性张扬下的人格陷落

"微文化是崇尚自由、个性张扬的文化，个性、自由、'草根'、青春是当前微文化的标签"[③]，但其背后却是反叛的逻辑，是对社会主流的逆反。虽然这种逆反张扬的是青春个性，但带来的是青年人格的陷落，体现为冲动的情绪左右行动、低俗的语言降解审美、退缩的行为作茧自缚。

微文化环境中存在情绪暴戾化、情感大于思考、文化暴民任性行事的风险。正如麦克卢汉所言"媒介是人体的延伸"，"身体缺场"使得微文化的发声者摆脱现实角色的规范与束缚，最大限度地释放自我，选择剑走偏锋，通过极端情绪化表达引起他人共鸣而受到关注。网络语言中隐含的或自我嘲讽或他者戏谑的语言具有明显的语用价值。[④]微媒体成为当代负能量舆论的搅拌机和政治谣言的制造机，它裹挟着情绪化的

①胡纵宇：《微文化的价值基础与教育影响》，《社会科学家》2014年第11期。
②衣俊卿：《现代性的维度及其当代命运》，《中国社会科学》2004年第4期。
③唐平秋、李勇图：《微文化背景下大学生网络政治参与的现实审视与思考》，《教学与研究》2015年第5期。
④彭兰：《网络文化的构成及其与现实社会的互动》，《社会科学战线》2011年第7期。

言论，用极端情绪和网络暴力占领道德制高点，形成舆论压力，把道听途说的事件聚光点燃。[1]以道德的名义做违反道德之事，以法律的名义做违法之事，肆无忌惮的谩骂攻击，穷追猛打的人肉搜索，“不转就不是中国人”“不转不是人”的微媒体环境，培养了一批文化暴民。

微文化环境中存在语言低俗化、无聊就是生产力、低俗带来生命力、文化俗人大行其道的风险。“文化从总体上是各个层次的群体在一定时期内形成的思想、理念、行为、风俗、习惯，以及由这个群体整体意识所辐射出来的一切活动。”[2]在微文化环境中，如果说不能拼写汉字的“duang”还仅仅是红得莫名其妙，那么“逗逼”“日了狗”“草泥马”就流行得三观尽毁。

微文化环境中存在“文化异人”行为退缩化、逃避于“信息茧房”、陌生于社会交往、另类生长的风险。部分青年似乎正在成为键盘世界的“热心肠”和现实世界的陌生人。如凯斯·桑斯坦所言，当代青年面对浩如烟海的信息，只注意自己选择的东西和使自己愉悦的领域，让自己的思维与行为“作茧自缚”。思维的“窄”与行为的“宅”相生相伴，共同“支撑”青年的生活。不主动参与社会交往，社会政治与己无关，在“我们的世界”——娱乐的世界里尽情狂欢，在“他们的世界”——社会的世界里冷漠无言。[3]

2.碎片化阅读下的文化祛魅

从文字诞生以来，借助文字所表达的文化总有着高贵的姿态和诱人的魅力，但当前微文化的强势崛起正不断冲击着精英文化高高在上的优越感，使其褪去耀眼的光环。[4]微文化对已有用语和表达方式产生“审美疲劳”，总是想方设法地追求新、奇、萌、怪[5]，文化的美育价值、人文价值正在被去除。微文化生动地印证着哈桑对后现代主义文化的概括：不确定性、碎片化、非原则化，无我性和无深度性、卑琐性、内在性，反讽、混杂、狂欢、参与、构成主义[6]。

①唐平秋、李勇图：《微文化背景下大学生网络政治参与的现实审视与思考》，《教学与研究》2015年第5期。

②陶东风：《去精英化时代的大众娱乐文化》，《学术月刊》2009年第5期。

③蔡骐：《网络虚拟社区中的趣缘文化传播》，《新闻与传播研究》2014年第9期。

④吴远、姚飞：《文化价值观视野下的心理危机解读》，《马克思主义与现实》2005年第6期。

⑤王芳、吴君：《仪式的抵抗：网络“吐槽文化”的传播研究》，《现代传播（中国传媒大学学报）》2015年第5期。

⑥季欣：《“反讽”的狂欢——中国青年网民“网络造句”现象的文化心理研究》，《中国青年研究》2013年第9期。

微文化环境中经典消解化。经典消解一方面体现在文学规范的消解上，利奥塔认为，后现代主义文化是解构"元话语""元叙事"、消解经典和权威、去中心化的文化[①]。其表现就是蔑视语言规范，任意创造词汇，故意曲解词语原有意义，用音同形异的字改变词语内涵，如"咳不容缓"(刻不容缓)、"晋善晋美"(尽善尽美)、"铝纸"(女子)等。另一方面体现在经典创作与阅读的消解上，对于创造者，宏大叙事无人问津，细小琐碎之事津津乐道；对于阅读者，传统经典束之高阁，心灵鸡汤乐此不疲。

微文化环境中思维浅薄化。尼古拉斯·卡尔指出，从深阅读到浅阅览，互联网在改变我们阅读方式的同时，正在重塑我们"浅薄"的思维方式。[②]碎片阅读、浅阅读成为主流，微文字作品必然配上精美绝伦的动画和图片，以求感官刺激，文学的意蕴荡然无存。正如詹姆逊所言："后现代主义的文化产物大部分都是一些不能深深触及潜在意义的表层图像。"[③]微文化创作随机性强，并否定哲学思维的逻辑预设。网络语符"能""所"关系的显、隐变构，污损哲学思维的理致[④]，青年人思维向浅薄化、简单化发展。

3.主流价值缺场下的价值迷失

商业化的文化消费让个体价值取向指向物质。麦克卢比的解释颇有深意，他指出，"资本需要为休闲提供个人空间，但是同时也需要对它进行控制，显然达到目的的最好办法就是消费"[⑤]。旅游、吃喝等充分表现出人们无法抗拒物欲的诱惑，以及对消费潮流的向往。

"鸡汤"化的文化按摩让主流价值让位给肤浅。微文化沉醉于炮制心灵鸡汤，一个词、一句话、一段文字、一个微视频、一个微电影，让受众时时刻刻机不离手地享受所谓的"文化按摩"。而这些针对个人生活的书写，远离了崇高、宏大的叙事主题。正如哈桑所言，微文化不再对精神、价值、终极关怀、真理、善美之类的事物感兴趣，而是在琐屑的环境中醉心于卑微的愉悦。[⑥]

①黄兵：《网络词汇变异的社会文化心理透视》，《黑龙江高教研究》2012年第11期。

②[美]尼古拉斯·卡尔：《浅薄：互联网如何毒化了我们的大脑》，刘纯毅译，中信出版社2010年版。

③转引自李琳：《网络流行语的后现代文化特征》，《兰州学刊》2015年第3期。

④胡潇：《论网络文化对哲学思维的解构》，《学术研究》2013年第10期。

⑤转引自蒋建国、化麦子：《网络"小清新"亚文化的展演与魅惑》，《现代传播(中国传媒大学学报)》2014年第7期。

⑥张鸿声、郭兴：《无"微"不至：当代微文化解读》，《艺术百家》2014年第3期。

虚无化的文化污名让核心价值失去根基。亨廷顿认为,“在后冷战的世界中,人们之间最重要的区别不是意识形态的、政治的或经济的,而是文化的区别”[①]。因为文化所承载的核心价值是一个民族和国家赖以存在的根本和灵魂,也是一个民族和国家的共同记忆,而这样的美好记忆却正在被微文化中虚无化的浪潮所冲击和污损。数千年来,中国传统文化中的仁、义、礼、智、信的传统价值,现代社会中以为人民服务、奉献精神等为代表的社会主义核心价值成为人们精神的参考坐标,但历史虚无主义的微思潮似乎正在把这些价值以文化污名的方式拉下“神坛”。

4.群体极化下的认同危机

本尼迪克特·安德森把民族或民族国家视为“一种想象的政治共同体”,这种想象的共同体在现代化、全球化、网络化的冲击下出现了对现代性的反抗,即吉登斯、哈贝马斯等人所言的后现代性的来临。后现代性的典型特征就是认同危机的现代性困境。正如凯斯·R.桑斯坦所说,网络就像一个巨大的回音室,网民置身于相近的看法中,会强化原有的观点,变得极端,最后会导致群体极化的后果。[②]微文化充分依赖互联网的协同过滤机制,把观点、立场、兴趣、爱好等情投意合的人选择性地聚集,使他们选择性接受相同的信息,从而产生一致发声和冲动决策行为,使其观点极端化、语言暴力化。在微文化的世界里,激烈的言辞与态度会形成一种非理性的舆论氛围,给偏激者一种人多势众的力量感,形成非理性群体“优势意见”,感染并左右整体的认同倾向。[③]具体来讲,就是对自我认同、政治认同、国家认同均产生不同程度的认同危机。

自我认同的焦虑化。现代性文化的实质是文化的物化与技术化,这不仅无法有效地解决文化认同问题,而且还导致了人们自我认同的困惑:自我的被异化甚至自我的丧失[④]。一方面“真我”和“网我”在“双重世界”里扮演着“双重角色”[⑤],虚拟、现实角色的交错与频繁切换,产生了“我是谁”的自我角色认同危机。另一方面,现实社会的生

①[美]塞缪尔·亨廷顿:《文明的冲突与世界秩序的重建》,周琪等译,新华出版社2010年版。

②[美]凯斯·R.桑斯坦:《信息乌托邦:众人如何生产知识》,毕竟悦译,法律出版社2008年版。

③彭兰:《网络文化的构成及其与现实社会的互动》,《社会科学战线》2011年第7期。

④王会丽、蒲清平、朱丽萍:《当代青年社会心态的嬗变——解读2010—2013年网络流行语》,《中国青年研究》2014年第9期。

⑤彭兰:《网络文化的构成及其与现实社会的互动》,《社会科学战线》2011年第7期。

存压力、海量信息的甄别选择压力如泰山压顶,“鸭梨山大”“伤不起”“悲催”“整个人都不好了”“我的内心几乎是崩溃的”“眼泪的存在是为了证明悲伤不是一场幻觉”等流行语,都表达了网民感受到压力,又不愿被压力所迫的自我及社会认同焦虑。①

政治认同的排斥化。在福柯看来,权力不但存在于强力意志与政治文件中,也存在于日常生活、传统习俗、闲言碎语中,这是一种微观权力。微观权力一旦被大众所掌握,他们就会淋漓尽致地宣泄对现实生活的不满情绪。微文化中狂欢式的隐喻和类似浪漫主义的“反讽”实际上是对现实的绝望情绪的反映②。一人爆料,众人围观,微文字经常变成倾泄“仇官”“仇富”等负面情绪的主要途径,并对政府产生习惯性质疑。③在网络高度监管的情况下,出现了“沉默的螺旋”和“反沉默的螺旋”,人们没有成为“被俘虏的观众”,而成了擦着“官方认可的行为方式的边界”,与网络监管“斗智斗勇”,巧妙地表达自己的声音,尽力使自己成为所代表群体的权利的“熟练行动者”。④

国家认同的极端化。亨廷顿认为,现代化不可避免地带来不稳定。中国现代化进程中也不可避免地产生了各种矛盾,而社会矛盾以网络民粹主义进行宣泄。民粹主义一方面审判和批判现实,以谣言与污名化进行情感动员,强化弱势身份进行悲情渲染。话语垄断、党同伐异达到排斥不同意见的目的。“崇尚平民,反对精英;崇拜暴力,美化罪责”⑤,舆论审判,穷人无罪,等等,撕裂着国家内部各阶层的和谐和全民共识。另一方面极端仇视全球化,极端排外,以暴力、戏谑和恶搞的语言、文字对其他国家表达不满和敌视。

三、微文化的价值引领

传播学创始人拉扎斯菲尔德与默顿认为,“大众媒介是一种既可以为善服务,又可以为恶服务的强大工具,而总的说来,如果不加以适当控制,它为恶的可能性则更大”。针对微文化个性张扬下的人格陷落、碎片化阅读下的文化祛魅、主流价值缺场下的价值迷失、群体极化下的认同危机的风险,如果不对其进行因势利导地价值引领,危害将不

---

①郭小安:《舆论的寡头化铁律:“沉默的螺旋”理论适用边界的再思考》,《国际新闻界》2015年第5期。

②季欣:《“反讽”的狂欢——中国青年网民“网络造句”现象的文化心理研究》,《中国青年研究》2013年第9期。

③宋辰婷:《网络戏谑文化冲击下的政府治理模式转向》,《江苏社会科学》2015年第2期。

④张筱荣、朱平:《网络文化低俗化论析》,《甘肃社会科学》2015年第2期。

⑤郭小安、朱梦莹:《网络民粹主义的话语特征及动员逻辑》,《天津行政学院学报》2015年第2期。

可估量。科学利用,合理引导,切实加强对微文化的价值引领,是十分重要和必要的。

1.主动融入,牢牢占领微文化的主阵地

(1)要掌握微话语,建好微文化的叙事场。“不同特色、不同风格、不同气魄的话语表达,对于某种思想理论体系和知识体系增强传播力、竞争力、吸引力、感染力、影响力的效果是不一样的。”①每一种文化都有自身的话语体系,微文化的话语体系因允许全民参与微创作、注重个体的表达和诉求、尚简崇微的内容和议题设置,与主流文化的话语表达方式有很大差别。面对微文化的这些特征,我们唯有强化微文化的话语构建能力,牢牢把握微文化的主动权和话语权,才能避免目前微文化出现的种种后现代性困境。包括主动建构微文化的叙事场,主动适应微文化的表达式,主动参与微文化的问题域,主动引领微文化的风向标,主动引领公众讨论和引导社会舆论,综合视听技术优势强化对焦点事实和矛盾冲突的话语权,把传统引导的生硬与八股转变为悦读和悦听。

(2)要搭建微平台,构建微文化的引力场。具有后现代性的每一个微文化个体都有强烈的表现和展演欲望,与其让他们在不受管控的微空间自我放纵式狂欢,不如契合碎片化、数据化的微时代特征,让传统文化走下高贵的神坛,走向平民的生活,拥抱微文化。在这个“用户才是财富”“平台就是王道”的时代,应建构微平台以展演主流文化,以主流文化的内容丰富微平台。据统计,目前应用于国内移动终端的约400万个APP中超过80%都处于瘫痪状态,这映射出主流文化虽然搭建了系列平台,却面临唱独角戏的尴尬。因此,搭建平台不在于建构一个APP、开放一个订阅号,而在于有平台意识,主动切入微文化阵地,以平台功能吸引受众,以平台内容引领受众,形成主流声音,引领主流价值,构建微文化的引力场。建好微平台,不仅要以微平台的形式展演主流文化的抽象内容,还要巧妙地运用微文字解析主流文化的宏大叙事,以微图画解构主流文化的繁杂体系。如借鉴张嘉佳的睡前微阅读形式让主流文化传播来一次主动适应读者诉求的华丽转身,赢得观众的喝彩和捧场。

(3)要开展微激励,引导微文化的舆论场。社会认同理论认为,任何一个个体都希望通过群体或者社会认同来获得自尊感、自豪感、归属感。威利·詹姆斯说:“人类至深的本质是渴求被人所重视,在生活中人们很容易发现自己的激励中枢并愿意接受产生

①张国祚:《关于打造话语体系与改进文风的几点思考》,《思想政治工作研究》2013年第4期。

快乐效果的刺激，希望得到他人或社会的赞赏，而这种赞赏所带来的愉悦刺激与其产生释放的热能成正比。”在这个人人都是“记者”、每个人都有“出版社”的时代，点赞、评论、转载等微行为成为微激励的重要手段，也催化了舆论场效应的倍增。新浪微博颁发的五花八门的勋章、携程网用来换钱的网评积分、微信圈子里的点赞、优酷视频上的实时点播次数，这些都是激励，而这种激励有别于传统方式，重点体现在“微”上：时时刻刻的激励，点点滴滴的激励，以积极健康的微文化导航社会价值的舆论场。

2.需求导向，契合微主体的诉求

(1)要生活转向，使思想教育宣传生活化。马克思认为，人不仅直接地是一种自然存在物，而且是一种有生命的自然存在物，而有生命的自然存在物的特点就在于他有自己的需求。卡罗尔·佩特曼说，公民参与政治最恰当的领域是与人们生活息息相关的领域。[①]长期以来，文化的价值披上了“高大上”的外衣，但满足不了微文化主体——青年人的价值诉求。在个性张扬的微文化环境中，价值的宣扬和引领除了个体的自觉，还有对受众的尊重与满足。微信等社交软件满足的是人群体化的社交需求，滴滴打车软件满足的是民众日常的交通需求……分析排行前20名的APP软件不难发现，信息资讯、实用功能、娱乐生活是这些软件的共同点，也折射出价值引领要着眼于生活，核心价值要落细、落实、落小，于无声处启迪、熏陶、净化人的心灵，传递真、善、美，实现主流价值对微主体的入耳、入心、入脑的功效。

(2)要实践参与，使政治参与活动良性化。近年来人们发现，青年群体呈现出两个极端：一个是一些人的政治冷漠化趋势越来越明显，而另一个是底层“草根”的极端反叛性政治参与发声。这两个极端的存在固然与后现代性有内在的逻辑联系，但与目前我们的政治参与渠道不畅、形式单一、参与单向不无关系。一部分人之所以冷漠，是因为政治参与途径不畅或者意见不被重视而选择沉默，加上网络社交并没有强求政治参与，于是畅所欲言的意愿就削弱了[②]，便出现了“沉默的螺旋”；而另一部分人则依托网络，充分利用微文化注重自我感受和自我表达的特点，猛烈发声，以赢得拥趸，出现了“反沉默的螺旋”。重视微群体通过微平台表达民主、反映政治诉求，对形成共同愿景、

①唐平秋、李勇图：《微文化背景下大学生网络政治参与的现实审视与思考》，《教学与研究》2015年第5期。

②郭小安：《舆论的寡头化铁律："沉默的螺旋"理论适用边界的再思考》，《国际新闻界》2015年第5期。

促进国家民主建设进程有着重要意义。建构民众政治参与机制可以围绕社会实践做好文章，一方面摒弃“民众与政治有隔阂”的偏见，不再认为政治不是“他们的游戏”，避免青年群体政治冷漠化趋势的发展；另一方面通过实践对社会问题的复杂性、长期性做深刻地了解，避免非理性反抗。

(3)要诉求回应，使网络沟通交流互动化。基于移动终端应用的微文化个体有一个显著的特点，就是突破文化的单向影响，有一定的权利诉求，这种权利既可能是谋求政治权利，也可能只是一种心理满足。特别是身处底层的“草根”，他们卑微的发声如果能得到主流社会的及时回应，便可能得到情绪的宣泄和排解。微时代的青年个体不是“被俘虏的观众”，而是“熟练的行动者”，他们巧妙地游走在政府网络监管的边缘，因此，“政府不应一味地扮演发号施令者和话语独白者，更不能扮演旁观者，而应当是民主沟通的促进者和参与者”[①]，要高度重视并建立互动交流机制。一方面构建扁平化渠道，以便了解微群体的现实需求和利益诉求，减少中间环节，降低管理成本，更重要的是可避免因中间环节过多而导致信息失真；另一方面，也可以及时掌握舆论动态，提高决策的水平与科学性。

3.生态治理，掌控把握微空间的主导权

(1)要加强微主体的行为规范，培养微文化的“理性人”。“网络民粹主义是借助互联网技术，突破法律和道德底线，美化弱者、妖魔化精英的一种话语、一种思潮以及一种动员参与方式。”[②]去权威化带来敬畏感丧失，去个体化带来群体极化，去主流化带来方向缺失，让年轻一代在微文化时代以情绪化表达、娱乐化生活、负面性传播、戏剧性展演、偏激性抗争。因此，微主体的自律与他律在微文化肆意的洪流中显得尤为重要。一方面要培养微主体的自律意识，通过提升文化素养、普及法律知识、端正网络态度，形成微主体的网络道德伦理，提高其在微空间的自省、自控、自制和自我调节能力，以便能自我约束和规范网络行为；另一方面，要通过法律监管形成对微主体的他律，通过立法、执法来制裁微主体的违法行为，控制微文化的负面影响，通过微文化传播来构建和谐的舆论环境并促使社会的和谐发展。通过自律与他律，培养微主体的规则意识、法制观念、公共精神，使其不传谣、不越线、不偏激，做一个微文化的理性人。

①宋辰婷：《网络戏谑文化冲击下的政府治理模式转向》，《江苏社会科学》2015年第2期。

②郭小安、朱梦莹：《网络民粹主义的话语特征及动员逻辑》，《天津行政学院学报》2015年第2期。

(2)要培养微文化的意见领袖,塑造微文化的"自己人"。拉扎斯菲尔德认为,在每个领域和每个公共问题上,都会有某些人最关心这些问题并且对之谈论得最多,我们把他们称为意见领袖。意见领袖以自己在某些领域的知识、能力、关系、地位和身份深刻影响和改变着人们的观念和看法,并左右着人们的言行。要发现和培养微文化领域中具有主导能力和主流价值观的意见领袖、网络评论员和"水军",塑造微文化的"自己人",让他们成为用微文化阐释社会主流价值的重要作家、画家、演讲家和政治家。要让他们在微文化的传播过程中善于贴标签,在重大节点事件、流行事态发生时,不仅敢于发声、善于回应,还善于在浩如烟海的微言中及时发现含有正能量的领袖意见与极具煽动破坏性的极端意见,并及时进行鉴别、分类、命名、归属,以有效地引导微文化的受众。

(3)要规范微空间的环境氛围,做好微文化的"把关人"。2014年开展净网工程以来,网络"大V"们的声音似乎得以控制,部分言论得以管制。但是网络空间依旧充斥着喧嚣的声音、暴戾的行为、沸腾的民意,微空间生态环境仍然令人担忧。无论是技术的发展还是主体意识的觉醒,抑或是社会发展的需要,对微文化的遏制带来的只能是"沉默的螺旋"和"反沉默的螺旋"。因此,政府要发挥协助、参与、限制和管理的调控功能,因势利导,高度重视并建立微空间的舆情研判机制、应急回应机制、风险防控机制、舆论协调机制。让主流文化引领微空间话语权,让正能量激发微空间生命力,高悬法律与道德利剑,让越轨越线者得以严惩。为此,政府要切实做好微文化的"把关人"。

中国城镇居民文化消费的影响因素
——以中国4011个城镇家庭为例[①]

李　志　李雪峰[②]

一、引言

文化消费是指人们为了满足精神文化需求而以不同方式消费精神文化产品和享受精神文化服务的行为。[③]国际经验表明，文化消费与人均GDP密切相关，当人均GDP突破3000美元时，文化消费将会快速增长。然而，这一论断与我国的实际情况并不相符。自2009年以来，我国人均GDP已经突破3000美元，文化消费不但没有出现预期的增长，相反，实际消费与潜在需求之间甚至存在数万亿元的巨大缺口[④]。是什么原因造成了文化消费低迷的局面？按照需求层次理论观点，精神文化的满足属于较高层次的心理需求，良好的物质经济基础是文化消费的前提。有研究表明，文化消费与个体的社会经济地位有关[⑤]，收入、教育、职业等是文化消费的主要影响因素[⑥]，改善收入分配往往被认为是扩大消费的最主要手段[⑦]。一些研究也证实文化消费和收入之间呈正相关关系[⑧]。然而，我国居民人均可支配收入快速增长，但文化消费不景气的事实

---

①本文系国家社会科学基金项目(项目编号:14BSH125)的研究成果。原载于《城市问题》2016年第7期。

②李志，重庆大学公共管理学院教授，博士，博士研究生导师，研究方向:公共服务与公共政策、公共人力资源管理。李雪峰，重庆大学公共管理学院博士研究生，云南师范大学教育科学与管理学院讲师，研究方向:公共经济与公共政策。

③戴元光、邱宝林:《当代文化消费与先进文化发展》，上海人民出版社2009年版。

④周易:《我国居民文化消费存在3.66万亿元缺口》，《中国青年报》2014年1月2日。

⑤Tak Wing Chan, *Social Status and Cultural Consumption*(Cambridge University Press, 2010), pp.1—290.

⑥Van Hek M. and Kraaykamp G., "Cultural Consumption Across Countries: A Multi-level Analysis of Social Inequality in Highbrow Culture in Europe," *Poetics*, no.4(2013):323—341.

⑦朱国林、范建勇、严燕:《中国的消费不振与收入分配:理论和数据》，《经济研究》2002年第5期。

⑧参见王俊杰:《基于面板数据的河南农村文化消费地区差异研究》，《经济地理》2012年第1期；高莉莉、顾江:《能力、习惯与城镇居民文化消费支出》，《软科学》2014年第12期。

表明,收入对文化消费并非简单的正向影响关系[①]。有研究认为,由于文化消费层次不同,收入与文化消费之间的关系较为复杂[②],二者之间并非存在必然的因果关系[③]。这就预示着收入对文化消费的作用机制可能受其他因素的影响。消费行为必须考虑社会、文化、心理等因素的影响。[④]从这一逻辑出发,本研究关于文化消费的解释变量在单一的收入因素基础上增加了消费心理和社会保障制度两个影响因素,以便更全面地剖析文化消费的影响机制。

从消费心理及文化来看,受儒家思想的影响,我国民众崇尚"俭以养德"的传统消费理论[⑤],千百年来养成了重储蓄、轻消费的习惯。另外,当前我国正处于经济转型升级阶段,伴随着各项社会福利制度的改革,人们未来的预期收入越来越具有不确定性,而养老难、看病贵、房价高、教育支出多等又大大地增加了各项支出的不确定性,这种双重负面影响的结果就是,家庭的非必需消费品最大程度地被挤出,而收入则更多地被转为预防性储蓄,以抵消收支的不确定性给生活造成的负面影响[⑥]。我国的城镇居民储蓄率一直居高不下正是这一心态的现实表现。由此可见,由生活压力导致的支出不确定性可能会影响人们的消费动机,进而影响文化消费支出。

从社会保障制度的角度看,社会保障制度对消费具有重要的影响。已有研究探讨了社会保障的有无、社会保障缴费水平的高低对家庭消费的影响[⑦],以及这种影响在城乡之间、不同收入水平的家庭之间存在的差异[⑧]。尽管研究还存在争议,但社会保障制度对消费存在显著的影响,这一观点已得到了广泛的认同。可以推测,社会保障制度对收入和文化消费之间的关系具有重要影响。然而,以往采用社会保障中某个单一客观指标进行研究的方法难以全面揭示其对消费的影响,研究结论往往相互矛盾。社会保障满意度则为我们提供了另一个研究视角。社会保障满意度是居民对保障需求满足程度的整体评价,是反映社会保障制度运行效果的最好方式。目前,关于社会保障满意度对文化消费的影响的研究较少,有学者阐述了完善的社会保障体系有促进文化消费的作用[①],但这一研究局限在理论层面,缺少微观数据的实证分析。

当前,我国的文化消费主要产生在城镇家庭,因此,分析城镇家庭文化消费的影响因素,对于提升文化消费水平具有重要的意义。本研究将利用相关调查数据来分析城镇家庭的不同收入来源、生活压力和社会保障满意度对文化消费的作用,以期为政府部门有针对性地制定相关政策提供参考。

二、研究设计

1.理论基础与研究假设

(1)不同收入来源对文化消费的影响

就我国居民收入对文化消费的影响这一问题,传统经济学的收入假说理论无法提供令人完全信服的解释,而解释失灵的一个可能原因是忽视了不同收入来源在消费决策心理上的差异影响。心理账户理论认为,人们会依据财富的来源分别对其进行编码与归类,即个体会有一个内隐的心理账户系统,系统中不同账户的财富彼此不具有可替代性。该理论对消费领域的非理性决策行为进行了较好的解释,并在经济领域的研究中得到了证实。有研究表明,我国居民的工资性收入、经营性收入、财产性收入和转移性收入不同程度地影响着家庭的消费总支出[②],且对不同消费内容的影响存在显著差异[③]。这一发现在不同地区都得到了证实。[④]心理账户理论在解释收入和消费间的关系方面具有明显的优势[⑤],大多数研究不仅证明消费与收入呈正相关关系,而且发现对于衣、食、住、行等家庭基本生活开支,工资性收入和经营性收入的影响最大。有关不同收入来源与文化消费之间的关系的研究也发现，工资性收入对文化消费的带动效应最大[①]。综合上述分析可以推测，城镇家庭不同收入来源均对文化消费产生正向影响，而作为主要收入来源的工资性收入和经营性收入对文化消费的影响最大。据此，本研究提出以下假设：

H1a：城镇家庭的不同收入来源均显著正向影响文化消费。

H1b：工资性收入和经营性收入对文化消费的影响最大。

(2)生活压力的调节作用

休闲限制理论认为，自身限制、人际限制和结构限制是休闲限制的三大因素。其中，自身限制指个体的休闲偏好、休闲的态度与动机等，该因素对休闲的影响最大；人际限制指与同伴、家庭成员等他人交互过程中的干预因素；结构限制指资金、环境等客观因素。[②]文化消费作为一种休闲娱乐方式，自然受到这三方面因素的影响。近年来我国文化消费的现状表明，由于经济和社会的快速发展，居民的可支配收入大幅度提高，公共文化产品和文化服务的供给日益丰富和多样化，文化消费已不像过去严重受到结构限制的约束。但文化消费没有出现预期的繁荣景象，这暗示着自身限制可能对文化消费具有较大的负面影响，即消费者的消费选择起到了主导作用。有研究表明，自身限制与家庭生活压力密切相关，在有限的收入水平下，如果生活压力越大，则未来支出的不确定性可能越高，这时家庭的总体消费就可能趋于保守，即倾向于主动抑制消费[③]。现代城镇家庭中常见的生活压力，如住房压力、教育压力、养老压力、医疗压力等都会对消费产生负面影响[④]。由于文化消费是“非必需”消费，容易首当其冲地被压缩甚至被完全挤出，所以，尽管具备了进行文化消费的经济条件，但由于自身限制因素的影响，文化消费仍然可能受到极大的制约。可以推测，生活压力大可能导致文化消费的自身限制，降低人们的休闲动机，从而减少文化消费支出。因此，本研究提出以下假设：

H2a：生活压力负向调节了工资性收入对文化消费的关系，当生活压力大时，工资性收入对文化消费的正向影响较弱。

H2b：生活压力负向调节了经营性收入对文化消费的关系，当生活压力大时，经营性收入对文化消费的正向影响较弱。

H2c：生活压力负向调节了财产性收入对文化消费的关系，当生活压力大时，财产性收入对文化消费的正向影响较弱。

H2d：生活压力负向调节了转移性收入对文化消费的关系，当生活压力大时，转移性收入对文化消费的正向影响较弱。

(3)社会保障满意度的调节作用

社会保障制度的变迁会影响人们对未来的预期，进而使人选择不同的消费方式。[①]费尔德斯坦指出，社会保障对储蓄的影响可以分为资产替代效应和引致退休效应，而社会保障制度对消费的作用取决于两种效应之和。[②]有研究表明，社会保障对我国居民的消费总体上具有促进作用[③]，预防性储蓄理论能够较好地解释这一作用机制。在影响储蓄行为的因素中，除了收入的不确定性外，其他风险，比如健康风险、死亡风险等更可能是决定性因素。当人们受此类风险影响时，储蓄动机可能会增强，而消费倾向则会降低。因此，社会保障制度之所以能够促进消费，原因是它提高了人们抵御未来风险的保障感，从而改善了消费者对未来生活的心理预期，减少了消费顾虑。在这一过程中，社会保障满意度发挥了关键作用。社会保障满意度作为居民对国家或社会依法建立的、具有经济福利性的、社会化的国民生活保障系统的主观感受，显示了社会保障制度对居民心理上的保障程度，对居民消费行为起到事实上的影响。只有社会保障制度真正让人们有了较强的生活保障感，才能够起到提高消费信心和促进消费的作用。在韩国、新加坡、日本等社会保障满意度较高的国家，文化消费总量和其占总消费支出的比重都比较大[④]。由此可以推测，社会保障满意度高，尤其是养老风险和医疗风险低,可能会缓解生活压力对文化消费造成的负面影响,即社会保障满意度、生活压力和收入可能对文化消费存在三重交互影响。因此,本研究提出以下假设:

H3a:社会保障满意度、生活压力和工资性收入对文化消费存在三重交互影响。当社会保障满意度低时,生活压力负向调节了工资性收入对文化消费的关系;当社会保障满意度高时,生活压力不影响工资性收入对文化消费的关系。

H3b:社会保障满意度、生活压力和财产性收入对文化消费存在三重交互影响。当社会保障满意度低时,生活压力负向调节了财产性收入对文化消费的关系;当社会保障满意度高时,生活压力不影响财产性收入对文化消费的关系。

H3c:社会保障满意度、生活压力和经营性收入对文化消费存在三重交互影响。当社会保障满意度低时,生活压力负向调节了经营性收入对文化消费的关系;当社会保障满意度高时,生活压力不影响经营性收入对文化消费的关系。

H3d:社会保障满意度、生活压力和转移性收入对文化消费存在三重交互影响。当社会保障满意度低时,生活压力负向调节了转移性收入对文化消费的关系;当社会保障满意度高时,生活压力不影响转移性收入对文化消费的关系。

基于上述假设和变量间的关系,本研究建立了以下理论模型(图1)。

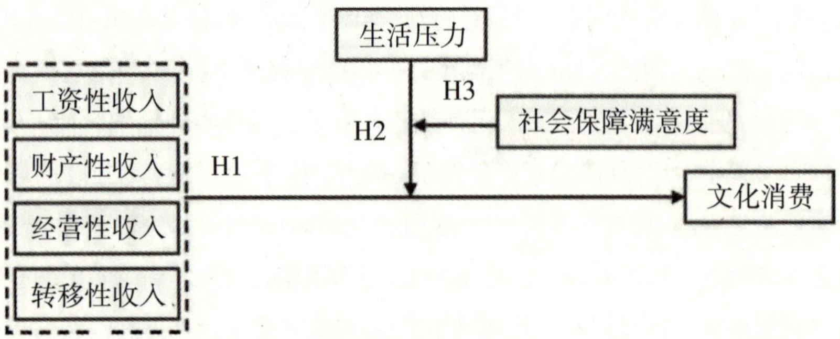

图1 研究框架

2.数据来源与变量测量

本研究使用的数据来自中国社会科学院社会学研究所2013年6月至10月进行的中国社会状况综合调查报告(CSS2013)。该调查在全国31个省市自治区开展,通过PPS抽样的方法共入户访问了10206位18~69周岁城乡居民,符合统计推论的要求。

以下是主要变量的含义及测量方式。

被解释变量。本研究的因变量为家庭人均文化消费。本研究所指文化消费主要是家人进行娱乐休闲活动的各种费用,如看电影、看演出、旅游的费用等。文化消费对应的调查是家庭文化、娱乐、旅游支出。用家庭文化消费总量除以家庭人数得到家庭人均文化消费费用。CSS2013中将教育和文化消费两项支出进行分离,从而得到了更加纯粹的文化消费数据。

解释变量。本研究的解释变量为各项收入来源。我国居民的收入来源主要包括四个部分,即工资性收入、经营性收入、财产性收入和转移性收入。工资性收入对应的调查为家庭工资收入。经营性收入对应的调查为家庭农业经营收入、家庭经商办厂收入。财产性收入对应的调查为家庭出租房屋、土地收入和家庭金融投资理财收入。转移性收入对应的调查为家庭成员退休金、养老保险金等社保收入,家庭成员医疗费用报销收入,政府、工作单位和其他社会机构提供的社会救助收入,政府提供的生产经营补贴、政策扶持收入,居委会、村委会提供的福利收入。

调节变量。本研究将生活压力和社会保障满意度作为调节变量。生活压力对应的调查为在过去12个月中个人、家庭遇到的生活方面的问题,包括住房条件差,建(买)不起房;子女教育费用高,难以承受;子女管教困难,十分累心;家庭关系不和;医疗支出大,难以承受;物价上涨,影响生活水平;家庭收入低,日常生活困难;家人无业、失业或工作不稳定;赡养老人负担过重;工作负担过重;家庭人情送礼支出大,难以承受;遇到受骗、失窃、被抢劫等事件;投资失利或生意失败。社会保障满意度选取了当前对我国居民影响最大的两类,即养老保障满意度和医疗保障满意度,对应的调查为用1~10分来表达对养老保障、医疗保障的满意程度,1分表示非常不满意,10分表示非常满意,社会保障满意度用养老保障满意度和医疗保障满意度得分之和表示。

控制变量。对消费行为来说,以往的消费习惯对其有很大影响。根据布迪厄的文化消费理论,文化消费具有社会阶层差异,不同阶层的文化消费偏好存在明显的区别。①因此,本研究将社会阶层作为控制变量。社会阶层对应的调查为被调查者的社会经济地位在本地区所属的层次,本研究对该题项得分进行了顺向调整,即从社会上层到社会下层依次计为5~1分。此外,根据赫希曼的“退出—呼吁—忠诚”理论,顾客满意度是影响消费决策的重要因素②,因此,本研究将休闲娱乐满意度作为另一个控制变量。对应的调查为用1~10分来表达对休闲娱乐的满意度,依次表示非常不满意至非常满意。

三、统计结果分析

1.数据预处理

为避免极端数值的影响,本研究对数据进行了预处理。首先,以2012年全国各省市公布的最低生活保障的最低值,即城镇居民最低生活保障人均不低于2940元/年为人均收入的下限,剔除了不符合条件的城镇样本284个。其次,剔除了城镇家庭人均收入超过50万元极端值的样本4个。再次,剔除了访谈对象为已退休人员和在校学生样本1285个。最终得到了4011个有效样本。通过上述方法,排除了无效样本可能导致的统计误差,使其基本不会影响研究结论。

2.描述性分析

在检验城镇家庭不同收入来源与文化消费的关系之前,首先对连续型自变量和因变量进行相关分析(表1)。由表1可见,各变量间的相关系数均未超过0.8,可以初步判定变量之间不会出现严重的共线性问题。

表1 变量的均值、标准差和相关系数

变量	M±SD	1	2	3	4	5	6	7
1.人均文化消费	531.54±1914.51	1						
2.人均工资性收入	14970.27±17392.45	0.30**	1					
3.人均经营性收入	4645.72±19956.00	0.29**	-0.09**	1				
4.人均财产性收入	613.89±4896.44	0.13**	0.12**	0.06**	1			
5.人均转移性收入	1363.94±3900.01	0.08**	0.01	-0.02	0.01	1		
6.社会保障满意度	12.62±4.51	-0.02	-0.01	-0.01	-0.03	-0.01	1	
7.生活压力	3.25±2.27	-0.09**	-0.16**	-0.08**	-0.05**	0.01	-0.21**	1

注:**P<0.01,*P<0.05(双尾检验),下同。

3.假设检验

为了检验研究所提出的假设,采用层级回归分析法考察生活压力和社会保障满意度对不同来源的收入和文化消费间关系的调节效应。本研究对连续型自变量和调节变量做了中心化处理,建立了回归方程并依此做了数据分析。第一步,以文化消费为因变量,自变量中仅加入休闲娱乐满意度和社会阶层两个控制变量;第二步,加入人均工资性收入、人均经营性收入、人均财产性收入和人均转移性收入等自变量以及调节变量——生活压力和社会保障满意度;第三步,加入各自变量分别与两个调节变量的交互项;第四步,加入各自变量与两个调节变量同时相乘所得结果的交互项。回归分析结果见表2。各个模型的容忍度均大于0.1,且都接近于1,VIF均小于10,说明变量间不存在严重的多重共线性问题,分别独立对因变量产生影响。

表2　调节效应层次回归分析结果

	Model 1		Model 2		Model 3		Model 4	
	标准β	VIF	标准β	VIF	标准β	VIF	标准β	VIF
控制变量								
休闲娱乐满意度	0.14**	1.10	0.09**	1.22	0.09**	1.23	0.09**	1.22
社会阶层	0.13**	1.10	0.04*	1.21	0.04*	1.23	0.03*	1.23
自变量								
人均工资收入(X_1)			0.34**	1.08	0.31**	1.81	0.33**	2.15
人均经营收入(X_2)			0.35**	1.05	0.42**	1.80	0.41**	1.86
人均财产收入(X_3)			0.07**	1.02	0.13**	6.53	0.13**	7.32
人均转移收入(X_4)			0.07**	1.01	0.07**	1.03	0.07**	1.10
调节变量								
生活压力(M)			0.01	1.23	0.02	1.21	0.02	1.34
保障满意度(U)			-0.03	1.10	-0.03	1.21	-0.02	1.27
交互项								
X_1* M					-0.14**	1.45	-0.12**	1.67
X_2* M					0.16**	1.77	0.15**	1.78
X_3* M					0.02	2.81	0.01	3.17
X_4* M					-0.02	1.13	-0.02	1.22
X_1* U					0.06**	1.55	0.08**	1.73
X_2* U					-0.21**	1.08	-0.18**	1.44
X_3* U					0.08**	3.79	0.07	7.67
X_4* U					-0.02	1.17	-0.02	1.19
M* U					0.01	1.09	0.02	1.18
X_1* M* U							0.04*	1.31
X_2* M* U							0.07**	1.46
X_3* M* U							-0.01	3.65
X_4* M* U							0.01	1.20
R^2	4.60%		26.82%		35.08%		35.45%	
Adjusted R^2	4.53%		26.60%		34.67%		34.95%	
F-value	65.01**		123.17**		85.20**		69.99**	

表2中模型1和模型2分别呈现了控制变量和自变量对文化消费的直接影响。可以看出，控制变量休闲娱乐满意度（β=0.14，P＜0.01）和社会阶层（β=0.13，P＜0.01）均显著正向影响文化消费，说明对这两个变量的控制是必要的。自变量的回归分析结果表明，城镇家庭的不同收入来源对文化消费都具有显著的正向影响（人均工资性收入β=0.34，P＜0.01；人均经营性收入β=0.35，P＜0.01；人均财产性收入β=0.07，P＜0.01；人均转移性收入β=0.07，P＜0.01），从标准化回归系数来看，工资性收入和经营性收入对文化消费的影响最大，H1a和H1b得以验证。

表2中模型3呈现了生活压力和社会保障满意度的调节作用。结果表明，生活压

力负向调节了工资性收入(β=－0.14,P＜0.01)对文化消费的关系,H2a得以验证;但生活压力正向调节了经营性收入(β=0.16,P＜0.01)对文化消费的关系,且不影响财产性收入(β=0.02,P=0.57)、转移性收入(β=－0.02,P=0.26)对文化消费的关系,H2b、H2c和H2d未得到验证。社会保障满意度正向调节了工资性收入(β=0.06,P＜0.01)、财产性收入(β=0.08,P＜0.05)对文化消费的关系,负向调节了经营性收入(β=－0.21,P＜0.01)对文化消费的关系,且不影响转移性收入(β=－0.02,P=0.23)对文化消费的关系。

表2中模型4的三重交互作用表明,生活压力和社会保障满意度共同调节了工资性收入(β=0.04,P＜0.05)、经营性收入(β=0.07,P＜0.01)对文化消费的关系,但不影响财产性收入(β=－0.01,P=0.68)、转移性收入(β=0.01,P=0.80)对文化消费的关系,H3c和H3d未被验证。为进一步验证H3a和H3b,深入分析生活压力和社会保障满意度的具体调节作用,根据艾肯等的建议,以高(低)于平均数一个标准差为标准,选择社会保障满意度高(低)、生活压力大(小)的家庭,得到工资性收入、经营性收入对文化消费影响的关系(图2、图3)。

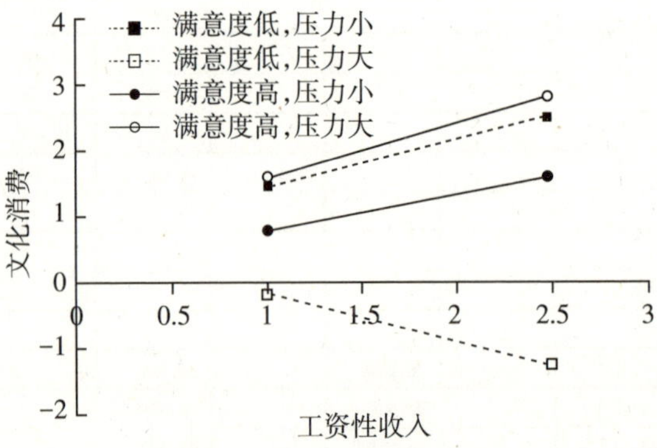

图2 工资性收入、生活压力与社会保障满意度对文化消费的三重交互影响

图2中的虚线和实线分别表示当社会保障满意度低和高的时候,生活压力对工资性收入与文化消费间关系的调节效应。可以看出,当社会保障满意度较低时,生活压力负向调节了工资性收入与文化消费间的关系,在生活压力较大时,工资性收入甚至对文化消费产生负向影响;当社会保障满意度较高时,生活压力不影响工资性收入对文化消费的关系。这验证了社会保障满意度、生活压力和工资性收入对文化消费存在三重交互作用,说明生活压力对工资性收入与文化消费间关系的调节作用会受到社会保障满意度的影响,只有当社会保障满意度较低时,生活压力才对二者之间的关系起到负向调节作用,而当社会保障满意度较高时,生活压力不影响两者之间的关系,H3a

得以验证。这一结果与预防性储蓄理论的分析相吻合,即当社会保障满意度较高时,人们对未来的预期比较乐观,由于不需要过多地将收入用于储蓄以保障未来,因此,生活压力大并没有对消费信心造成太大的负面影响;而当社会保障满意度较低时,人们对未来的生活保障不乐观,生活压力的增大会导致消费信心下降、储蓄动机上升,因此,工资性收入对文化消费的正向影响减弱。以上结果证实了社会保障满意度对文化消费间接的正向促进作用。

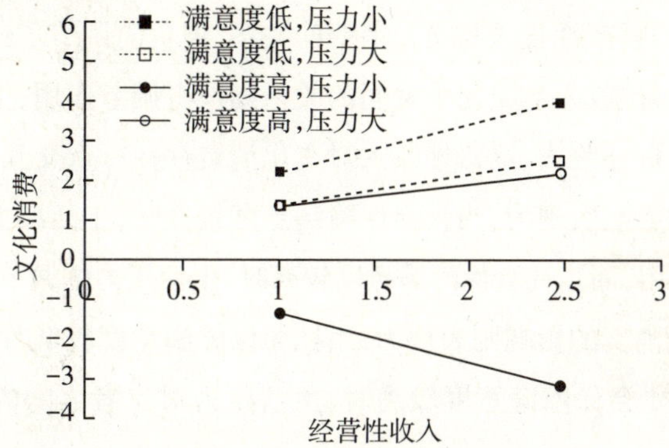

图3　经营性收入、生活压力与社会保障满意度对文化消费的三重交互影响

图3表明了社会保障满意度、生活压力和经营性收入对文化消费的三重交互影响。由图3可见,当社会保障满意度较低时,生活压力不影响经营性收入对文化消费的关系;当社会保障满意度较高时,生活压力正向调节了二者之间的关系,在生活压力较小时,经营性收入对文化消费产生负向影响,因此,H3a部分得以验证。这一结果表明,城镇家庭的经营性收入对文化消费的影响并不符合预防性储蓄理论的分析,但验证了心理账户理论,说明不同收入来源的确存在彼此独立的心理支出账户系统,而社会保障满意度是否对文化消费有间接的促进作用还与收入来源密切相关。这一现象的存在可能是由经营性收入的用途特点所致。城镇家庭经营性收入大多来自经商办厂,当社会保障健全、生活压力较小时,由于没有后顾之忧,同时又没有太大的生活压力需要释放,此时经营性收入用于投资再生产的可能性更大,而用于消费支出的部分在减少,因而表现为对文化消费的负向影响。总之,不同收入来源对文化消费的作用机制具有明显的差异,生活压力调节了工资性收入、经营性收入对文化消费的关系,而调节的方向与社会保障满意度有关。

四、结论及建议

本研究依据大样本入户调查数据分析了城镇家庭不同收入来源、生活压力和基本社会保障满意度与文化消费的关系，得到以下主要结论：工资性收入、经营性收入、财产性收入和转移性收入对文化消费都具有显著的正向影响；生活压力负向调节了城镇家庭工资性收入与文化消费的关系，但正向调节了经营性收入与文化消费的关系，对财产性收入、转移性收入与文化消费间的关系则没有调节作用；社会保障满意度正向调节了工资性收入、财产性收入与文化消费的关系，但负向调节了经营性收入与文化消费的关系，对转移性收入与文化消费间的关系则没有调节作用；生活压力和社会保障满意度分别与工资性收入、经营性收入对文化消费存在三重交互作用，其中工资性收入对文化消费的影响表现为，当社会保障满意度较低时，生活压力对二者之间的关系起到负向调节作用，而当社会保障满意度较高时，生活压力的调节作用不显著，其中经营性收入对文化消费的影响则表现为，当社会保障满意度较低时，生活压力的调节作用不显著，但当社会保障满意度较高时，生活压力对二者之间的关系起正向调节作用。

BAYU WENHUA

巴渝文化

在历史中生成和演变

——“南平僚”初探[①]

胡 牧 赵 秀[②]

“南平僚”，又称“南川僚”“渝州蛮”，约于战国末年开始在藻渡河流域出现，活动区域包括今万盛全境以及南川、綦江等地。南平僚的来源有多种可能，或是贵州中部的夜郎人北迁，或是重庆一带的巴人南移，或是夜郎人和巴人的融合。“今日綦江，古称僚溪，是因僚人居住而得名，南齐永明五年(487年)迁江州县于溪口(今江津顺口)，以管理当地僚人，而移垫江县治原江州，这一带僚人广泛分布在今重庆长江以南地区，称为‘南平僚’。”[③]

一、“僚”是对南方族群的泛称

目前，学术界对僚人的研究成果较多，主要集中在僚族的族源、历史、分布及其与其他民族的关系等方面，而对僚人的日常起居、民族文化等还没进行深入系统的研究[④]，之所以这样，是因为我们无法对僚人的生活起居进行参与式观察，毕竟“僚人”是一个历史的范畴，我们对僚人的研究带有一定的考古性质。《北史·僚传》上有对僚人文化的描述，《山海经·海内经》中载：“西南黑水之间，有都广之野，后稷葬焉。其城方三百里……爰有膏菽、膏稻、膏黍、膏稷。”这里的“膏”即稻谷、粮食。因此，可以说西南少数民族是在稻作文化滋养下发展起来的民族。

中国西南地区地形复杂、生态多样、物产丰富、气候宜人、族群众多，是名副其实的天然民族博物馆。早在魏晋南北朝时期，“僚人”已进入史书记载，并逐步影响到壮、侗

---

①原载于《重庆广播电视大学学报》2016年第1期。

②胡牧，民俗学博士，重庆文理学院文化与传媒学院讲师，主要从事民族文艺学研究。赵秀，哲学硕士，重庆文理学院学工部助教，主要从事生态美学研究。

③吴静、张友谊:《西南地区僚族与汉族的融合及意义》,《重庆三峡学院学报》2003年第2期。

④有学者也提到了僚人的生活习俗，比如鼻饮、能歌善舞、崇尚铜鼓等。关于僚人所在处之经济、社会情况以及习俗主要见于《魏书·僚传》。

等民族的文化生成。周宗贤指出:“僚的称谓,最早见于晋人常璩的《华阳国志》中,但不过是指活动于四川境内的少数民族。然而在南北朝以后,逐步发展为对居住在西南和岭南地区的少数民族的泛称。而在岭南地区,则通常是和‘俚’连称。”[①]“在四川,‘南平僚’后来多被称为‘南平蛮’。”[②]陈杰认为,“僚”原作“獠”,最早出现于西汉至晋朝时期西南地区的云、贵、川。按陈杰的观点来看,“僚”是西南族群的统称。在研究“僚”与南方众多族群的关系的文献中,有关“僚”与侗族关系的文献较多。蔡凌认为“僚”在史籍上最早出现于晋朝。“僚”既是中国西南、岭南以及东南亚侗台语民族的泛称,也是侗族及其先民骆人、僚人、侗人各个发展时期中承前启后的族称。[③]蔡凌在《侗族聚居区的传统村落与建筑》一书中指出了侗族与僚人的渊源关系,明代邝露的《赤雅》也说“侗亦僚类”。据史籍记载,侗族是由我国古代岭南地区百越民族中的“骆越”一支发展而来,魏晋以后称为“僚”。[④]“迟至唐代,汉族仍将侗族先民归类在西南僚、蛮泛称的认识范畴内。”[⑤]也有资料显示:侗族来源于秦汉时期的百越支系的西瓯人,经过了魏晋隋唐名为“乌浒”“僚”的前民族(部落或部落联盟)演变时期,在超过了今黔、湘、桂毗邻侗区范围的更广阔地域,于宋代初步形成独立的民族。初期民族成员的生物基因、血缘成分绝大部分来自古越人的遗传,是典型的百越民族后裔。[⑥]因此,侗族的衍生轨迹可表述为:百越支系西瓯→乌浒、僚→侗族[⑦]。从侗族衍生轨迹我们可以看出“僚”的渊源在于百越诸族,僚与南方族群有着千丝万缕的联系。也就是说,“今之侗族地区的古代居民,据史书记载,秦时称为‘黔中蛮’,汉代称为‘武陵蛮’或‘五溪蛮’,魏晋南北朝称为‘僚’,到唐代,在称‘僚’的同时又称‘僚浒’或‘乌浒’”[⑧]。可以说,僚人的活动区域与侗族的活动区域大致一样,主要在“武陵山”区域。这实际上就启示我们,研究某一个族群一定要考察与之相关的多个地区的族群和文化,不能孤立地研究一个族群或者不能孤立地研究族群中的一个支系。我们只有揭示出一个区域内族群间的互动关系,才能揭示出一个族群形成和发展的来龙去脉。

①周宗贤:《南方民族论稿》,广西民族出版社1986年版,第63页。

②陈杰:《“僚”名的读音与弃用》,《广西民族研究》2002年第3期。

③蔡凌:《侗族聚居区的传统村落与建筑》,中国建筑工业出版社2007年版,第33页。

④《三江侗族自治县概况》编写组:《三江侗族自治县概况》,广西民族出版社1986年版,第11页。

⑤廖君湘:《南部侗族传统文化特点研究》,民族出版社2007年版,第46页。

⑥廖君湘:《南部侗族传统文化特点研究》,兰州大学博士研究生学位论文,2006年。

⑦廖君湘:《南部侗族传统文化特点研究》,民族出版社2007年版,第39页。

⑧《侗族简史》编写组:《侗族简史》,民族出版社2008年版,第13页。

由前文梳理可见,僚人是广泛活动于大西南的“民族集合体”。其实,僚不仅与壮族、侗族相关,也与南方其他族群相关。何光岳认为,僚人是一个庞大而复杂的种族团体①。僚人一部分融入汉族,另一部分分化为壮族、侗族等少数民族。宋蜀华的《论古代云贵高原的濮、僚族及其和百越的关系》一文研究了古代僚族与百越诸族的演变关系,指出僚人入蜀后,与当地汉族发生了融合。实际上,百越诸族在中古时期又有乌浒、俚、僚、伶、峒蛮等名称。“僚”是一个中间性的历史概念,“僚”既由百越诸族分化出来成为单独一支,其自身又进一步分化成壮、侗、汉、仡佬诸族。所以,我们研究僚人,就会关涉到南方尤其是西南地区的民族研究。这正好可以回应西南大学田阡教授的学术建议。

晋人张华所撰的《博物志·异俗》中载:“荆州极西南界至蜀,诸民曰獠子。”与张华同时代的陈寿,在其所著的《三国志·蜀书·张嶷传》注引《益州耆旧传》,有“牂牁兴古獠种复反”的记载,同样在陈寿的《三国志·蜀书·霍峻传》中有“永昌郡夷獠,恃险不宾”②的记载。这说明古“僚人”曾在云南西部、四川东部一带活动和生活过。“僚人”大约是在南北朝时期入蜀的。“蜀土无僚”或“蜀本无僚”的说法在《华阳国志》《博物志·宁国论》《晋书·李势载记》中均可得到印证,这意味着“僚人”在发展历程中经历了迁徙。还有学者指出,僚人是古代西南地区人口众、支系多、分布广的大族,故被称为诸僚或群僚,他们的发展是不平衡的,他们的文化也是有差异的。③

通过“僚人”研究联系到百越族群的研究,这对于我们探讨南方族群的形成和演变具有重要意义。任何事物都是在历史中生成和衍化的。我们之所以说“僚”是一个历史性概念,主要是因为“‘僚’是壮族及其先民骆人、僚人、僮人三个发展时期中承前启后的族称,也是中国西南、岭南以及东南亚侗台语民族的泛称”④。还有学者指出,“僚是以越民族群体中的骆越为主体发展而来的”⑤。由此,我们也看到,民族的形成、发展和演变是一个极为复杂的问题。总之,“僚”是一个外延非常宽泛的概念,它可以成为我们研究南方族群的一个“网结”。据王文光等学者考证,后来“僚”族进行了分化,一部分北上巴蜀,另一部分去了岭南。⑥如今的布依族、侗族、水族、仡佬族、壮族、黎族等

①何光岳:《南蛮源流史》,江西教育出版社1988年版,第266页。

②转引自陈杰:《“僚”名的读音与弃用》,《广西民族研究》2002年第3期。

③蒙默:《“蜀本无僚”辨》,《西南民族学院学报(哲学社会科学版)》1983年第3期。

④陈杰:《“僚”名的读音与弃用》,《广西民族研究》2002年第3期。

⑤王文光、李晓斌:《百越民族发展演变史:从越、僚到壮侗语族各民族》,民族出版社2007年版,第170页。

⑥王文光:《中国南方民族史》,民族出版社1999年版。

少数民族在历史上都曾有过“僚”的称谓。在南方民族指称中，“僚”“越”等范畴可以互指。北上巴蜀的“僚”渐渐汉化，这反映出我国南方民族“多元”与“一体”的辩证关系。

我们从一个“僚”字可以窥见南方多个民族不断融合又不断分化的轨迹，“僚”的分化和演变包含着深刻的历史规律，体现着中华民族多元一体格局的特点。以“僚”为中心，可以大致关涉到南方多个少数民族的发展简史。“僚”既体现了民族融合发展的时间性（历史性），又体现了民族融合发展的空间性。由此可见“僚”主要不是指某一具体族群，而是指某一类型的族群。

二、“南平僚”是僚人中的重要一支

我国历史上多次出现过民族融合，尤其到了唐宋时期，民族融合趋势进一步发展，这其中就包括汉、僚融合。当然，民族发展过程中不仅有融合，还有迁徙。民族迁移的原因总是很复杂，战争、灾荒等都可能造成民族迁徙。相关资料显示，最先迁入綦江的僚人，逐渐与当地汉族融合。董其祥指出，僚人就是古代的巴賨，又叫板楯蛮，唐代称为南平僚①。就“僚人”研究而言，“南平僚”是一个很好的研究对象，因为“南平僚”是僚人群体中颇有代表性的一支。“南平僚大约在战国末年开始出现在重庆綦江藻渡河流域，在历史上活跃上千年后，突然消亡。”②藻渡河在旧志上被称作“僚人河”，是綦江（古称南溪、夜郎溪、僰溪）的两条主要支流之一，古代为山高林密、蛮荒瘴疠之地。南平僚就在这种与世隔绝的地方过着穴居、渔猎的生活。据地方志载，藻渡河流域分布过三支南平僚：红僚、花僚、青衣僚，以所穿麻衣色彩区别。南平僚捕鱼用柳叶舟，网具用棕丝织成。丰收时僚人击铜鼓讴歌，摇摆而舞。据历史学专家考证，先秦时的西瓯人、骆越人以及汉代的乌浒人、南越人等都是“南平僚”的先人。

总体来说，“渝南黔北毗邻地区的‘南平僚’，人口规模不大，分布地域不广，其主体仍在传统的巴蜀之域”③。也有学者指出，南平僚的祖先是秦汉时期活跃于今贵州北部地区的夜郎部族，到了唐宋时期，夜郎人北迁至今重庆南部地区，成为史书中记载的“南平僚”。④王文光等学者指出：“在今四川至两广、越南北部众多的僚中，以唐时的南平僚最有名。”南平僚的分布是在川、黔、湘三省连接地区及广西玉林一带。⑤从王文光

①董其祥：《巴渝舞源流考》，《重庆师院学报（哲学社会科学版）》1984年第4期。

②杨昌玉、董丽莎：《綦江南平僚文化的开发应用与研究》，《重庆行政（公共论坛）》2015年第3期。

③黎小龙：《传统民族观视域中的巴蜀“北僚”和“南平僚”》，《民族研究》2014年第2期。

④李盛虎：《南川廊桥群古僚人留下的绝世飞虹》，《城市地理》2014年第3期。

⑤王文光、仇学琴：《僚族源流考释》，《广西民族学院学报（哲学社会科学版）》2006年第3期。

等人的观点来看，南平僚在南方的分布范围还是比较广的。《新唐书·南蛮传》记载："南平獠，东距智州，南属渝州，西接南州，北涪州，户四千余。"[①]位于重庆南部的綦江自然在这个范围里面。有资料记载，在四川东南部有南平僚[②]。当时的四川东南部大致相当于重庆的南部，即今天的綦江境内。在晋、唐时期，重庆的僚人有三个重要的分布区域，綦江就是其中之一。尤以綦江、巴县南部的"南平僚"聚落甚众。[③]綦江南平僚的生活习俗带有明显的夜郎民族特征，如文身、椎髻、跣足、打牙(凿齿)、鸡卜、祭鬼、住干栏、穿筒裙、击铜鼓讴歌，等等。[④]南平僚的生活习俗与岭南百越诸族的生活习俗颇为接近和相似。

僚人的迁徙、僚人的生活对我们研究南方族群的演变和相互关系有重要的参考价值。自汉至唐、宋，在今重庆地区，还分布着一些被泛称为"僚"的民族，"僚"读音为"老"，系百越的一支，《魏书》称其为古南蛮的别种。[⑤]"南平僚"也内含着历史演变的逻辑和规律。自汉以后的史籍中，岭南越族的称呼已逐渐消失，继而出现了"乌浒""僚""乌武僚""俚僚"等不同族称。[⑥]有学者认为"岭南僚人包括今壮侗语民族的先民"[⑦]，比如，侗文化的核心、主干是来源于古越僚文化[⑧]。这说明侗文化与古越僚文化是有联系的。

任何一个族群都是系统整生[⑨]而成的，这是民族形成和发展的规律。"南平僚"也不例外，它只是诸"僚"中之一支。如果说研究"僚人"是"面"上的研究，那么，研究"南平僚"就是"点"上的研究，我们要做的是以点带面，但无论是僚人，还是南平僚，这两个范畴都体现了南方族群与岭南文化/百越文化多维整生的规律。

"僚人"的发展历史及地理空间的分布明显体现了中华民族多元一体的特征，这样的特征无论在中国哪个地方都能得到相应的体现。所以，"民族"不是一个单一的概

①转引自王文光、仇学琴:《僚族源流考释》,《广西民族学院学报(哲学社会科学版)》2006年第3期。

②赵卫邦:《中古时期四川的僚族》,《西南民族学院学报(哲学社会科学版)》1984年第4期。

③杨明:《论古代重庆地区的濮、僚族》,《重庆师院学报哲社版》1995年第4期。

④王德埙、王长城、周麟:《黔北夜郎考古的新发现——綦江鳛文化考古调查记》,《毕节学院学报》2014年第9期。

⑤杨明:《重庆地区濮、僚族的相互关系及其社会状况》,《三峡文化研究丛刊》2002年。

⑥周宗贤:《南方民族论稿》,广西民族出版社1986年版,第11页。

⑦覃晓航:《"郎火""提陀"语源考》,《中央民族大学学报(哲学社会科学版)》2004年第2期。

⑧冯祖贻、朱俊明、李双璧,等:《侗族文化研究》,贵州人民出版社1999年版,第19页。

⑨"整生"是袁鼎生教授提出的。这一概念大致指的是任何事物的整体性质都是系统生成和系统生长的,它具体体现为"以万生一"和"以一生万"的辩证统一,袁教授从整生论美学的角度揭示了事物形成、发展和演变的普遍规律。关于"整生"的相关论述参见袁鼎生的《整生论美学》《超循环:生态方法论》《生态艺术哲学》《生态视域中的比较美学》等著作。

念,它是一个复合的实体,内含着历史发展的规律。“南平僚”只是“僚人”的一个重要分支,南平僚的活动范围也不仅仅限于綦江。“南平僚”的历史反映出巴渝文化在形成过程中与整个大西南乃至华南诸民族间的天然联系。“‘百越’亦称‘百粤’,是我国古代长江以南广大地区族群的泛称。主要包括‘于越’(今浙江一带)、‘大越’(春秋时越国故地)、‘句吴’(今苏南一带)、‘扬越’(江汉之间)、‘南越’(今广东、广西一带)、‘闽越’(今福建一带)、‘东瓯’(今浙南瓯江流域)、‘西瓯’(今广西一带)等。颜师古《汉书·南粤传注》载:‘西瓯即骆越也。’由此可知,作为广西境内本土民族的毛南族与壮族、布依族、傣族、侗族、水族、仫佬族、黎族等一样,都是骆越中的一支。”①这说明我国各个民族在“多元一体”背景下都是同根而生的民族,中华民族是在历史中生成的,是一个整体。

三、研究“南平僚”的意义

(一)丰富“僚人”研究乃至民族研究的理论体系

在当今中国,民族研究的理论体系是被置放在整个中华民族“多元一体”的整体框架中加以审视的。“僚人”研究实际上属于民族关系、南方民族史研究。通过梳理学术界相关文献发现,“僚人”是一个在历史中生成和不断演变的群体范畴。由于“南平僚”是“僚人”中重要的一支,所以,我们研究“南平僚”能够丰富“僚人”研究的内容,能够解释“僚人”不断演变的历程和规律。“僚人”是南方族群演变的一个关键节点,南方族群相对于北方族群而言,支系更显众多,民族间的关系在历史上显得更为复杂。因此,我们研究“南平僚”对于丰富我国民族研究的理论体系具有重要意义。

(二)有利于民族区域文化的挖掘和保护

近些年来,对非物质文化遗产的研究已成为我国学界研究的热点。我们认为,“僚人”的历史是宝贵的非物质文化遗产和独特的地域文化。从区域人类学的角度看,“僚人”是我国南方一个很大区域范围内民族共同体的重要表征。因此,研究“僚人”有利于民族区域文化的挖掘和保护。

“南平僚”涉及重庆綦江等地,因此,在全国各地大力宣扬推介各自地方文化的背景下,研究“南平僚”,对于丰富巴渝文化的内涵大有裨益。这样的研究可以揭示重庆人的祖先与其他地区、其他民族的关系,有利于增加綦江乃至整个重庆旅游文化的内涵和维度。

①谭自安:《中国毛南族》,宁夏人民出版社2012年版,第22页。

(三)有利于促进民族和谐

中华民族发展演变的规律体现出“多元一体”的特征。前文提到,研究“南平僚”乃至“僚人”可以揭示中国南方族群的演变关系,为中国民族多元一体格局提供强有力的理论支撑,对于促进民族和谐、加强民族团结具有重要意义。中华民族的形成经历了漫长的历史演变过程,在此过程中,多种因素都发生着作用,因此,民族关系在历史上呈现出复杂的面貌。我们考察“僚人”乃至“南平僚”的历史就会发现我国民族演变和发展的规律。“南平僚”的发展和演变始终是与夜郎古国、百越诸民族息息相关的,这就再次印证了费孝通先生关于“中国民族多元一体格局”的论断。其中,“多元”指56个民族,“一体”指“中华民族”这个整体,明白了这一点,我们就可以明白中华民族这个大家庭中的56个民族,特别是汉族与55个少数民族的关系是在历史中形成的。我们知道了民族发展演变的规律,就会自觉地对中华民族产生强烈的民族认同感,一方面认同自己的民族及其文化,另一方面,认同其他民族及他们的文化。总之,不同的民族在我国形成一个民族共同体,不同民族之间是平等、团结、互助的和谐关系,而非彼此对立的“他者”。

构建巴文化学的初步设想[1]

胡天成[2]

20世纪20年代，学者们开始关注巴文化研究。史学大师吴致华先生的《古巴蜀史考略》开启了巴文化研究的先河，此作发表在《史学月刊》1930年第1期。80多年来，一批批学者致力于巴文化研究，尤其是20世纪80年代以来，巴文化研究著述层出不穷，出现了百著拥刊、千文竞发的壮观景象。在繁盛表象的后面，关于巴文化的一些重要问题，学界聚讼纷纭，莫衷一是，难以达成共识；民众也感到无所适从，亟盼有确切的见解呈现；相关领导层更希望从巴文化研究中，认识、了解、把握重庆的文化发展脉络，增强促进经济、政治、社会、生态发展的软实力，建设文化强市。由此看来，巴文化研究还需要有突破性的进展。如何解决这些问题，如何将巴文化研究引向纵深发展，着力点甚多。笔者认为，如果从学科建设的高度鸟瞰巴文化研究，集中研究力量，探寻各个层面的相关问题，也许能解决系列问题。基于此，笔者不揣冒昧，撰写此文，以求教于方家。

一、构建巴文化学的必要性和可行性

纵观巴文化研究的发展情况，其大致经历了混名发轫、独立正名、渐次兴盛和全面深化四个阶段。

（一）混名发轫阶段（20世纪30年代和40年代）

此阶段以吴致华先生在《史学月刊》1930年第1期上发表《古巴蜀史考略》为起点。之后，卫聚贤先生在他主编的《说文月刊》上开辟了“巴蜀文化专号”并发表了《巴蜀文化》一文，一些颇有影响力的史学大师也在此“专号”上发表了有关巴蜀文化研究的文章。他们主要通过梳理文献典籍的记载并辅以用出土文物佐证的方法，研究古代巴蜀文化。尽管当时主要研究的是成都地区的古蜀国历史，对巴国的历史只是附带提及，在称谓上亦笼统地“混名”为“巴蜀文化”，但它的意义不可小觑，因为它毕竟开启了巴文化研究的大门，标志着巴文化研究的发轫。

---

①原载于《史记论丛》第13集。

②胡天成，原重庆市艺术研究所副所长，重庆市文化艺术研究院研究员。

(二)独立正名阶段(20世纪50年代至70年代)

此一时期,随着巫山县的大溪文化遗址和忠县哨棚嘴遗址群,以及广元昭化宝轮院墓莽群、巴县冬笋坝墓莽群、涪陵小田溪墓葬群等的出土,考古学家发现其中的器物为巴人使用,墓主亦为巴人。因此,学者们不再依照过去的传统将其归类为"巴蜀文化",而以"巴族文化""巴人文化"称谓,与"蜀文化"区别开来。这是真正的"巴文化"概念提出的肇端。

考古学家在这一时期还相继发掘了位于湖北宜昌杨家湾、三斗坪、白庙、中堡岛的古遗址,秭归的柳林溪古遗址,宜都红花套、古老背、毛溪套、向家沱的古遗址,以及当阳季家湖的古遗址,还发掘出宜昌新坪的悬棺群,宜昌前坪、后坪、葛洲坝等地的战国秦汉墓地,巴东县西瀼口的古墓群等。这些遗址和古墓中,器物也有巴文化性质,葬者也有巴人。由于巴文化特征较为明显,学者们因此提出了"巴人遗存"概念。这标志着"巴文化"已经从过去笼统的"巴蜀文化"中分离出来,"正名"为独立的"巴文化"。

(三)渐次兴盛阶段(20世纪80年代和90年代)

此一阶段巴文化研究渐次兴盛的主要标志是学术研究逐渐集中到巴文化的研究上来。主要体现在学术著述、研究机构、学术刊物、研讨会议等方面。

在学术著述方面,如果说顾颉刚的《论巴蜀与中原的关系》、徐中舒的《论巴蜀文化》、蒙文通的《巴蜀古史论述》、邓少琴的《巴蜀史迹探索》等专著仅在巴蜀文化研究中附带性地论述巴文化,那么,董其祥的《巴史新考》则开启了专门研究巴史的先河。此后管维良的《巴族史》、薛新力的《重庆文化史:远古—1949年》等,对巴史、巴文化做了专题研究;王子君、陈洪、郑子华主编的《巴土研究》,湖北民族学院编的《土家族研究丛书》,宋治民的《蜀文化与巴文化》,林永仁、来层林的《巴楚文化》等,对巴文化的流衍和巴文化与周邻文化的关系等做了专题研究。对巴文化做专题研究的学术论文则数不胜数。

在研究机构方面,巴文化研究的群众社团有1993年秋成立的重庆巴文化研究会,湖北恩施州巴文化研究会虽在2002年8月成立,但此阶段已在酝酿筹备。事业单位中与巴文化研究相关的机构有:西南大学的历史地理研究所,重庆师范大学的三峡文化与社会经济发展研究院,长江师范学院的乌江流域社会经济文化研究中心,重庆三峡学院的三峡库区可持续发展研究中心;湖北民族学院的南方少数民族研究中心,三峡大学的三峡文化与经济社会发展研究中心、土家族研究中心。此外,还有重庆市历史地理学会、重庆市历史学会、重庆市博物馆学会、湖北省三峡文化研究会等(其中有的成立于21世纪初)。

在学术刊物方面有：重庆市博物馆和重庆巴文化研究会于1994年创办的《巴文化研究通讯》，1997年停办，尔后于1999年改版为《重庆历史与文化》，每年定期出版两期；湖北民族学院南方少数民族研究中心于1997年创办的《土家学刊》季刊，后改名为《土家族研究》。

在研讨会议方面，本阶段召开的会议主要有：1986年10月，在四川广汉三星堆巴蜀文化遗址发掘地召开的"全国巴蜀历史与文化学术讨论会"；1988年8月，在鄂西自治州召开的"湖北省考古学会第七次年会"；1992年4月，在四川广汉召开的"纪念三星堆考古发现六十周年暨巴蜀文化与历史国际学术讨论会"；1993年秋，在西南师范大学召开的全国"首届巴渝文化学术研讨会暨重庆巴文化研究会成立大会"；1995年11月，在湖北宜昌召开的"首届巴楚文化研究会"等。

（四）全面深化阶段（21世纪初至2015年）

此阶段巴文化研究全面深化的标志是考古发掘的新进展、学术成果的大丰收、理论内涵的深开拓。

在考古发掘方面，为配合三峡工程建设，全国近三分之二的文物研究单位以及高校的考古从业人员云集三峡，对三峡地区近千处地下文物遗址遗存进行了史无前例的大规模考古发掘。至2009年底，文物部门全面完成了三峡工程规划确定的考古发掘任务，出土了各类文物标本24.78万件，其中湖北库区11.5万件（含珍贵文物标本2.2万件）。

经过十多年的考古发掘，三峡地区原始文化的面貌已经得到了廓清，考古学文化的时空框架已经搭就并得到了系统的深化，诸多考古学文化的空白得以填补，巴文化的千古之谜正在不断地被揭开，三峡江域的历史文化脉络更加清晰和生动地展现在世人面前。尤为重要的是，三峡地区的夏、商、周三个时期考古学文化序列已经基本建立，为研究这一地区古代文化提供了时空坐标。

在学术研究上，三峡库区考古发掘成果的空前丰硕，促使巴文化理论研究成果兴盛繁荣。据不完全统计，单是有关三峡地区古遗址、墓葬、古建筑等的大型报告集和研究著作就多达60余部，加上其他的研究著述、会议文集、系列丛书以及学术专刊，面世的巴文化著作数以百计，发表的学术论文数量更多。据王先胜先生统计，以"巴文化"为检索词在中国知网上检索"全文"得到12347条结果，减去其中的"哈拉巴文化"211条后为12136条，文献时间范围为1937年至2013年；同样以"巴文化"为检索词检索"主题"得到1320条结果，减去其中的"哈拉巴文化"11条后为1309条，文献时间范围为1959年至2013年。以"巴人""巴蜀文化"为检索词,无论是全文还是主题检索,得到的结果更多。王先生据此估计,与巴文化研究相关的文献(包括考古发掘简报)已达数万篇。

在理论内涵的开拓上,此阶段的巴文化研究成果不仅数量众多,而且研究的理论视角也不再像过去那样比较单一,而是多角度、全方位去探索巴文化的堂奥。从历史文献学角度来看,巴人的渊源可直接追溯到远古时期;从民族学角度来看,当今生活在湘、鄂、黔、渝的土家族是巴人的后裔;从考古学角度来看,历史上三峡地区的文化自新石器时代晚期始一直延续到春秋战国时期,这一文化遗存被考古学研究者确认为巴文化遗存;从宗教学角度来看,古代巴人是多图腾崇拜的民族,尤其崇拜多种动物,包括崇"蛇""鱼""鸟""虎"等,这些图腾崇拜都可以在考古发现和民族文化中找到证据;从语言学角度考察土家族语言可知,"巴"之本意为"坝","巴""坝"同音,"巴人"又称"比兹","巴"还可呼为"鱼"等;从民俗学角度来看,巴人世代多以渔为生,故死后有用船作棺下葬的习俗,巴人死后的葬姿可在新石器时期墓葬的葬式上找到渊源,巴人发式"椎髻",因此有"弜头虎子"之称;从古文字学角度来看,甲骨文中的"巴"字就是蛇的形态,这说明巴族与蛇(虫)关系密切;从体质人类学角度来看,如今的土家族人,其基因成分与该地区青铜时代巴人的基因成分有着承袭关系,属于"南亚人种体质因素",因而土家族人应该是古代巴人的后裔,等等。

从以上的简略介绍中,我们清楚地看到,因考古发掘的空前活跃,造就、培养了一大批巴文化研究者,他们由各自为政转向组织协作、相互交流,从多学科多视角多方位去研究巴文化,取得了令世人瞩目的成果。巴文化研究的这种发展态势,既呼唤着巴文化学的嬗降,也为巴文化学的诞生创造了可资践行的条件。

二、巴文化学的基本构架

巴文化学是一门研究巴文化的新兴学科。其基本构架大致包括三个层次,即基础工程层次、主体部件层次、一般原理层次。

基础工程层次包括历史文献、考古文物和活态资料。历史文献从《山海经》《山海经图解》《华阳国志》《华阳国志校注》《华阳国志补注》到前述成百上千的巴文化研究专著和文章,可以说是汗牛充栋。其中林向先生的《巴蜀的历史与文化论著目录提要索引》和薛新力的《巴渝古代要籍叙录》,为我们从文献学的角度理解和掌握巴文化史籍做了很好的指导。前文提及的60多部有关三峡地区古遗址、墓葬、古建筑等的大型报告集和研究著作,有助于我们从考古学的角度认识、理解这些出土文物的性质、产生的时间及其在巴文化研究中的作用。至于活态资料,不为巴文化研究者所关注。在近些年开展的志书、集成的修纂,尤其是非物质文化遗产的保护过程中,发现了不少存活于民众口头的巴文化资料,其中2014年8月文化部批准的重庆市武陵山区土家族苗族文化生态保护实验区是非物质文化遗产的富集区。至2013年末,渝东南5个区县(未包括当时的武隆县)非物质文化遗产经批准并列入代表性项目名录的有300多项。列入国家级保护项目的酉阳摆手舞和酉阳巫傩诗文(巫歌),列入市级保护项目的石柱七百里巴盐古道、石柱打绕棺等,不仅让我们清楚地见识到古代巴人贩盐贸易、葬礼习俗等,还成为我们研究巴文化的鲜活生动的孑遗余绪。

主体部件层次内容十分丰富。包括巴民区域学、巴民族人学、巴民国制学、巴民业事学、巴民艺文学、巴民信俗学、巴民邦交学等学科,是建立巴文化学的主体构件。其内容在后文叙述,此不赘述。

一般原理层次是对基础工程和主体部件内涵的理论升华,是巴文化中带有普遍性的规律、特性。诸如什么是巴文化学,巴文化学研究的对象、目的、意义,巴文化的内涵、外延,巴文化产生的地理、历史、社会环境,巴文化孕育、形成、繁荣、消萎、孑遗的历史,巴文化的构成、形态、类别、特征,巴文化在中华传统文化特别是民族文化心理构成中的地位、影响,保护、研究巴文化在建设中国特色社会主义文化中的作用,等等。其中巴文化的基本内涵与历史分期是一般原理学科乃至整个巴文化学科的核心理论,笔者将在下文中概说其要。

三、巴文化学的核心理论

巴文化是一种具有鲜明地域、历史和民族特征的内涵十分丰富的社会文化事象。

巴文化的地域性,表现为它的空间存在,即古代巴人活动的地域范围;巴文化的历史性,表现为它的发展演变性,即巴文化孕育、形成、发展、延续的大致流程;巴文化的民族性,则表现为它的创造主体性,即活动于巴地的以巴民族为主的众多民众。

在讨论巴文化的内涵之前,需要先了解文化的内涵。文化,人们常说常用,但要说清它的含义,又颇费笔墨。因此有人说,它是一个既简单又复杂的概念。

《易传》中,"观乎人文,以化成天下"一语,道出了"文化"一词所蕴含的"人文化成"的意义。刘向的《说苑》中,"凡武之兴,为不服也,文化不改,然后加诛",是将"人文化成"转为"文化"一词之始。王融《曲水诗序》中,"设神理以景俗,敷文化以柔远"则是从文治教化的角度对“文化”一词进行阐释的。

在人类学研究的视角下，一些人类学家对“文化”一词下了若干定义。20世纪50年代出版的美国学者著的《文化概念及各种定义的研究》一书中，所列举的“文化”的不同定义有160余个之多。

之所以产生如此众多的“文化”定义，一方面是文化这个看似简单的概念的确包含着十分复杂的内涵，另一方面则是研究者们的指导思想不同、运用材料相异、研究角度有别等原因所致。所以有人说，有多少人研究文化，就有多少个文化定义。

这种说法虽然道出了文化研究中的某些客观存在，但也反映出研究者的相对主义观点。如果我们以马克思主义哲学为指导，坚持辩证唯物主义方法论和社会存在决定社会意识的本体论，坚持辩证唯物主义的“实践—认识—再实践—再认识”的认识论，就会对文化的定义给出科学的结论。苏联哲学家卡冈对文化的界定之所以能够得到众多文化研究者的赞同，正是因为他运用马克思主义观点研究人类文化。卡冈认为，文化是人类活动方式和产品的总和。人类活动的产品包括物质产品和精神产品两大部分，而人类活动的方式，则大体包括生产方式、组织方式、生存方式、生活方式、行为方式、思维方式和社会遗传方式七个方面。由此可以看出，文化的内涵确实相当丰富。

上述文化是广义的文化。而狭义的文化则指社会意识形态以及与之相适应的制度、组织机构和物质载体等。

研究巴文化，当以广义文化为视角。由此，巴文化则可定义为古代巴人活动区域中的以巴民族为主的广大民众，在长期生存、繁衍中形成的活动方式及产品的总和。如此看来，巴文化的内涵具有五个重要元素：一是区域性元素，它是巴文化的依托；二是民众性元素，它是巴文化的创造者；三是社会组织、制度，它是创造者的思想、行为规范；四是活动方式，它是创造者创造巴文化的思想、行为样态；五是物质和精神产品，它是体现巴文化的主要载体。这五个元素中，第二、第四、第五个元素尤为重要，其中第二个元素是巴文化的创造主体，第四个元素是巴文化的创造过程，第五个元素是巴文化的创造结果，而第四个元素则是研究巴文化的核心。它是“人文化成”之“化”的具体体现，是运用中国传统文化观念指导当代文化学研究的要义所在。这些元素构成的巴文化，多数是具象化的显性文化，也有一些是非具象化的隐性文化。

巴民族的生存、发展及其创造的文化不是孤立的，而是历史长河中发挥承接延续作用的传承链。巴民族形成之前，长江三峡大巫山及周边地区，曾经住有先于巴民族的族群,学术界称这些族群为“先巴民族”,其中有的为巴民族的族源,或者说为巴民族的先祖,他们创造的文化则是“先巴文化”。巴国被秦灭亡后,尽管其他民族(主要是汉民族)在此地与巴民族融合,但巴民族依然存在,而且他们在不断地创造着巴文化。按文化传承链的理论观点,笔者以为,巴文化的发展可以分为四个历史时期:巴民族形成前的先巴民族创造的先巴文化,此为巴文化的孕育、起源时期;巴民族形成、发展过程中,巴民迁徙至洞庭、彭蠡一带,被尧帝派的大将羿打败,一支经由湖北的江汉平原迁至陕西的汉中平原而后又迁至四川的渠、渝流域,一支以廪君为首领,战盐水女神,建夷城,而后西迁江州(今重庆),建立巴国,创造巴文化,此为巴文化的形成、鼎盛时期;巴国被秦灭亡后,建立巴郡,创造了这一时期的后巴文化,此为巴文化的延续、消萎时期;巴郡建置撤销之后至今,则是巴文化的孑遗、余绪时期。

巴文化研究,重点是研究形成、鼎盛时期的巴文化。这一时期长达上千年,巴地民众创造了可与中原夏虞文化媲美的灿烂文化。在这上千年的发展历程中,巴文化处于一种动态的变迁状态中,其基本特质大体相同,但又体现出不同时期不同文化要素组合的特色。其可分为早、中、晚三个阶段。考古界对早、晚两期巴文化有明确的认定。考古学研究表明,鄂西清江中游的香炉石遗址出土文物较为丰富,有石器、陶器、骨器、铜器、甲骨和陶印章等近万件,据此研究者将这一时期的文化命名为“香炉石文化”,也称早期巴文化。其距今约三四千年,大约为廪君文化时代,在华夏历史上为新石器时代晚期的夏商至周初。鄂西地区的秭归、宜昌、宜都、当阳等地,也发掘出一批新石器时代晚期至商周时期的人类居住遗址,出土了一些具有地方特色的文化遗存。经与成都地区、中原地区、长江中游地区同时期文化遗存相比较并结合历史文献中的有关记载,学界认定这是夏商时期的“早期巴文化遗存”。早期巴文化由鄂西向四川盆地东部、陕西南部两个方向传播。春秋晚期、战国至秦,陕西南部“宗姬”巴国也迁入四川盆地之东。巴人在这两条迁徙路及之后的聚居地留下大量文化遗存,考古界称此为晚期巴文化。

至于周初至春秋中期,有学者认为,这一时期的巴文化可称为中期巴文化。

四、巴文化学的主体部件

巴文化学的主体部件即巴文化内含的五大元素。既有巴民创造的物质产品和精神产品,也有他们的活动方式;既有显性文化,也有隐性文化。它们是巴文化学研究的主要对象,主要有以下七大门类:

（一）巴民区域文化

巴人活动的区域，比较明确的是公元前611年庸国趁楚国大饥荒起兵反叛，巴、楚、秦联军灭掉庸国，分其土地后，巴国疆域东自鱼凫，西至僰道，北抵汉中，南极黔涪。此时大约为巴国中期。其早期疆域怎样？后期疆域如何？巴民族起源时的活动区域在哪里？其迁徙移居于哪些区域？巴民活动区域内的生存、繁衍的生态环境怎样？这些都是巴民区域文化研究的内容。

（二）巴民族人文化

早期巴文化研究者根据《山海经》等古籍文献，认为巴民族起源于河南太皞部落，后西迁至三峡及其周边地区。近些年来，随着考古发掘的深入开展，三峡地区发现大批巴人遗址和墓葬，巴文化研究者认为，巴民族起源于三峡地区。但巴民族的起源是一元还是多元，巴民族发展迁徙的途径怎样等问题还众说纷纭，莫衷一是。巴民族的发展，巴民族与其他民族的融合及其现代遗存等，这些都是巴文化研究中亟待解决的问题，也是巴文化学必须关注的研究对象。

在研究巴民族历史时，对深刻影响过巴民族历史发展的人物，诸如传说中的廪君和盐水女神、巴民族名将蔓子和巴国女企业家巴清等，也要给予关注和研究。

（三）巴民国制文化

巴民族的上层集团曾经建立过自己的统治机构和制度，包括巴与樊、瞫、相、郑部落首领争君获胜在夷城建立的部落联盟集团，商代建立的巴方，周初建立的宗姬巴国，以及鳖灵部族西迁王蜀建立的开明王朝等；巴人在发展过程中建立过的或作治所、或作别都、或作居留的巴都，诸如夷城（今恩施）、枳（今涪陵）、平都（今丰都）、江州（今重庆）、垫江（今合川）和阆中；巴民族的社会政治制度等。这些巴国、巴都、巴制构成的巴民国制文化，成为构建巴文化学的重要主体部件。

（四）巴民业事文化

巴民业事文化包括重要的事件和物业两个大类。

巴民族尚武剽悍，加之又处在东楚、北秦、西蜀强国虎视眈眈的“战国”环境之中，他们几乎举族为兵，战争成为他们求生存、谋发展的“必备大业”。战事几乎贯穿民族发展始终，最著名的有他们参加周武王统率的联军伐纣灭殷，与楚、秦联合灭庸，以及阆中渝水賨人助汉“定三秦”等。与战事相适应，兵器业得到发展。其制造的兵器有戈、矛、戟、钺和铍等长兵器，剑、刀等短兵器，弓、弩、镞等远兵器，以及指挥战斗的军乐器錞于和钲等。

巴民物业文化的内容十分丰富，主要有：以盐泉制盐、以盐兴族、以盐兴国的巴盐文化；以罟网鱼，以弓箭带绳捕鱼，以鱼凫衔鱼，以盐腌鱼、贮鱼的巴渔文化；从采集野生茶叶到开辟茶园种茶、驯茶，创造采茶、制茶技艺并向朝廷贡茶的巴茶文化，巴茶文化被誉为人类茶业的摇篮；制作数量众多、形体各异、品质精良的素陶、彩陶器皿的巴陶文化；运用青铜冶炼技术，除制造前述的兵器、乐器外，还制造多种礼器和生活实用器的巴铜文化；由土质陶舟，到巨木掏空的独木舟，再到木板镶钉而成的木板舟，以及舟作捕鱼和运输工具的巴舟文化；蜀民"化其教而力务农"，以致"土植五谷，牲具六畜"的巴农文化；特别是将以打制石器为工具的石耕时代，推进到以铁为具、以牛为力，种植粳稻的牛耕时代的巴稻文化；由穴居、巢居发展为干阑，巧妙运用错层、错位、吊层、吊脚、挑层、抬基、贴岩(坎)等建筑手法，创造出层层叠叠、错落有致、别具一格的吊脚楼的宜居(建筑)文化；采集、研制山草药，尤以药之上品——号称"长生不老起死回生之仙药"的丹砂著称于世的巴药文化；酒不仅作为向秦朝廷进贡的贡品，而且作为互不侵犯盟约信注，尤以巴乡清酒名列史册的巴酒文化；以运盐贩盐为主，东到江汉平原，东北到豫西平原，北到汉中盆地、关中平原，西到成都平原，南到云贵高原，进行原始贸易的巴贸文化等。

(五)巴民艺文文化

巴民族能歌善舞、喜艺尚文，创造了丰富的巴民艺文文化：唱而和之者上千人乃至数万人的"下里巴人"，"击鼓以赴节，歌者扬袂睢舞"的竹枝歌等巴歌文化；着戎装，舞干戚，表现征战杀伐内容的武舞，以及"相牵引，连手而跳""蛮鼓声坎坎，巴女舞蹲蹲"的曼舞等巴舞文化；以36名鼓员为巴渝舞伴奏，以手鼓为竹枝歌"击鼓赴节"等的巴乐文化；以角牴、杂耍等为内容的百戏，在阳事、阴事、神事祭祀活动中运演的仪式戏剧等的巴戏文化；包括巴人、巴地、巴物、巴事、巴图腾、巴技、巴艺、巴语、巴巫、巴俗诸多类别的故事传说的巴文文化；象形表意图符，方块形竖排，与我国古汉字——甲骨文、金文平行使用的巴字文化；从现存的土家语反观古代巴民语言的巴语文化等。

(六)巴民信俗文化

巴民的信仰习俗文化主要有：以龙蛇、白虎、鱼凫、鳖等为本氏族的标志和符号而加以顶礼膜拜的巴图腾文化；崇巫淫祀，俱事鬼神，"终朝走巫祝，歌舞散灵衣"的巴巫文化；为表达生前水居渔猎、死后灵魂也驭船猎鱼的寓意，而以船为棺的巴葬文化；"惟月孟春，獭祭彼崖"以祭祀祖先，廪君死后，化为白虎神，而以人对其进行祭祀的巴祭文化;其劳其作,其居其食,其婚其葬,代代遵依其俗,而今巴人后裔土家族人尚有明显余绪的巴俗文化等。

(七)巴民邦交文化

巴民邦交文化系指巴人与周边邻邦的文化交流,最为密切的是巴、蜀文化交流,巴文化、蜀文化同为长江上游地域文化,与长江下游的吴越文化、中游的荆楚文化相呼应,世代相邻相依;巴人与北秦、南黔、西南滇和中原地区相互交往而形成的巴秦、巴黔、巴滇、巴中原文化等。

五、构建巴文化学的重要举措

构建巴文化学,引领巴文化研究朝向纵深发展的举措甚多,笔者略举其一,即在大体构建起巴文化学框架的基础上,采取"三集"科研模式,深化巴文化研究。

一是集合强型的科研力量。以课题为核心,采取多种形式,加强强强联合,实现优势聚集,将那些造诣高、能力强、热心于巴文化研究的人才组成集团式的群体,集中群体智慧,打造科研品牌。

二是产出"集约化"科研精品。着力打造巴文化研究中尚需重点研究的,以求达成共识的,选题精确、观点精湛、语言精美的,具有高质量、高水平的集约式的学术精品。

三是集束式地展现成果。批量式地推出成果,集束式地投入社会,使之产生巨大的影响力。

以上所言,系个人浅见,略述于此,权作引玉之砖,切盼引出有关巴文化学的精作来。

参考文献:

[1] 杨华、粟慧:《巴文化研究活动的兴起及深入》(上),《重庆文理学院学报(社会科学版)》2013年第6期。

[2] 杨华、何怀红:《巴文化研究活动的兴起及深入》(下),《重庆文理学院学报(社会科学版)》2014年第1期。

巴渝文化的构成要素[①]

王明凯[②]

重庆属巴，是因为我们的祖籍是巴国；重庆称渝，是因为我们脚下有渝水。巴山渝水孕育了巴渝文化，巴文化、抗战文化、三峡文化、少数民族文化、大都市文化、大农村文化是构成巴渝文化的六大要素。

一、巴文化

在历史记载中，巴，既是种族名，又是地名。作为种族名，它是巴族；作为地名，它是巴国。大约3000年前的巴人，起初生活在湖北的长阳山区，后来逐步向外拓展。长阳而夷城（今恩施），夷城而枳城（今涪陵），枳城而江州（重庆），最终以江州为中心，建立了巴国。巴国的势力所及，西近成都平原，北到汉水流域中上游，东至湖北宜昌，南至今日之渝东南、黔东北、湘西北，巴人在巴山渝水的广袤大地上，创造了独一无二的巴文化。

巴文化是巴族文化和巴地各族文化的集合体。其可分为三大主要类型。

一是“下里巴人”。它是劳动人民创作的口头民歌，流行于春秋战国时期，记录和反映了古代巴人的劳作生息。目前有关“下里巴人”的记载史料，可追溯到北魏郦道元的《水经注》中提到的《峡中行者歌》。秦汉以后，一些文人墨客加入到巴渝民歌创作的行列中，产生了诸如《巫山高》等经典之作，据资料记载，仅先秦和汉魏六朝，以《巫山高》为同一题目，描写和歌咏过长江三峡的诗人就有40余位之多。

二是“竹枝词”。竹枝词最初也是巴渝地区的民间歌谣，属“下里巴人”范畴。资料记载：巴人联歌《竹枝》，吹短笛，击鼓，边唱边跳，以曲多为贤。民间的竹枝词语言流畅，通俗易懂，具有易学、易唱、易流传的特点。后来，文人吸收、融汇竹枝词民间歌谣

---

①原载于《史记论丛》第13集。

②王明凯，原重庆市作家协会主席。

的精华，创作出具有浓郁民歌色彩的诗体，并借助竹枝词的格调写出七言绝句，虽文学气较浓，但仍冠名“竹枝词”。“竹枝词”的代表人物当数刘禹锡，他于唐穆宗长庆二年任夔州刺史时，到巫山采风，见民间跳竹枝，就效仿屈原作《九歌》的方式，作《竹枝词》九篇，对后代影响甚大，其中的名篇佳作有：“杨柳青青江水平，闻郎江上踏歌声。东边日出西边雨，道是无晴却有晴。”

三是“巴渝舞”。巴渝舞来源于商末巴师伐纣时的“前歌后舞”，舞风刚烈，音乐铿锵有力，属武舞、战舞。汉初，巴渝舞被刘邦引入宫中，成为宫廷乐舞，既在宫廷中供观赏，也用于接待外宾和王朝祭祀。三国曹魏时巴渝舞被更名为“昭武舞”，西晋又易名为“宣武舞”，至唐代，巴渝舞仍为宫廷乐舞之一。唐以后，巴渝舞逐渐从宫廷中消失，但仍在民间流传，一直到今，遗风犹存。三峡地区和武陵山区巴人后裔的踏踢舞、摆手舞、腰鼓舞、盾牌舞、茅古斯舞，就是古代巴渝舞的流变形式。

源远流长的巴文化发展至今，仍然巴韵十足。下里巴人、巫山高、竹枝词，不仅是巴渝文化的重要源头，也对后来的中国文化产生了深远影响。现在的摆手舞、花灯舞、薅秧锣鼓、花鼓调、莲花落、连宵舞、川剧帮腔、川江号子、劳动号子，等等，都与旧时巴歌渝舞密不可分。从“白虎飞升”到“巫山神女”的巴人神话，从廪君先祖“率队西进”到蔓子将军“刎头护城”的巴人传奇，从“建都江州”到巴县和巴郡的演进历史，从“巴蔓子墓”、“巴县衙门”到“巴文化雕塑区”和“巴国城”的实物见证，这些都展示了巴文化的有效传承和弘扬光大。参天之树，必有其根，巴文化也是中华文化的根文化之一。

二、抗战文化

抗战时期，重庆不仅是中国的战时首都、国民政府的陪都，还是世界反法西斯战争的远东指挥中心，是与美国的纽约、英国的伦敦、苏联的莫斯科齐名的反法西斯战争中心城市。

抗战时期，重庆有文艺刊物50余种、报纸110余种、出版社120余家、文学丛书130余套。《新华日报》《新民报》《新民晚报》《新蜀报》《世界日报》等发表了大量的抗战文学作品，特别是新创办的第一个以发表小说为主的地方性文学月刊《春云》，第一个现代诗歌刊物《诗报》，外迁而来的商务印书馆、中华书局和刊物《儿童世界》等，为重庆抗战文学的繁荣提供了平台。

一大批作家、艺术家、文化精英和社会名流云集重庆，使重庆成为名副其实的文化高地。以郭沫若、茅盾、巴金、老舍、冰心、胡风、夏衍、张恨水、艾青、臧克家等为代表的外来作家和以吴芳吉、何其芳、邓均吾等为代表的本土作家,创作了一大批掷地有声的文学作品。小说方面,有茅盾的《腐蚀》、巴金的《寒夜》、老舍的《四世同堂》、夏衍的《春寒》、张恨水的《啼笑姻缘》、沙汀的《还乡记》、路翎的《财主底女儿们》、艾芜的《苦难者》等作品;诗歌方面,有郭沫若、柳亚子、光未然、卞之琳、臧克家、艾青、胡风、田间等一批外来诗人的作品,有吴芳吉、何其芳、方敬、沙鸥等一批本土诗人的作品,还有毛泽东、周恩来、董必武等一批领袖人物的作品;散文方面,有郭沫若的《在轰炸中来去》、茅盾的《白杨礼赞》、老舍的《轰炸》、田汉的《把民族敌人赶出神州》、何其芳的《呜咽的扬子江》等。

除此之外,还涌现出一大批著名的戏剧、电影、表演、美术、书法艺术家,诸如曹禺、赵丹、白扬、秦怡、张瑞芳、舒绣文、徐悲鸿、傅抱石、李可染,等等。这一时期,电影作品有《中华儿女》《胜利进行曲》《一江春水向东流》等。当时的重庆有雾季公演,艺术家们创作和演出了一大批戏曲、戏剧作品,著名的国泰大剧院就上演过曹禺的《雷雨》《日出》《北京人》、郭沫若的《屈原》《棠棣之花》、老舍的《四世同堂》《残雾》等。

后来,国民政府还都南京,中断了重庆的文化繁荣局面,但抗战文化却坚强地存活下来,生生不息。重庆现有抗战遗址390多处,最集中的当数南岸黄山的抗战遗址博物馆,此处有蒋介石官邸“云岫楼”、宋美龄别墅“松厅”、美国特使马歇尔旧居“草亭”等;重庆图书馆的前身是当时的罗斯福图书馆,抗战文献资料是其特色馆藏品;重庆档案馆、三峡博物馆、中国民主党派历史陈列馆也收存了大量的抗战文献资料,且正在发挥重要的文化传承作用。抗战时期,沙坪坝、华西坝、夏坝、白沙坝曾是著名的“文化四坝”,除华西坝外,其余3处都在重庆,抗战文化在那里得以传承。近些年来,重庆市政府还规划了一大批抗战文化的保护、研究、建设和创作项目,并产生了一大批文学艺术作品和文化成果。抗战文化是重庆得天独厚的文化资源。

三、三峡文化

关于三峡,有狭义和广义之分。狭义的三峡,是长江上瞿塘峡、巫峡、西陵峡的总称,西起奉节白帝城,东至湖北宜昌市,全长190多千米。然而,历史与现实的互动,改写了三峡的含义,当“截断巫山云雨”成为现实,海拔高程185米的三峡大坝“更立西江石壁”之后,我们看到的是浩浩荡荡的长达660千米的一条航道,这是广义的三峡。

三峡文化是整个三峡库区的文化标签,同时,它又以长江为纽带,贯通荆楚文化和吴越文化,促成长江文化谱系的形成。沿长江600余千米的三峡文化区,是巴渝文化的富矿,如不记沿途的横向延伸区域,仅沿江两岸就有长寿湖、白鹤梁、丰都鬼城、云梯街、石宝寨、万州大瀑布、张飞庙、奉节天坑、白帝城、瞿塘峡、小三峡、巫峡、神女峰、西陵峡、屈原庙、昭君故里、三峡大坝……自然景观和人文景观数不胜数。

早在战国时期,屈原的《九歌·山鬼》有"采三秀兮於山间,石磊磊兮葛蔓蔓"诗句,"於山"即巫山,"山鬼"即山神,《九歌·山鬼》是最早描写三峡神女的诗篇。宋玉的"两赋"写的也是巫山,《高塘赋》中描写了楚王云游高塘与巫山神女相会的情景,《神女赋》则是其续篇,描写巫山神女美丽无比、雅韵端庄之品性。

唐宋时期,无数文人墨客在重庆和三峡或做官或居住,留下了大量的诗词歌赋。唐代有陈子昂、卢照邻、张九龄、孟浩然、王维、李白、杜甫、白居易、刘禹锡、李商隐、李贺等;宋代有欧阳修、王安石、苏轼、苏洵、黄庭坚、陆游、范成大等。李白的《早发白帝城》空灵奔放,千古传诵。杜甫晚年屈居夔州,其间留下许多诗作,是古代巴渝诗歌创作的杰出代表。白居易的《夜入瞿塘峡》,是宦游三峡的名篇佳作。

在新的历史时期,勤劳勇敢的三峡儿女,创造了"舍小家、顾大家、为国家"的三峡移民精神,为举世无双的三峡水利工程建设和百万大移民做出了重要贡献。他们把三峡诗篇写在了广袤的巴渝大地,一个个生动的移民故事、一批批辉煌的建设成就、一番番绚丽的三峡新貌不断地被变成文学、艺术、影视和其他形式的作品,汇入三峡文化建设的"大合唱"中。

四、少数民族文化

重庆是全国唯一辖有民族自治地方的直辖市,有酉阳、秀山、黔江、彭水、石柱5个少数民族聚居区,以及分布在武隆、万州、忠县、云阳、奉节等地的十几个民族乡。少数民族人口约210万,占全市人口总数的6.5%左右。少数民族中最多的是土家族,约142万人,占全市总人口的4.5%左右;其次为苗族,约50万人,占全市总人口的1.5%左右。

土家族和苗族主要生活在渝东南武陵山区,他们的文化除具有本民族的独特品格之外,还富有明显的山地特色,融合了山水文化、宗教文化、民俗文化、旅游文化等,五彩缤纷,风姿绰约。在文学方面,口头文学最为丰富多彩,有神话传说、历史传说、英雄人物故事、爱情故事、人与大自然做斗争的故事等。在音乐舞蹈方面,有民歌、山歌、神歌,有船工、石工、抬工、背二哥的劳动号子,有优美动人的啰儿调,有打击乐、吹奏乐和木叶情歌;摆手舞是土家族的传统舞蹈,被称为"舍巴",来源于古代巴渝舞。在戏曲方面，有傩戏、花灯戏、木偶戏，傩戏历史悠久，被称为“中国戏剧的活化石”。在民俗方面，服饰民俗、住所民俗、织锦民俗特色较为突出，如朴素大方的土家服饰，“银气叮当”的苗家服饰，依山傍水的吊脚楼，“土家之花”的西蓝卡普等。

秀山花灯是我国西南地区花灯艺术的一支重要流派，是集宗教、民俗、歌舞、杂技、纸扎艺术为一体的民间表演艺术，是国家级非物质文化遗产保护项目。著名的花灯歌曲《黄杨扁担》和《一把菜仔》，曾登上了全国的“大雅之堂”，在我国多地被展演，享誉国内外。

酉阳是土家族摆手舞之乡，是我国著名的民歌之乡，有国家级、省级、县级非物质文化遗产项目多项，“酉阳摆手舞”“酉阳古歌”“酉阳民歌”被列入国家级非物质文化遗产保护名录，是巴渝文化的瑰宝。

黔江的南溪号子是自成一格的山歌品种，素有“南溪左右两面坡，男女老少会唱歌”“十对男女九对歌，十首山歌九情歌”的美誉，具有独特的艺术价值，也是国家级非物质文化遗产。

彭水的苗族民歌是不可多得的民族文化遗产，多达120余个曲牌，《娇阿依》是其中的代表作。“娇”代表漂亮、心仪的姑娘，“阿依”指美好和幸福，“娇阿依”就是传说中的美丽女神。

啰儿调是石柱土家族民歌，颇有巴渝“竹枝词”的遗风，因大量运用“啰儿”“啰儿啰”“啰”等方言衬词，故称“啰儿调”。《太阳出来喜洋洋》是其代表作之一。啰儿调的歌词通俗易懂，多数表现土家族的生活、劳动、风俗、情感和宗教信仰等内容，是国家级非物质文化遗产项目中金光闪闪的一颗明珠。

五、大都市文化

山城重庆，有史约3000年，得名约800年，开埠约120年，建市80多年，是全世界最大的山地城市。城市建设的现代化，促进了城市文化建设的现代化，大都市文化的先进性、丰富性、时尚性和辐射性在这座既古老又年轻的城市中表现得淋漓尽致，是新时期巴渝文化高扬着的龙头。

重庆大都市文化的先进性，往往在主城集中呈现。一是表现为文化设施的先进性。这里是文化设施的集中地，重庆大剧院、重庆科技馆、重庆图书馆、国泰大剧院、重庆美术馆、重庆群众艺术馆等构成了大都市文化的物质基础。二是表现为文化人才的先进性。这里集中了一大批文学、艺术、社会科学人才，出现了画家罗中立、表演艺术家沈铁梅、文学家黄济人和傅天琳等一批文化精英。三是表现为文化活动的先进性。这里是一个地域文化活动的集中地，各种有品位、上档次、大规模的文化活动琳琅满目，丰富了广大市民的文化生活。四是表现为文化成果的先进性。这里是文化成果集中地，有小说《红岩》、油画《父亲》、川剧《金子》、诗歌《柠檬叶子》、影视作品《母亲母亲》等一大批文化成果，提高了城市文化品位。

重庆大都市文化的丰富性，主要表现在它的文化需求、文化品种和文化呈现方式上。开放的重庆，不仅是知识阶层的集中地、产业工人的集中地，也是进城务工人员和纷至沓来的外来投资者、旅游者的集中地，这些客观条件要求都市文化必须满足不同层次、不同身份、不同地域人群的文化需要。除传统的文艺品种外，重庆的饮食文化、服饰文化、旅游文化、体育文化、选美文化、休闲文化、养生文化以及企业文化、校园文化、社区文化等各种文化样式和文化活动层出不穷，形成了五彩缤纷的繁荣局面。

重庆大都市文化的时尚性，主要表现在它不断刷新的文化风尚和文化面貌上。重庆人历来有追求新奇的特性和引导潮流的心理，加上优越的城市地理位置、雄厚的物质基础、强烈的外来文化刺激，使得都市文化的内容日新月异、形式和载体不断翻新，电脑、手机、网购、微博、微信……一种文化样式传到重庆，数月之内就火热到顶点，形成潮流。重庆美食让人口舌生津，重庆美女让人目不暇接，重庆美景让人流连忘返，美食、美女、美景是现代重庆靓丽的时尚名片。

重庆大都市文化的辐射性，不仅表现在它对本土城乡的示范性上，也表现在它对周边省份巨大的吸引力和引领力上。开放的重庆，有着区域文化中心的特点，对所辖区县和广大乡村起着巨大的辐射作用。文化设施、文化人才、文化活动和文化成果，都是区县和广大乡村的楷模和示范。并且，随着城市文化的不断发展，辐射作用越来越强，辐射半径越来越大，对四川、贵州、湖南、湖北与其接壤地形成巨大的影响。一方面这里的人们到重庆上学、就业、居住、享受都市文化生活，另一方面他们又出台优惠政策，吸引重庆的资金、项目和文化成果。这都是大都市文化辐射性的巨大力量的表现。

六、大农村文化

重庆是一个十分特殊的直辖市，大城市、大农村、大山区、大库区“四大”并存。作为大城市，它在巴渝大地中拔地而起，璀璨夺目，繁华和现代的特点使其有“东方芝加哥"之称;作为大农村,它大部分幅员是农村,大部分人口在农村;作为大山区,它北有大巴山,东有巫山,东南有武陵山,南有大娄山,重庆市区本身也属于山城;作为大库区,长江横贯东西,一汪大水长660千米,加上嘉陵江、乌江的汇入,形成大面积三峡库区。

"四大"并存,形成了独特的文化景观,一方面是先进时尚的大都市文化,一方面是相对落后且异彩纷呈的大农村文化。在这种背景中,不断有城市文化下乡,时常有乡村文化进城,大城市带动大农村,大农村包围大城市的文化现象异常突出。

琳琅满目的大农村文化参差不齐地呈现在我们面前,让人目不暇接。有的地方文化馆、图书馆、展览馆、博物馆一应俱全,与城市文化设施几乎无区别,"音乐一响,脚板发痒"表现出群众丰富的业余生活状态;有的地方"农忙种地,农闲看戏",不断发展的经济、文化二元结构十分突出,这是亦工亦农、亦城亦乡的文化现象;有的地方"白天看太阳,晚上看月亮",农民群众看戏难、看书难、看电影难、参加文化活动难的问题并没有完全解决,这是大面积的文化现象;个别闭塞落后的地方"早上听鸡叫,晚上听狗叫,天亮就上坡,天黑就睡觉",这是相对愚昧落后的文化现象。

大农村文化作为重庆的一种客观存在,在它自身的环境中顽强生长和蹒跚前行,并逐渐融合了现代文明的新元素。但大部分的自然景观、文物景点、传统村落,以及非物质文化遗存,都在广大农村,这恰恰是重庆区别于其他直辖市的独特的文化资源,是我们得天独厚的文化优势所在。

总之,源远流长的巴渝文化,一巴巴了三千多年,还将一直巴下去,巴渝文化是重庆的文化标签。巴文化、抗战文化、三峡文化、少数民族文化、大都市文化、大农村文化是巴渝文化重要的构成要素。我们的任务就是要做到从认知到认同、从认同到践行,坚持自身的文化自信,推动巴渝文化的持续传承和不断发展。

巴渝古代文献述略[①]

薛新力[②]

巴渝文献是反映巴渝地区自然、社会的历史与现状的一切文献。这里着重谈谈巴渝古代文献，而且主要是文字记录形式的传世文献。

巴渝古代文献的发展流变，大致可以分成三段时期，即东晋常璩的《华阳国志·巴志》产生前是巴渝古代文献出现的早期，《华阳国志·巴志》产生后到宋代是巴渝古代文献的发展时期，元、明、清时期则是巴渝古代文献的繁盛时期。

一、晋以前的巴渝古代文献

之所以把东晋《华阳国志·巴志》产生期作为划分巴渝古代文献流变的时间节点，是因为此前还没有一部关涉巴渝的专书被完整地保存下来。东晋以前有关巴渝古代文献的状况大致可以概括为两点。第一，这时期的巴渝文献主要为散见在各种典籍之中的片段文献，如早在《殷墟·卜辞》中有“武丁命妇好伐虎方、羌方、巴方”的记载，这里的“巴方”就是巴人的部落联盟。又如《山海经·海内经》中载：“西南有巴国。太昊生咸鸟，咸鸟生乘厘，乘厘生后照，后照始为巴人。”这是迄今最早关于巴人起源的文献记载。巴国之名，也见于《春秋》。《左传》称武王克商以后，巴为周南土之一。其中还有多处巴楚之争战的记载。在《尚书》《史记》《汉书》《后汉书》中都有关于巴歌渝舞的只言片语。在《史记·货殖列传》中有一段关于“巴寡妇清”的记载：“巴寡妇清，其先得丹穴，而擅其利数世，家亦不訾。清，寡妇也，能守其业，用财自卫，不见侵犯。秦皇帝以为贞妇而客之，为筑女怀清台。夫倮鄙人牧长，清穷乡寡妇，礼抗万乘，名显天下，岂非以富邪?”此外《史记》《汉书》中还有“秦举巴蜀”等记载。而《后汉书·南蛮西南夷列传》则载有巴人领袖廪君的故事。总之，先秦两汉典籍虽多有涉及巴渝的记载，但多为片段，而

①原载于《史记论丛》第13集。

②薛新力，重庆工商大学教授。

非专书。第二，其实这一时期并非未出现关涉巴渝的专书，只是未能流传下来，在后世典籍中可窥见该时期佚书的片段佚文。据考证，这时期出现的关涉巴渝的佚书有三部，即《三巴记》《巴蜀异物志》《巴蜀图经》。三国谯周的《三巴记》乃最早的巴渝方志，惜已佚。《隋书·经籍志》《旧唐书·经籍志》《新唐书·艺文志》《通志·艺文略》等史志目录对此皆有著录。后世各书节引，称名不一，或题《巴记》。其佚文散见《华阳国志·巴志》《太平寰宇记》《舆地纪胜》《艺文类聚》《太平御览》《文选》《草堂诗笺》《蜀中方物记》诸书，后世相继征引。巴渝研究中引用频率较高的《华阳国志·巴志》中关涉巴渝之处多源于此。我们不妨梳理一下《三巴记》的部分佚文：

①“阆白二水东南流，曲折三回如巴字，故谓三巴。”《太平寰宇记》《太平御览》《舆地纪胜》《方舆胜览》《草堂诗笺》均有征引。

②“阆白二水合流，自汉中至始宁城，下入武陵。曲折三曲，有如巴字，亦曰巴江。经峻峡中，谓之巴峡，即此水也。”《太平御览》《九家集注杜诗》《草堂诗笺》《太平寰宇记》《舆地纪胜》《方舆胜览》均有征引。

③“阆中有渝水，賨民多居水左右，天性劲勇。初，为汉前锋，陷阵。锐气喜舞。帝善之，曰：‘此武王伐纣之歌也。乃令乐人习学之，今所谓巴渝舞也。”《华阳国志·巴志》《艺文类聚》《太平御览》《太平寰宇记》《舆地纪胜》《方舆胜览》《文选·蜀都赋》所引均出于此。

④“夷人岁入賨钱，口四十，谓之賨民。”《文选·魏都赋》中注引。

⑤“滟预如象，舟船莫上，滟预如马，舟船莫下。”《九家集注杜诗》《江水注》《唐国史补》《乐府诗集》《古诗类苑》《太平寰宇记》等均有引用。

⑥“巴国有乱，巴国将军曼子，请师于楚。楚人与师，曼子以平巴乱。既而楚遣使请城，曼子曰：‘吾诚许子之君矣，持头往谢楚王，城不可得。’乃自刎，以头与楚子。楚王叹曰：‘吾得臣若巴曼子，何以城焉。’乃以上卿礼葬曼子头，巴国葬其身亦然。”《华阳国志·巴志》《太平御览》《方舆胜览》所引出于此。

⑦“建安六年，刘璋分巴，以永宁为巴（东）郡，以垫江以上为巴西郡。”《华阳国志·巴志》《宋书·州郡志》中引用此。

⑧“古江州城，张仪所筑。”《华阳国志·巴志》《太平寰宇记》《舆地纪胜》《元和郡县志》《蜀中名胜记》均引此。

谯周除《三巴记》外，还有《巴蜀异物志》，也是一部没能流传下来的佚书，在明代曹学佺《蜀中著作记》中题为《巴中异物志》，也有仅题为《异物志》的，其佚文在《华阳国志·巴志》《文选》《蜀中方物记》《蜀中名胜记》中均有征引。这时期还有一部佚书《巴蜀图经》，据常璩《华阳国志》所引，东汉但望即引此书名，后历代图经、方志，相沿征引，但其内容则无可考。

二、晋至宋的巴渝古代文献

晋至宋的巴渝文献较之前有了很大发展。出现了现存最早的系统记载“巴渝”之文献《华阳国志·巴志》，亦是今存最古且体例完备之巴渝方志。华阳指华山之南的广大区域，概指今陕西秦岭以南及重庆、四川、云南、贵州一带。因该区域为《禹贡》所记梁州，且有“华阳黑水惟梁州”一语，故以“华阳”名书。《华阳国志》记载了今重庆、四川、云南、贵州四省市及甘肃、陕西、湖北部分地区之远古地理沿革、神话传说、风土人情、人物史事、典籍文献等，共十二卷。第一卷即为《巴志》，上起唐尧，下迄晋世，从建制、疆域、民俗、物产、历史事件与人物等方面阐述了巴渝地区的发展历史与民族文化，为后世了解巴渝地区的历史与文化提供了丰富的内容。

这时期出现了许多巴渝籍地方人士的别集。如宋代度正的《性善堂稿》、阳枋的《字溪集》、冯时行的《缙云文集》等。唐代李远是《全唐诗》中唯一有作品传世的巴渝籍诗人，《全唐诗》中存其诗一卷，计35首，另高丽《十诗抄》中存李远佚诗6首。今人将其作品从《全唐诗》中裁篇别出，有李之亮的《秦韬玉李远诗注》、张一川等的《李远诗译释》。宋代冯时行自号“缙云”或“缙云子”，人称缙云先生，少时读书于缙云山，因力主抗金被贬，后曾掌教于缙云书院，其别集名《缙云文集》，实收诗257首，乐府(词)12首，文44篇。

这时期还出现了关涉巴渝山水人文的随笔杂著，其中著名的有范成大的《吴船录》、陆游的《入蜀记》。范成大的《吴船录》记述了作者离成都抵故乡苏州的旅途经历，包括从长江上游的岷江顺流而下，直至长江下游的江苏镇江，对长江沿途的山川风景、历史掌故、文物古迹等都有记述，其中涉及三峡地区及重庆的尤多。陆游的《入蜀记》是作者由山阴(今浙江绍兴)赴任夔州(今重庆奉节一带)通判的途中日记。作者乘船由运河、长江水路而行，经今浙、苏、皖、赣、鄂、渝六省市，历时一百六十多天，五个多月，几乎每日必记所见所历，所记广涉日常旅行生活、自然人文景观、世情风俗、军事政治、诗文掌故、文史考辨、旅游审美、沿革兴废等，其中亦涉及重庆及三峡地区。

值得注意的是这时期的一些巴渝文献是作为重要内容出现在其他重要典籍中的。如地方通史著作《蜀鉴》,后人评曰:"凡千三百年蜀事之大凡,亦可以概见于此。"巴蜀书社影印《蜀鉴》的出版说明中说:"作者生当南宋末季,其著书之志,主于捍拒秦陇之师,振控巴渝之险,故所记皆战守胜败之迹,于军事之得失,地形之险易,叙次特详。"其涉及巴渝之内容尤多,且广征博引,详加考辨。又如地理类典籍《水经注》《历代地理指掌图》《舆地纪胜》《舆地广记》等也涉及大量巴渝内容。《历代地理指掌图》为宋代税安礼所著,是现存最早的历史地图集,共收图44幅,每幅均附图说,清晰地显示出历史地理的沿革情况,内容包括海洋、海岸线、江河、山脉、疆界、行政区划、城市、关隘等。其虽以全国为视角,但对巴渝文化区域的历史地理变迁做了许多考察。如对巴国疆域、川峡四路等的展示描述,是研究巴渝地区历史文化、行政区域沿革的重要文献。

三、元明清时期的巴渝古代文献

这一时期,巴渝文献日趋繁盛,不仅数量剧增,类型日渐丰富,体例也更加完善。宋代以来发展起来的地理类书籍区域性更强。如《蜀水经》《蜀水考》《蜀景汇考》《蜀中名胜记》等。巴渝地区水系发达,山川壮丽,在这些书中对此的记录自然占有相当多的数量。

个人别集在这个时期剧增。如邹智的《立斋遗文》、张佳胤的《崌崃山房集》、王恕的《楼山诗集》、王汝璧的《铜梁山人诗集》、周煌的《海山存稿》、李惺的《西沤全集》、李士棻的《天瘦阁诗半》、钟祖棻的《振振堂集》等,皆巴渝籍文人的个人别集。

这时期专涉三峡之书渐多。如《三峡通志》《平滩纪略》《行川峡江必要图考》《川船记》《夔行纪程》《峡江滩险志》等。《平滩纪略》为清代李本忠所撰,是嘉庆十年至道光二十年治理峡江的浩大工程的记录,汇集了工程涉及的相关文书档案,是研究早期峡江治险的重要参考文献。《行川峡江必要图考》为清代汪国璋所撰,实为川江航行指南,所涉区域由"湖北宜昌府东湖县西壩起,上至四川重庆府巴县止",对一千八百多里水路标记出约九百个站点,指示详尽。指示内容包括:标示距离、提示险情、标明地名异称、标明行政区域之分界,卷末还附有峡江行船中的行话术语。

这时期出现了大型巴渝文献丛书,最典型的代表是明代曹学佺的《蜀中广记》。《蜀中广记》共一百〇八卷,分名胜、边防、通释、人物、仙、释、游宦、方物、风俗、著作、诗话、画苑等十二门,各门又实为相对独立之书。因其征引渊博,搜罗宏富,《四库全书总目提要》赞其"搜采宏富,颇不愧'广记'之名……谈蜀中掌故者,终以《全蜀艺文志》及是书为取材之渊薮也"。《蜀中广记》的十二门中包含大量巴渝内容。

这一时期产生了繁富的档案类史料。清代《巴县档案》是我国现存时间最长、最完整的地方档案，系统反映了清代巴县上自乾隆二十二年(1757年)下迄宣统三年(1911年)的历史，是众多一手史料的汇集，约十一万三千卷，包括政治、经济、文化及社会生活各个方面的原始档案，20世纪50年代被发现后，今人整理出版有《清代乾嘉道巴县档案选编》。这一时期反映近代四川、重庆地区教案和义和拳运动的档案史料繁多，今人汇编有四十余万字的《四川教案与义和拳档案》，内容包括:外国教会势力、教案、余栋臣起义、义和拳等四部分。清代程祖润所撰《清咸丰己未庚申川东军务公牍》十卷，系程氏总领川东军务时，强压川东农民起义余年间积累的军务奏案公牍汇集，是研究清代川东地区农民起义抗清的第一手历史档案资料，且为程氏手稿，殊为珍贵。清代姚觐元、钱保塘合编的《涪州石鱼文字所见录》记录了涪陵白鹤梁石刻九十四条，其中宋刻八十九条，元刻五条，为研究涪陵白鹤梁提供了极大的方便。

方志是以行政区域为范围，按一定体例，对一定地域的建置沿革、自然现象、自然资源、政治、经济、文化、人物等，分门别类整理记载的综合性志书，即一地之“古今总览”“全史”“百科全书”，因而是重要的地方文献史料。历朝历代都在修方志，明、清时期是巴渝方志编纂的繁盛时期，现在保存下来的明、清巴渝方志不下数十种，有府、州、厅、县等志。仅以巴县为例，清代较著名的便有乾隆年间王尔鉴的《巴县志》和同治年间熊家彦的《巴县志》，正是在此基础上，民国向楚承前启后，编成的《巴县志》被誉为“集巴蜀旧方志之大成”，成为后世编纂方志的典范。

清末，在巴渝地区，报刊类近代出版物应运而生。如1897年创刊的《渝报》、1903年创刊的《广益丛报》、1904年创刊的《重庆日报》、1905年创刊的《重庆商会公报》等。它们在宣传维新思想和推翻帝制中充分发挥了唤醒民众、启迪思想的作用。这些报刊资料是研究巴渝近代社会发展演变的重要史料，也是研究巴渝报刊自身发展演变的重要史料。

渝人及其习俗[①]

余云华[②]

一、古渝人

1.凫臾族

“渝”是重庆的一种简称，由古代逃到此地的“浮渝”族名省称而来。

上古族，为东夷族的一支“凫臾”。凫臾，有扶余、夫余、浮渝、浮榆、浮余等多种异写。“渝”就从“浮渝”省出。凫臾是一种水鸟，俗名野鸭子，乃上古时期凫臾族的图腾。[③]中华人民共和国成立前，东北少数民族中还有野鸭图腾族团孑遗，当外人问及他们属于哪个民族的时候，有的就会不假思索地答以“野鸭子”，有的回答“天鹅”。“凫臾”“凫渝”“凫俞”诸名称，系用汉语拟写东夷话时所用的同音字。今山东邹城有凫山，可能就是凫臾人的发祥地。[④]宋代罗泌《路史·国名纪一》云：“俞，鄃也，俞跗国。今大名夏津西南五十有鄃故城。”“俞跗”即“凫臾”的倒反谐音语，“鄃故城”“鄃县”，都在凫臾之源的山东，均因凫臾人而得名。“鄃”是汉代的县名，故址在今山东省平原县西南，夏津县东北。《史记·河渠书》中有：“是时武安侯田蚡为丞相，其奉邑食鄃。”此前的凫臾，又以山东临沂一带为家。值得注意的是：汉代县名“鄃”沿袭上古地名，当时赋予地名的主流方式是“名随其主”，如同现代北方“张各[⑤]庄”“李各庄”，南方“张家庄”“李家庄”——张姓人住的村子，李家人拥有的院落。汉代的县名“鄃”因本地上有古鄃（渝）人聚居于此而得名。

---

①原载于《史记论丛》第13集。

②余云华，西南大学副教授。

③图腾崇拜：一种一定氏族认为一定种类的动植物或自然物同本氏族有亲属或其他特殊关系的信仰。是原始社会最早的宗教信仰形式之一。产生的原因是，在原始经济（狩猎经济、采集经济）条件下，人们除了知道血缘关系外，不知道还有其他关系。图腾的三重含义：我的亲人、保护神、祖宗。

④何光岳：《东夷源流史》，江西教育出版社1992年版，第400页。

⑤此处“各”，即“家”字古读。

古渝人的语言乃华夏语言的一个方言群。七八千年前,全球气温上升,亦即所谓"大西洋暖期",暴发了全球性的洪灾。中国西高东低的地势让南方人遭受了洪水的灭顶之灾,迫使南方族群向高处的西部迁徙,黄河上游的文化源头"大地湾文化"(命名地在今甘肃省天水市秦安县大地湾遗址)由此而生,或者至少是大地湾文化接纳了南方洪灾后的余生。洪水消退后,大米饭的芳香诱引部分族群返回南方,他们走下甘青高原,在陕西生成"老观台文化"。此支又一分为二,一支翻越秦岭、大巴山,是为今天巴蜀大地以伏羲女娲为祖宗者——土家族。其自称"毕兹卡",即"伏羲家",以伏羲的后人为荣,属于"太昊"(即大昊)族。另一支沿黄河东下,与黄河下游而来的一支新石器文化族群相聚于今天的河南淮阳,故名"陈",后来他们回归黄河下游,是为"少昊"(即小昊)。小昊族团属于东夷族,后来定居巴渝的凫渝族便是东夷族的一支。所以,直接来到巴渝的大昊与转了一个大弯之后投奔巴渝的小昊族中的凫渝,有共同的人文祖宗伏羲。凫渝人的语言只是华夏语言的一个方言群①。"凫渝"可以看作是汉语的一个方言词。

黄河下游新石器中期的大汶口文化(约公元前4300年—前2500年),以泰山地区为中心,东起黄河之滨,西到鲁西平原东部,北至渤海南岸,南及今安徽的淮北一带。河南省也发现了少部分这类文化遗存。大汶口文化大致覆盖神话中的少昊文化。这一时期礼器出现不少的鸟造型、鸟图案,均与少昊族团的图腾有关。以鸟为图腾的族团成为东夷族中的强系,可称其为"鸟夷",也可称其为"百鸟族团"。其中一支以燕子为图腾,建立了商王朝。《诗经·商颂·玄鸟》道:"天命玄鸟,降而生商。"意为上天命令燕子飞临人间,生下商人的老祖父(契)。玄鸟即黑色的鸟,亦即燕子。燕山乃玄鸟族团的神山。凫渝即野鸭子,因"燕"与"鸭"同属"鸟",凫渝族团便有了"皇亲国戚"的显赫。《左传·昭公十七年》记载:"我高祖少昊挚之立也,凤鸟适至,故纪于鸟,为鸟师而鸟名。凤鸟氏,历正也;玄鸟氏,司分者也;伯赵氏,司至者也;青鸟氏,司启者也;丹鸟氏,司闭者也。祝鸠氏,司徒也;雎鸠氏,司马也;鸤鸠氏,司空也;爽鸠氏,司寇也;鹘鸠氏,司事也。五鸠,鸠民者也。五雉,为五工正,利器用,正度量,夷民者也。"这段话可以被简单地理解为:少昊族团中,当官者全是鸟族中的贵族。

凡此,巴人直系后裔土家族以太昊(大昊)伏羲为祖,凫渝则是少昊(小昊)之后,故古巴人与古渝人乃是情同手足的"兄弟"。

①余云华:《重庆文化主源头:来自伏羲族的"蛇"巴》,《重庆社会科学》2006年第8期。

2.凫臾族的迁徙

东夷的一支凫渝，即古渝人，缘何跨越万水千山，到嘉陵江水系生儿育女呢?《史记·周本纪》载，武王告诉周公旦他所以不寐的原因为:“告女，维天不飨殷，自发未生于今六十年，麋鹿在牧，蜚鸿满野。天不飨殷，乃今有成。维天建殷，其登名民三百六十夫，不显亦不宾灭，以至今。我未定天保，何暇寐!”意思是:三千一百年前，著名的牧野之役，骄奢淫逸、残酷暴虐的商纣王战败自焚，但由商王父系的多子族或母系的多生(甥)族所构成的三百六十个遗商氏族，雄厚军力依然未损，令登上宝座的周武王食不甘味，辗转难眠。后来，周朝十年备战，周公亲率联军东征，铺天盖地杀向三百六十个氏族[①]。未几，这些商人残余部族四散败逃。

据资料记载，其中的夫余人扛着野鸭图腾大旗，一支向东北奔走，于是今吉林有扶余县;一支往西南狂逃，从山东的平原、夏津经河南洛阳随水而来，最后到渝水。[②]

向东北奔逃的夫余，原居于山东临沂一带，后来有一支北迁至东北，建立夫余国，是为北夫余，后被前燕所灭。另一支则东迁卒本川，是为东夫余国，又称卒本夫余，后被高丽所并。又有一支南迁至朝鲜建立了百济国，后被唐太宗所灭[③]。夫余人最强盛时分布的地域，东至松花江岸，西至今沈阳一带，南至鸭绿江，北入黑龙江与内蒙古境内。《三国志·夫余传》曰:“其印文曰‘濊王之印’……国有故城名濊城，盖本濊貊之地，而夫余王其中，自谓亡人抑有以也。”夫余王在濊民地域称王，有名的濊貊成为夫余统治下的主要民族。

向西南逃生的夫余人，多称“浮渝”，也留下“伏虞”(同“夫余”“浮渝”)地名。清代李元《蜀水经》卷十四载:“渠江又西南经渠县城，东受流江。流江源出大仪山，流经金城山下，南经仪陇县城……”书中对此句有注:“仪陇县故阆中地也，梁天监元年(公元502年)分置隆成郡仪陇县，大同(公元535年—547年)中分置伏虞郡宣汉县……隋废，改宣汉为伏虞，属巴州……(仪陇)旧治本在(大仪)山顶，开元二十六年(公元738年)始移山下为今治，治东南60里蓬池故城，东80里伏虞故城。”因保留简称“俞”的传统，夫余人因而一路上播下串串“渝”“俞”地名。《山海经·中山经》中有:俞随水出于魔山之阴，北流注于谷水——河南洛河支流涧水的记载。因为浮渝是习于水居的渔猎部族，水天泽国是其生命乐园，水鸟鱼虾是其衣食之源，所以他们被迫离开山东，进入河南水

①徐中舒:《论巴蜀文化》，四川人民出版社1982年版，第124页。
②何光岳:《东夷源流史》，江西教育出版社1992年版，第417页。
③何光岳:《东夷源流史》，江西教育出版社1992年版，第398页。

鸟栖居的溪河，又翻越秦巴山地，最后落脚于巴蜀野鸟成群、鱼虾满河的渝水流域。他们仿佛回到梦回萦绕的故里。浮渝人在长途迁徙中，尤喜“渝水”地名。东北的一支所到之处，“渝水”之名赓即亮相。《说文解字》载：“渝……一曰渝水，在辽西临渝，东出塞。”《汉书·地理志》载：“渝水首受白狼，东入塞外，又有侯水北入渝。”又《汉书·地理志·交黎》注：“渝水，首受塞外，南入海……”今人说此渝水即今之石河，又说为辽宁大凌河。西南的这支也称自己的母亲河为渝水。司马相如《上林赋》有“巴、俞、宋、蔡”之句。郭璞在《集解》中注：“巴西阆中有渝水。”《华阳国志·巴志》也说“阆中有渝水”。与阆中相关的古渝水，今说法不一。任乃强《华阳国志校补图注》说：“渝水，今云巴河，源出大巴山，经南江、巴中、平昌三县至三汇（今渠县治）合渠河。至合川入嘉陵。”汉末刘璋设置巴西郡治阆中。今日四川南江县及其下游渠江，即古渝水，正属巴西郡辖制，故有“阆中渝水”之说。另《风俗通》有：“巴有赍人剽勇，高祖为汉王时，阆中人范目（他书亦作范因）说高祖募取赍人定三秦。”汉高祖封范目为阆中县慈凫乡侯，慈凫乡位于渝水上，与凫臾之名同出一宗，渝水、慈凫乡均源自浮渝人。上述所有“伏虞”“渝水”名，全因渝人留足之故——浮渝人翻秦岭、越大巴山、沿巴河入渠江，到合川，最后抵达重庆城。正因为如此，从巴河始至嘉陵江与长江碰头处，习称渝水。隋代在今重庆改巴郡为渝州。

渝人又拟音为“俞人”。南迁的这支渝人一部分迁居云南叶榆县，称叶榆部落，在今大理东北。其旁有叶榆河，又称叶榆泽，即今洱海。以后渝人在西南的活动便销声匿迹了。另有一支渝人则一路向南，直至江西袁水中游，古称渝水。水旁有新喻县（今新余市渝水区），晋渝川侯李林受封于此[①]。三国吴宝鼎二年（公元267年）析宜春县置新渝县。唐朝武德五年（公元622年）撤县，分新渝县东北部置始平（临平）县，县西南地域为西吴州。武德七年始平县、西吴州俱废，复置新渝县。天宝元年（公元742年）县名因传写之误将“渝”改为“喻”，以后相承作“喻”。1957年，国务院公布将新喻改名新余，沿用至今。1960年，经国务院批准撤销新余县设立新余市。1983年，江西省人民政府批准在原新余县管辖的范围内设置渝水区。凡此，今渝水区的前身是新余县；“新喻”“新余”本名“新渝”，均因渝人聚落得名。此地渝水与重庆、辽宁境内的渝水名自一源。新余市渝水区保留古意。此外，重庆有渝北区，新余市也曾设置渝北区。

---

①何光岳：《东夷源流史》，江西教育出版社1992年版，第417页。

二、渝人习俗[①]

1.凫渝图腾

(1)鸭图腾礼器:青铜雁形尊

凫渝人以野鸭子为图腾,重庆也确实出土过青铜雁形尊。渝方言称"雁"为"野鸭子"或"雁(俗念gàn)鸭"。考古学家定名的雁形尊似是凫渝人的图腾物。1997年,巫山县巫峡镇村民挖到一座古墓,其中有一只大"鹅",他们将此叫作"古鹅",最终专家认定此"古鹅"为"雁形尊",为西周至西汉铜器,属国家二级文物。尊为贵族礼器,其所处时代与凫渝人来渝一致,所以有理由推测其为凫渝族图腾器物。

(2)图腾游戏:"砸野鸭子"

"砸野鸭子"是重庆小孩子很爱玩的一种游戏。砸"野鸭子"的"武器"称为"籽儿","籽儿"可用沙袋、米袋(用碎布缝成指母大小的布袋,内实以沙或米,封口),或用线串上一串算盘珠、铜钱、苞谷芯,还可用皮球、篮球、足球。玩者分两方,先以猜拳定胜负,胜者为"野鸭",居中间圈内;负者为"猎人",包围"野鸭"。"猎人"以"籽儿"击"野鸭",击中则"死",算负分,或被淘汰;若"籽儿"被"野鸭"接住,则猎人输1分,或可救活一只"野鸭",即让被淘汰出局的一只"野鸭"站回圈内。在约定的时间内,凭积分决胜负。即使未到时间,如果"野鸭"不幸全被砸"死",野鸭亦输。这两种情况都要互换角色,重开新局。这个游戏可能源自古渝人的战争:古渝人高擎野鸭图腾大旗,进入四川盆地,循着渝水,驾着独木舟,步步进逼,当地土著节节败退,以致后来渝人插旗主城。从上述中,不但可以依稀窥见当年的野鸭雄风,也隐约嗅到为争夺渝水河谷"野鸭"和"猎人"之间"籽儿"雨倾泻的血腥味。

(3)图腾称谓:"鸭亲""鸭弟"

重庆人称公鸭为"鸭亲"。重庆民间有称父母为"亲""亲人"的习惯,中国好多地方自古就有这种习俗。《孟子》载:"孩提之童无不知爱其亲者。"张乔《送友人归江南》曰:"亲安诚可喜,道在亦何嗟。"重庆人还有泛称亲人、亲戚为"亲"的习俗,这也是中国自古而然的传统。《周礼·秋官·掌戮》曰:"凡杀其亲者,焚之,杀王之亲者,辜之。"郑玄注:"亲,缌服以内也。"为何称公鸭为"鸭亲"呢?应从父系社会雄性野鸭图腾导出。"鸭亲"是以野鸭为图腾的古渝人对鸭子的称谓,野鸭图腾的始生意便是"我的亲人"。

①习俗:即民俗,又称民间文化、民间风俗,指一个国家或民族中广大民众所创造、享用和传承的生活文化。

重庆人呼唤鸭子为"弟弟"。常见专职养鸭人赶着鸭群走路时如此呼唤:来哟……来来来来!弟弟!弟弟!农户散养鸭群时也是如此。本地儿歌有:鸭子弟弟,走路拐拐;没得妈妈,晓得回来。在巴渝大地,巴人早于渝人来此筚路蓝缕,以启文明。之后,约在三千年前,渝人才姗姗来迟。巴人的祖宗伏羲是太昊,即大昊,渝人的祖宗是少昊,即小昊。如此看来,在巴人面前,渝人只有当弟弟的份儿。称"鸭子"为"弟弟"是老大巴人的荣耀,渝人也心悦诚服地以"弟弟"自居,称巴人为"哥哥"。不管基于历史原因还是现实原因,这种"鸭弟"的称谓看似天经地义,名正言顺。

2."渝"系地名

(1)渝水

古渝水在渠县三汇镇与渠河相拥,又在合川投入嘉陵江的怀抱,最后在重庆朝天门与长江结合。历史上,渝水之名几经延伸。第一次取代巴河之名,第二次将三汇镇到合川嘉陵江口的渠河一段覆盖,第三次则将合川上至阆中、下至重庆朝天门的嘉陵江段收纳名下。其中,嘉陵江被"渝水"据为己有的时间较长,文献记载较多。如《水经注》曰:"宕渠即潜水,又名渝水。"《后汉书·南蛮西南夷传》云:"阆中有渝水,其人多居水左右……"李岑《船山诗注》曰:"渝水在巴县夹流。"从地域命名的惯例看,渝水的得名和延伸,均以古渝人的播迁为基础,所以,嘉陵江两岸是渝人辐聚最盛、定居时间最长的地方。

(2)重庆简称"渝"

重庆的简称中,"渝"紧跟"巴"之后。重庆市改名渝州始于隋代开皇元年(公元581年)。《太平寰宇记》云:"开皇元年改楚州为渝州。"此后除唐玄宗时曾短期改渝州为南平郡之外,渝州之名一直沿用至北宋末,长达五百多年。李白著名的《峨眉山月歌》曰:"峨眉山月半轮秋,影入平羌江水流。夜发清溪向三峡,思君不见下渝州。"此渝州就指重庆。重庆之所以名为渝州,是因为它位于嘉陵江之滨,而嘉陵江古名渝水。《寰宇记·正广韵九虞渝下》云:"(渝)州名本巴国,汉为巴郡之江州县,梁于巴郡置楚州,隋改为渝州,因渝水为名。"《合川县志》也说三江(渠江、嘉陵江、涪江)会合以下之水,各有称呼不同,故定嘉(陵江)渠(江)口以下为渝水,重庆古称渝州,今简称渝,即由此得名。

由"渝"可代"巴"观之,古渝人似乎可独掌山城帅印。今日重庆,一般可以涵括"巴渝"二字,渝人又屈居老二,与先到的巴人两分天下有其一。综此,均可为古渝人对神秘璀璨的巴渝文化的创建之功树碑立传。

(3)“鸭”系地名

潼南县双江古镇有“浮溪”,应即“凫溪”“鸭溪”。该镇得名缘于猴溪、浮溪如玉带缠其腰,又有金龙、银龙二山怀抱古镇。从命名习惯推测,“猴溪”与“浮溪”“金龙”与“银龙”分别相对。双江镇因“古、野、清、新”而倍显“双江古韵”,有保存完好的杨闇公烈士和原国家主席杨尚昆的旧居,以及保存完整、规模较大、特色明显的清代民居建筑之杨氏大院。巴南区木洞镇五布河上游名“鸭溪”;武隆县大溪河上游名“鸭江”(伸入南川),建有鸭江镇;万州有村落名“野鸭”。

3.巴渝舞

一种观点认为巴渝舞是巴人和渝人的舞蹈;还有观点认为魏、晋时期的巴渝舞就是渝儿舞——巴地的渝人舞蹈。本文姑且将巴渝舞视为巴人和渝人共创共享的乐舞,是巴舞和渝舞的整合艺术。

《后汉书·东夷传》云:“夫余国以腊月祭天,大会连日,饮食歌舞,名曰‘迎鼓’。”“行人无昼夜,好歌吟,音声不绝。”是说发祥地的渝人能歌善舞。南下嘉陵江的渝人保持了这个传统,而且毫不逊色。

《后汉书·南蛮西南夷传》曰:“阆中有渝水,其人多据水左右,天性劲勇……俗喜歌舞。”谯周《三巴记》曰:“阆中有渝水,賨锐气喜武,汉高祖乐其猛锐,数观其舞,使乐人习之,谓之巴渝舞也。”《晋书·乐志上》谓巴渝舞的内容:“汉高祖自蜀汉将定三秦,阆中范因率賨人以从帝,为前锋……其俗喜舞,高祖乐其猛锐,数观其舞,后使乐人习之。阆中有渝水,因其所居,故名曰‘巴渝舞’。舞曲有《矛渝本歌曲》《安弩渝本歌曲》《安台本歌曲》《行辞本歌曲》,总四篇。其辞既古,莫能晓其句度。”《汉书·礼乐志》颜师古注此:“巴,巴人也。俞,俞人也。当高祖初为汉王,得巴俞人,矫捷善斗,与之定三秦,灭楚,因存其武乐也。巴俞之乐,因此始也。巴,即今巴州;俞,即今之渝州。”[①]颜师古在注《汉书·司马相如传》中又说:“巴渝之人,刚勇好斗,初高祖用之克平三秦,美其功力,使乐府习之,因名巴渝舞也。”魏文帝曹丕令诗人王粲因巴曲改其词,以述魏德。魏黄初三年(公元222年)改巴渝舞为昭武舞,晋又改为宣武舞,均系武舞,即颂扬祖先武功的舞蹈。《隋书·音乐志》记:“汉高祖自汉中归,巴俞之兵执仗而舞。”“仗”是兵器通称。另有学者指出,魏、晋时期的巴渝舞就是渝儿舞。我国古代的舞蹈分武舞和文舞两种,统称万舞。早期巴渝舞或渝儿舞属武舞,后逐渐发展成武舞和文舞两类。汉高祖刘邦

①何光岳:《东夷源流史》,江西教育出版社1992年版,第416页。

令乐师习巴渝舞，列入宫廷宴乐，特在四方少数民族的头人酋长来朝时表演歌舞，也有耀武扬威的意思。[①]这种乐舞一直流行到唐代，皆为中土之人喜爱。唐太宗采其舞法，制《秦王破阵乐》。

巴渝舞原本属于乐府鞞舞类，西汉著名的蜀地文学家扬雄在《蜀志》中谓"讴歌，巴土人歌也"。扬雄是西汉蜀郡成都（今成都）人，其祖辈曾留居江州（今重庆），其对巴渝舞的熟悉程度，当然超过他人。三国时期魏国学者何晏称：巴人讴歌，相引牵连手而跳歌也。唐代刘禹锡《竹枝词》云："四方之歌，异音而同乐。岁正月，余来建平，里中儿联歌竹枝，吹短笛击鼓以赴节。歌者扬袂睢舞，以曲多为贤。"建平在今重庆三峡库区。此与《夔府图经》中"俗传正月初夜，鸣鼓连腰，以鼓为'踏蹄'之戏"，《太平寰宇记》中"其民俗聚会，则击鼓，踏木牙，唱竹枝为乐"，应当是一致的。现在湘西土家的环摆舞，从锣鼓声中，最能表现出动作的节奏感，可以说是巴渝舞的遗存。上述几个地方的踏蹄舞亦即巴渝舞，全在巴渝文化圈内。环摆舞今称摆手舞，在重庆市巴人直系后裔土家族聚居的数个区县十分流行。有的还建成了闻名全国的土家族摆手舞之乡。

据上引《太平寰宇记》等文献，有学者复原古代巴渝舞的表演情景：每当新春佳节到来之际，人们吹着短短的竹笛，敲击着明快的鼓点，伴以节奏鲜明的竹板，尽情地挥舞长袖，跳着踏蹄之舞，相互对歌，进行比赛。这当然属巴渝舞发展的新形式了——是原始巴舞和渝舞整合又历经变化后的巴渝舞。这种歌舞影响深广：今天在我国东南各省区流行的花鼓调、花灯调、莲花闹、川戏中的帮腔、川江号子、薅草山歌等，都可能由古代巴渝舞曲调演变而来。在现今舞台上仍能看到的，属古代巴渝舞变种又杂合其他民族舞乐而来的有羽衣舞、腰鼓舞、踏蹄舞、盾牌舞、摆手舞等。比如盾牌舞，流行于长江以南地区，舞者人数不等，分为两队，右手握短兵，左手举盾牌，模拟两军对垒相打。摆手舞，流行于土家族民众间，分大摆手舞和小摆手舞。大摆手舞模拟军事战斗动作，小摆手舞模拟农事劳动动作。踏蹄舞，古代流行于巴蜀地区，现已流行于全国各省。腰鼓舞，盛行于南方各省。中华人民共和国成立初期，巴渝地区节庆时节，常有人数众多的腰鼓队参与各种演出，不计场地条件，很受群众欢迎。[②]

4.其他习俗

古渝人后裔与汉族同化融合后，生成俞、喻、谕等汉姓。在巴山渝水间或许还能找到凫渝人后裔。

①燕庄和：《古代巴史中的几个问题》，重庆出版社1988年版，第27页。

②燕庄和：《古代巴史中的几个问题》，重庆出版社1988年版，第29页。

渝人，衣尚白。《三国志》卷三十《魏志·夫余》曰："衣尚白，白布大袂、袍、裤，履革鞜。"在渝人的审美传统中，服饰以白为上，相沿成习。渝人南下至重庆地区后，一般来说，不会无缘无故地抛弃自己的"尚白"传统。直至今日，巴渝农村，男女都喜欢头缠白色布帕，如在山乡场镇，若逢赶场天，登高俯瞰，满街攒动着"白头帕"。旧时，地处渝、黔要塞的綦江人，从贵州境内贩盐至巴渝各地，不论是盐老板还是挑二(挑夫)，都以白布缠头以区别于贵州人。巴蜀大地缠白头帕习俗，民间虽有种种解说，而且也不是渝人的专利，但不能排除古渝人的习尚传统的影响——巴人喜缠黑(青)色头帕，他们对黑(青)色头帕情有独钟，因为巴人的早期图腾是青黑色的"蛇"。《山海经·海内南经》曰："巴蛇食象，三岁而出其骨，君子服之，无心腹之疾。其为蛇青黄赤黑。一曰黑蛇青首，在犀牛西。"又《山海经·海内经》曰："有巴遂山，绳水出焉。又有朱卷之国。有黑蛇，青首，食象。"

“巴渝文化”研究的重要地方志文献

——读《重庆市略志》的学术思考[①]

赵心宪[②]

1997年重庆直辖，市政府面临的经济、政治、社会等方面的迫切需要解决的若干重大问题，在党中央的直接领导下逐步得到合理解决，但表面“务虚”的重庆文化建设问题，似乎最终成为影响重庆发展的潜在的最大学术“瓶颈”之一。检索相关的学术资讯，重庆直辖十年（1997年—2007年）学界有关“巴渝文化”与“重庆文化”概念的论争不断，几乎没有形成统一的结论，而且这种争论延续到直辖后的第二个十年（2007年—2017年），成为当下仍需重新讨论的“老大难”学术问题，内中原因是值得学界深刻思考的。

近读“重庆市人民政府文史研究馆馆员遗稿丛书”之《重庆市略志》（以下简称《略志》）（1954年版，内部出版），其摒弃古代方志的体例格式，但存史资政、古为今用的重庆城市文化“史志”撰写意图很明显。在笔者看来，本书编撰体例大异古代方志，文字表述亦极简略，但重庆城市文化发展脉络的断代梳理十分清晰，在服务中华人民共和国成立初期重庆文化建设方面价值取向明确。《略志》前言如是说：

“方志之作，源于宋代，而盛于前清。省和州县，悉有专书。察其内容，关于当时所谓市民阶级的记录，初则偏重于士，后乃渐渐重商，若工农则在不论不议之列。

“重庆的山水形势，实具有天然优美条件，惜数千年来，人力未尽到开辟装点的能事，所遗留的各项陈迹，不够一部近代方志的要求。本编撰著的宗旨既摒弃古代方志的形式，依据唯物主义，甄选资料，故仅拟定八章，详审著笔，点华崇实，宁缺毋滥，为编辑时信守的规律。

---

①原载于《史记论丛》第13集。

②赵心宪，重庆第二师范学院教授。

“八章内又析为四十三节，先述建置之沿革，为追溯先民成聚成邑成都所自来，籍以证社会(之)发展。次述地势与气候，皆自然所形成，亦有一部分人工的修饰。再述名胜古迹，则劳动先民汗血所造成的痕迹。此三章多就书选成的记载斟酌的采取。第四章所纪事，专对人民关系着眼，凡帝国主义的侵略，军阀割据的蹂躏，与两次惨案及民众的牺牲最大，是不能忘记的悲剧。而尤注意于民主革命运动的奋斗，本实所以证人民思潮的进步。第五章之纪经济，以重庆为工商业集中地，故分类绩叙述特详。其中货币一节，重庆遭受伪币膨胀贬值的民众皆实祸。故勤加引证。第六章之纪文教卫生，为人民知识和健康的源泉。第七章之纪交通公用公益事业，为人民生活的必要条件。虽往迹未能适应现代化的要求，然亦聊胜于无，故择要选录。第八章所纪四节，则为重庆民众年(年)困苦显现，倍受苛虐残毒，无从告诉的血泪痕迹。兼以表露本编撰的主旨，重在人民生活的情况，用殿于末，籍作重庆市志的结论。”

在笔者看来，上述“前言”，主要阐释了编撰者自觉体现新时代人民本位意识的撰写意旨，以及《略志》断代的基本规则，即借鉴近代(现代)方志写法，明确所甄选文献资料体现“人民性”的撰述标准，预设略志八章的基本内容及详略安排。下文是阅读《略志》后，对有关“巴渝文化”概念合理性的粗浅思考。

一、《略志》得民国时期向楚《巴县志》的现代方志神韵

上述引文首先表明撰写者接到市政府“官修”“重庆市志”任务后，做了大量的案头文献整理与民间调查工作，引文中三言两语有关中国地方志历史的回顾，言简意赅，然突出表达了撰写意旨，即希望变革旧志缺失人民性价值取向的内容安排，以体现新中国人民当家作主的时代精神，而不希望借“重庆市志”之名，整理出一大堆有关重庆市的地方文献资料。比较阅读民国时期现代地方志翘楚，即向楚主笔的《巴县志》，应该说《略志》得其神韵：修志者意旨张扬，内容整体上在彰显“地方性”的同时，字里行间凸显时代影响。

向楚《巴县志》朱之洪“序”，开篇即表明民国时期方志文献整理的新理念：“县志乃一方之史，自当及时编次，年久失纪，则文献无证。执笔修撰，必躬先采访，庶于建置兴废，陵谷变迁，免其舛误；而人物美德，习俗移易，亦得其真。”向楚“序”则将《巴县志》二十三卷每卷的撰写构想全面述及，如其中的“述交涉第十六”中有：“川东外交，自清咸同。烟台马关，其约重重。航权既放，门户洞通废弃不平，乃为大公。国有遗属，努力折冲。”可见志书编撰主旨明确，存史资政主导意识鲜明。

与旧志总体结构比较，向楚志传统与创新并举。旧志结构一般包括地图（照片）、序言、凡例、概述、大事记、各专志、人物、附录（或综录、丛录、杂记）、索引、编纂始末（编后记或跋）等部分。图表每每根据需要分布在各篇目中适当位置。向楚志适应当时社会发展的实际，除对旧志中惯有的类目如疆域、建置、古迹、赋役、礼俗、职官、学校选举、官师、人物、金石等内容有所充实并增添新子目，还另设立农桑、工业、商业、交通、军警、交涉、自治、市政、物产、事纪、蜀军革命始末等新的卷目，以反映民国出现的新事物，在继承传统方志叙事特色的同时，又把握住时代发展的主脉，不断创新，体现民国新型方志的特征。①

《略志》的结构设计，在借鉴向楚志的创新形式基础上，似为方便一般读者的阅读需要，舍去"凡例""人物""附录""索引""图表"等项，甚至"后记"等方志专有篇目，将内容减缩集中于八章四十三节框架内叙述。《略志》的内容，时间跨度从重庆正式建市的1929年到中华人民共和国成立之前，重点围绕重庆主城作为内陆商业型都市，城市发展为民生的主要事项展开。我们应该注意的是，与向楚志一样，自然天地篇中的"建制沿革"依然被放在《略志》首位，得到重视，即《略志》"前言"所谓"先述建置之沿革，为追溯先民成聚成邑成都所自来，籍以证社会（之）发展"的文字表述。因为虽然重庆正式建市在1929年，但重庆主城的早期建设，在南宋，甚至巴子国时期，又或更早的巴人活动时期，"先民成聚成邑"事实上就已经开始了。

二、"巴渝"地域文化内涵认识的复杂性与"重庆地区"界定的难题

《略志》以重庆主城的城市文化发展为修撰重心，一方面内容集中，全面体现了现代方志科学性、地方性、时代性、真实性与创新性之特点；但另一方面，史志主体意识的张扬，影响史志文献资料的涉及范围，主城毕竟只是重庆城市的核心部分，重庆地区地域文化的多样性与历史文化的复杂性因此可能被搁置。

中国历史上的古代城市普遍具有封闭性，不论是外城还是内城，都由封闭的城墙围绕，城里与外界的交流只能通过城门，即使城市的规模不能适应人口增长的需求，城市的发展和建设规模也仍然是封闭式的，也就是"城中有城或域外有关"。现代城市是以发散的模式进行发展和扩大的。抗战时期重庆成为国民政府的陪都，按照欧美现代城市规划经验"散点"扩大主城规模，以适应主城人口暴增的城市发展需要。因而，主

①赵子涓：《承前启后的方志佳作——［民国］向楚〈巴县志〉》，《巴蜀史志》2003年第6期。

城的城墙成为历史遗迹的景观存在，行政区县之间也没有明显的边界约束。或者可以这样认为，从历史上的江州时期开始，到民国时期的1929年，重庆主城基本上都是依地势而走因地制宜扩展的，始终围绕长江与嘉陵江两江环绕的半岛“做文章”，是典型的“封闭式”发展。重庆“渝中”古城发展的历史非常悠久，从《华阳国志》所记载的时代开始，显示出线索完整的“成聚成邑成都”的历史发展轨迹。研究者对巴人先民活动区域有这样的文字总体提要：沟壑纵横，山环水绕的自然生态环境，以族群为基础的生产、生活方式，使巴地聚落位于长江与支流交汇地带者占大多数，水路运输是维系聚落间交往的主要方式。一般聚落都是选择一个相对稳定的地域为聚居点，这些聚居点能容纳一定数量的人口，提供必要的资源，同时又能与外界其他聚居点保持一定的间距与联系。山地聚落格局的大分散、小集居形态很清楚。巴人在地域生态环境的制约下，其聚落发展与文化交流表现出沿江河的轴向线型发展的特征，在江州及现代重庆（严格来说，1929年正式建市之后才是“现代重庆”城市建设的开始）区域聚居格局中表现得特别突出。巴地聚落城镇营建择地形、相水势，于坡陡水急之处，以山为城，以江为池，建立都城。①

专家对中国古城封闭性特征的形成原因有两说解读：一是早期氏族部落为防卫外族及野兽入侵而采取聚居并设壕沟的封闭式居住方式的一种演变；另一种是中国古人为追求隐居且独享一方天地的隐逸情节使然。“筑城以卫君，造郭以守民”道出城墙的不同作用。②渝中半岛古城的形成原因不是这么简单和浪漫，而是与巴渝地区三千年经济、政治、文化、社会、生态的发展有着千丝万缕的联系。《略志》在对重庆主城旧城为重点的地方志资料梳理中，因为时代条件等种种原因而造成的不足是很清楚的。这里特别强调的是“巴渝”地域文化认识的复杂性。

“巴渝”作为贯通古今的地域文化命名，一般认为应围绕“巴”族的人文历史与“渝”地的城市发展，相辅相成地从这两个方面来考量。“渝”地的历史存在似乎不存在争议，这里不再占用篇幅去讨论。“巴渝”的“巴”内涵较为复杂，至少包含巴国、巴地巴人（巴族）三个要点。巴国都城在史料中有案可查，学界普遍认同管维良先生的说法：白虎巴人部族的迁徙路线是从枳（今涪陵）往平都、泸州、高县，再往宜宾，巴子国都城在今渝州半岛。关于巴地，有文献史料可参考：前314年秦国大夫，在巴地设巴郡和若干县，形成对巴地的统治，其中郡治江州几乎等于现在渝西大部，大夫张仪于同年筑江州

①王纪武：《地域文化视野的城市空间形态研究》，重庆大学博士研究生学位论文，2005年。

②高林：《古今地方志中城市意象的对比——以杭州为例》，《江苏建筑》2012年第5期。

城。但问题是,巴人的源头及演化当下仍然是学界的难题,种种说法不尽相同。巴人之源没有定论,巴地的范围到底该怎么准确地来描述,也就成为学界一个待定的"历史悬案"了。田玉隆以中国最有信度的数十种历史文献为据,详加考证,认为巴人的源头和后裔的变化是可以得到一般确认的。他认为:"九黎"之后"九夷"中,"淮夷"西迁发展成为巴人,与秦及淮河流域诸古国,都是"嬴姓国"。对比研究巴人与苗族(主要是"花苗""白苗"等支系)的语言和葬俗后,可发现这个问题。巴人首领入西北"氐羌"中做官,西晋末年,巴人为"氐羌""流人"首领,回迁巴蜀建成汉政权。苻坚淝水之战遗兵及南诏国兵(都是氐羌人)入渝、黔、鄂交区,发展成土家族人,从土家族语言接近彝、藏语言可说明这个问题。巴人后裔分化,加入汉、苗、土家、彝、瑶等民族。①

在笔者看来,有关巴人源头及巴人后裔族群演变的历史文献的考证梳理应该是可信的。巴人的源头有了眉目,巴地的区域空间就有了定位的依据,巴文化的命名当然就有了阐释的学理基础。但是这仅仅是从历史文献和民俗的某种对应关系中梳理出的结论,要使此说成为定论,还需出土文物的进一步佐证。田教授的论断可备一说,但也仅此一说。熊笃先生认为:"巴渝"二字在地域位置、文化内涵上是贯通古今的。"巴渝"可以涵盖"重庆"的全部意义。因为"重庆"是南宋时才取的名,其意义也不过是宋光宗个人的双重喜庆,而"巴渝"的历史却悠久得多,内涵也丰富得多。②

之所以依熊笃先生的上述观点为参考,原因在于"重庆"1891年开埠之后的城市现代化发展,早已超越当年宋光宗时期中国城市命名的历史文化内涵。"重庆"其实是一个历史的、动态的、发展的地名概念,与"巴渝"历史概念一样,既指城市名,也指地域名。从历史地理的学科视角考察,"重庆"概念并存有四个层面的内涵:

其一,历史上重庆的"母城",就是长江、嘉陵江两江环绕的渝中半岛古城,这是"原典"意义上的重庆、商业都市的重庆。秦置巴郡(前314年)、隋置渝州(581年)、宋置重庆府(1189年)、元末大夏国建都(1363年)、近代开商埠(1891年)、抗战定陪都(1940年),凡此种种历史大端,均发生在此半岛古城。

其二,现代重庆的"主城区",在20世纪40年代初和90年代末的两次扩展,都是事先进行了现代城市发展规划的。《重庆市城市总体规划》(1997年版)所圈定的"三大片区""十二组团",面积约600平方千米范围的城市区域,是以母城为中心,包括两江沿岸的江北、南岸、沙坪坝、九龙坡、大渡口、渝北、巴南,八区互联成片,还有与主城不可

①田玉隆:《巴人索源及后裔探讨》,《贵州大学学报(社会科学版)》2012年第3期。

②熊笃:《论"巴渝文化"是贯通重庆古今的主流文化》,《重庆社会科学》2005年第6期。

分离的北碚城。这样主城区名副其实地成为现代重庆的政治、经济、文化、科技、教育、交通、信息中心。

其三，现代重庆主城区诞生之前，还有一个过渡时期的国家“计划单列”的“重庆地区”(1983年—1996年)，辖11区10县市的区域面积，达2.3万平方千米，形成以合川、江津、永川、大足、长寿等拱卫的现代重庆城市格局雏形。

其四，直辖后的现代大重庆，除上述现代重庆城市格局雏形中的地区之外，还包括长江三峡地区、乌江流域两岸的万州、涪陵、黔江，总面积达8.2万平方千米。其与川、黔、湘、鄂、陕5省接壤，具有“大城市与大农村”并存的中国独一无二的直辖市格局。

“重庆”概念中的现代城市内涵，是20世纪40年代才开始丰富起来的，21世纪更有加速丰富的趋势。它直接使“重庆”所指不断泛化，但一般狭义认知上的“重庆”，仍然指她的“母城”。20世纪五六十年代，重庆人的口语“进城”，即到重庆城，就是历史上重庆的“母城”，这是三千年的历史记忆。现代重庆的地域文化所及，除“母城”之外，还包括20世纪中叶形成的主城及渝东南和渝东北广大地区，由此，巴渝文化概念的提出是有道理的。《略志》地域文化视角专注于20世纪40年代的重庆“母城”，却没有忽视巴渝地域文化形成的建置沿革，这也是得向楚《巴县志》神韵的证明。

“大禹治水”新论[①]

黄权生　罗美洁[②]

在远古时期，生产力水平很低，人类在认识、改造变幻莫测的自然界的过程中，创造了许多神话传说。由于人类与河流的关系密切，有关洪水或治水的神话传说流传更为广泛。水利神话传说反映了古代劳动人民在治水斗争中坚韧不拔的精神。其中大禹治水的故事尤其体现了古代人民治理水患的迫切愿望和不畏险阻的可贵品质。凡是名山大川，都有禹的治迹。《艺文类聚》引《顾子》曰：“与子华游东池，子华曰：‘水有四德，池为一焉，沐浴群生，泽流万世，仁也；扬清激浊，涤荡尘秽，义也；弱而难胜，勇也；导江疏河，变盈流谦，智也。’”子华以水喻人，而事实上“仁、义、勇、智”水之四德在大禹身上体现得最为明显。大禹治水救苍生为大仁；治水多年三过家门而不入，为大义；面对滔滔洪水赴汤蹈火，无所畏惧，为大勇；治水期间勇于创新，导江疏河，疏堵结合，治水功成名就，为大智。

一、治水始发地辨

（一）大禹生于蜀地

大禹治水之神话传说的产生是有时代背景的。大禹能成为治水英雄，也属“时势造英雄”。《尚书·尧典》记载尧舜时洪水浩浩滔天，而《史记·夏本纪》记载大禹父亲鲧治水“九年而水不息，功用不成”，鲧被杀于治水任上。《孟子·卷六·滕文公章句下》记载禹继承父业，“掘地而注之海，驱蛇龙而放之菹，水由地中行……然后人得平土而居之”。《史记·夏本纪》还记载大禹治水“陆行乘车，水行乘船”。而《中国古代交通》记载，传说

---

①该文得到教育部基金项目“川江与荆江流域水利史研究”、湖北省教育厅基金项目“鄂西水利文化钩沉与水利资源旅游开发研究”、2011年宜昌市科学技术与开发基金项目“宜昌市交通文化与宜昌社会发展关系研究”、三峡大学求索基金项目“三峡（鄂西）水利文化与三峡大学校园文化关系研究”的资助。原载于《重庆文化研究》2016年第4期。

②黄权生，三峡大学水文化研究所。罗美洁，三峡大学水文化研究所。

大禹到四川砍直径为一丈的大树,造成独木舟去治水。[①]该传说是有古文献记载的,《广博物志》卷四十记载:夏禹欲造独木舟,知梓潼尼陈山有梓木,径一丈二寸,令匠者伐之。梓树不伏,化为童子,禹责而伐之。大禹生于蜀地,从蜀地伐木造船开始治水,然后走向全国。

《吴越春秋·越王无余外传》记载禹:"家于西羌,地曰石纽。石纽,在蜀西川也。"《华阳国志·蜀志》记载:"石纽,古汶山郡也。崇伯得有莘氏女,治水行天下,而生禹于石纽刳儿坪。"郦道元《水经注》载:"禹生于蜀之广柔县石纽村。"《唐书·地理志》载:"茂州石泉县治有石纽山。石泉今属龙安府,山下有大禹庙,相传禹以六月六日生此。"《升庵外集》载:"蜀之石泉,禹生之地,谓之禹穴……有'禹穴'二字,乃李白所书。"李锡书《汶志纪略》记载:(汶川)县十里飞沙关,岭上里许,地平衍。名刳儿坪。有羌民数家,地可种植,相传圣母生禹处。有地数百步,羌民指为禹王庙,又称启圣祠。元代贾元《涂山禹碑记》载:先是帝(大禹)曾大父曰昌意,为黄帝次子,娶蜀山氏生颛顼,颛顼生鲧,鲧生帝(大禹)。帝之娶于蜀,又有自来。又谓蜀涂山肇自人皇,为蜀君,当涂山之国,亦一征也。从历代文献分析,大禹生于蜀地是无疑的。也就是说夏文化可能源自蜀地。童恩正先生认为早在新石器时代四川与中原在文化上有联系。[②]蓝勇由文化的联系进而推论在新石器时代四川与中原有一定的交通路线。[③]甚至有的专家认为古蜀文化的发展早于中原,夏文化的源头之一便是古蜀文化。[④]传说与文献大都说明大禹生于蜀地,是从蜀地开始治水的。

(二)大禹娶妻于巴地

大禹生于蜀地,娶妻于巴地。《华阳国志·巴志》记载:"及禹治水命州,巴、蜀以蜀梁州。禹娶于涂山,辛、壬、癸、甲而去。生子启,呱呱啼,不及视。三过其门而不入室,务在救时。今江州涂山是也,帝禹之庙铭存焉。"《华阳国志》云:"渝郡,涂山禹后家也。"《后汉书·郡国志(五)·巴郡·江州》引西晋杜预注《左传》云:"巴国也,在涂山,禹娶涂山。"《东汉郡志》云:"涂山在巴郡江州。"元代贾元《涂山禹碑记》记载:"禹本蜀人,生于蜀,娶于蜀,古今人情,不大相远。导江之役,往来必经,过门不顾,为可凭信。"大禹在巴地娶妻治水,其真实的史实可能是大禹所率父系部落治水得到巴地重庆涂山氏母系

①王崇焕:《中国古代交通》,商务印书馆1996年版,第84页。

②童恩正:《古代的巴蜀》,四川人民出版社1979年版,第4页。

③蓝勇:《四川古代交通路线史》,西南师范大学出版社1989年版,第1页。

④李炳海:《夏、楚文化同源于巴蜀考辨——兼论楚文学基本特征的由来》,《天府新论》1990年第6期。

部落的帮助与支持，并与之联姻。今重庆南岸区有涂山寺。大禹生于蜀地，娶于巴地，并不排除大禹到其他地方治水与其他部落联姻的可能。元代贾元《涂山禹碑记》曰："禹娶涂山之女生子启，南巡狩会诸侯于涂山。如是，则娶而生子，生子而后南巡，南巡而后会诸侯。娶则在此，会则在彼，次序昭然。会稽乃至群臣之地，或崩葬之地，故曰禹穴……况会稽、当涂，在禹时未入中国，禹安得娶于彼哉。"大禹生于蜀，娶于巴，在巴地、蜀地治水的基础上，积累了治水的宝贵经验，然后经过三峡，到长江中下游。虽然大禹治水时间漫长，而且非局限于某一个地区，但其治水始发蜀地，积累经验于巴地则是无疑的。

（三）大禹从三峡治水走向全国

大禹娶涂山氏，治好江州段洪水，便来到洪水更为肆虐而地形更为险要的三峡。《水经注·江水》记载三峡："盖自昔禹凿以通江，郭景纯所谓'巴东之峡，夏后疏凿'者。"传说瞿塘峡是大禹开凿，而《水经注》记载大禹之子启派其臣孟涂在巫峡地区为官。大禹三峡治水时，三峡已经属于大禹所率部族管辖，这也为启直接派官员管辖巴地创造了条件。相传大禹在三峡得到巫山神女的帮助，降伏洪水。《墉城集仙录》记载："云华夫人者，王母第二十三女，太真王夫人之妹也，名瑶姬，受徊风混合万景练神飞化之道。尝游东海还，过江之上，有巫山焉，峰岩挺拔，林壑幽丽，巨石如坛，平博可玩，流连久之。时大禹理水，驻其山下，大风卒至，振崖谷陨，力不可制，因与夫人相值，拜而求助，即敕侍女授禹策召百神之书，因命其神狂章、虞余、黄魔、大翳、庚辰、童律等助禹斩石疏波，决塞导厄，以循其流。禹拜而谢焉。"巫山神女帮助大禹治水的故事在三峡当地家喻户晓。巫山望霞乡望霞峰题："据神话传说，西王母的小女儿瑶姬，劈死十二条混江蛟龙以后，爱上了高峰入云、江水碧绿的巫山，便在此定居下来，帮助夏禹开凿三峡，疏通江水，为樵夫驱虎豹，为农人保丰收，为病人种灵芝，为行船谋安全，日久天长，她的身躯化为一个石峰，每天她第一个迎来朝霞，最后一个送走晚霞，故名望霞峰。"①宋玉《高唐赋》曰："妾，巫山之女也，为高唐之客，闻君游高唐，愿荐枕席。王因幸之"。唐代李善注解的《文选》曰："巫山在南郡巫县……朝云、行雨，神女之美也。"《文选》中巫山的朝云、行雨是形容神女之美，后人则以此指代男女之事。"巫山云雨"也成为男女情色、爱情与鱼水之欢的代名词。有的学者认为"朝云""行雨"是对巫山气候、景观的高度总结，非熟稔该地气候特征者能道。②事实上"巫山云雨"其本体意蕴应该是水滋

①巫山县地名领导小组：《四川省巫山县地名录》，1983年版，第27页。

②林涓、张伟然：《巫山神女：一种文学意象的地理渊源》，《文学遗产》2004年第2期。

润万物、创造万物、孕育生命、诞生文明。《山海经·大荒南经》记载:“大荒之中……有云雨之山,有木名栾。禹攻云雨,有赤石焉生栾,黄木,赤枝,青叶。群帝焉取。”从《高唐赋》和《山海经》来看,大禹在此“云雨之山”“攻云雨”,即治水。另外大禹得神女之助,似乎同大禹与巴地涂山氏有婚姻关系情况相似。但大禹三峡治水得神女之助,则体现了大禹治水思想的基本成熟,已经有成熟的治水的范式和方法。

巴地涂山部落与三峡神女部落,可能都是当时的母系部落,都善于治水,而大禹所率领的父系部落从岷山和岷江治水而来,与之联姻,并得到了这两个善于治水的母系部落的帮助。大禹从长江上游的岷江自上而下,一路治水,从蜀地到巴地,从三峡到全国,运用以疏导为主结合围堵的方法,最终获得成功。因此夏禹治水是沿岷江到长江上游,再到三峡,然后流转中国东部长江中下游。大禹部族和与之联姻的长江沿岸的母系土著部族都曾整治江道,使巴蜀与外界相联系,而大禹成为治水英雄,是集“仁、义、勇、智”众人智慧于一身的结果。后来大禹治水统领万邦,最终开创夏朝,是故后世之人笃信善治水者能安邦,而大禹治水安邦是联合了所治水之处的部落共同努力的结果。这与父系氏族部落晚期,由部落走向部落联盟,并最终走向国家的历史轨迹是相符合的。

二、大禹治水方法辨

(一)治(用)水的主体及领导的重要性

大禹是治水英雄,但他是集合了父亲鲧、助手益和后稷及各地(如涂山氏、巫山神女等)部落的聪明及智慧,通过疏导为主结合围堵的方法,发挥全民大协作的力量才降服洪水的。如《国语》载:“四岳佐禹治水成功。”《史记·夏本纪》曰:“禹乃遂与益、后稷奉帝命,命诸侯百姓兴人徒以傅土。”也就是说大禹是治水英雄,广大人民群众也是治水英雄,但群众需要一个好的领导才能有效治水。21世纪初出土的西周青铜器遂公盨铭文中有“大禹治水”“以政为德”等字样。《尚书·洪范》记载:“我闻在昔,鲧堙洪水,汩陈其五行。帝乃震怒,不畀洪范九畴,彝伦攸斁。鲧则殛死,禹乃嗣兴,天乃锡禹洪范九畴,彝伦攸叙。”说明禹父亲鲧苦苦治水,想到用“金木水火土”的材料,想到“洪范九畴”的创新方法,鲧死后,禹子承父业,故禹能成就大业。然而治水中英雄与人民群众二者缺一不可,大禹是领导者,也是鲧的继承者,又是广大群众智慧、功绩的集大成者。大禹治水的方法、功绩都具有传承性和全民性。而大禹作为治水领袖,能集华夏治水之大成,关键在于“导江疏河,疏堵结合”大智方法与创新手段的运用。

(二)大禹治水方法的灵活性

《史记·夏本纪》记载大禹:“薄衣食,致孝于鬼神。卑宫室,致费于沟淢。陆行乘车,水行乘船,泥行乘橇,山行乘檋。左准绳,右规矩,载四时,以开九州,通九道,陂九泽,度九山。令益予众庶稻,可种卑湿。命后稷予众庶难得之食。食少,调有馀相给,以均诸侯。禹乃行相地宜所有以贡,及山川之便利。”大禹自己也评价自己:“洪水滔天,浩浩怀山襄陵,下民昏垫。予乘四载,随山刊木,暨益奏庶鲜食。予决九川,距四海,浚畎浍距川;暨稷播,奏庶艰食鲜食。懋迁有无,化居。烝民乃粒,万邦作乂。”《史记·夏本纪》记载大禹:“命诸侯百姓兴人徒以傅土,行山表木。”《孟子·滕文公上》记载大禹:“疏九河,瀹济漯而注诸海,决汝汉,排淮泗而注之江。”《孟子·卷六·滕文公章句下》记载:“掘地而注之海,驱蛇龙而放之菹,水由地中行……然后人得平土而居之。”大禹率领益、后稷及各地诸侯运用疏、瀹、决、导、排、掘、注、驱、凿、折、破、辟、放、平、行、表等方法,经过多年艰苦卓绝的奋斗终于战胜了经年不息的大洪水。[①]治水不能只用一种方法,围堵与疏导结合只是治水方法的一种。《孟子·告子上》指出:“今夫水,搏而跃之,可使过颡;激而行之,可使在山。是岂水之性哉?其势则然也。”水之势为“避高趋下”。故《道德经》曰:“江海之所以能为百谷王者,以其善下之,故能为百谷王……以其不争,故天下莫能与之争。”疏导是利用水之势——下流的特性,使之归江河与海。故《孙子兵法·虚实篇》曰:“水之形,避高而趋下。”华夏古谚也曰:“人往高处走,水往低处流。”

水善下,其也有容的一面。故《管子·水地篇》曰:“是以无不满,无不居也。集于天地而藏于万物,产于金石,集于诸生,故曰水神。集于草木,根得其华,华得其数,实得其量。鸟兽得之,形体肥大,羽毛丰茂,文理明著。万物莫不尽其机,反其常者,水之内度适也。”故历代治水在具体操作上更多的是利用水容的一面,先进行围堵,将水归于溪流、湖泊与江河,具体采用疏、浚、瀹、决、导、砍、凿、折、破、辟、排、引、掘、注、驱、放、平、行、表等方法。表面上看似以疏导为主,事实上疏导只是一个总方针。以今天长江、黄河的治水经验看,江河两岸,无不是围堵岸堤,让水最后归海。而华夏乃至世界水利,无不是在围堵的基础上修渠、建坝而后疏导引流进行灌溉、运输、发电等。

总之,治水方法本无优劣,而要因水之势、水之容的具体情况而定,因势、因时、因地、因事、因物治之,或堵疏结合,或刚柔并济,或堵引而下,或疏导而下,或蓄势而下等。治水之法不能违背水之势、和、流、容、下等本性,故要以水势为基、以水和为本、以

①黄权生、黄柏权:《从水的功能和本质看水利文化》,《三峡论坛》2011年第2期。

水流为通、以水容为大、以水下为导。治水要以水性而为，但理解掌握水势是前提，以与水为和为根本，以导为主要内容。如不了解水势，而违背水的下流之本性，水势蓄积后，其破坏力及后果将非常可怕。《道德经》有“天下莫柔弱于水，而攻坚强者莫之能胜，以其无以易之”之说。《孟子·告子上》中告子用水比喻人性：“性，犹湍水也，决诸东方则东流，决诸西方则西流。人性之无分于善不善也，犹水之无分于东西也。”而事实上水之德、水之性，非仅有“仁、义、勇、智”四性，更有本身善下、包容等诸多特性。善下则需利用其善流而疏导，有容则可疏堵结合，可因利势导，以更充分地实现“导江疏河，变盈流谦”，实现治水之大智也。

（三）治水材料五行（息壤）辨

1.五行治水法

《尚书·洪范》曰：“五行：一曰水，二曰火，三曰木，四曰金，五曰土。水曰润下，火曰炎上，木曰曲直，金曰从革，土爰稼穑。润下作咸，炎上作苦，曲直作酸，从革作辛，稼穑作甘。”这是原始的五行学说，五行的次序中，把水列在首位，尊水火在上，次表中土，下乃列金木焉。到了汉代，董仲舒将“五行”发展成为“天有五行：木、火、土、金、水是也。木生火，火生土，土生金，金生水”。五行说发展到五行相生相克的理论水平。在这里我们狭隘地将水理解为自然界的各种形态的水，火为阳光，木为水陆动植物，金为地球上除泥土的矿物，土为土地及泥沙等地球表层存在及漂浮的物质。

依上述华夏传统的五行物质观，我们发现，保护五行之首的水是多么的重要。对于“火”，如果光照太多，全球就会变暖，故我们要防止二氧化碳的过度排放，防止臭氧的消退，以减少或遏止冰川和积雪的融化，阻止湿地、沼泽、湖泊的消减，减轻沙化等。对于“木”，理解为生物，木居五行中，处中心位置。有人认为水生木，因为生物生活离不开水，无水则亡，但是木本身又可以保护水生态平衡。例如森林本身能蓄水，而它们本身如能保持平衡，就能维系水生态平衡，让地球上的金和土不易发生大的变化，尤其对减少水土流失、沙漠化、沙尘等具有积极的作用。对于“金”，与水不同，其相对固定。三峡古谚有“欺山莫欺水”之说，因水流动，一旦水得势，将势不可挡。而金受水受火受木，能化土，也能化水，但以化土为主，金化水则易产生水污染。今天的水污染十分严重，与此有关。对于“土”，如田地、河流泥沙、淤泥、滩涂、沙漠、沙尘等，往往成为治水中的难题或重要材料。

治水需要注意森林植被（木）的保护，注意工矿业废料（金）的污染，还要注意气候变暖及沙化（火）等各个方面。故《荀子·王制》云：“圣王之制也：草木荣华滋硕之时，则斧斤不入山林，不夭其生，不绝其长也。鼋鼍鱼鳖鳅鳣孕别之时，罔罟毒药不入泽，不夭其生，不绝其长也。春耕、夏耘、秋收、冬藏，四者不失时，故五谷不绝，而百姓有余食也。污池渊沼川泽，谨其时禁，故鱼鳖优多，而百姓有余用也。斩伐养长不失其时，故山林不童，而百姓有余材也。”《孟子·梁惠王上》云：“不违农时，谷不可胜食也；数罟不入洿池，鱼鳖不可胜食也；斧斤以时入山林，树木不可胜用也。”环境保护是多层面的，对此古人早已经意识到。治水得化天地之万象。如王廷相《慎言·道体篇》中指出：“天内外皆气，地中亦气，物虚实皆气，通极上下，造化之实体也。”“太虚真阳之气感于太虚真阴之气，一化而为日星雷电，一化而为月云雨露，则水火之种具矣。有水火，则蒸结而土生焉。”“金木者，水火土之所出，化之最末者也。”而据《尚书·洪范》中“我闻在昔，鲧堙洪水，汩陈其五行”来看，鲧留给大禹的治水之法，是五行治水之法。而就我们今天的治水来看，也与五行治水之法相似，涉及行业有电力、环保、气象、地质、城建、农业、林业、航运、供水等。总而概括之，治水必须兼顾万物之本原，即五行，治与水相关之万物、水容之万物、容水之万物，并且不能偏废，唯此无有天下水不治。

2.息壤治水法

中国古语有：“兵来将挡，水来土掩”。《山海经·海内经》曰：“洪水滔天，鲧窃帝之息壤以堙洪水”。而《荀子·成相》曰：“禹傅土，平天下”。《史记·夏本纪》记载：“禹乃遂与益、后稷奉帝命，命诸侯百姓兴人徒以傅土。”《淮南子·时则训》也有“以息壤堙洪水之州”的记载。这些说明鲧禹父子曾用土治水。郭璞注《山海经》曰：“息壤者，言土自长息无限，故可以塞洪水也。”鲁迅也认为息壤是传说中一种能够自己生长、永不耗减的土壤。显然郭璞和鲁迅所说的土壤是不存在的。那么息壤究竟是什么土壤呢？

先要从《荀子·成相》和《史记·夏本纪》记载的“傅土”来解。“傅”通“敷”，动词则为分布、附着、使粘、使附着、铺、涂等意思，“傅土”是动宾结构，意思是大禹及其父亲用某种“土”治水，让洪水慢慢消退，天下太平。这是什么神奇的泥土呢？《拾遗记》卷二载：“禹尽力沟洫，导川夷岳，黄龙曳尾于前，玄龟负青泥于后。”“禹尽力沟洫，导川夷岳”非常容易理解，就是禹开沟渠导水，让水流向河流，遇到山丘，就将山丘夷平，让河流的水通过。“黄龙曳尾于前，玄龟负青泥于后”看起来有些神话的意思，但如果将黄龙与玄龟理解为治水负重或载物的工具，就不会迷惑了，因为龙龟为水中之物，而人能在水上活动，唯有舟船，这样看来黄龙可能是在水中挖淤泥或泥沙的船，而玄龟为运淤泥或泥沙的船。从《史记·夏本纪》记载的“陆行乘车，水行乘船，泥行乘橇，山行乘辇”可以佐证黄龙与玄龟为治水挖运泥沙的特制船。而“息壤者，言土自长息无限”是指河中泥沙，今年清除后，来年又随洪水而来，故言土自长息无限。可见“息壤”和“傅土”就是江河之青泥。由于当时森林植被多，河中多植被沉积物，故多呈绿青色，这种土相当肥沃，黏性也非常好，可以和泥沙石头混在一起筑大堤。

“自长息无限息壤者”是揭开禹治水成功及人类河流产生发展至今的奥秘的钥匙，也是解决今天黄河长江水患不断，黄河继续成地上河，荆江大堤处之长江段为悬河等问题的关键所在。今天许多河流由于水土流失严重，河床大大抬高。例如三峡大宁河的巫溪县到荆竹坝段，古人修的栈道孔已经在水位线下，或被泥沙所淹没。三峡山高千米，那里的村庄不至于被淹没，但是中国长江、黄河、淮河、海河等处于下游的江河段则不同，由于泥沙不断聚积使河床继续抬高，由于河床抬高，江河水的危害则更大。那么从鲧与禹父子及其助手的治水我们能得到什么启示呢？

治水英雄鲧与禹父子及其助手将息壤（江河之青泥）用黄龙与玄龟挖运，把挖出来的息壤铺到岸堤上，抬高坝基，水流畅通，这样洪水危害就消失了。这在《孟子·卷六·滕文公章句下》中有详细描述：“书曰：‘洚水警余。’洚水者，洪水也。使禹治之。禹掘地而注之海，驱蛇龙而放之菹，水由地中行，江、淮、河、汉是也。险阻既远，鸟兽之害人者消，然后人得平土而居之。”大禹将河床中的泥沙掏空，水便顺利地流入大海，多余的水就分流到近处的湖泊及沼泽湿地去，这样村庄、田野、城市高于水平面，就不受洪水袭扰。对江、淮、河、汉都采取这样的治水办法，洪水终于消失了，人们便可以在陆地上安全生活了。当然，大禹还兴修水利，尤其是在从江、淮、河、汉中所挖出的息壤上种植庄稼，民得食。如《史记·夏本纪》曰：“与益予众庶稻鲜食。以决九川致四海，浚畎浍致之川。与稷予众庶难得之食。”故有“禹勤沟洫……九土即理，玄圭锡兹”之赞。在当时肥料很少，而生生不息的息壤正是农田的好肥料。

总之，以大禹为代表的治水英雄掌握了水土“运动”的道理，首先，将淤泥从河底捞取上来，使河道保持深度，让水流畅通，减轻水灾的发生；其次，一部分淤泥用于筑大堤，堤坝年年加固提高，水灾不断减少；再次，一部分淤泥被返还到附近的田地，保持了土地肥力，发展了农业生产，人们得而能食，创造性地发展了水利农业；最后，打捞河底的淤泥，避免淤泥中水草腐烂发酵，避免水质混浊，保持了优良水质，为生物尤其为人类提供了优质的农业生产与生活用水，并且保持了很好的生态平衡。如此周而复始，循环轮回，土壤生生不息，这难道不是传说中的息壤吗！这也是人类科学地利用水的最重要的自然本质“顺势而流，循环轮回”和“导江疏河，变盈流谦”的大智慧的体现。

《淮南子·原道训》曰:“天下之物,莫柔弱于水。然而大不可极,深不可测;修极于无穷,远沦于无涯;息耗减益,通于不訾;上天则为雨露,下地则为润泽;万物弗得不生,百事不得不成……淖溺流遁,错缪相纷而不可靡散;利贯金石,强济天下;动溶无形之域,而翱翔忽区之上,邅回川谷之间,而滔腾大荒之野;有余不足与天地取与,授万物而无所前后。是故无所私而无所公,靡滥振荡,与天地鸿洞……与万物始终。是谓至德。”上善若水,水善利万物而不争。水是大公无私的,关键是人类对待它的态度。大禹利用水的自然属性为人类造福的这种做法,在延续了两千多年的四川都江堰水利工程中有所体现。几千年来的尼罗河治理也与禹之息壤法相似,尼罗河每年8月份河水上涨时,会给两岸的田野带来丰沛的土壤,在这些肥沃的土壤上,人们栽培了棉花、小麦、水稻、椰枣等农作物。在干旱的沙漠地区形成了一条“绿色走廊”。

三、大禹治水的影响:治水安邦,开创夏朝

大禹除治水,还敬鬼神、建房屋、造舟车、开水陆交通、种稻谷、调剂各地物产等。《尚书·虞书·益稷》记载:“洪水滔天,浩浩怀山襄陵,下民昏垫。予乘四载,随山刊木,暨益奏庶鲜食。予决九川,距四海,浚畎浍距川;暨稷播,奏庶艰食鲜食。懋迁有无,化居。烝民乃粒,万邦作乂。”《史记·夏本纪》云:“与益予众庶稻鲜食。以决九川致四海,浚畎浍致之川。与稷予众庶难得之食。”司马迁给大禹治理洪水的丰功伟绩给予了最高赞扬:“尧遭鸿水,黎人阻饥。禹勤沟洫,手足胼胝。言乘四载,动履四时。娶妻有日,过门不私。九土即理,玄圭锡兹。”而《庄子·天下》曰:“昔者禹之湮洪水,决江河而通四夷九州也,名川三百,支川三千,小者无数。”大禹的功劳非常巨大,成为华夏治水的英雄,这与大禹治水爱民分不开。《荀子·君道》曰:“君者,民之原也,源清则流清,源浊则流浊,故有社稷者而不能爱民,不能利民,而求民之亲爱己,不可得也。”《荀子·王制》提出了著名的“君民舟水”论:“马骇舆,则君子不安舆;庶人骇政,则君子不安位……庶人安政,然后君子安位。传曰:‘君者,舟也;庶人者,水也。水则载舟,水则覆舟。’”《孟子·梁惠王上》说:“民归之,犹水就下,沛然谁能御之?”《荀子·君道》中记载:人(君)者,水(民)之原也,源清则流清,源浊则流浊,故有社稷者而不能爱水(民),不能利水(民),而求水(民)之亲爱己(人),(人)不可得也。而孟子借水警醒统治者,只有施仁政于民众,以民众的利益为上,民众就“犹水就下”望仁德而归附。《管子·水地》曰:“水者何也?万物之本原也,诸生之宗室也,美、恶、贤、不肖、愚、俊之所产也。”大禹治

水,对水的感悟最深刻,故爱民、利民的大禹因治水壮举赢得了世人拥戴,建立了我国第一个王朝——夏朝。

《尚书·禹贡》记载:"九州攸同,四隩既宅。九山刊旅,九川涤源;九泽既陂,四海会同。六府孔修,庶土交正,厎慎财赋,咸则三壤成赋。中邦锡土姓,祗台德先,不距朕行……东渐于海,西被于流沙,朔南暨声教讫于四海。禹锡玄圭,告厥成功。"《史记·五帝本纪》也记载:"唯禹之功为大,披九山,通九泽,决九河,定九州,各以其职来贡,不失厥宜。"《淮南子》曰:"禹沐淫雨,栉扶风,决江疏河,凿龙门,辟伊阙,乘四载,随山刊木,平治水土,定七百国。"《华阳国志·巴志》载:"会诸侯于会稽,执玉帛者万国,巴蜀往焉。"说明大禹已经是诸侯之主,众诸侯听从大禹号令。"平治水土,定七百国"大概意指大禹征服了七百个小国,也就是说奴隶社会中夏朝的产生与大禹(夏禹)组织治水有关。因此大禹以治水为手段,统一了全国,分全国为九州,形成各地来贡来朝的气氛,奠定了一个统一王朝的基础,做出了治水安邦立国的丰功伟绩。"率土之滨,莫非王土,率土之臣,莫非王臣。"华夏进入了第一个王朝——夏王朝,大禹则为开国之君。其之所以能开国,除了拥有水之四德"仁、义、勇、智"的品格,也因为理解水乃"万物之本原也"、民乃"诸生之宗室也",水与民有美、恶、贤、愚等之性,而为君者应因势利导,让水和民善下、有容。故历代统治者以治水安邦为统治之国策,据水与民之关系得出"水能载舟,亦能覆舟"之至理名言也。此名言为治水牧民之大智,得水之仁、水之义,拥有水之大智者,必为水之真大勇也。

四、大禹(庙)神话与三峡工程

神奇的三峡大坝,矗立在三峡峡谷旁的黄陵庙前,黄陵庙是昔日纪念拥有"仁、义、勇、智"品质的大禹的地方。这是一种自然的巧合,还是大禹在远古的冥冥安排呢?!

葛洲坝建设地西坝南端建有大禹庙(即黄陵庙)。①西坝黄陵庙在东湖县志、宜昌县志中均有记载,其和今天三峡大坝附近的黄陵庙成为三峡治水文化的象征。可见在中国,尤其在湖北、四川、重庆人眼里,大禹是驱蛟龙、斩孽龙、湮洪水之神。如《孟子·卷六·滕文公章句下》曰:"洚水者,洪水也。使禹治之。禹掘地而注之海,驱蛇龙而放之菹,水由地中行,江、淮、河、汉是也。险阻既远,鸟兽之害人者消,然后人得平土而居之。"大禹成为长江流域治水文化的文化符号,在三峡地区祀奉尤其多,除了县(镇)有

①湖北省宜昌市地名委员会:《湖北省宜昌市地名志》1984年版,第62页。

禹王庙外，乡村还供奉大禹。如湖北咸丰县地方志载：传说龙坪境内自古多龙。李子房端公曾在下坝龙潭捕龙祈雨，雷打井有龙讨封，回龙寺里雕龙化生，中溪口有龙过中建河，每当山洪暴发，旗山下游孽龙怒吼。为了镇住孽龙，清道光年间，李启成、龚德新等人募款修建禹王庙。禹王庙修起后，孽龙大叫三日而去。龙坪由此得名。[①]巫溪建楼乡禹王庙因供奉夏禹王得名。[②]巫溪中梁乡禹王庙以早年一庙供奉夏禹王得名。[③]长阳县禹王庙以村内从前有禹王庙得名。[④]巴东九龙观也因相传大禹治水时曾从这里路过，觉察到半山腰有活宝（九条龙），后来人们因此在山上建庙宇，取名"九龙观"。[⑤]宜昌三官庙因清朝时人们纪念尧、舜、禹三王而修此庙，故名三官庙。[⑥]封建统治者自称真龙天子，穿龙袍，而民间以大禹为龙，则指示大禹善于治水。中华民族以龙为司水之神，拥有"仁、义、勇、智"水之四德的统治者方能以"龙"居高位，否则似水之民必降洪水而诛之。

关于三峡工程建设之地，早在民国时候葛洲坝和黄陵庙便被选为三峡建坝的地址。据史料记载：发电厂须有适宜之进水池及泄水沟，此地均可布置。故相度形势，以距离宜昌相近之葛洲坝与黄陵庙两处为水力发电之地点，较为适当。黄陵庙有花岗岩地峦多处，皆有用作滚水坝之可能。此次初勘所选地点在黄陵庙附近，以与葛洲坝计划互相参证。[⑦]诸葛亮《黄陵庙记》道："开江治水，九载而功成，信不诬也。惜乎庙貌废去，使人太息。神有功助禹开江，不事凿斧，顺济舟航，当庙食兹土。仆复而兴之，再建其庙貌，目之曰黄牛庙，以显神功。"大禹数千年前的治水神功和今天的三峡水利工程之间，有着无形的默契。

大禹治水精神已经成为中华民族勤劳、聪慧、不畏艰难等品质的象征。大禹治水也是华夏水文化尤其水利文化标志性符号。大禹治水在三峡地区留下了夔门、黄牛峡、授书台、斩龙台、巫山等地名与传说，这些地名、传说寄托了中国人希望治理长江水患的亘古梦想。而三峡工程将历史传说变为事实，是科技文化和人文文化共融的历史丰碑，体现了五千年华夏治水文化的精神与智慧，是华夏大禹十三年治水安邦精神和

①咸丰县地名志办公室：《湖北省咸丰县地名志》1984年版，第125页。

②四川省巫溪县地名领导小组：《四川省巫溪县地名录》1982年版，第176页。

③四川省巫溪县地名领导小组：《四川省巫溪县地名录》1982年版，第335页。

④湖北省长阳县地名领导小组：《长阳县地名志》1982年版，第48页。

⑤湖北省巴东县地名领导小组：《湖北省巴东县地名志》1983年版，第410页。

⑥湖北省宜昌市地名委员会：《湖北省宜昌市地名志》1984年版，第73页

⑦宋希尚：《测勘扬子江上游水力发电之概况》，《交通杂志》1993年第4期。

历史的重演。三峡工程更是中华民族的治水文化中治水防洪、改造自然的主观能动性和创造力的最高体现，是中华民族“天行健，君子以自强不息”精神的最佳诠释。通过三峡工程的建设和三峡水利文化的构建，三峡工程逐渐成为华夏“大禹治水”民族文化与精神的象征。毛泽东《水调歌头·游泳》云：“更立西江石壁，截断巫山云雨，高峡出平湖。神女应无恙，当惊世界殊。”这气势磅礴的诗句，表达了中国人修建三峡工程的远大理想和改造自然的豪情壮志。

葛洲坝和三斗坪的中堡岛深邃的历史文化底蕴，加之得天独厚的地理位置和地质条件，被外国专家称为“上帝对中国的恩赐”。对这种恩赐孙中山在1924年的演讲中有淋漓尽致的阐发：像扬子江上游夔峡的水力，更是很大。有人考察由宜昌到万县一带的水力，可以发生三千余万匹马力的电力，像这样大的电力，比现在各国所发生的电力都要大得多；不但是可以供给全国火车、电车和各种工厂之用，并且可以用来制造大宗的肥料。[①]孙中山在其著作中指出：自宜昌而上，入峡行，约一百英里而达四川之低地，即地学家所谓红盆地也。此宜昌以上迄于江源一部分河流，两岸岩石束江，使窄且深，平均深有六寻（三十六英尺），最深有至三十寻者。急流与滩石，沿流皆是。改良此上游一段，当以水闸堰其水，使舟得溯流以行，而又可资其水力。其滩石应行爆开除去。于是水深十尺之航路，下起汉口，上达重庆，可得而致。[②]在今天看来，“上帝对中国的恩赐”，来源于中华民族“大禹治水”的精神，来源于中华民族的长期努力。今天的治水成果，几千年前的大禹也会惊叹，三峡工程旁黄陵庙中的大禹先祖自然一定会护佑我中华水利事业。今天治水者需要“仁、义、勇、智”之水德，需要继承大禹三过家门而不入的奋斗精神。

五、小结

人类治水、用水是让水的有益功能得以发挥，利用水之柔、容、和、刚等性善之面，避免、减少水之淫、滥、涝、淖、污、湮、混、浑等性恶之面，这就是水利，是人类水文化的主体。目前有学者谈到大禹治水往往只说其“疏导”治水，而从大禹治水的历史看，此断章取义的认识有失公允，我们面对历史要有客观公正的态度。大禹治水的方法与精神是华夏民族治水文化的结晶，是人类充分理解水之“仁、义、勇、智”的结果，其为今天的水利事业提供了丰富的经验和教训。

①孙中山：《孙中山全集》第9卷，中华书局1986年版，第402页。

②孙中山：《建国方略》，华夏出版社2002年版，第176页。

寻根·融合·共识

——首届南平僚国际学术研讨会综述[①]

章义和[②]

由中国魏晋南北朝史学会、重庆中国三峡博物馆和重庆市綦江区文化委员会联合主办的首届南平僚国际学术研讨会,2015年11月20至22日在綦江区召开。来自全国各地及泰国的120多位专家学者就南平僚研究的理论和实践进行了深入细致的研讨,取得了非常好的效果。此次会议在世界僚学的研究道路上具有里程碑意义。

本次会议,一共收到论文30篇,含泰国学者文章2篇。这些作者既有来自高校、科研院所、博物馆等单位的专业人员,也有地方民俗文化研究的相关人士。这些论文涉及僚人的源流和历史、僚文化的内涵和表现、僚与中原王朝及其他族群的关系、南平僚的演化、南平僚的文化意义、南平僚文化的开发和应用等方面,形式多样,内容丰富,其中不少作者因所在地域曾有南平僚或僚人的遗迹而持续关注这一问题,故而资料翔实,观点深入。

笔者必须首先介绍云南省社会科学院王国祥教授的一篇论文:《齐心协力创僚学》。在僚人尤其是南平僚的研究领域,王国祥教授属于祭酒型的人物。他的勤奋和博学、坚持和创获,是有目共睹的。在这篇论文中,王先生指出:中国魏晋时期出名的僚人,是以骆越为主体衍化而来的,上承百越,下启近现代壮泰族群,是中国古代史和民族史的重要组成部分。鉴于僚人在历史上的独特地位和在现实中文脉继承的重要作用,我们应凝聚僚人研究力量,整合僚人文化资源,创立僚学,使之形成与藏学、彝学、傣学齐肩的独立学科,成为既能光大僚人文化又能服务当今社会发展的显学。王国祥教授此振臂一呼,不仅具有学理的根据,也具有现实的关怀,是极有价值的。本次会议正是对王国祥教授这一见解的推崇和响应。王先生还指出:研究僚人及南平僚,

---

①原载于《史记论丛》第13集。

②章义和,华东师范大学历史系教授,博士生导师。

方法手段要与时俱进,眼界要开阔,要关注跨境的同宗民族,做历时性和共时性的研究。这些见解都是值得我们高度重视的。除这篇论文外,王国祥教授还为会议递交了另外两篇论文:《南平僚的社会形态及与中央王朝的关系》《从建筑文化角度追溯僚人与壮傣老泰诸族的族源关系》,质量都很高,极富启发意义。傣族作家、普洱学院召罕嫩教授的论文《探寻南平僚的第一人》对王国祥教授研究僚族的历程及所取得的成就做了具体而又生动的解读,此文我们可以参看。

长期以来,僚人研究之所以难有大的突破,一个重要的原因就是文献资料过少。西南大学黎小龙教授是中国民族史研究的专家,他迎难而上,立足于文献记录本体,对"北僚"和"南平僚"进行细致的梳理和研究,提交了论文《传统民族观视域中的巴蜀"北僚"和"南平僚"》。黎教授认为,从《魏书》开始,僚人在历史文献"四夷传"中出现变化。杜佑的《通典》把南平僚纳入"四夷"体系,而之后的历史文献的最大变化就是四夷传中不再为岭南僚列传或专设条目,而将其归到"南平僚传"中,并提出历代"僚传"之外之所以单独再设"南平僚传"是因为"僚传"的所写并非整个僚族,而是专指巴蜀的北僚,其与南平僚一起构成了古代南方僚人的两种类型,即僚人北迁后汉僚杂居的僚人和世居土著的蛮夷之地的僚人,从而体现了南平僚在整个僚人族群中的特殊地位。同时唐宋史学家对南平僚的内涵也有两种不同理解,一种是专称,指渝州以朱氏为僚王的南平僚;一种是泛称,指四夷体系下以南平僚为代表的南方僚族,这也是岭南诸僚和剑南僚归入"南平僚传"的原因。黎教授的论文还对南平僚成为整个僚人群体代表的原因进行了深入分析,丝丝入扣。大会发言中,黎教授又提出了他的近期思考。黎教授的这些研究,不仅丰富了我们对僚人及南平僚的认识,更是展现了其通贯的历史观所体现的认识伟力。

这次会议的主题是南平僚。什么是南平僚便是横亘在我们面前的第一个问题。如同过去有关僚人称谓研究的观点纷繁一样,南平僚是谁?南平僚从哪里来?又去向哪里?这些问题都是大家讨论的重点。近些年来,綦江博物馆周铃馆长是南平僚研究的重要人物,也是南平僚文化的普及者和传播者。他给会议提供了三篇论文:《綦江南平僚述略》《綦江南平僚神秘失踪初探》《寻找僚人迷踪——兼谈巴文化与夜郎文化融合问题》,对上述三个问题做了详细的回答。广西民族大学范宏贵教授的《小议南平僚》一文通过对新旧唐书关于"南平僚"记载的解读,指出南平僚只存在于唐代,即约300年时间,唐代以后不见文献记载南平僚,很难寻找其后裔,极可能已融入汉族。贵州省仡佬文化研究院院长郑继强的《“南平僚”族属考》一文指出东汉时期的弃老习俗使濮人普遍有僚人之称，南平僚就是世居西南地区的土著民族，也是夜郎国的缔造者。唐宋时期，“僚人”称“犵僚”“獦僚”或“仡佬”，元代称“革老”，明清及以后的文献则普遍以“仡佬”为族名，这样的称谓演变证明南平僚就是古代濮人后裔，也就是今天的仡佬族先民。重庆文理学院胡牧博士《在历史中生成和演变——“南平僚”初探》一文，表达了相同的意见，指出“僚”作为南方民族的范畴，它是一个整体性的概念、一个历史的范畴，是民族流变的产物；綦江“南平僚”作为僚人中重要的一支，同样是一个历史的范畴。贵州酒文化博物馆禹明先先生的《略论巴文化与夜郎文化的关系》一文则指出古人没有“民族识别”，而是常把一些地域名称或职业名称当作族称，如“南平獠”“板盾蛮”“渝州蛮”“濮人”和“葛獠”等，其实这些古代民族均为羌人。贵州仁怀历史文化研究会会长刘一鸣的《赤水河流域僚夷关系考述》指出，先秦时期赤水河流域是濮人、氐羌、百越、南蛮四大古代民族活动的区域。濮人与百越人错杂居住处，经济、文化融合而形成“僚人”。重庆中国三峡博物馆岳精柱研究员的《僚人移民及其影响》一文梳理了僚人的起源及其分布状况，着重从《北史·僚传》《郡国县道记》《蜀鉴》等史料推断其迁移原因，指出其迁移到四川盆地及平坝地区，逐渐融入汉族中，改变了当时巴蜀地区的民族结构和人口构成，对巴蜀地区社会产生了重要影响。万盛经济开发区教师进修学校孙龙英老师的《南平僚》一文梳理了南平僚的称呼、分布区域、组成部分、文化演变等，指出“南平僚”不是单一的民族，而是由“板楯七姓蛮”、黔北的夜郎人、居住在当地的原始居民和少量汉人四类人融合而成，经元明清后，南川僚人大都与汉人融合，少数人融合于苗族。泰国著名学者黎道纲教授的《谈僚人与泰族族源关系》一文探讨了南平僚的源流和去向，他以泰国境内“四色菊税人”为例，指出大多数南平僚留在原地融入当地民族，少部分向云南、贵州迁徙，其中包括德宏和西双版纳的傣族。可以看出，在南平僚是什么、来自何方、去向哪里这三个问题上，大家的意见尚有分歧，但也有一些共识，这为我们进一步探索打下了扎实的基础。

僚人及南平僚与周边族群的关系，是这次会议论文所展现的另一个重点。云南省社会科学院王国祥教授从民族建筑角度追溯了僚人与壮傣诸族的关系。他认为干兰建筑是僚人最早创造的特色建筑，是延续至今的侗台语民族的文化特质之一，因此，干兰建筑也就可以作为探索民族渊源的一种依据。四川兴文县文管所陈介刚先生的《外来移民与历代川南僰人民族构成》一文梳理了从春秋至明代历代川南民族的变化，指出川南僰人先后包括僰人、南中青羌、入蜀僚人、苗族、汉族五种民族成分,而真正融合为一的是前三者。贵州省桐梓县档案局李思明的《古夜郎与古南州——兼及南平僚特质文化初探》一文认为古夜郎与古南州,即桐梓和綦江山水相依、文化相及、建制相系,因而关系密切。论文着重从男根崇拜、铜鼓尊贵来论述南平僚的文化特质。泰国泰中学会洪林会长指出,尽管目前一些学者从语言、生殖崇拜、舞蹈、服饰、碑刻等遗存推断南平僚与泰族存在诸多相似之处,但没有足够的史料证明,因此不能断言二者在族属上的关系,期待僚学研究可以提供更充分的依据。黎道纲先生更进一步指出,中南半岛上的泰族问题,也就是所谓泰国的泰族起源问题,尽管学界意见不统一,但是无论在血缘上或在文化上,从人口种族学的新证据看,今日泰国境内泰族的来源,与南平僚应该是甚为疏远的。

南平僚的文化特质及文化遗存,是我们最为关心的问题,也是南平僚文化传承和开发利用的大问题。前些年,綦江发现的古泰文石碑引起了国内外学者的强烈兴趣。王国祥先生有关綦江话中僚语底层遗存研究,綦江文物工作者对于崖棺葬和古岩画的整理和研究,都丰富了我们对南平僚文化的认识。会上重庆师范大学鲜于煌教授拿出了与僚人有关的七个“宝贝”,令到会者大开眼界。周铃馆长在前辈研究的基础上,对南平僚文化的若干因素,如干兰建筑、产翁制、凿齿、桶裙等进行了提炼,以此作为南平僚人区别于其他族群的文化特质。贵州民族大学王德埙教授为大会提供了两篇论文(有一篇是与王长城教授合作的):《夜郎竹王、竹图腾与芦笙文化研究》《先甲骨文字体研究——夜郎系文字系列研究》。这两篇论文思路新颖、观点独异、眼界广阔,精妙地揭示了綦江流域的民族文化魅力,反映出王德埙教授的博学之才、思考之勤和突出的文胆。王教授使用夜郎系民族、夜郎系邦国和夜郎系文字等概念,考察了綦江东溪太平古渡口鳛文字古碑(南平僚碑)、綦江博物馆馆藏南平僚碑、贵州安顺的红崖天书、普定县化处镇“反字岩”等图像,结合哈拉帕文字、印度河文字的破译,提出夜郎系文字有着完整的文字表达体系,夜郎系鳛文字乃哈拉帕文之源、甲骨文之母,鳖国文字是类汉字形态,“反字岩”古文字可能是另外一个系统的夜郎系文字,印度河印章文字和开明大夜郎国形意图语都来源于夜郎先民的创造。这些极富创新的观点值得我们认真学习和仔细推敲。郑继强先生的论文记述了僚人居干兰、着桶裙、使铜鼓、行石棺、俗鬼神、打牙等文化特征。李盛虎先生的论文介绍了南平僚遗留下的南川廊桥。周山荣介绍了仡佬族与茅台镇、茅台酒的关系。这些成果都值得细读。

会议论文有三篇论及南平僚文化的挖掘与开发利用。綦江区委党校杨昌玉老师的《綦江南平僚文化的开发策略研究》论述了开发綦江南平僚文化的价值意义和策略导向，提出要对其深入研究，加强领导，充分认识开发前景，积极宣传，扩大国内外影响，以古今融合为理念，打造优质项目，塑造品牌，整合资源，加强周边合作及国际协作，促进文旅融合，创造产业价值。西南林业大学王东焱教授的《云南民族文化生态村建设经验回顾与重庆綦江僚人部落建设展望》一文，就綦江区僚人部落建设项目从规划范围、区位条件、功能定位等方面提出建议，希望把"以文化为魂、以旅游为业，与乡村旅游发展相映衬，推动郭扶地区旅游发展"作为指导思想。这两篇论文都是讲南平僚文化的开发利用，有理念、有内涵，可操作性强，可供当地政府决策参考之用。胡牧博士的论文立意更高，他认为研究"南平僚"对丰富民族融合研究的理论体系、弘扬巴渝文化、促进民族团结和民族和谐具有重要意义。

近些年，包括这次会议，僚学及南平僚研究达到了前所未有的高度。下一步怎么走？在这方面王国祥先生已为我们指明方向，就是要创办"僚学"，整合资源，凝聚人力，调整方法，用好工具。他倡导的援用分子生物学方法研究族群的源流和分布，目前已被证明是一个有效的途径。重庆中国三峡博物馆杜芝明博士的《僚人研究述略》介绍了20世纪以来僚人研究的现状，指出学界主要从民族学、人类学、历史学、语言学、民俗学等角度对僚人源流、族称、社会生活、僚人入蜀等方面进行了研究，产生了众多成果，但也有一些不足。如族属源流的研究十分丰富，但缺乏从族群互动、融合角度进行的探讨；民族称谓的探讨主要是为了僚族源流的研究，以其为切入点的综合性研究较少；僚人入蜀方面的研究较多，但从思想史角度所做的研究较少；从学术史角度进行的研究较少。杜芝明指出要从三个方面加强研究：从互动、融合的角度加强对僚人的研究，不能简单地从文化特质、语言等的相似性来探讨僚与某一少数民族的关系，以证明其来源，要注重从族群互动、民族融合角度探讨其族源；从思想史角度加强对僚人的研究；从学术史的角度加强对僚人的研究，对清人所做的记载、研究以及中华人民共和国成立前外国学者在西南地区考察所得"僚"人相关材料应给予更多关注。学术研究是一项非常严肃的事情，我们必须对学术怀有敬畏之情。泰国泰中学会洪林会长特别强调：作为一种民族属性的研究，应该从客观上去解读，从微观上去分析，然后从个体观到整体观将其组成具有科学性、合乎逻辑性的史实，使其既有史性又有史源，这是任何一个学者都应该具备的研究态度，这样才能取得研究成果。

参加此次首届南平僚国际学术研讨会，笔者收获颇多，但会议的信息量很大，还来不及深入探究，只能略述大体的感受。这次会议的成绩是有目共睹的：这是2000年来召开的第一次僚学专题研讨会，国内外各路群贤毕至，共话僚人起落兴衰；第一次呈现出这么多高质量的研究成果；成立了中国魏晋南北朝史学会僚学研究中心，该中心将为推进僚人研究提供组织保障。学者们目标一致，传承传统，创新未来，这是比较好的现象。笔者体会到，僚人是已经消亡、融合了的中古族群，僚学研究的任务首先要做好基础性的工作，上穷碧落下黄泉，动手动脚找东西，整理前贤的研究成果；其次要开阔学术视野，开展多学科、多区域研究，加强学术联系，集中力量联合攻关；再次要动态地把握民族发展脉络，注重僚人与中原华夏、周边族群的互动融合研究，注重僚人与西南诸民族的历史联系和当代影响研究，全面深刻地把握僚人在中华民族多元一体格局的形成过程中、中国文明多元起源与融合进程中的地位。相信这次会议之后，僚人及南平僚的研究会步上一个新的台阶。

论“巴渝文化”是贯通重庆古今的主流文化[①]

熊 笃[②]

一、论巴与蜀、巴与楚在文化渊源上的不同

(一)巴、楚与蜀民族来源不同:巴楚同属苗蛮,蜀族源自氐羌

巴祖廪君,《世本·氏姓篇》明言:“廪君之先,故出巫蜑。”[③]蜑,《说文解字》解为“南方夷也”。宋人蔡绦的《铁围山丛谈》和范成大的《桂海虞衡志》等都谓“蜑户”为“南方水居蛮”,“以舟为家”“常业捕鱼”。说明巴族源出巫部落,属于南蛮水上居民。恰与巴国时期巴人依傍长江、嘉陵江沿岸而居的事实相吻合。

《山海经·海外南经》载:“三苗国在赤水东……臷国在其西。”按三苗是楚民族渊源,臷国即《山海经·大荒南经》所说的巫臷国。“巫臷”又称“巫蜑”。臷,又读:叠、铁、替多音,注家谓:臷、蜑,皆一声之转。故《山海经》中的“巫臷”“臷国”“臷民”与《世本》中“巫蜑”,所指皆是与三苗比邻的巫巴部落,三苗在赤水东,巫臷在赤水西。赤水即今从陕西流入汉水的丹江。

《战国策·魏策》和《史记·吴起列传》都载吴起对魏王说:“昔三苗左洞庭,右彭蠡。”三苗最初居赤水(今丹江)之东,今豫西南,后东夷九黎首领蚩尤被炎黄联盟打败则转徙到长江中游与南蛮融为苗蛮集团[④](当时还有华夏、东夷,共三大集团),此时巴人也南迁到洞庭湖西。《吕氏春秋·召类》载:“尧战于丹水之浦,以服南蛮。”丹水即赤水,南蛮包括三苗和巫巴。又《淮南子·本经训》载:“尧乃使羿断修蛇于洞庭。”羿乃臣服于尧的东夷名将;修蛇,本为“长蛇”,为避汉淮南王刘长名讳而曰“修蛇”。《路史·后记》卷十

---

①原载于《史记论丛》第13集。

②熊笃,重庆工商大学文学与新闻学院教授,前任院长,硕士生导师。1981年9月毕业于哈尔滨师范大学中国古代文学专业,获硕士学位。

③《世本》已佚,清人有《世本八种》辑佚本。巫蜑,佚本作巫诞。

④郭沫若:《中国史稿》,人民出版社1979年版。

载此事则云“羿屠长蛇于洞庭”。罗苹注:“长蛇即所谓巴蛇,其墓,今巴陵之巴丘,在州治侧。”从“其墓”二字则知巴蛇即巴人,因为真蛇无须墓葬。而“巴”,《说文解字》谓“食象蛇”;蝁,也写作“蜒”,蜒,蛇行状。《楚辞·大招》载:“蝮蛇蜒只。”可见“巴蛇”是指巴人,“羿屠长蛇于洞庭”,是说巴人在洞庭被羿打败,死亡惨重。故《江源记》《浔阳记》《元和郡县志》等都不说修蛇、长蛇,而直说“羿屠巴蛇于洞庭,其骨若陵,曰巴陵也”。凡此,皆证明巴人与三苗混居于洞庭一带,而中原的帝尧“战于丹水浦”,派羿“屠巴蛇于洞庭”,都是为“以服南蛮”。也证明巴人和三苗同属南蛮族系。殊堪注意者:蛇不仅是巴人崇拜的图腾,也是三苗崇拜的图腾。《山海经·海内经》载:“有人曰苗民。有神焉,人首蛇身。”(郭璞注:三苗民也)益证巴人与三苗同属苗蛮族系。

而古蜀民族,据刘琳《华阳国志校注》卷三《蜀志》云:“一般认为属氐羌系统,即藏缅语族。因为关于蜀人事迹的最早传说,多在今岷江上游,而这些地区自古以来为氐、羌活动之地。”扬雄《蜀王本纪》云:“蜀之先称王者,有蚕丛、柏濩、鱼凫、蒲择、开明。是时人民椎髻左言,不晓文字,未有礼乐。”这与巴族廪君五姓“未有君长,俱事鬼神”(《后汉书·南蛮西南夷列传》)明显不同;《古文苑·蜀都赋》章樵注引《先蜀记》云:“蚕丛始居岷山石室”,又与“巴氏之子生于赤穴,四姓之子皆生于黑穴”(《后汉书·南蛮西南夷列传》)不同;《华阳国志·蜀志》说:“有蜀侯蚕丛,其目纵,始称王。死,作石棺石椁。国人从之,故俗以石棺石椁为纵目人冢也。”这与巴人船棺葬俗明显不同。又《山海经·海内经》载蜀之祖先昌意之子韩流“人面豕喙,麟身,渠股,豚止”。这与巴人图腾“人首蛇身”也显然不同。《史记·集解》曰:“蜀:叟。”而“叟”,古代就指西戎氐羌诸族。凡此皆可证明,巴与蜀的民族渊源皆无任何相同之处,而巴与楚则同属苗蛮族系。

(二)祖先世系:巴是伏羲后裔,蜀是黄帝后裔,楚是炎帝、祝融后裔

《山海经·海内经》云:“西南有巴国。太皞生咸鸟,咸鸟生乘厘,乘厘生后照,后照是始为巴人。”《路史·后纪》云:“伏羲生咸鸟,咸鸟生乘厘,是司水土,生后照,后照生顾相,处于巴。”太皞即伏羲,又称庖羲。《世本·帝系篇》载:“太昊伏羲氏。”“昊”通“皞”。《帝王世纪》载:“太昊庖羲氏,风姓也,蛇身人首。”

伏羲乃三皇之首,之后才是炎帝、黄帝。《史记·五帝本纪》曰:“轩辕之时,神农氏世衰。”司马贞《史记索引》曰:“世衰,谓神农氏后代子孙道德衰薄,非指炎帝自身。”可见伏羲子孙衰落,神农氏兴;神农子孙衰落,轩辕氏黄帝才兴。据此巴人祖先是伏羲三四代孙,应比黄帝还早。

而蜀人祖先是黄帝子孙。《世本》明言："蜀王每世相承，为黄帝后。"《史记·五帝本纪》中记载黄帝娶西陵女"嫘祖为黄帝正妃，生二子……其一曰玄嚣，是为青阳，青阳降居江水；其二曰昌意，降居若水。昌意娶蜀山氏女，曰昌仆，生高阳。"其索引注："江水、若水皆在蜀，即所封国也。"又《华阳国志·蜀志》曰："至黄帝，为其子昌意娶蜀山氏之女，生子高阳……封其支庶于蜀，世为侯伯。"据任乃强《华阳国志校补图注》载，"西陵"即汉武帝时所置蚕陵县，东晋已废，故城在今四川阿坝州松潘县之叠溪，正是岷江发源地。可见黄帝正妃嫘祖、其子昌意之妇、其曾孙高阳子鲧之妇（禹之母）皆蜀人。他们的嫡系多为帝王，庶系则为蜀王。

楚人的先祖，《史记·楚世家》曰："楚之先祖出自帝颛顼高阳，高阳者，黄帝之孙，昌意之子也。高阳生称，称生卷章，卷章生重黎。重黎为帝喾高辛居火正，甚有功，能光融天下，帝喾命曰祝融。"但这是在西汉大一统背景下重排过的谱系，与先秦文献多有不合。例如屈原《离骚》说自己是"帝高阳之苗裔"，但并未说高阳即颛顼。相反在《远游》中既有"高阳邈以远兮"，又有"从颛顼乎增冰"，二者显然是两个人。在已出土的楚器铭文和楚简墨书中，全无黄帝的影子；相反，湖南长沙子弹库楚墓出土的战国楚帛书中，却有"炎帝乃命祝融以四神降"的记载，说明祝融并非黄帝子孙，而是听命于炎帝的。《白虎通·五行》曰："炎帝者，太阳也。"《国语·周语》记周太子晋，佐禹治水的四岳为姜姓，姜姓崇奉炎帝，即高阳。知高阳非指颛顼而是炎帝。而祝融是高辛帝喾（又称帝俊或帝舜）赐予火正的称号，并非姓名。帝俊是东夷古帝，也非黄帝集团，而是伏羲之后，"楚人先民曾经依附于崇奉高辛的东夷部落集团"[①]。

楚国的公族就是祝融后裔的芈姓。大约在商末，芈姓的酋帅鬻熊及其部众就居住在丹水之阳（丹阳），鬻熊就是楚国的奠基之主。周成王时，鬻熊之曾孙熊绎率楚人南迁至荆山东麓，因曾尽心接待过奔楚避馋的周公，被周成王封为楚君，子男爵位。[②]是知楚被周封为子国，尚晚于周武王所封的巴子国。

综上可知，巴人先祖乃东夷集团伏羲的后裔，楚人乃炎帝后裔，但因祝融曾依附过东夷集团在帝俊手下任火正，故巴与楚虽不同世系，但其关系却比巴与蜀还要亲近一些，因为蜀乃黄帝的后裔。

（三）图腾崇拜：巴崇蛇、虎，蜀崇蚕、鸟，楚崇凤凰

巴人分为龙蛇巴、白虎巴、鱼凫巴、鳖灵巴四支。龙蛇巴人图腾为蛇。《山海经·

①张正明、刘玉堂：《荆楚文化志》，上海人民出版社1998年版。

②张正明、刘玉堂：《荆楚文化志》，上海人民出版社1998年版。

海内经》云:“巴蛇食象,三岁而吐其骨。”同书云:“有人曰苗民,有神焉,人首蛇身。”《帝王世纪》云:“太昊帝庖羲氏,风姓也,蛇身人首。”《列子·黄帝篇》云:“庖羲氏、女娲氏……蛇身人面。”前引古地理书《江源记》《浔阳记》都载:“羿屠巴蛇于洞庭,其骨若陵,曰巴陵也。”龙蛇巴人在洞庭被羿打败后,余部西迁宕渠至阆中嘉陵江沿岸,成为板楯蛮巴人,又称賨民。

白虎巴人图腾为虎。《后汉书·南蛮西南夷列传》载:“廪君死,魂魄世为白虎,巴氏以虎饮人血,遂以人祀焉。”白虎巴人从巫山东迁至今湖北长阳县武落钟离山。长阳县即汉代佷山县,隋改为长杨,唐改为长阳。《水经注·夷水》和《汉书·南蛮西南夷列传》都记载了巴蛮五姓在佷山(武落钟离山)比赛掷剑、浮船而立廪君之事。《长阳县志》还记载“巴人廪君化虎处:白虎陇,在长阳县西峡口东村……旧志谓廪君化白虎处指此”。今巫山至鄂西一带出土的巴国兵器、乐器上多有虎头图案。白虎巴人后来从长阳一带西迁至枳(今涪陵)定都,再至江州(重庆)定都,正式建立巴国。

至于鱼凫巴、鳖灵巴,分别沿长江上溯西迁,在川西建立了鱼凫、开明两个蜀王朝。今广汉三星堆王城即鱼凫王朝的王宫,从其文物上多鱼凫头图案知其图腾为鱼凫(鱼鹰)。而鳖灵所建的开明蜀王朝,“开明”乃虎,可能也是白虎巴人的一支,其图腾应为虎或鳖。

蜀人最早的图腾应为蚕,如前节世系中所述,蜀王乃黄帝庶系后裔,而黄帝正妃嫘祖就是蚕神,且是西陵(今四川茂县)人。《路史·后纪五》云:“黄帝元妃西陵氏曰嫘祖,以其始蚕,故又祀先蚕。”直到南北朝时,尚有“祭奠先蚕西陵氏神”(《文献通考·郊社考》)的风俗。“蜀”字,《说文解字》云:“蜀,葵中蚕也。从虫,上目象蜀头形,中象其身蜎蜎。《诗》曰:蜎蜎者蜀。”段玉裁注:“葵,《尔雅》释文引作桑。”明天启所修《成都府志》云:“蚕丛初为蜀侯,后称蜀王,教民蚕桑,俗呼青衣神。”以后的蜀王望帝杜宇死后魂化杜鹃鸟[①],则是鸟图腾。

楚人图腾,据张正明、滕壬生、张胜琳的《凤斗龙虎图像考释》载:楚人尊凤,喜以凤喻人,其渊源是远古的图腾崇拜。故凤凰是楚之图腾。

二、历史区划:巴与蜀的九分九合

在三千多年文明进程中,巴与蜀在行政区划上经历了九分九合。分,形成了不同的文化个性;合,产生了交融的文化共性。

①[明]曹学佺:《蜀中广记》,上海古籍出版社1993年版。

从夏、商、周，至汉武帝元封五年(前2146年—前106年)共2252年，是巴族、巴国、巴郡与蜀族、蜀国、蜀郡分治时期。从西汉元封五年全国置13个刺史部起，到西晋建立(前106年—265年)共371年，是巴蜀第一次合治，巴郡、蜀郡同隶属于益州刺史部。从西晋建立至李雄建成汉政权(265年—304年)共39年，巴郡、巴东郡、涪陵郡分属于梁州、荆州；蜀郡仍属益州。这是巴蜀第二次分治。成汉国(304年—347年)共43年是巴蜀第二次合治。从东晋永和三年桓温灭成汉到东晋灭亡(347年—420年)，73年间，巴郡、涪陵、巴东、建平四郡均属梁州，蜀属益州，这是巴蜀第三次分治。从南朝宋建立到梁普通四年(420年—523年)，这103年间，巴郡、蜀郡同隶属于益州，巴东、建平二郡属荆州，这是巴蜀第三次合治。从梁普通四年经陈、隋至隋亡(523年—618年)，这95年间，梁将巴东、建平郡置信州，巴郡、东阳、涪陵、宕渠、临江等六郡属楚州，信州、楚州与益州同级；隋废除刺史部大州，只设州(郡)、县两级，渝、合、信、开、黔等州均与蜀州同级，这是巴蜀第四次分治。整个唐代(618年—907年)共289年，始设天下州郡为十道，后增为十五道。至德前巴属山南东道、黔中道，蜀属山南西道；至德后巴属剑南东川节度使司，蜀属剑南西川节度使司，这是巴蜀第五次分治。五代十国(907年—965年)共58年间，巴蜀均为前蜀、后蜀统治，是巴蜀第四次合治。北宋时期(965年—1127年)共162年，渝、涪、黔、夔均属夔州路；蜀属成都府路，是巴蜀第六次分治。南宋时期(1127年—1279年)共152年，置川峡四路制置司，统辖四川，是巴蜀第五次合治。从元朝灭南宋后到明玉珍建大夏国(1279年—1361年)共82年，元设四川行省，是巴蜀第六次合治。大夏国时期(1361年—1371年)定都重庆10年，成渝两府，是巴蜀第七次分治。从明洪武四年到清朝灭亡(1371年—1911年)，即明清两朝共540年，巴蜀均为四川省，是巴蜀第七次合治。从辛亥革命蜀军政府成立到抗战重庆成为特别市、陪都(1912年—1937年)共25年，是巴蜀第八次合治。从国民政府迁至重庆到中华人民共和国成立后西南行政区和特别市撤销(1937年—1954年)共17年，是巴蜀第八次分治。从重庆划为四川省辖市到成为直辖市(1954年—1997年)共43年，是巴蜀第九次合治。1997年重庆直辖至今是巴蜀第九次分治。

综上，巴蜀九次分治，九次合治，分治时间多于合治。但分治上古期较长，而合治近古近代较长，故在今人眼中，巴蜀已成一体。同属四川方言；共同产生了川剧、连箫、花灯、荷叶等地区戏曲艺术；风俗习惯也大体趋同，如都喜欢吃麻辣川菜、火锅，都盛行坐滑竿等；明清以来都接受湖广填四川的大量移民……这一切，都形成了巴蜀文化的诸多共性。但由于巴、蜀在民族、世系、图腾方面都不相同，特别是远古、上古长期分治所形成的异质性，在中古以后的发展过程中，仍然保持着诸多明显不同的文化个性特征。古代成都一带教育发达，工商业繁荣，川西平原交通便利，汉武帝时蜀郡太守文翁兴教化蜀，唐代成都繁荣有“益二”之称，这些都是地处高山峡谷的重庆地区所无法企及的。所以从《华阳国志》到明清时期的史料，都有“巴出将，蜀出相”或“蜀出文豪，巴出武将”的说法。在性格上，成都人温雅悠闲，娴于辞令，重庆人粗豪直率，勇于尚武；在宗教上，蜀是道教的发祥地，巴则是原始巫教的发祥地；在语言上，虽同属川音，但至今成渝口音一听便知殊途异趣……所有这些，又是文化源流异质造成的巴、蜀文化个性。

以上对巴蜀文化渊源和历史分合的考察，证明“巴蜀文化”就其共性固可成立；而“巴渝文化”就其个性，同样可以成立。它们不是重庆直辖后才突然出现的，而是有着悠久的历史渊源和科学的事实依据。

至于巴、楚，也多交融。一是同为苗蛮集团，在远古时代曾长期在丹江、汉水、洞庭一带比邻混居。二是巴、楚正式立国后，因地界相邻，曾有很多交流，如巴楚联合伐邓（前703年）、联合伐申（前688年）、联合伐庸（前661年），分别见于《左传·桓公九年》《左传·庄公十八年》《左传·文公十六年》；楚共王的爱妃中有“巴姬”（《左传·昭公十三年》）；神话中巴国的巫山神女与楚怀王梦中幽媾（宋玉《高唐赋》）；巴国民歌《下里巴人》传到楚国郢都，属而和者数千人（《文选·宋玉对楚王问》）；巴蔓子请楚军为巴国平内乱（《华阳国志·巴志》）；后来楚国占领巴国的黔中郡，“江州以东，其人半楚”（《华阳国志·巴志》）；《楚辞》中弥漫着巫风，屈原故乡秭归就紧靠巫山，巴国巫文化对楚文化影响很大；北宋欧阳修被贬夷陵（今宜昌）所记当地民房状况，实为巴人吊脚楼遗风；明清湖广填四川，移民多来自楚地；今鄂西与川东口音仍很接近而与成都却差距较大。凡此皆巴、楚交融的一面。但如前所述，巴与楚毕竟在民族支系（巴属南蛮，楚属三苗，合称苗蛮集团）、祖先世系、图腾崇拜等方面渊源不同，因而仍多文化异质而各自形成独立的鲜明的个性特征。

三、“巴渝文化”能否涵盖或代表重庆古今的主流文化

在论及重庆文化时，有些同仁热衷于罗列一大堆文化概念：巴文化、巴渝文化、三峡文化、三国文化、抗元文化、陪都文化或抗战文化、红岩文化、现代都市文化、码头文化、火锅文化……有学者认为：重庆文化包括四部分内容，即巴渝文化、抗元文化、抗战文化（含红岩文化）、现代都市文化。但是，这些“文化”在逻辑上是否相互并列？其中所涵盖的重庆主流文化又是什么？

首先，按形式逻辑和语法规范来看，必须用同一个标准来分类，才能构成类概念的并列关系。例如文化分类，从地域上分，有中国文化、埃及文化、希腊文化、印度文化等，中国之内又可分为齐鲁文化、吴越文化、巴蜀文化、三秦文化、楚文化、晋文化等；从民族上分，有汉族文化、满族文化、蒙古族文化、回族文化、藏族文化等；从宗教和思想信仰上分，有佛教文化、道教文化、伊斯兰教文化、基督教文化、儒家文化、道家文化等；从地理地形上分，有平原文化、高原文化、盆地文化等。但我们却不能把上述不同类的概念用顿号分隔排列成并列关系，就像不能说：中国文化是由儒家文化、道家文化、长江文化、黄河文化、古代文化、现代文化构成的一样，这就犯了逻辑和语法的错误。前面罗列的一大堆重庆文化的概念就犯了类似错误："巴渝文化"是从地域空间来分类的，"抗元文化""抗战文化"是从时间来分类的，"现代都市文化"则是兼依时空来分类的。把它们并列起来，在逻辑、语法上都讲不通。因为抗元文化、抗战文化、现代文化都是在巴渝这块地域上发生的阶段性文化。

其次，主流文化必须在地域上有相对稳定的空间界限(例如某个国家、某个地区)，在时间上必须有较为悠久的历史，唯此才能在该地域的人群中形成长期的、稳定的共同的生产方式、共同的风俗习惯、共同的语言文字、共同的文化心理素质和性格特征。这种稳定的共同特征，没有几百年甚至几千年的历史积淀，是不可能形成一种"文化"的。例如成、渝两地人，直到今天，语言和性格都明显不同。就是根源于长期的历史文化的积淀。例如抗战时期的文化只有几年时间，没有深厚的积淀，所以我们也只说"井冈山精神""延安精神""红岩精神"，而不说"井冈山文化""延安文化""红岩文化"，这是很科学的概念。

再次，一个国家或地区的主流文化，必然是独具特色、独一无二的。例如"华夏文化""儒家文化"，在全世界找不到第二个国家或地区发源此文化；同样"巴渝文化"在全中国乃至全世界也是找不到第二个的。但"抗元"，却非重庆独有，湖北襄阳、广东崖山等地都有此文化；"抗战"，遍及东北、华北、华东、华中、华南；至于"现代都市文化"全世界任何大都市都有。因此这些提法都不具备独一无二的个性特征，只有"巴渝文化"才是独一无二的。

最后，主流文化必须既能涵盖该地区的文化根源，又能贯通古今各阶段的支系文化。"巴渝"不仅代表地域，也蕴含了民族渊源、图腾象征、山川地名、历史沿革等多重意义。《说文解字》云："巴，虫也。或曰食象蛇。"《山海经·海内南经》曰："巴蛇食象。"故

“巴”有巴人原始图腾崇拜意义。重庆地区是古代巴人、巴族、巴国、巴郡的地域，从巴族到巴郡就有近三千年历史，故“巴”字含有民族来源的意义；川东地区很多地名都带“巴”字，《水经注》中就有巴岭山、巴山、巴江、巴溪、巴水、巴子梁等，至今尚有大巴山、巴中、巴县、巴东、巴峡等地名。至于“渝”字，嘉陵江古称渝水，又称巴江。《华阳国志·巴志》载：“阆中有渝水，賨民多居水左右。”“李严更筑大城，周回十六里，欲穿城后山，自汶水通水入巴江，使成为洲。”隋文帝开皇三年(583年)改巴郡为渝州，唐五代袭之，直到北宋末崇宁元年(1102年)改为恭州，南宋淳熙十六年(1189年)升为重庆府。渝州存在了519年，但元明清至今，重庆一直被约定俗成地简称为渝。由此可见，“巴渝”二字具有历史地理、区划沿革的意义。

“巴渝”二字连用，最早见于《史记·司马相如列传》引司马相如的《上林赋》：“……巴渝、宋蔡，淮南、于遮。”西晋郭璞注：“巴西阆中有渝水，僚人居其上，皆刚勇好舞，汉高祖募取以平三秦，后使乐府习之，因名巴渝舞也。”西汉桓宽的《盐铁论·刺权篇》中有“鸣鼓巴渝，交作于堂下”，指权贵们在堂上欣赏巴渝舞。班固的《汉书·礼乐志》还记载了“巴渝鼓员”的配置。后期谯周的《三巴记》《后汉书·南蛮西南夷列传》《宋书·乐志》《晋书·乐志》《华阳国志》《隋书·音乐志》《旧唐书·音乐志》《新唐书·音乐志》《通典》《乐府诗集·古今乐录》和杜甫诗以及当代的《音乐词典》《大百科全书》等，都提到“巴渝乐”“巴渝舞”。从西汉到现在，“巴渝”二字连用的文献一直未断，已有二千多年历史。“巴渝乐舞”已成为巴渝文艺源远流长的代表。

所以，如果重庆要寻找一个能贯通古今历史、代表主流又具有地域个性特色的文化，那就非“巴渝文化”莫属。

至于有的论者认为：“巴渝文化已成为历史，讨论重庆文化应立足于当前。”后一句话正确，前一句话未免片面。片面的根源在于把“巴渝文化”误解为仅仅是指古代文化。如上所述，“巴渝”二字在地域位置、文化内涵上是贯通古今的，至今仍留下很多带有“巴”字和“渝”字的地名，除前文已述的山水地名外，现有的行政区划名称还有渝中区、渝北区、巴南区，街道名有渝州路、渝碚路、汉渝路，其他有渝州宾馆、渝西学院、渝澳大桥等。人们至今仍习惯简称重庆为“渝”，如铁路有成渝线、襄渝线、渝黔线、渝怀线等，高速公路有成渝、渝长、渝合、渝湛、渝涪、渝万、渝邻等。这些名称，既是民间的约定俗成，也是经过国家或地方政府批准，载入档案史册、绘入交通地图、制成道路标牌的。全中国都知道巴渝就是重庆，重庆简称渝。来过重庆，或看过中国交通地图，或对中国大城市有些认识的“老外”，也都知道重庆简称渝。我们重庆人自己为什么反而会把“巴渝”的时段误解为古代呢？究其实，“巴渝”可以涵盖“重庆”的全部意义，而“重庆”却不能涵盖“巴渝”的多重意义。因为“重庆”是南宋时期才取的名，其意义也不过是宋光宗个人的双重喜庆；而“巴渝”的历史却悠久得多，内涵也丰富得多。事实上，我们没有任何依据能指出“巴渝”这个“古代”的时间下限，那么我们又凭什么断定“巴渝文化已成为历史”了呢？退一万步说，就算它是历史，今天讨论重庆文化，难道不是在历史文化的基础上来发展创新？人类社会任何一种文化都不是割断历史传统而凭空出现的，而是人类在社会历史实践过程中所创造的物质财富与精神财富的总和。因此，只有批判地继承、弘扬历史文化的精华，才能建设好、发展好今天的文化。不懂得历史，就不懂得现在，也无法懂得未来。这是不言而喻的真理。

略论巴渝文化对当代重庆文化的影响[①]

魏　锦[②]

确定这个题目有两个预设的前提，其一，巴渝文化和重庆文化并不等同，两者是紧密联系又有区别的；其二，巴渝文化较重庆文化它是前在的。因此，我们首先需要厘清这两个概念及两者之间的关系，然后再谈巴渝文化对当代重庆文化的影响。

一、历时与共时：巴渝文化与重庆文化

（一）作为学术概念的“巴渝文化”与“重庆文化”

作为事实而存在的巴渝文化和重庆文化都是无可否认的，但作为学术概念被提出并进行系统梳理和专门研究，两者的历史都不长。1997年在“迈向21世纪的长江流域经济文化发展研讨会”上，王泉根[③]、黎小龙[④]都提交了以“重庆文化”为主题的文章。1998年，王泉根在《西南师范大学学报（哲学社会科学版）》发表了《中国第四直辖市重庆文化谫议》，对与直辖市相对应的“重庆文化”做出了较系统的阐释。同年，马培汶在《涪陵师专学报（社会科学版）》发表了《论巴渝文化》，对“巴渝文化”的历史渊源、地域特色进行了分析。其后，重庆本土学者陆续发表了一系列相关文章。以“重庆文化”为主题的有：王川平的《重庆的文化定位问题》，张凤琦的《发展重庆文化的思考》，薛新力的《重庆文化精神简论》，周兴茂、周丹的《重庆文化与现代人文精神之我见》，刘壮的《重庆文化新论：谱系、生态与分区》，赵修渝、杨静的《重庆文化的特点》等。以“巴渝文化”为主题的有：余楚修的《巴渝文化刍议》，熊笃的《论巴渝文化十大系列》《论“巴渝文化”是贯通重庆古今的主流文化》，薛新力的《略论巴渝文化与蜀文化、楚文化的关系》，张友谊、管维良的《浅论巴渝文化之特征》，胡道休的《巴渝的内涵与巴渝文化的本源探

---

①原载于《史记论丛》第13集。

②魏锦，重庆市文化艺术研究院助理研究员。

③王泉根的论文《重庆文化谫议》。

④黎小龙的论文《重庆文化与长江上游区域资源开发》。

究》等。“重庆文化”和“巴渝文化”这两个概念的提出与重庆直辖市的成立紧密相关。为了与新的直辖市地位相匹配，重庆市的政治、经济、文化、社会诸方面都需要全面提升。在文化领域，对重庆的文化进行定位，建构新的文化体系成为重要议题。旗帜鲜明地提出“重庆文化”或“巴渝文化”并构建相应的学术体系，反映了重庆市直辖初期本土学者的文化自觉。

(二)“巴渝文化”与“重庆文化”辨析

“重庆文化”和“巴渝文化”的一致性在于两者存在于相同的地理区域，或者可以说两者是对同一地域文化的不同表达（当然不同表达反映不同态度或认识倾向，将在下文论述）。

从历史上看，重庆是巴国故地。“巴渝”的“巴”首先指的是巴人、巴族和巴国。周初巴国即定都江州（今重庆渝中区一带）。后巴国为秦所统一，但巴人主要活动区域的地名却得以流传。嘉陵江是巴地主要水域，古称“渝水”。“巴渝”并称，指代巴人活动之地。很早就见诸文献。司马相如《上林赋》有“巴俞宋蔡，淮南于遮”之说。俞，即渝，通假字也。《史记·秦本纪·正义》亦有“楚南有巴渝”的记载。隋时，巴地称渝州，“巴渝”之名更多见于历史文献与文学作品。“巴渝”不仅代表了一个地理区域，还包含了区域历史更迭演变的意味。按照《华阳国志·巴志》记载，西周时的巴国“其地东至鱼腹，西连僰道，北接汉中，南极黔涪”。尽管管辖川东、陕南、鄂西、湘西北和黔北等区域，范围很大，但其行政中心、核心地带始终在江州一带。“秦举巴蜀”后，巴渝地区经历史变迁、王朝更替，曾数度易名为荆州、巴州、楚州、渝州，至南宋淳熙十六年（1189年），得名重庆，沿用至今。至元代，实行路、州、府、县的行政建制，重庆为“上路”，所辖区域几乎占了目前重庆直辖市的大部分地区。明代，当今重庆的区域已大致形成。纵观重庆几千年建制沿革，重庆辖区建制反复改变，但多数时期为一个统一的行政辖区，其地域“始终在今川东地域基础之上扩大或缩小，今重庆的古江州，也始终成为它的政治、经济、文化中心”①。也就是说尽管一些区县的行政归属常有变动，但主体区域相对稳定。这个主体区域正是以今天的重庆主城区为核心，包括渝西诸区县。

巴渝文化是巴渝地区的上自这一地区人类活动的产生而产生，下迄于今，其间在历史长河中发展、演变着的相对独立的地域文化。巴渝文化起于巴文化，而随着巴族迁徙与秦对巴地的统一，巴文化逐渐与华夏文化相融，其后千年，巴渝大地上各种文化

①余云华、彭维金：《重庆市志·民俗志》，西南师范大学出版社2009年版，第7—9页。

形态碰撞、交融,并在历史长河中绵延传承,不断赋予这一地域文化以新的内涵,成为今天我们所认识的重庆地区的文化。我们不妨给重庆文化一个广义的定义,比如重庆文化是中国地域文化的一个重要组成部分,是中华文化哺育下的约3000万重庆人民在以重庆主城区为中心,包括万、涪、黔三地在内的黄土地上所创造的文化总汇,是由远古巴渝历史沿袭而来的风俗传统、经济形态、思想道德、文学艺术、社会结构、生活方式等一切物质和精神文化现象的有机复合体。①显然,这与上述巴渝文化的定义是相当一致的。所以,不少人把"巴渝文化"作为"重庆文化"的别称,在使用中,两者甚至是可以交替互换的。比如《巴渝文化与重庆经济的发展》和《论重庆文化与重庆经济发展》中所论"文化"其实都是一致的。前者在论述中更是使用了"重庆(巴渝)文化"这一表述。

"重庆文化"与"巴渝文化"的共性随其概念进入学术视野而得以强化,而区别则随人们对其的广泛接受与使用而逐渐显现。伴随直辖以来重庆市区域地位及影响力的显著提升,"重庆文化"与"巴渝文化"的概念也获得了更加广泛的认同。不仅在学术界,在大众传媒中,"重庆文化""巴渝文化"也成为标识重庆市文化身份的热词,屡见报刊与网络。不过,从这两个概念出现的语境来看,无论是在学术界还是大众视野,人们在使用这两个概念时,其核心意义的指向、表达的侧重点还是有区别的。当人们论及重庆文化时,"重庆"多指作为现当代行政区域的重庆(最早可上溯至重庆开埠时期),重庆文化也多指开埠时期的重庆文化、抗战时期的重庆文化、当代重庆文化。尽管"重庆"得名已有800余年历史,但显然很少有人将"重庆文化"视为"起始于800余年前的重庆地域文化"或"重庆城800余年文化"。一般强调的是一个时代(特别是当代)的文化的广度,或者时代赋予当时重庆文化的鲜明特色。而即便是采取广义的"重庆文化"的概念,其意义和价值也总是指向当代,即沿袭传承的重庆文化在今天的存续价值。当提到"巴渝文化"时,则更多着眼于这个区域从古至今的文化积累,强调的是经历多个时代的文化的厚度。

基于这两个概念在使用语境及所呈现出的人们对其认知的倾向性,我们也倾向于将"重庆文化"与"巴渝文化"分别看作同一区域文化在共时层面和历时层面的表现形态。只有在充分认识其关联的基础上,才能在使用中合理地加以区分。因此,"重庆文化"是指在一个时代的共时层面上,重庆地区的文化所呈现出的内涵与外延;"巴渝文化"是巴渝地区历史地叠置累积的文化传统的总和,是区域文化的历时呈现。

①马培汶:《论巴渝文化》,《涪陵师专学报》1998年第1期。

区分历时的“巴渝文化”与共时的“重庆文化”，将有以下几方面的意义。其一，兼顾到地域文化在历史上的厚度与当代发展的广度。当需要强调地域文化的历史传统时用“巴渝文化”，当需要强调时代特性或当代价值时使用“重庆文化”，后者尤其重要。巴渝文化的概念固然可以承载和包容源远流长、丰富多彩的重庆地域文化，但诸多伴随着时代发展而处于变化或生成中的活态的当代文化形态却容易在这个历时的概念下被忽略，而这恰恰是重庆文化生命力的显现，是文化研究最值得关注的“当下”。其二，避免文化分类时出现标准不一或逻辑混乱的问题。假如将巴渝文化、陪都文化、红岩文化、三峡文化视为重庆文化的主要形态或母题，但这当中，巴渝文化是历时形态，陪都文化、红岩文化是一定时期重庆文化的某方面的文化特性，而三峡文化是与重庆文化交叠的地域文化形态，标准不相同。当然，将巴渝文化作为重庆文化的组成部分显然也不能正确反映两者的关系。其三，尽管巴渝文化与重庆文化的核心区域是一致的，但其外围的地理边界却是不断变化的。在对重庆地域文化开展研究时，区别巴渝文化和重庆文化，能够更好地呈现历史上这一地域与周边文化之间的辐射、交叠、融合等关系。

二、记忆与传承：巴渝文化对当代重庆文化的影响

在重庆区域文化发展史上，巴渝文化成为不同时期重庆文化的基底。巴渝文化形塑了当代重庆文化区域格局，为重庆文化的当代发展累积了丰富的资源，而自古以来在巴渝大地沿袭承传的文化精神，经过不同历史时期的沉淀与强化，成为当代重庆人所集体认同的价值观的重要来源。

(一)巴渝文化形塑了当代重庆文化区域格局

一个区域的文化，是由居住在这个区域内的各族民众在长期联系、相互影响和共同的生态环境与历史命运交互影响下孕育而成的。区域文化随区域中不同时期的生产生活方式变革、族群交往、制度变革、权力关系更替等诸多因素而变迁、发展，并在变化发展中形成较为稳固的区域文化格局。当代重庆文化格局同样深受巴渝文化传统格局的影响，这在重庆文化内部格局和与外部交往格局中都有体现。

从重庆文化内部格局来看，重庆不同地区的文化特性往往是当地传统文化的延续。如前文所述，重庆辖区建制几千年来反复改变，但多数时期为一个统一的行政辖区，其主体区域相对稳定，这就保证了巴渝文化核心区域的延续性与稳固性。今天的渝东北、渝东南地区自巴国时就在重庆辖区范围内，因行政格局上的牵引和民众间的

交流融合,这两个地区的文化是巴渝文化重要的组成部分。但在历史上这两个地区也曾数度分离:如东汉时期有“三巴”之分;又如重庆直辖前渝东北为万县,渝东南为黔江地区,都是和当时的重庆平行的行政区域。同时由于地理环境相对封闭、居住族群相对稳固,以及距离行政中心较远等原因,这两个地区的文化在巴渝文化内部又具有相对独立性。渝东北地处秦巴山区、长江三峡地带,历史上多有湖广移民,与楚文化多有交融,这种交融形成了三峡文化对于当代重庆文化的特殊意义。渝东南位处武陵山区,居住族群以土家族、苗族为主,山地文化、有别于巴渝地区汉族文化的土家族和苗族等民族文化成为这一地区文化的重要特征。这种相对独立性在方言、习俗、生产生活方式、价值观等方面都有充分的体现。比如渝东南民谚“养儿不用教,酉秀黔彭走一遭”反映的就是一种鲜明的区域文化认同心理。这种历史累积的文化的内部差异是推动当代重庆不同区域文化、社会经济等方面差异化发展的历史渊源和逻辑基础。

历史上巴渝文化与周边文化的交往、融合奠定了今日重庆文化多元开放的特性。譬如巴渝文化与蜀文化、楚文化都因紧邻的地缘关系而有着长期的交往历史,形成了巴渝文化与后两者间在保持各自文化独立性的前提下,密切关联、相互影响,有诸多共性,拥有共同的文化艺术形态。巴蜀合称,在战国时代的文献中已经出现。由出土的文物可以看出,从新石器时期至战国晚期,一些出土的巴地文物与出土的蜀地文物,如“哨棚嘴文化”与“宝墩文化”,巴县冬笋坝与广元宝轮院的船棺墓葬等,都具有相似的特征。川剧是巴蜀人民共同创造的艺术瑰宝,由四川、重庆联合申报成为首批进入国家级非物质文化遗产名录的项目,两次作为国家推荐到联合国申报人类口头和非物质文化遗产代表作的备选项目。巴文化与楚文化都源自“北起大巴山,中经巫山,南过武陵山,止于五岭”这一条积累深厚的古文化沉积带,且巴、楚之间几无定界。考古资料亦证明,巴、楚之域的文化有相同的文化基底,即长江中游的原生土著文化——屈家岭文化。《华阳国志·巴志》称巴渝地区“其人半楚”,《隋书·地理志》亦称荆州蛮“颇与巴渝同俗”,宋代万州仍是“略有楚风”,夔州仍是“楚俗最尚”。直到清代,大宁县还“有楚遗风”,城口亦是“其风颇近荆楚”。在巴渝和楚湘地区至今还盛行着相同演唱形式的原始薅草秧锣鼓。巴渝地区有最具地域特色的民歌竹枝词,黄庭坚的《竹枝歌》中有“竹枝歌本出三巴,其流在湖湘耳”之说,也说明巴、楚文化相互影响。另外从音乐、舞蹈、建筑、工艺学等方面都可以找到巴、楚文化相互渗透的大量例证。[①]这种文化上的相关性与交融性则为当代重庆文化实现跨区域协同发展奠定了根基。

①薛新力:《略论巴渝文化与蜀文化、楚文化的关系》,《湖北民族学院学报(哲学社会科学版)》2002年第6期。

(二)巴渝文化是当代重庆宝贵的文化资源

费孝通先生曾经提出“人文资源”的概念,认为“人类通过文化的创造,留下来的、可以供人类继续发展的文化基础,就叫人文资源”[①]。或者我们也可以称之为文化资源。一个区域的文化资源是该区域内民众世代累积形成的。今天的人们要运用好这些资源,为当代文化及社会发展服务。而且需要通过一些途径对其进行整理、保护与传承,包括文献、文物、历史遗迹以及人们日常生活中的传统遗存。后两者当中很大一部分就是我们现在常说的文化遗产,包括物质的和非物质的。从历史中走来的文化遗产,当其和当今社会发生联系,成为未来文化、社会发展的基础,也就转化成了资源。从遗产到资源,这里面就有价值的产生。从文化多样性的角度来看,文化资源能彰显一定区域的独特的文化身份,成为区域文化认同的重要标志和人文精神的载体;另一方面,在后工业时代,非物质经济、符号经济、旅游经济等的兴起,使传统的文化遗产成为文化产业开发的对象,直接在区域经济中创造价值。

在重庆主城区,有承载巴渝遗风的九开八闭十七门、巴蔓子墓、巴县衙门、明玉珍墓、磁器口古镇,彰显移民文化的湖广会馆,记载抗战文化的红岩村、新华日报社旧址等,见证现代城市建设起步的工业文化遗存(重钢老厂区,即规划中的工业博物馆),以及写满老重庆人生活记忆的老街小巷,这些遗迹、遗址的保护、复建、开放或利用,串联起来将是一段段值得回味的、能够追寻的重庆历史,是一个个具象的、回得去的重庆人的精神家园。在重庆广大农村的乡村文化中保存着更多的传统因素,体现在生活习俗、价值观念中。比如楹联习俗、杀年猪习俗、尝新习俗、坐歌堂婚俗,甚至民间习武之风等,这些是具有鲜明农耕社会特色的习俗;长寿“寿”文化、大足“孝”文化、铜梁“龙”文化等,是基于传统价值观形成的地方特色文化。在都市人群看来,这些都是弥足珍贵的传统文化生活体验。在未来的区域发展中,这些文化资源可以转化为优质的旅游资源。而就这些文化的持有者而言,在未来工业化进程中,这些文化的延续则可使他们获得精神的满足和内在的支撑。三峡库区、秦巴山区,是巴楚文化交融的区域。在雄奇的山川、峡江环境中形成的三峡文化内蕴丰富,其文化形态有深刻的天人关系的烙印。一方面,是因人对自然的敬畏而形成的巫鬼文化;另一面,是因人对自然的抗争、改造而形成的文化资源——如唱响千年的船工号子、峭壁之上的栈道悬棺,以及高远广阔的自然背景下多姿的人类活动——三峡高地走出人类始祖“巫山人”,巫山神女

①费孝通、方李莉:《关于西部人文资源研究的对话》,《民族艺术》2001年第1期。

传说令人心驰神往，三国掌故令人唏嘘感慨，白帝城诗文千古风流。厚重的历史文化资源与瑰丽的自然风光相结合，观景体验与人文情怀相融合，足以使旅游业成为区域支柱产业。武陵山区是民族文化资源富集区，这里的土家族、苗族文化生态保护实验区是全市唯一的国家级文化生态保护区。这里的各种文化样态、文化空间与生物样态、生态空间是不可分割的整体保护对象。保护与利用、开发并不矛盾，加强武陵山山地文化、民族文化由文化遗产向文化资源转变，能够促进当地生态旅游业发展，能够唤起当地人的民族文化自觉与自尊，为区域经济社会的发展提供观念与精神上的动力。

（三）巴渝文化精神是当代重庆人价值观的重要来源

在社会经济发展中，价值观是隐性的文化因素，但其重要性却日渐凸显。戴维·兰德斯在《国富国穷》中分析了明治维新的成功，他认为日本人在固有的民族优越感的基础上，在教育中成功灌输了纪律、服从、守时和忠君观念，以及强烈的集体协作精神，正是有了这种由文化因素所决定的人力资本，才有了日本的经济奇迹。而儒学价值观也被许多学者视为影响中国乃至整个东亚经济繁荣和现代化程度的重要因素。[①]无论是一个国家还是一个区域，在历史传承中总有由其文化累积形成的固有价值观。就重庆本土而言，在巴渝文化历史变迁与不断丰富发展中形成的刚勇坚毅、开放包容、乐观向上等人文精神正是今日重庆人价值观的重要来源。

从巴渝地区的自然环境来看，这一区域山多坡陡、流急滩险，自然环境的恶劣使巴渝人必须以刚强勇猛、坚韧不拔、吃苦耐劳来应对险境，以求得生存与发展。这种刚勇坚毅精神的文化表现形态有：吓退猛兽的田间锣鼓、展示巴国勇士之风的巴渝舞、激流勇进的川江号子等。《华阳国志·巴志》称巴地賨人“天性劲勇”，左思《蜀都赋》称巴人“刚悍生其力，风谣尚其武”。巴渝民间早有“蜀有相，巴有将”的民谚相传。从巴蔓子、甘宁、严颜到秦良玉，从钓鱼城军民的坚韧不拔到红岩烈士的坚贞不屈，从抗战民众的顽强拼搏到三峡移民的勇于奉献和牺牲，都体现了重庆人的刚勇坚毅。

尽管古代巴渝地区交通凶险艰难，但水系发达、水道畅通，这有力地支持了古代巴渝经济、文化的发展，客观上有利于巴渝人开放思想的形成。[②]巴渝地区与周边一直保持着较为活跃的经济、文化交往。如，借舟楫之便连通了吴越和荆楚，盐丹贸易广及云贵高原、江汉平原等。巴渝历史上多次大的移民运动带来的文化碰撞与交融也是形成

①［美］塞缪尔·亨廷顿、劳伦斯·哈里森：《文化的重要作用：价值观如何影响人类进步》，新华出版社2010年版。
②张中宇：《巴渝文化属性及其对文学艺术的影响》，《社会科学战线》2012年第10期。

巴渝文化开放包容特色的重要因素。自古以来巴文化就融合了多民族文化，抗战时期重庆作为中国的文化中心，不同地域的文化在这里交汇，巴文化在兼容并包的基础上亦有创新。[①]从世界文化遗产大足石刻的孔子、老子、释迦佛三教合一龛，到川剧艺术的“五腔共和”，再到饮食文化中味型多样、菜品丰富的重庆火锅，开放包容的精神贯穿了整个巴渝历史并几乎体现在巴渝文化与生活图景的方方面面。

乐观向上的精神同样来自巴渝人民与自然环境抗争的现实中，来自移民排除万难不断开拓进取的生存体验中。几乎所有的移民文化都具有冒险拼搏、创新进取、包容开放、吃苦耐劳、乐观务实的共性。面对陌生的环境，唯有积极应对才能得以生存。幽默、诙谐便成为这种精神的外化形式。一首巴人歌谣“川崖惟平，其稼多黍；旨酒嘉谷，可以养父。野惟阜丘，彼稷多有；嘉谷旨酒，可以养母”将巴人乐观爽直而张扬的情怀展现在我们面前。

综上可见，巴渝文化精神是世代巴渝人在改造外部环境、争取生存与发展的过程中不断强化而形成的集体共识，是渗入巴渝人血脉的精神力量。在面临各种发展危机与机遇的今天，将这种精神力量延续并融入当代重庆人的价值观念与社会活动当中，同样是助推当代重庆文化与社会发展的重要因素。

①薛新力：《重庆文化精神简论》，《探索》2002年第2期。

GONGGONG WENHUA

公共文化

厚植公平正义价值观念的文化土壤

——重庆市现代公共文化服务均等化价值取向研究[①]

罗锐华[②]

公平正义是社会和谐稳定的基础，也是衡量社会文明发展的重要标准。实现社会公平正义是建设中国特色社会主义的重要内容。党的十八大报告指出："必须坚持维护社会公平正义。加紧建设对保障社会公平正义具有重大作用的制度，逐步建立以权利公平、机会公平、规则公平为主要内容的社会公平保障体系，努力营造公平的社会环境，保证人民平等参与、平等发展权利。"2013年7月23日，习近平在武汉主持召开部分省市负责人座谈会时指出："进一步实现社会公平正义，通过制度安排更好保障人民群众各方面权益。要在全体人民共同奋斗、经济社会不断发展的基础上，通过制度安排，依法保障人民权益，让全体人民依法平等享有权利和履行义务。"[③]

实现公平正义是当前重庆市深化改革发展的一项重大现实课题。重庆市应坚持创新、协调、绿色、开放、共享的发展理念，积极打造以人民为中心的现代公共文化服务"升级版"，厚植公平正义的文化土壤，以加快文化强市建设，化解社会矛盾，维护社会和谐与稳定。

一、公平正义的涵义

公平和正义这一对概念在古希腊时期就已出现，而具有现代意蕴的公平正义概念则形成于十八世纪法国启蒙运动。从启蒙运动到现在，公平和正义这一对概念被引用到普遍人权、独立人格、人与人之间平等关系中，而且也被置于民主政治体制的框架里。现代意义上的公平正义指的是一种合理的社会状态，是社会成员按照一定的社会标准、正当的秩序合理地从事社会活动的制度和道德规范。公平正义是古往今来人们衡量理想社会的标准之一，也是人类社会发展进步的重要价值取向。

---

①原载于《史记论丛》第13集。

②罗锐华，重庆社会科学院文史研究所副所长，副研究员。研究方向：公共文化、文化产业。

③《加强对改革重大问题调查研究　提高全面深化改革决策科学性》，《人民日报》2013年7月25日。

在所有关于公平正义的研究中，美国当代哲学家约翰·罗尔斯的《正义论》一书最引人注目。他第一次把“公平”“正义”的内涵综合起来，提出了著名的“作为公平的正义”的观点，并用公平来规范正义。在罗尔斯看来，“正义”的原初含义是指每个人都得到了他或她所应该得到的东西。公平正义包含两个基本原则，处于原初状态中的人们必定会理智地选择这两个不同的原则。第一个原则要求基本权利和责任分配上的平等；而第二个原则主张社会和经济上的不平等，比如财富和权力的不平等，只要其结果能对每个人，尤其能对那些受益最少的社会成员带来补偿利益时，才是许可的。按照罗尔斯的观点，第一个原则肯定的是权利和责任分配上的优先性以及人们之间的平等关系，正义首先意味着人们在基本权利和责任分配上的平等；第二条原则是差异性原则，强调当政府必须制定某些不利于人们利益的社会政策时，受益最少的社会成员所受的损失应该是最小的，或者当政府必须制定某些有利于人们利益的社会政策时，受益最少的社会成员所得的补偿利益应该是最多的。①显然，这两条原则都体现出“公正”对“正义”的约束和限制。纵观西方公平正义思想研究的历史，可以把对公平正义内涵的阐释划分为三种类型：一是实质正义和程序正义；二是分配正义和持有正义；三是制度正义和美德正义。

马克思主义唯物史观的公平正义理论是重庆市厚植公平正义价值观念文化土壤的指导理论。马克思的公平正义理论内容丰富深刻，其要点主要有三方面。第一，公平和正义不是抽象的哲学范畴，而是一个涉及利益关系的社会经济范畴。权力永远不能超出社会的经济结构以及由经济结构所制约的文化发展。第二，公平正义不是一个永恒的范畴而是一个历史的概念。在不同的社会形态和社会发展阶段，公平正义的内涵是有差异的。“平等的观念本身是一种历史的产物……它不是自古以来就作为真理而存在的。”②第三，对公平正义的不同理解不是纯粹的概念之争。在概念分歧的背后是特定的生产资料所有制和分配制度关系，离开生产资料所有制和分配制度来谈公平正义是空洞的。“真正的自由和真正的平等只有在共产主义制度下才可能实现，而这样的制度是正义所要求的。”③

党的十八以来，习近平总书记对公平正义的内涵进行了深刻的阐释。他把近代以来中国人民实现中华民族伟大复兴的目标概括为“中国梦”，并就国家梦、民族梦、个人

①[美]约翰·罗尔斯：《正义论》，中国社会科学出版社1988年版，第17页。

②《马克思恩格斯全集》第20卷，人民出版社1971年版，第671页。

③《马克思恩格斯全集》第1卷，人民出版社1963年版，第582页。

梦进行了阐释,其实质内涵就是国家富强、民族振兴、人民幸福,在社会价值层面的表现就是社会安定和谐、公平公正。

公平正义是建设中国特色社会主义的崇高价值追求,是社会主义法治的生命线。公平正义是中国特色社会主义的内在要求,体现了社会主义核心价值的导向。实现公平正义,是广大人民的热切希望和内心呼唤。厚植公平正义价值观念的文化土壤,是重庆市建设现代公共文化服务体系的必然要求和必经之路。

二、重庆市厚植公平正义价值观念文化土壤的内容体系

(一)实现权利公平是前提

保障公民的文化权利是公共文化服务供给的主要目标。公共文化服务的权利公平包括主体和内容两个方面。从主体来看,所有公民都有权利根据宪法和法律的规定平等地享有政府提供的公共文化服务。从内容来看,任何权利主体无论在何时、何地均可享有均质或相同的公共文化服务,公共文化服务不会因地域差别而有所不同,即应该是标准化、均等化的公共文化服务。

实现公共文化服务权利公平,既要维护公民享有公共文化服务的合法权利,又要保障公民在享有公共文化服务时不会受到歧视。公共文化服务权利公平废除了出身、地位、职业、财产、民族等附加条件的限制,不因附加条件的不同而有差别。公共文化服务中对所有成员不偏袒、不歧视,是一种均等化的公共文化服务,所有成员在平等的基础上享有公共文化服务。

实现公共文化服务权利公平,需要充分保障每个公民对公共文化服务的知情权、参与权、选择权和监督权;保证公共文化服务供给内容的公平,做到依法供给。公共文化服务权利公平是将公民享有公共文化服务的权利进行统一规范,从根本上做到权利无添加,是一种底线的公平。权利公平是实现公共文化服务公平正义的前提。

(二)实现机会公平是重点

公共文化服务机会公平实质上是一种程序公平。机会公平意味着每一个社会成员都能享受公共文化服务,是一种主观性的条件公平。虽然个人有机会去获得,但个人也有权利放弃,把握享有公共文化服务的机会,取决于个人的主观意愿。公共文化服务机会公平同时也是一种积极的权利公平。机会公平只能保证公共文化服务公平的基本实现,而不能保证公共文化服务公平的绝对实现。因为机会需要人的主观能动

去把握。对机会的把握能力因人而异，在公共文化服务中，同样的机会，不同的人，因为禀赋、条件和努力程度不同，获得的公共文化服务的质量和效果也不尽相同。

公共文化服务机会公平是一种可能性的公平，它并不保证权利主体一定能获得相关的公共文化服务，而只是提供一种获得公共文化服务的可能性。其本质是政府为社会成员提供基本的公共文化服务，社会成员通过努力能够获得实现自身发展的机会。机会公平是实现公共文化服务公平正义的基本机制。

（三）实现规则公平是关键

公共文化服务权利公平与机会公平的实现，必须要有一个公平的规则作为后盾。“社会组织必须在习惯的基础上确立一套绝对规则，否则单个器官的功能模式一旦发生变化，整个有机体就不得不做出反应。”①公共文化服务同样需要规则，公共文化服务规则公平是公共文化服务权利公平和机会公平的制度化。

规则作为一种社会公约，为所有社会成员所遵守。“社会公约在公民之间将奠定这样一种平等，使他们每个人都遵守同样的条件，从而享受同样的权利。”②公共文化服务规则对所有社会成员一视同仁，不会因个人依附条件的不同而区别对待。在公共文化服务中，根据权利公平、机会公平要求而形成的制度性规则，既要合乎公共文化服务的目的性，又要反映和体现社会成员对公共文化服务的意愿和要求，保证公共文化服务供给的有效性和公平性。

公共文化服务规则公平是对权利公平和机会公平的制度化表达，主要体现在各种法律法规和制度安排之中。公共文化服务规则公平，是公共文化服务公平正义的重要内容，没有规则公平，就没有公共文化服务的公平正义。

三、重庆市厚植公平正义价值观念文化土壤的实现路径

（一）改革行政化的管理体制，打造发展模式的“升级版”

当前重庆市农村公共文化服务管理模式主要为行政化管理。农村公共文化服务的现状为：供需严重脱节，设施利用率低下，农民的权利意识不强，管理和运行成本较高。为此，文化馆、图书馆、博物馆、科技馆等公益性文化事业单位要建立事业单位法人治理机制，注重多元文化服务主体的培育，积极引导社会力量介入和参与，改变公益性文化组织机构“孤岛”式的存在形式和运行方式，构建新型的城乡一体的现代公共文化服务组织体系。

---

①[法]埃米尔·涂尔干：《社会分工论》，渠东译，生活·读书·新知三联书店2000年版，第198页。

②[法]卢梭：《社会契约论》，李平沤译，商务印书馆2011年版，第37页。

积极探索将财政投入以直接拨款为主转为购买服务、项目补贴、以奖代补、基金制等多种方式，形成竞争机制，使资源配置从文化系统“内循环”逐步转为面向市场和社会的“外循环”。发展多元化的社会服务主体，充分发挥文化非营利组织、文化志愿者等在公共文化服务中的作用。

建立和健全公民公共文化需求表达和决策参与机制，促进公共文化服务决策的科学化、民主化。一是广泛收集群众公共文化服务诉求。要广泛调动和汇聚民智民力，形成农村居民文化需求表达、意见搜集和公共文化决策参与机制。二是确保农村居民对公共文化服务的知情权和参与权，建立以农村居民满意度为导向的公共文化服务绩效评估机制。三是加强对文化建设的政绩考核。要加大对各乡镇文化建设的考核权重，增加考核力度，形成具有可操作性的制约机制并发挥其导向功能。

(二)应对乡村“空心化”趋势，打造内容建设的“升级版”

“十二五”期间，处于城镇化、工业化、现代化、市场化进程中的重庆，其人口由农村向城镇聚集，农村常住人口持续减少，出现了“空心化”趋势。

2011年，重庆市居住在城镇的人口为1605.96万人，与上年相比，城镇人口增加了76.41万人；居住在乡村的人口为1313.04万人，与上年相比，乡村人口减少了42.03万人。2012年，重庆市居住在城镇的人口为1678.11万人，与上年相比，城镇人口增加了72.15万人；居住在乡村的人口为1266.89万人，与上年相比，乡村人口减少了46.15万人。2013年，重庆市居住在城镇的人口为1732.76万人，与上年相比，城镇人口增加了54.65万人；居住在乡村的人口为1237.24万人，与上年相比，乡村人口减少了29.65万人。2014年，重庆市居住在城镇的人口为1783.01万人，与上年相比，城镇人口增加了50.25万人；居住在乡村的人口为1208.39万人，与上年相比，乡村人口减少了28.85万人。2015年，重庆市居住在城镇的人口为1838.41万人，与上年相比，城镇人口增加了55.40万人；居住在乡村的人口1178.14万人，与上年相比，乡村人口减少了30.25万人。

老年人是农村公共文化服务的主体对象。老年居民长期生活在固定地域，受当地生活环境、历史传统的深刻影响，对家乡的历史文化具有高度的认同感、亲切感和自豪感。公共文化服务的内容建设要在着重研究农村老年人的文化消费心理需求的基础上，通过建设“美丽乡村”平台，向农村老年人提供形式多样、地域特色鲜明的文化产品。

大幅度地开发和生产适合农村孩子需要的文化产品。如：向农村孩子提供优质的录像、影视等教育资源，以丰富孩子们的学习资源；向农村孩子提供开阔视野、开发智力、开拓思路的课外读物，促进他们身心健康发展。有关部门要有组织地深入贫困地区、偏远山村，开展针对农村儿童的文化公益活动。农村普遍存在父母外出务工，孩子由祖辈抚养的隔代养育现象，农村留守儿童亲情缺失问题尤为严重，对此，应利用村社留守儿童之家的工作之便提供各类适合儿童的文化资源，以滋养儿童心灵。

充分挖掘和积极发挥农村妇女心灵手巧的禀赋。随着现代农业生产的积极推进，农村留守妇女有大量的闲余时间可以自由支配。相关部门要结合区域生产生活特点、当地传统习惯，以及非物质文化遗产的保护与传承，向留守农村妇女提供能够实现致富的技艺，使这种活动成为农民致富、提高文化消费能力的重要环节，同时也使广大妇女成为传承、发展乡土文化的积极参与者和推动者。

（三）根据“爬坡上坎”的地理特征，打造资源配置的“升级版”

重庆乡村聚落大散居、小聚居的空间分布特征显著，山地地区居民点分布零散。据资料显示，截至2012年，一半以上的农村居民点分布在山地，37.45%的农村居民点分布在丘陵，仅有6.14%的居民地分布在平坝。全市辖区面积8.2万平方千米上有8967个村，平均每村面积近9平方千米，35.08%的居民点分布在距离道路1.5千米之外，26.71%的居民点彼此之间直线距离在1千米以上，距离城镇5千米半径范围以上的农村居民点占总量的30.49%。[①]村民居住分散，交通便利度较低，享受公共文化服务的便利性较差、易得性较难。

针对“爬坡上坎”的地理特征，相关机构要把完善公共数字文化服务体系作为重点任务，整合文化信息资源，建设统一服务平台，优化网络服务环境，提高公共文化的覆盖率和服务效能。统一服务平台既要掌握已有的管理、信息、业务、人力和物质资源情况，又应根据发展需求进行资源规划，把对外宣传、资源配送、经验交流、场地应用等进行统筹，使社会参与作用得到有效发挥。通过该平台的统筹协调构建，使农村公共文化服务得到社会的广泛支持，实现资源共建共享。

重庆市在厚植公平正义价值观念文化土壤的进程中，要从历史的、具体的、相对的和富有逻辑理性的视角来审视公平正义的实践价值，不能被某些表象所迷惑，不能“刻舟求剑”；不能混用不同领域的公平正义标准，不能“以矩画圆”；不能提出不切实际的公平正义要求和措施，不能“揠苗助长”。

①胡攀、罗锐华、吕昕：《重庆：打造农村公共文化服务体系的“升级版”》，《重庆日报》2013年7月11日。

“文化共享”理念的理论演进与实践逻辑[①]

王永友　史　君[②]

十八届五中全会提出的“共享发展”理念，不仅是指在物质生活上实现共同富裕的“经济共享”，也包括“文化共享”，即在精神生活上实现共同进步、精神境界上实现共同提升、精神追求上实现共同发展，从而实现物质文明与精神文明协调共进。“文化共享”理念，既具有深刻的马克思主义理论基础，又在中国社会主义实践中不断演进，还将在全面建成小康社会的决胜阶段得以实践发展。

一、“文化共享”理念的马克思主义理论基础

“文化共享”理念的马克思主义理论基础，是实现文化共享的重要基石，既体现为经济与文化辩证关系的理论前提，又体现为社会主义优越性的理论本质，还体现为实现人的自由全面发展的理想目标。

（一）“文化共享”的理论前提：经济与文化的辩证关系

马克思主义以唯物史观为基础，对经济与文化的辩证关系进行了深刻论述。

一是站在“社会意识与社会存在之间的关系”维度。马克思主义认为，“人们的观念、观点和概念，一句话，人们的意识，随着人们的生活条件、人们的社会关系、人们的社会存在的改变而改变”[③]，“不是意识决定生活，而是生活决定意识”[④]。从这一维度来看，当前我国的社会存在，一方面表现在社会财富的不断丰富与经济发展水平的持续提高。社会存在决定了人们对精神文化的需求正在发生变化，既有量的增多也有质的

①本文系教育部思想政治教育中青年杰出人才支持计划2015—2016国家公共文化服务体系制度设计研究课题“促进社会主义核心价值观在公共文化服务中落地的制度性设计”的阶段性成果。原载于《南京社会科学》2016年第1期。

②王永友，西南大学教授，管理学博士，博士生导师。史君，西南大学马克思主义理论研究中心。

③《马克思恩格斯选集》第1卷，人民出版社1995年版，第291页。

④《马克思恩格斯选集》第1卷，人民出版社1995年版，第73页。

提高,既有形式的需求也有内容的需求。另一方面表现在经济发展带来的贫富差距的扩大和力争缩小两极分化、实现共同富裕的努力。这一社会存在决定了人们对精神文化的享有存在不平等的分化现象,因此,既要求努力实现经济上的共同富裕,又要求实现精神生活的共同进步、精神境界的共同提升与精神追求的共同发展。

二是站在"精神生产与物质生产之间的关系"维度。马克思主义认为,"物质生活的生产方式制约着整个社会生活、政治生活和精神生活的过程"[①],"思想、观念、意识的生产最初是直接与人们的物质活动,与人们的物质交往,与现实生活的语言交织在一起的。人们的想象、思维、精神交往在这里还是人们物质行动的直接产物"[②]。这里既指出了物质生产对精神文化生产的决定性作用,即精神生产以物质生产为基础,又强调了物质资料的再生产过程中存在着文化的再生产。从这一维度来看,一方面,人们在进行物质生产、创造物质财富的同时也在进行着文化的生产,特别是在经济文化化和文化经济化的今天,经济生产与文化生产相互融合,共享物质财富,理应实现文化财富的共享;另一方面,只有物质生产并不能创造财富,更不能创造文化。

三是站在"社会意识形态与经济基础,与政治、法律上层建筑之间的关系"维度。马克思主义认为,"政治、法律、哲学、宗教、文学、艺术等的发展是以经济发展为基础的。但是,它们又都互相作用并对经济基础发生作用。并非只有经济状况才是原因,才是积极的,而其余一切都不过是消极的结果。这是在归根到底总是得到实现的经济必然性的基础上的互相作用"[③]。从这一维度来看,要实现经济的快速发展、物质财富的极大丰富以及共同富裕的发展目标,离不开精神文化的反作用,而实现更大范围的、更多数人的、更多内容和形式的文化共享,则更有助于文化对经济发展反作用的发挥。

(二)"文化共享"的理论本质:体现社会主义的优越性

马克思主义不仅通过批判资本主义生产社会化与生产资料私人占有之间的基本矛盾来体现社会主义生产力和生产关系之间的优越性,还通过批判资本主义文化只体现资产阶级的利益,"资本主义只把文化给了少数人"[④],来体现社会主义文化代表无产阶级的利益、保障广大人民的权益,以及把文化独享变成社会共享的优越性。这对社会主义国家实现文化共享提出了现实要求,也提供了理论基础。

---

①《马克思恩格斯文集》第2卷,人民出版社2009年版,第591页。

②《马克思恩格斯选集》第1卷,人民出版社1995年版,第72页。

③《马克思恩格斯选集》第4卷,人民出版社1997年版,第732。

④张华:《历史地系统地把握马克思主义文化理论》,《马克思主义研究》2007年第10期。

一是只有社会主义才能实现文化共享。恩格斯在《论住宅问题》中说:"正是由于这种工业革命,人的劳动生产力才达到了这样高的水平,以致在人类历史上破天荒第一次创造了这样的可能性:在所有的人实行合理分工的条件下,不仅进行大规模生产以充分满足全体社会成员丰裕的消费和造成充实的储备,而且使每个人都有充分的闲暇时间从历史上遗留下来的文化——科学、艺术、交际方式等——中间承受一切真正有价值的东西;并且不仅是承受,而且还要把这一切从统治阶级的独占品变成全社会的共同财富和促使它进一步发展。"①在这里,恩格斯明确提出了在共产主义运动中,除了要实现经济财富的共享,还要实现文化的社会共享,成为"文化共享"理念最直接的理论来源,体现出社会主义社会与资本主义社会的不同以及社会主义的优越性。

二是只有社会主义才能解决全民文化共享。列宁提出在建设社会主义国家的过程中要进行社会主义文化革命,指出"文盲的国家内是不能建成共产主义社会的"②,"必须取得资本主义遗留下来的全部文化,并且用它来建设社会主义,必须取得全部科学、技术、知识和艺术。没有这些,我们就不可能建设共产主义社会的生活"③。列宁这一论述明确了要实现哪些方面的文化共享,即不是个别的,而是全部的,指出了文化共享的范围和内容。同时,列宁还特别重视包括农民在内的基层民众文化水平的提高,"完全合作化这一条件本身就包含有农民(正是人数众多的农民)的文化水平的问题"④。列宁的这一论述,深刻阐释了如何保障基层民众的文化权益,如何实现最大范围的、全部内容的全民文化共享的理论本质,体现了只有社会主义才能实现全民文化共享的优越性。

(三)"文化共享"的理想目标:实现人的自由全面发展

马克思主义关于"文化共享"的理论本质体现了社会主义的优越性,但共产主义并不是人的发展目标,并不是人的社会形式,共产主义的终极目标是实现人的自由而全面的发展,这也明确了"文化共享"的理想目标——实现人的自由全面发展。

其一,共享文化的主体是"现实的人""实践的人",而非"抽象的人"。文化共享从"现实的人及其活动"出发,关注人类的现实生活世界和人类的发展需求,指出人民群众是文化的创造者,人民群众的社会生产实践为精神生产提供了前提,同时人民群众又直接进行着精神生产,一切文化都直接或间接地来源于人民群众,因此,文化也应该由广大人民群众享有。

①《马克思恩格斯全集》第18卷,人民出版社1964年版,第246页。
②《列宁全集》第31卷,人民出版社1985年版,第263页。
③《列宁全集》第36卷,人民出版社1985年版,第48页。
④《列宁全集》第43卷,人民出版社1985年版,第368页。

其二,“文化共享”的目的是人的真正的“自由全面”发展。恩格斯在《反杜林论》中说,“文化上的每一个进步,都是迈向自由的一步”[①]。“异化劳动使人自己的身体,同样使在他之外的自然界,使他的精神本质,他的人的本质同人相异化”[②],因此,马克思主义关于人的自由全面发展,不单是在物质上对人的异化的自我扬弃和自由解放,更是在精神层面对人的异化的积极扬弃和自由解放,是“通过人并且为了人而对人的本质的真正占有”,是“人向自身、向社会的(即人的)人的复归,这种复归是完全的、自觉的而且是保存了以往发展的全部财富的”[③]。

其三,“自由全面发展”还包括共享主体的全面性。马克思主义认为,无产阶级只有通过阶级革命推翻资产阶级,使占社会大多数的无产阶级在经济上和政治上翻身,才能够有文化共享的机会,才能够保障自身的文化权益,才能够分享文化成果,提高自身的文化水平,实现精神层次上的自我占有,实现人的真正的自由全面发展。可见,实现社会财富极大丰富与实现共同富裕是一个不断奋斗的过程。经济发展永无止境,社会财富的极大丰富与追求共同富裕,将成为人们不懈努力的目标和方向。这一方面决定了人们对精神文化的追求也会永无止境,在追求物质财富极大丰富的同时也会追求精神财富的极大丰富;另一方面也要求我们不能因为物质财富没有累积到“极大丰富”的程度,就忽视了对人们精神文化生活的关照,更不能把共产主义的理想仅仅局限于物质上的共同富裕,它还包含了在人的自由全面发展中精神文化的共同享有,最终从根本上实现人的自由全面发展。

二、“文化共享”理念在中国社会主义实践中演进

“文化共享”理念在中国社会主义实践中的演进,既有对文化共享理念的思想、理论探索,又有对文化共享理念的政策、制度探索,还有在文化共享理念下经济、文化的协调发展实践,是马克思主义“文化共享”思想在中国社会主义实践中的创造性发展,对推动马克思主义“文化共享”思想在中国社会主义实践中落地具有重要意义。

(一)“文化共享”理念在中国社会主义实践中的理论探索

在形成“文化共享”理念的社会主义实践探索中,毛泽东、邓小平、江泽民、胡锦涛、习近平等做出了重要贡献,在思想、理论上为实现文化共享奠定了重要基础,为通过提

①《马克思恩格斯全集》第3卷,人民出版社1995年版,第456页。

②《马克思恩格斯选集》第1卷,人民出版社1995年版,第47页。

③《马克思恩格斯全集》第42卷,人民出版社1979年版,第120页。

高教育质量、提高人民的科学文化素养来提升人民群众文化共享需求层次,以及通过提供丰富多样的文化产品或作品来增强人民群众文化共享意愿奠定了思想、理论前提。

一是通过普及教育提高群众文化素养以实现文化共享的思想、理论探索。强调教育普及是提升人民群众文化共享需求层次的基本前提。毛泽东强调,“无论是知识分子,还是青年学生,都应该努力学习”,要“向工农兵普及”“从工农兵提高”①,做到“普及基础上的提高”和“提高指导下的普及”②,指出要在学习工农兵的基础上提高人民群众的科学文化素质和精神文化追求。邓小平指出,办教育一要普及,二要提高,“只普及不提高,科学文化不能很快进步;只提高不普及,也不能适应国家各方面的需要”③。并指出“社会主义文艺要努力用社会主义思想教育人民,给人民群众积极进取、奋发图强的精神”④。重视素质提高是提升人民群众文化共享需求层次的根本要求。江泽民强调,要“全面大力发展哲学社会科学,全面提高全体人民的思想道德素质和科学文化素质”⑤。“必须以科学的理论武装人,以正确的舆论引导人,以高尚的精神塑造人,以优秀的作品鼓舞人,不断培养和造就一代又一代有理想、有道德、有文化、有纪律的社会主义新人。”⑥胡锦涛指出,“必须以高度的文化自觉和文化自信,着眼于提高民族素质和塑造高尚人格”⑦。在中国社会主义实践中,关于文化共享理念的思想、理论探索,不仅对人民群众科学文化素养的提升具有重要作用,而且对人民群众主动追求高层次文化、增强文化共享意愿产生了重要影响,是实现文化共享的重要思想来源和现实理论基础。

二是通过文化发展提供丰富的文化产品以实现文化共享的思想、理论探索。在建设社会主义市场经济的过程中,江泽民指出,“要努力创造更多更好的精神文化产品,不断满足人民群众日益增长的精神文化需求”⑧。党的十八大以后,习近平结合新形势新任务,提出要实现中华民族伟大复兴的中国梦,就必须“努力创作生产更多传播当代

---

①《毛泽东选集》第3卷,人民出版社1991年版,第859页。

②《毛泽东选集》第3卷,人民出版社1991年版,第859页。

③《邓小平文选》第1卷,人民出版社1994年版,第280页。

④《邓小平文选》第2卷,人民出版社1994年版,第210页。

⑤《江泽民文选》第3卷,人民出版社2006年版,第491页。

⑥江泽民:《论党的建设》,中央文献出版社2001年版,第125页。

⑦胡锦涛:《在庆祝中国共产党成立90周年大会上的讲话》,《人民日报》2011年7月2日。

⑧中共中央文献研究室:《毛泽东邓小平江泽民论世界观人生观价值观》,人民出版社1997年版,第480页。

中华文化精神、反映中国人高尚审美追求,思想性、艺术性、观赏性有机统一的优秀作品”,“要跟上时代发展、把握人民需求,以充沛的激情、生动的笔触、优美的旋律、感人的形象创作生产出人民喜闻乐见的优秀作品,让人民精神文化生活不断迈上新台阶”[①]。在中国社会主义实践中,文化共享理念的思想、理论探索强调为人民群众提供丰富多样、层次各异、喜闻乐见的文化产品和文化服务,不仅对满足人民群众精神文化需求、丰富精神文化世界具有重要作用,而且对刺激人民群众精神文化消费、增强精神文化力量产生了重要影响,也是实现文化共享的重要思想来源和现实理论基础。

(二)“文化共享”理念在中国社会主义实践中的实践探索

在形成“文化共享”理念的社会主义实践探索中,从中华人民共和国成立到改革开放、从建立社会主义市场经济到全面建设小康社会,每一个阶段都在政策、制度上为实现文化共享奠定了重要基础。无论是宏观上的文化目标定位、战略布局、发展理念等政策制定,还是微观上的资金支持、市场管理、文化服务等制度完善,都为实现人民群众文化共享提供了重要的条件保障。

一是“文化共享”理念在中国社会主义实践中的政策探索。我国的文化政策从无到有、从有到多、从多到优,体现在文化目标定位上主要有以下几个方面。首先,中华人民共和国成立后,紧紧围绕并服务于国家政权建设与巩固的国家发展目标,强调文化要“为人民大众服务、为政治服务”。这一时期的文化目标突出了实现文化共享的前提是确保政权稳定。其次,改革开放后,在“以经济建设为中心”的方针指引下,文化更多地服务于经济发展,并创造性地提出“社会主义精神文明建设”,以市场为导向推行文化领域转企改制,文化市场的形成解放和发展了文化生产力,文化企业的出现增加了文化供应的主体,文化产业的发展丰富了文化共享的成果。这一时期的文化目标突出了实现文化共享的基础是经济发展。再次,进入新世纪新阶段后,提出了“建设社会主义文化强国”这一目标,推动社会主义文化大发展大繁荣,文化事业和文化产业“双轮驱动”、协调发展,公共文化体系不断完善,文化创造活力持续迸发,社会文化生活更加丰富,人民基本文化权益得到更好保障。这一时期的文化目标突出了实现文化共享的关键是文化繁荣。体现在国家战略布局上主要有这些方面:党的“十二大”提出了物质文明建设和精神文明建设“两位一体”,“十三大”提出要形成有利于现代化建设和改革开放的文化条件,“十四大”提出文化是综合国力的重要组成部分,“十五大”提出“中

①习近平:《坚持以人民为中心的创作导向,创作出更多无愧于时代的优秀作品》,《人民日报》2014年10月16日。

国特色社会主义文化建设”,“十六大”提出经济、政治、文化“三位一体”,“十七大”提出“推动社会主义文化大发展大繁荣”,“十八大”提出经济、政治、文化、社会、生态“五位一体”,文化发展始终与经济建设同步,在国家发展中占有极重要的战略地位,在战略上为实现文化共享提供了根本的政策保障,是实现文化共享的重要战略条件。体现在文化发展理念上主要有这些方面:从“计划”到“市场”,文化生产力得以不断解放,文化资源得以更好利用;从国家“管”文化到政府“办”文化再到社会“建”文化,激发了文化发展活力,释放了文化发展空间,增强了文化发展效力;从一元主体到社会共建,丰富了文化建设主体,整合了社会文化资源,形成了多元文化格局;从单一供给到多样发展,丰富的文化产品、文化作品、文化展品、文化活动、文化服务,更好地满足了人民群众的文化需求。文化发展理念的创新演进,文化发展所呈现出的多元主体、多种形态、多样内容,在供给上为实现文化共享提供了重大的政策支持,是实现文化共享的客观现实条件。

二是“文化共享”理念在中国社会主义实践中的制度探索。制度是政策的落地,从中华人民共和国成立到改革开放前的三十年,文化发展主要依附于政治,缺乏独立的文化制度,主要表现在规范文化单位的国有性质和艺术作品的社会主义内容上,为人民群众共享什么样的文化提供了制度约束。改革开放后,文化发展走出了以“阶级斗争”为纲的政治范式,推进了文化体制和文化市场改革,对艺术部门或团体的数量、布局进行调整,对艺术团体进行“双轨制”改革,对文化部门的机构编制、财务管理、人员考评等做出新的制度性规定;文化市场管理从政策制度视角,规定了文化市场的管理范围、任务、原则和方针,以及管理人员的岗位规范等。党的十五大后,国家将文化分为文化事业和文化产业,进一步深化文化管理改革,包括文化单位内部人事管理制度改革、工资分配制度改革等;进一步规范文化市场、完善管理运行机制、加快文化制度建设,制定和颁布了涵盖新闻出版、广播电视、电影、音像制品等多领域的法律法规或部门规章。党的十六大后,紧紧围绕促进文化事业全面发展和文化产业快速发展,制定和完善了一系列关于文化设施建设、文化市场规范、文化企业发展、文化活动开展等制度,围绕建构覆盖全社会的公共文化服务体系,做出了一系列制度性规定,促进了公共文化服务的标准化、均等化,为人民群众的文化共享权益提供了制度保障。党的十八大以来,围绕国家文化治理体系和文化治理能力建设,推动文化管理向文化治理转变,强调公共文化服务的现代化与社会性,构建现代公共文化服务体系,完善了一系列更好地实现文化共享的制度。文化发展制度的创新演进,为实现文化共享提供了完善的制度支持。

(三)"文化共享"理念下物质文明和精神文明的协调发展探索

在形成"文化共享"理念的社会主义实践探索中,如何实现经济与文化的同步发展,如何推动物质文明和精神文明的协调发展,毛泽东、邓小平、江泽民、胡锦涛、习近平等从理论和实践两个方面分别进行了积极有效的探索,为实现文化共享奠定了重要的理论基础和实践基础。

一是促进物质文明与精神文明协调发展的目标论演进。经济发展是文化发展的物质保证,为文化共享提供物质基础;文化发展是经济发展的思想保证,为经济发展提供精神支撑,只有物质文明与精神文明协调发展才能实现真正的"文化共享"。早在中华人民共和国成立之前,毛泽东对我国经济文化的落后局面就有清醒认识,指出"在革命胜利以后,我们的任务主要地就是发展生产和发展文化教育"①。改革开放后,邓小平始终警醒各级领导干部要两个文明一起抓,强调"我们要建设的社会主义国家,不但要有高度的物质文明,而且要有高度的精神文明"②。在建设社会主义市场经济的过程中,江泽民反复强调,"要把物质文明建设和精神文明建设作为统一的奋斗目标,始终不渝地坚持两手抓、两手都要硬"③。进入新世纪新阶段,随着人们物质生活水平的不断提高,胡锦涛特别强调,"推动社会主义精神文明和物质文明全面发展,不断开创全民族文化创造活力持续迸发、社会文化生活更加丰富多彩、人民基本文化权益得到更好保障、人民思想道德素质和科学文化素质全面提高的新局面,建设中华民族共有的精神家园"④。党的十八大以来,以习近平为总书记的党中央更加重视两个文明协调发展,"物质文明的发展会对精神文明的发展提出更高的要求,同时精神文明的发展又会成为物质文明建设的动力"⑤。物质文明与精神文明协调发展理念被列入"十三五"规划,为实现"文化共享"奠定了重要的理论基础和实践基础。物质文明与精神文明协调发展,为国家提供了文化共享的物质实力和精神成果,为个人提供了生产、消费和享有文化产品与文化服务,欣赏、接受和理解文化作品和文化展品,提升文化品位和文化追求的共享能力。

二是促进物质文明与精神文明协调发展的目的论演进。物质文明与精神文明协调发展,既是社会主义的发展路径,也是社会主义的发展目的,为文化共享既提供硬实

①《毛泽东文艺论集》,中央文献出版社2002年版,第129—130页。

②《邓小平著作专题研究》,中国青年出版社1983年版,第256页。

③《江泽民文选》第1卷,人民出版社2006年版,第474页。

④胡锦涛:《在庆祝中国共产党成立90周年大会上的讲话》,《人民日报》2011年7月2日。

⑤中共中央宣传部:《习近平总书记系列重要讲话读本》,学习出版社、人民出版社2014年版,第105页。

力又提供软实力，最终为实现人的全面发展这一文化共享的根本目的服务。新中国成立时，毛泽东强调要同步改善人民群众的物质生活和精神生活，“领导全国人民克服一切困难，进行大规模的经济建设和文化建设，扫除旧中国所留下来的贫困和愚昧，逐步地改善人民的物质生活和提高人民的文化生活”①。改革开放后，随着人们物质生活水平的提高，邓小平又强调要提高人民群众的科学文化水平，“我们要在建设高度物质文明的同时，提高全民族的科学文化水平，发展高尚的丰富多彩的文化生活，建设高度的社会主义精神文明”②。进入新世纪，江泽民指出，“我们建设有中国特色社会主义的各项事业，我们进行的一切工作，既要着眼于人民现实的物质文化生活需要，同时又要着眼于促进人民素质的提高，也就是要努力促进人的全面发展”③。在全面建设小康社会的进程中，胡锦涛一再强调，“要坚持‘两手抓、两手都要硬’的方针，坚持社会主义先进文化前进方向，促进人的全面发展，交好物质文明建设和精神文明建设两份答卷”④。习近平始终认为，物质文明建设和精神文明建设的最终目的就是要促进人的全面发展，“改善人们的物质生活、丰富人们的精神生活、提高人们的生活质量、提高人们的思想道德素质和科学文化素质等”⑤。物质文明与精神文明协调发展，不仅体现了社会主义制度的优越性，还为实现人民群众文化共享提供了重要保证，更为实现人的自由全面发展创造了基本条件。

三、“文化共享”理念的实践逻辑与实践发展

在全面建成小康社会的决胜阶段，要实现“文化共享”，其逻辑要求有哪些、逻辑本质是什么、逻辑主体是谁，这些不仅是“文化共享”理念的实践逻辑，也是“文化共享”理念实践发展的逻辑前提。

（一）“文化共享”理念的逻辑要求

实现“文化共享”，既要正确认知“文化共享”，厘清文化共享与文化平均的区别；又要准确把握文化共享，厘清文化共享的特殊要求；还要科学理解文化共享，指明文化共享的发展指向。这是实践“文化共享”理念的基本逻辑要求。

①《毛泽东文集》第5卷，人民出版社1996年版，第348页。

②《邓小平文选》第2卷，人民出版社1994年版，第208页。

③《江泽民文选》第3卷，人民出版社2006年版，第294页。

④胡锦涛：《在深圳经济特区建立30周年庆祝大会上的讲话》，《人民日报》2010年9月7日。

⑤习近平：《之江新语》，浙江人民出版社2007年版，第95页。

一是正确认知“文化共享”。“文化共享”不等于绝对的“文化平均”。正如马克思批判主张绝对平均主义的“共产主义”一样，这种绝对平均的“共产主义”是对“整个文化和文明的世界的抽象否定，向贫穷的、没有需求的人——他不仅没有超越私有财产的水平，甚至从来没有达到私有财产的水平——的非自然的单纯倒退，恰恰证明私有财产的这种扬弃绝不是真正的占有”[①]。同样，文化共享绝不等于对文化的绝对平均占有。一方面根据经济基础与上层建筑的关系，无法实现物质财富的绝对平均占有，决定了无法实现文化的绝对平均占有；另一方面从文化需求自身来看，现实生活中人们精神文化需求的多元化、多样化、多层次，决定了“文化共享”不是实现绝对的文化平均占有。

二是准确把握“文化共享”。“文化共享”是要在最大限度、最广范围、最多受众、最基本要求上满足人们的精神文化需求，消除人们之间的“文化鸿沟”，缩减人们之间的“文化距离”，保障人民群众的文化权益。“文化共享”具有普惠性，在区域上应惠及尽可能广的范围，协调区域、统筹城乡，特别是在革命老区、民族地区、边疆地区、贫困地区实现文化共享。“文化共享”具有全民性，在受众上应顾及尽可能多的人群，保证各个阶层、各类人群，特别是老年人、未成年人、残疾人、农民工、农村留守妇女儿童、生活困难群众实现文化共享。“文化共享”具有公共性，在发展上需要公益性文化事业的支撑，需要国家、政府和社会在人力、物力、财力上支持文化共享。“文化共享”具有层次性，在供给上需要有丰富的文化作品和文化产品，需要有丰富的文化形式和文化内容，在不同层次上最大限度地实现文化共享。

三是科学理解“文化共享”。“文化共享”的基本目标就是保障广大人民群众最基本的文化权益，即“依据宪法及相关法律规定享有自由平等地参与社会文化活动的生产与创造、享受社会文化成果，在文化生产和创造上展示和发挥个人才能，在进行文化生产和创造中所形成和产生的各种内容和形式不受损失与侵犯等的权利和利益”[②]。“文化共享”的重要使命就是促进社会主义核心价值观落地，把文化共享的实践作为承载和传播社会主义核心价值观的重要途径，引导人们形成向上向善的价值追求，弘扬社会正能量，维护和保证国家文化安全。“文化共享”的最终目的就是实现广大人民群众精神文化素质的普遍提升，在各种文化共享实践中提升人们的思想道德素质和科学文化素养，提高国民整体素质，充分发挥人民群众的主观能动性，推动整个社会向着更高层次、更高质量发展，最终实现人的自由全面发展。

①《马克思恩格斯全集》第42卷，人民出版社1979年版，第118页。

②王德义、陈向阳：《〈论文化建设——重要论述摘编〉学习读本》，人民日报出版社2012年版，第124页。

(二)“文化共享”理念的逻辑本质

实现“文化共享”,既要让人民群众有条件共享文化资源,又要让人民群众有兴趣共享文化创作,还要让人民群众有意愿共享文化成果,这是文化共享理念的内在逻辑本质。

一是实现文化资源共享,让人民群众能够共享高质量、内涵丰富的健康向上的文化信息和文化内容。文化信息资源共享是人民群众获得文化资源的重要途径。国家正在实施并不断完善的文化信息资源共享工程、数字图书馆推广工程和公共电子阅览室建设计划等公共文化惠民工程,就是保障人民群众获得更多文化信息资源,实现文化共享的重要举措。文化设施资源共享是人民群众获得文化资源的重要载体。国家正在进行的社区和乡镇综合文化站(室)、农家书屋等基层文化惠民工程建设,是基层民众更加便捷地获得更多文化内容的重要渠道;同时,公共博物馆、纪念馆、美术馆、文化馆、图书馆、青少年宫、科技馆、群众艺术馆以及基层文化活动中心等文化设施的免费开放,是降低人民群众获得优质文化资源成本的重要通道。

二是实现文化创作共享,让人民群众能够真正成为文化创作的源泉,成为文化创作的力量。文化创作共享是文化共享的重要体现,通过充分发挥人民群众在文化创作中的作用,坚持在各种文化产品和文化作品的创作中以人民群众的实际生活为创作来源,坚持为了人民群众而创作,坚持贴近实际、贴近生活、贴近群众的创作原则,“大力支持人民群众的文化创造,及时总结提炼和积极推广源于群众、生动鲜活的文化样式、文化载体,把蕴藏于人民群众之中的智慧和力量进一步挖掘出来、释放出来”[①],真正生产创作出广大人民群众喜闻乐见的文化产品和文化作品,让不同阶层的人民群众都能感觉到自己的生活就是文化作品的素材,文化作品是自己生活的再现或升华。实现文化创作共享,还要让人民群众有评判文化质量,决定生产和创作什么内容、什么类型的文化产品和作品的权利,作品的思想成就和艺术成就,应当由人民来评定。要通过建立和完善文化产品和作品的评价反馈机制,尽量倾听、充分尊重并认真对待人民群众的文化诉求和意见表达,实现人民群众的文化创作共享。

三是实现文化成果共享,让人民群众能够享有多样化的文化产品、参与多样化的文化活动和享受多样化的文化服务。通过文化事业和文化产业的蓬勃发展,为人民群众提供丰富的文化产品、文化活动和文化服务,既满足人民群众基本的文化需求,又满足人民群众多样化的文化需求;既满足中上阶层民众的文化需求,又满足底层民众的

①云杉:《文化自觉　文化自信　文化自强——对繁荣发展中国特色社会主义文化的思考》(下),《红旗文稿》2010年第17期。

文化需求。通过资金投入、制度规约、市场机制等手段调节文化产品、文化活动和文化服务的供给,让人民群众有能力、有意愿、有渠道去获取和享有多样化的文化成果,确保不同阶层的民众都愿意消费、都有能力消费、都有渠道消费并最终享用这些多样化的文化成果。

(三)"文化共享"理念的逻辑主体

人民群众是"文化共享"理念的当然逻辑主体。社会主义文化是人民大众的文化,是人民共建共享的文化。那种认为文化仅供少数人把玩、少数人享用的观点,同社会主义文化观是完全背离的。文化共享理念的提出就是要把只是"少数人享有文化"这一问题的解决转向还有"一部分人没有享有文化"这一问题的解决,实现包括特殊地区、特殊群体在内的全民文化共享。

一是厘清文化共享主体的逻辑前提。马克思主义认为,经济基础决定上层建筑,经济发展水平决定文化发展水平,文化共享是在经济共享基础上的共享。由此,有人认为,今天物质财富还未达到极大丰富,人们还没有在经济上实现共同富裕,现在谈文化共享为时过早,或者说文化共享在物质共享没有实现的条件下是无法实现的。但是,对个体而言,每个人都有宪法和法律所赋予的基本文化权利,社会主义国家的每个公民都有依法享有文化资源、文化创作及文化成果的权利,与个体的经济条件、物质积累无关,也就是说,每个人都有文化共享的权利;对国家而言,尽管区域发展存在差异,经济发展存在不平衡,解决贫富差距、两极分化,实现共同富裕任重道远,可越是这样,越需要在促进经济共享的同时推动文化共享,在进行经济共享的同时开展文化共享,在推动经济发展的同时推动文化发展,促进经济与文化的同步发展。因此,文化共享应与经济共享同步,物质财富不丰富的群体同样有文化共享的权利,更有文化共享的必要性、紧迫性和现实性。

二是厘清文化共享主体的逻辑重点。实现文化共享,共享主体既要有共享意愿,又要有共享能力,还要有共享条件。只有这三个方面同时满足,文化共享才能真正实现,文化共享理念才能真正落地。无论从哪种情况看,革命老区、民族地区、边疆地区、贫困地区人民群众都应成为当下文化共享主体的逻辑重点。这些地区大多属于经济欠发达地区,实现这些地区重点主体的文化共享,需要在"十三五"国家扶贫开发攻坚战略实施过程中,同经济扶贫一道实施文化扶贫,集中建设一批文化扶贫项目,为老少边穷地区的人民群众创造文化共享条件,增强其文化共享意愿,提升文化共享能力,满足文化共享需求。同时,老年人、未成年人、残疾人、农民工、农村留守妇女儿童、生活困难群众也应是文化共享主体的逻辑重点。这些文化共享主体由于年龄因素、身体因素、性别因素、经济因素等原因,文化共享的意愿不同,文化共享的能力各异,因而具有特殊的文化共享需求。普通民众能够共享的精神文化产品、文化活动和文化服务不一定能够满足他们的文化共享需求,因此需要特别关注这一主体的实际需求,为他们提供多样化、个性化、针对性的文化产品、文化服务和文化活动,使他们能够真正实现文化共享。

(四)"文化共享"理念的实践发展

实现"文化共享",要以经济发展促文化共享,增强文化共享的能力;要以文化繁荣促文化共享,提升文化共享意愿;要以完善机制促文化共享,保障文化共享条件。

一是以经济发展促文化共享,增强文化共享能力。要遵循经济基础决定上层建筑的规律,坚持物质文明和精神文明"两手抓、两手硬",增强文化共享能力。在全面建成小康社会的决胜阶段,必须集中一切力量促进经济科学、高效、均衡发展,提升经济发展的质量,要在继续推进发达地区经济持续发展的同时,更加关注并扶持落后地区经济的持续快速发展,要以经济的硬实力铸造文化的软实力,使国家有经济实力为文化共享提供强劲的物质支撑和科技支撑。同时,要更加重视物质文明与精神文明协调发展,在经济发展的同时推动文化发展,以经济的均衡发展带动文化的均衡发展,在促进经济共享的同时推动文化共享,也就是通过发展经济增强国家提供文化共享、个体参与文化共享的物质能力。

二是以文化繁荣促文化共享,提升文化共享意愿。要遵循社会主义文化发展规律,坚持文化事业发展和文化产业发展"两手抓、两加强",提升文化共享意愿。在全面建成小康社会的决胜阶段,要通过发展公益性文化事业来提升人民群众的精神文化素养,激发人民群众文化共享需求,使文化事业成为真正的惠民工程,起到教育群众、启迪心灵、提高素养的作用,切实实现文化均等化,协调区域文化发展,缩小地区文化差距,以均等化的文化发展保障最广大群众的文化权益,激发、满足最大多数群众的文化需求。同时,要通过发展经营性文化产业丰富人民群众的精神文化需求,提升人民群众文化共享的意愿,充分发挥市场在文化资源配置中的决定性作用,激发文化发展活力,生产创作出更多满足人民需求的精神文化产品,激发人民群众文化消费欲望,也就是以文化繁荣激发文化共享供给意愿,提升人民群众文化共享消费意愿。

三是以机制完善促文化共享,保障文化共享条件。要确保政策制定与制度建设的科学性、完备性和连续性,坚持文化发展与文化共享机制协调同步,保障文化共享条件。在全面建成小康社会的决胜阶段,要从顶层设计上高度重视文化共享,把文化共享作为"决胜小康"的判别标准之一,对文化共享进行全面规划和战略部署,促进文化共享的整体推进,为实现文化共享提供良好的政策环境。同时,要从财政资金、硬件设备、市场发展、队伍建设、区域协调、体系构建、标准规范等方面,全方位做好文化共享制度建设,促进文化共享的制度化、规范化,为实现文化共享提供科学的制度保障。此外,要进一步完善文化生产、传播、消费、反馈等运行机制,促进文化健康有序发展;进一步形成政府主导,各类社会组织、企业和个人积极参与的文化发展格局,为实现文化共享提供有效的运行机制。

参考文献:

[1]邹徐文:《论中国特色社会主义文化建设》,江苏人民出版社2012年版。

[2]惠鸣:《文化强国理念与实践》,社会科学文献出版社2013年版。

[3]董伟武:《马克思文化观的历史"规定"》,《社会主义研究》2013年第4期。

介于国家与地方间的石柱县“坝坝电影”[1]

李 欢 杨 亭[2]

一、问题提出

露天电影在国家文化与教育政策的推动下逐步进入农村百姓的视野，它所传递的意识、观念、情感等潜移默化地渗透到大众生活中。作为特殊的文化传播媒介，露天电影受到研究者的广泛关注。学界研究露天电影多从电影学的视角剖析二十一世纪以来在建设新农村的时代背景中，露天电影所发挥的功能，阐发露天电影的传媒功效、营销策略等问题。虽说此研究路径着实令人折服，但是在笔者看来，对露天电影的研究还存在较大的空间，不仅应该将二十世纪八九十年代的露天电影纳入其考量之中，对此时段露天电影所隐含的政治化倾向给予足够的重视，还需要深究露天在国家的政治行为的推行中发挥了怎样的作用，同时农村又是如何接受的。鉴于此，以笔者家乡石柱县为例，通过对地方志等文献资料的查阅和对部分场镇六十周岁以上的老人进行口头访谈等形式获取研究资料，来探讨二十世纪八九十年代石柱县“坝坝电影”在农村传播过程中究竟如何实现其媒介功能，进而考量在此过程中“坝坝电影”所呈现的独特价值。

二、“坝坝电影”的个案调查

二十世纪八九十年代，石柱县由于经济不发达，人民生活水平不高，当地百姓对文化娱乐的追求愿望也表现得并不强烈。那时，百姓农闲时的常规娱乐方式有看土戏、唱地方民歌和跳土家摆手舞等。这些土家族本土艺术相较于电影而言，内容陈旧单一，受众仅为部分老人。而电影集良好视听效果于一体，因而更受百姓的青睐。以石柱县为代表的西南农村地区，每个电影放映日，犹如农村赶场日，呈现出“节庆”的场

---

①原载于《电影文学》2016年第15期。

②李欢，西南大学现当代文学专业2015级在读硕士研究生，研究方向：中国少数民族语言文学与民俗学。杨亭，西南大学文学院副教授，硕士生导师，主要研究方向：民俗学与文化人类学。

面。当时，石柱县就组建过许多"坝坝电影"放映队，分布于县城、西沱镇、下路镇、王场镇（原王场乡）等各个乡镇，成为文化传播的流动站。

笔者阅读《石柱县志》后发现，在二十世纪八十年代初期，石柱并无固定的电影放映院。1984年，电影公司在县城五一路（今街心花园左侧）建成了首个电影放映院。1988年后，西沱镇、王场镇建有电影院，其余乡镇和茶园煤矿、赶家桥煤矿、黄连总公司、龙池坝水泥厂以及各区学校建有公用的放映室。而在农村电影仍为露天放映，沿用传统的露天"坝坝电影"放映形式。此外，笔者抽选石柱县南宾镇、下路镇、西沱镇黎场乡、黄鹤镇（原马武镇黄鹤乡）、王场镇五处作为调查点，对六十岁以上的老人进行了口头采访，分别就"坝坝电影"的放映形式、放映地点、放映操作、观影场面、放映片目等做了访谈。

采访中笔者收集到许多在二十世纪八九十年代期间播放的电影片名，由于被采访者年龄较大，老人们所谈及的大都是记忆中印象较为深刻的影片。其中主要包括：革命战争片（如《地道战》《地下游击队》《小兵张嘎》《闪闪的红星》《董存瑞》《东方红》《地雷战》等）、少数民族生活片（如《刘三姐》《五朵金花》《冰山上的来客》《草原上的人们》《阿凡提》等）、爱情片（如《白蛇传》《庐山恋》等）、武侠片（如《少林寺》《霍元甲》等）、农村生活片（如《老井》《黄土地》《农田喜事》等），以及有关种植、养殖和安全用电防火等的宣传片（如种植柑橘、养猪等方面）。这些影片的放映时间几乎与农村赶场时间一致，一般在赶场当天下午五六点左右，地点在各乡（场）政府办公点前的空地、学校的操场等。另外于节日期间（如国庆节等）也会安排放映。

经访谈得知，在二十世纪八九十年代，上级地方文化单位委派组建电影流动放映队，放映队又分放映小队，多为二至三人。采访中，笔者有幸找到一位当年的电影流动放映员，老人1994年在西沱镇及附近场乡做过为期一年的电影放映工作，当时的放映队为西沱镇电影放映小队。据老人回忆，放映人要进行培训，学习如何操作和使用放映工具，并到西沱镇电影院统一领取电影放映机、白布以及电影胶片等。其放送"坝坝电影"的范围是西沱镇及附近的一些乡（场），包括黎场乡、王场乡、赶家桥煤矿等。通常放映人负责于放映前与基层地方组织接洽，提前通过喇叭、黑板报及大字报等告之村民电影的放映地点和时间。电影放映时间相对固定，有利于扩大"坝坝电影"的受众面，也可以错开在各场镇播放的时间以协调放映员的工作。据以上所述，可大致了解二十世纪八九十年代石柱县"坝坝电影"主要放映的片目、放映时间、放映地点。

三、"坝坝电影":国家与地方的耦合

"坝坝电影"随着群众文化生活的多样化而渐渐式微,不再因具有独特视听效果而表现出很强的吸引力,却因时代的变迁而烙下深刻的历史印迹。当然,二十世纪八九十年代它曾起到不可小觑的媒介作用。一方面,"坝坝电影"隐含着国家的主流意识形态,通过传播巧妙地影响着农村百姓的思想行为;另一方面,民众在接受电影内容的同时,还利用影片内容解决实际问题。

(一)国家意志向地方社会传输并影响基层民众

播放"坝坝电影"在当时是非营利性质的行为,是国家有计划地丰富农村百姓的精神文化生活的行为,或者说实质上是一种国家权力意志的表达行为,起到启迪基层群众思想的作用。"电影的政治教化和思想教益功能,在实际的运作过程中被置于电影的艺术形式和娱乐作用之上,体现出电影作为一种社会意识形态的存在特征"①,成为一种思想教育方式。作为时代的产物,这种特殊的文化产业给了观众免费观看的机会,让百姓对文化艺术进行无中介接触。而文化产业则从一系列在消费者背后进行的交易中获得"利润",这种"利润"即文化产业将国家的意识形态通过电影的形式传递给基层群众,所传递的文化、思想、观念等信息则因国家交予地方推送的各类电影片目不同而相异。

首先,《地道战》《地下游击队》《小兵张嘎》《闪闪的红星》《白毛女》《董存瑞》等影片,除了回味经典之外,更为重要的是向农民传递主流意识形态,在一定程度上向农民群众传达出中国共产党对人民的领导教育和感召力,包含着一种怀旧情怀、一种忆苦思甜的思想内涵。国家意志借助电影规训百姓的行为方式,使其思想行为符合国家所倡导的社会规范和秩序,并相信党、跟随党,从而走向一条康庄大道。百姓从"坝坝电影"中看到和听到的,在与邻里乡亲聊天的过程中对其重复并熟知,譬如其中的口号、标语(如"红星是咱工农的心,党的关怀照万代""没有共产党就没有新中国"等)。在循环往复的过程中,"坝坝电影"将国家意志更为深刻地标记在百姓脑海中。电影当中充满正义感的英雄人物,比如巾帼英雄刘三姐、少儿英豪小兵张嘎、革命英烈董存瑞等在当时一度成为备受百姓追捧的英雄。甚至儿童在游戏中也会争做英雄角色,比如那时候许多孩子会扯下树枝,削成枪的形状,别在腰间,模仿电影中的人物。那时"坝坝电影"成为引领时尚的风向标。

①章柏青、贾磊磊:《中国当代电影发展史》,文化艺术出版社2006年版,第9页。

其次，笔者在调查中收集到许多反映中国少数民族生活的电影作品，包括《五朵金花》《刘三姐》《冰山上的来客》《草原上的人们》等。这些少数民族生活片向基层农民呈现了中国少数民族的生活状态，表现了中国少数民族的一种积极向上的生活态度，他们对于中国共产党所建立的中华人民共和国持有的是一种支持和拥护的态度。这类影片事实上还“起到了缝合汉族和其他少数民族之间罅隙的作用”①。此类影片强化了少数民族对于国家的认同感，凸显了各民族共存之意义和华夏民族一体化的重要性。“坝坝电影”在这里成功地起到政治宣传和思想教育的功能，成为国家意识形态传播的有效手段。同时，这些作品中经典的片曲给人们留下了深刻印象，包括《刘三姐》中悠扬的《山歌好比春江水》，《草原上的人们》中深情的《敖包相会》，以及《冰山上的来客》中的民族歌曲《花儿为什么这样红》等。这些歌曲至今仍为很多艺术家传唱，成为经典，也被众多基层群众所知晓。这些都要归功于“坝坝电影”这一特殊的文化形式。在做访谈时，老人马培坤印象最深刻的影片是《刘三姐》和《草原上的人们》，已年过八旬的她激动地说：“原来外面还有这么多不一样的人……”访谈接近尾声时，老人还深情地向我们哼唱了《敖包相会》。

此外，笔者还收集到诸如《庐山恋》《白蛇传》一类的爱情故事片。爱情在当时的农村本属于敏感话题，但伴随着电影的传播这一现象得以逐渐改变，我国婚姻法强调的婚姻自由权借由电影传递给群众。《少林寺》《霍元甲》等武侠故事片受到村民特别是儿童的喜爱，一招一式皆展现着中国功夫的精湛与魅力。那时，年轻人找对象都会以电影中的人物形象为参考标准，可见电影影响之深刻。一些农村生活题材的影片，如《老井》《黄土地》等，反映农村现实生活和农民思想的变化，体现国家对农民的关怀，鼓励农民追求思想进步和新生活。至于放映的科教宣传片，除了种植、养殖方面的内容外，还包括国家政策的宣传，例如“民族团结”“尊老爱幼”等，农民在观影的同时受到思想的洗礼。在片歇时，放映人还会播放一些革命歌曲，或者乡上村里的通知，电影银幕被充分利用，并且播放的内容紧密结合百姓生活。

随着经济水平的提升，电视在农村逐渐普及，“坝坝电影”逐渐退出基层民众的视野，但这一文化传播形态却在民众心里留下了深刻的记忆，并影响了一代人的思想和行为习惯。因此，“坝坝电影”这种文化形态不但有效地表达了国家意志，还丰富了群众的精神世界，实现了自上而下的沟通。

①饶曙光：《中国少数民族电影史》，中国电影出版社2011年版，第334页。

(二)地方社会和民众对国家意志的接受和认同

“坝坝电影”对当时的群众而言意义重大,他们借助电影间接学习文化知识,并将所学运用于实践,让文化知识改变自己的生活,为自己的生活服务。

首先,通过“坝坝电影”,当地百姓文化知识得到启蒙,百姓学习文化知识并将其运用于自身的生产生活实际。多数农民未曾受过良好的教育,识文断字的能力有限,更多的农民于观影后熟知片中的语言用词并加以运用,在一定程度上学习了文化知识,普通话也得以推广。访谈中笔者得知,百姓在起名字时常会借用影片中所涉及的词语,譬如许多农民群众给子女起名为“安全、洪卫、红星”等。更为可贵的是,农民意识到文化知识的重要性,更多人将子女送到学校接受教育,响应国家的九年义务教育政策,为改变农村生活现状打下基础。百姓通过“坝坝电影”还养成了一些习惯,如早晚刷牙漱口等。“坝坝电影”也改变了村民的传统封建思想。调查显示,《庐山恋》《白蛇传》等爱情片,“解冻”了爱情这一敏感话题,曾在农村普遍存在的包办婚姻现象得以改善。据笔者了解,婚恋自由政策在当时的农村中渐渐得以贯彻;男女平等问题得到重视,女性地位得以逐渐提升,许多农民愿意将女孩送进校园接受与男孩同等的教育。最为显著的影响是九十年代的“打工潮”现象。由于农民种粮养殖收益甚微,银幕上所展现的外面的精彩世界对农民显现出极大的吸引力,许多农民放下锄头,南下到广东一带打工,农民努力创建新生活的意识通过电影得以树立。

其次,电影在潜移默化地改变老百姓生活的同时,老百姓也借助电影为自己服务。例如,黎场乡播放“坝坝电影”的时间是约定俗成的“一、四、七”①当中的日子,那时,电影放映日简直成了“节日”。百姓手拿烟斗和零食提前去占领有利的观影位置,在观影时以及更换胶片的间歇,聊家常,听趣闻,打听庄稼长势,询问牲畜喂养经验等,甚至在这期间完成相亲的见面仪式或递送举行婚丧嫁娶仪式的请柬。可以说电影为百姓提供了便利的交流机会。此外,重要的通知,譬如征兵、婚庆、会议通知等,借助电影媒介实施传达,这是当地民众能动地利用电影这一外来艺术形式的结果。村民还通过与放映人沟通,告诉放映人自身所需要的影片类型,通过影片解决生产生活中的实际问题。例如,百姓期待电影给予自己生活和日常劳作方面的帮助,希望放映人能带来一些农作物种植方面或是有关牲畜喂养方法的影片。放映人将百姓需求反映到地方,地方通过协调最终将影片交给放映人播放。在此过程中,电影放映人成为重要的

①“一、四、七”即每月含一、四、七的阳历日期,如一号、十四号、二十七号等。

信息传递渠道，他们的工作大大地方便了基层农民群众进行文化信息沟通和反馈。与此同时，农民在电影中看到的新兴行业扩展了其致富视野，使其从土地中解放出来，进入效益更佳的行业，例如办制砖厂、修理厂和从事运输行业等，农民的致富途径得到本质性的转变。

"坝坝电影"作为时代的产物有其存在的合理性和价值，它曾经在传播国家意志、丰富民众文化、改善民众生活等方面发挥了重要功效。不过随着时代的变迁，这一媒介逐步退出历史舞台，虽然部分地方还在实施电影文化下乡的举措，但其追求的价值目标、营销策略等同本文的研究点不属于同一范畴。此处笔者通过透视"坝坝电影"的文化功能和价值意蕴，希冀对这一尘封的历史文化形式所蕴含的特定精神文化价值予以颂扬。

精英艺术的大众化传播

——美术馆的公共艺术教育职能探讨[①]

王文娟[②]

一、服务型的公共艺术教育

如今各行各业竞争都非常激烈，“以人为中心”的服务理念越来越成为各行各业的共识，新型的美术馆越来越注重与公众的关系问题。1999年，理论家史蒂芬·里维尔把美国美术馆的近期发展比成是一种“从关注物到服务人”的变化过程。许多美术馆办馆理念逐步从“以展览和藏品为中心”向“以观众为中心”转变，并上升为美术馆的一种新型的战略职能。当今的美术馆日益发展为向社会和观众提供服务的机构。

作为服务公众的机构，美术馆必须要有强烈的公共服务意识，一切工作要围绕如何更好地为公众服务而展开。“保持饥饿，保持愚蠢”(Stay Hungry，Stay Foolish)这是乔布斯在斯坦福大学演讲时说的，这句话可以看作是他一生的座右铭，也可以看作是苹果公司的核心理念。面对苹果的产品，消费者就算对此一无所知，但一拿到手就知道怎么操作，这也是为什么在苹果体验店里经常看到仅几岁的小孩也能把苹果的产品用得很自如。但参观美术馆是另一回事，需要艺术、文学、历史等知识才能获得其中的乐趣。博物馆怀疑论者认为博物馆是艺术品的坟墓，艺术品因为脱离了原来的环境和实用功能，被孤立地放在那里，供人欣赏，成为文化史某个发展阶段的印证，实际上杀死了艺术品，因为对于观众来说，不知道艺术品背后的故事，看到的只是物品。如果不知道文艺复兴(Renaissance)的人文主义(Humanism)，不知道达·芬奇是谁，那就不能理解为什么卢浮宫里三层外三层的人伸长了脖子围着看一个穿着一身黑衣、长相平平的女人的画像。人因为教育程度不同、眼界不同、经历不同、时间分配不同，艺术欣赏水平也不完全相同。美术馆展览除了考虑学术性、展览阵容、布展方式等因素外，艺术传

①原载于《新闻研究导刊》2016年第16期。

②王文娟，四川美术学院美术馆。

播、公共教育功能也应该被纳入到整个策划系统中。美术馆有责任和义务提供更多信息，让每一个走进美术馆的人更加便捷地获得背景信息，以便更好地欣赏作品，这也是艺术公共教育的重中之重。

现代科技为精英艺术的大众传播提供了很好的途径，为每个进入美术馆的公众提供无差别的导览服务。如观众可利用美术馆中敷设的Wi-Fi和蓝牙设备，通过智能手机上的App实现智能导览。这种智能服务的好处就在于，观众每次进入美术馆，各种介绍将自动推送到他们的手机页面上，他们可以在手机平面图上选择要去的路线，也可以自由选择自己感兴趣的作品，了解包括作者介绍、作品阐释、作品明细、风格流派等资料，图片、音频和视频这些形式能很快地传递信息。观众通过这些资料，可以更加深入了解展品和理解作品。另外，通过智能服务，观众还能轻松地找到厕所、出口、咖啡厅、车库等想去的地方。这种感应推送、定位导航、触摸操作的方式，连小孩也能轻松实现自助导览参观。除了智能导览外，App还具有收集反馈信息的功能。美术馆的工作人员通过反馈的参观人数，可以控制和疏通人流，保障观众的安全；可以知道参观的高峰期和低谷期，合理安排人力；通过作品阅览量，了解哪些作品更受观众的喜爱。观众也可以在留言平台向美术馆反馈意见，以便美术馆及时改进工作。另外，观众不出家门也可以实现在线观看展览。总之，美术馆可以利用各种最新科技，更好更快捷地服务群众。

目前，国家博物馆推出“用微信，看展览”模式，利用免费的微信平台，实现了更加经济的导览。观众用手机扫描国家博物馆二维码，关注其官方微信公众号后，输入每件作品的编号，就可以收到作品图片和一段语音。播放语音，即可以了解作者生平、作品风格、艺术特点、寓意等信息。观众可以一边听作品的讲解，一边细细欣赏作品。

二、休闲式的公共艺术教育

大众文化兴起，精英文化边缘化，传统文化行业受到了严重冲击。以实体书店为例，曾一度当当和亚马逊等网络书店以便捷、便宜的优势，让实体书店遭遇寒冬，纷纷倒闭。面对如此困境，台湾诚品书店迎难而上，以二十四小时不打烊、免费阅读、增强艺术氛围、一站式购物体验等独具一格的营销方式吸引读者，成为文艺青年的聚集地，被各行各业争相模仿和学习。那么随着在线美术馆的兴起，以后是不是不再需要实体美术馆了？美术馆是否应该顺应时代而发展？回顾美术馆发展历史，十八和十九世纪的欧洲,美术馆是一个分享众多私人收藏品的场所;二十世纪,美术馆是一个感受艺术的公共美育空间;二十一世纪的当下,美术馆又是另一番景象。

今天的美术馆,不仅仅是看展览的地方。有人来到尤伦斯当代艺术中心,径直走进艺术品商店,可能只是想看看最新的时尚产品,或者专门为了挑选礼物;有人去台北"故宫博物院",可能只是专程去"故宫"晶华"品尝"装在毛公鼎的"宝鼎鸳鸯牛肉面"和"翠玉白菜";有人不远千里,前往日本京都深山,可能只为一睹贝聿铭设计的美秀美术馆的建筑和园林风景;而现在越来越多的年轻人去美术馆可能是想结交到更多的朋友,或者去约会……美术馆的大门向每个人开放。

对于美术馆的这种"沦落",作为传统博物馆的捍卫者美国克利夫兰艺术博物馆(Cleveland Museum of Art)的李雪曼馆长曾做出了严厉的批评,他认为博物馆不能变成迪士尼乐园,否则就必定成为名副其实的蛮荒之地。①美国大都会博物馆的托马斯·霍温却持相反观点。他是一个贵族的平民主义者和火急火燎的炫耀者,为了把人们带进博物馆,他什么都干得出来。面对博物馆影响力的下降,他谈到了他所做出的不懈努力:"我在意任何可以引来新闻,或对公众有关大都会博物馆中步履艰难、头发花白的老妇人的感观会有改变的事,无论是向同行通报,举办富丽堂皇的展览,还是在最有趣的藏品的增添上……我设法跨越许多其他馆长——尤其是克利夫兰的李雪曼——不让整个行业大步进入现代而坚守的界限。"②

正如托马斯·霍温所预料的一样,当今的美术馆越来越融入公共生活中。美术馆作为面向公众的非营利机构,吸引力、影响力、参观者数量都成为衡量其好坏的重要指标。美术馆如何做好对精英文化的大众化传播,可参照诚品书店的创办人吴清友的做法。他说:"诚品书店一开始不是要为了卖书,而是要推广阅读,所以会从人、空间、活动的角度来考虑问题。人们来书店不仅仅为了买书。诚品希望在书店环境的设计中,将颜色、灯光、布置或者同仁的微笑都考虑进去,甚至还有烹调分享,都是为了人。"③同样,艺术公共教育应以人为中心,传播艺术,让艺术潜移默化地影响人们的生活,让人们发现生活的美和乐趣。好的公共项目的策划就像烹调美食一样,既要保持上等食材的原汁原味,又要色、香、味俱全,让人想念和回味。现代的美术馆从单一的展厅,逐渐

①[美]大卫·卡里尔:《博物馆怀疑论——公共美术馆中的艺术展览史》,丁宁译,凤凰出版传播集团、江苏美术出版社2009年版,第246页。

②[美]大卫·卡里尔:《博物馆怀疑论——公共美术馆中的艺术展览史》,丁宁译,凤凰出版传播集团、江苏美术出版社2009年版,第260页。

③吴清友:《我为什么能承受诚品书店长达15年的亏损》,环球网,2014年11月7日。

发展成为一站式文化综合体，增设了餐厅、咖啡馆、衍生品店、手工体验区、书店等。南京四方当代美术馆还开设了山间电影院。该美术馆因为标新立异的建筑形式、独特的文化氛围、丰富多彩的文化活动、完善的配套服务，逐渐成为旅游者和当地市民休闲娱乐的好去处，在公共文化生活中扮演着越来越重要的角色。

北京的尤伦斯当代艺术中心在这个方面做出了很好的示范。由于该艺术中心拥有丰富的馆藏品并举办高品质展览，成为亚洲最具影响力的非营利艺术机构之一，同时在艺术公共教育方面也做得非常出色。美术馆以强大的人脉资源邀请了很多电影界、音乐界、美术界的知名人士参与活动，吸引了大量的专业人士和文艺青年。同时面向二至二十一岁的儿童和青少年，推出了尤伦斯创意探索地带项目，根据不同年龄段儿童和青少年的创作可能性以及相应的需求进行特别设计，培养其创作能力。展览和公共教育活动的超高人气在创意产品的热销中实现了经济创收，尤伦斯艺术商店的收入占到了该中心自主运营收入的一半，极大地支持了场馆展览和其他公共活动的举办。学术性和公共性、非营利性和商业性相互促进发展，成为国内美术馆运营的成功典范。

三、反思性的公共艺术教育

2014年“印象派大师莫奈特展”在上海K11商场举行，参观人数约四十万，成为2014年一件艺术盛事。似乎现在的商场越来越像美术馆，而美术馆越来像商场，越来越像迪士尼乐园。这种表面的趋同化是否在暗示，美术馆与商业空间之间应该拉开距离?

追本溯源，美术馆、博物馆的核心功能就是肯定和发展其公共性价值。1793年，为了确立让公众参与国民生活的一切方面的公共性原则，巴黎卢浮宫博物馆向公众开放；十九世纪晚期，为了帮助普通市民建立和保持公民社会的价值观，美国各地纷纷成立博物馆并致力于公共艺术教育；到了二十世纪后期，美术馆、博物馆的公共性质更为明显地表现出来，其核心就是建构一个可以自由交流的、容纳多元思想和价值观的文化空间，维护多元化的精神维度。大卫·卡里尔教授在《博物馆怀疑论——公共美术馆中的艺术展览史》的结尾，虽然宣布了博物馆的“终结”，但也预测了公共美术博物馆未来的发展趋势，他说：“想象一下，一位置身于1789年的巴黎的批评家是如何看待未来的博物馆，而他有理由觉察到即将来到的政治巨变，阅读启蒙文献、期待民主的他愿意看到公众变得能读书写字，从而推翻旧的体制。”①他认为博物馆有能力激发起真正的民主。

①[美]大卫·卡里尔：《博物馆怀疑论——公共美术馆中的艺术展览史》，丁宁译，凤凰出版传播集团、江苏美术出版社2009年版，第276页。

实际上,美术馆所举办的公共艺术教育与商业机构的各种文化活动有着本质的不同,虽然都依托于民主社会,但是艺术是基于人精神上的自由和解放,以及创造力的释放;商业性活动是基于消费的自由选择,实际上又受到物质的束缚和金钱的奴役。从目的上看,美术馆的活动是为了传播艺术和提高人的素质,商业机构的文化活动是为了拉动消费。从形式和内容上看,后者形式和内容都是媚俗的,后者总是模仿前者;前者形式是媚俗的,而内容是精英的、先锋的。美术馆强调批判性、对话性和包容性,强调包容多元化观点和自由争议,强调以文化记忆抵抗历史遗忘。

深层次的艺术公共教育不等同于美的教育,它是要唤起公民的批判和反思精神。青年艺术家厉槟源将睡袋带进了"今日美术馆",并邀请观众与他一起"做梦"。展览的宣传册上写着:不管你是街头路人还是高级白领,欢迎大家带上睡袋前来占领,望奔走相告,不见不散。这是一个强调公众参与的艺术活动,在七天中,进进出出场地的人有艺术爱好者、民工、出家人、白领,互不相识的人们在美术馆相遇。"做梦"对于每个人来说是绝对平等的,不存在特权,不同人参与进来,做各自不同的"梦"。厉槟源给公众提供了一个对话、交流、反思的机会,他认为艺术的本质就是挑战人的麻木。

总之,艺术正朝着跨媒介、跨学科、跨文艺、跨领域方面发展,美术馆也不能故步自封,应该吸收国内的和国外的、非营利的和商业的、专业的和大众的各种正反面经验,通过精英艺术的大众化传播,发展服务型、休闲式、反思性的公共艺术教育,增强文化的传播度,提高服务效能,扩大社会影响力。

参考文献:

[1][美]大卫·卡里尔:《博物馆怀疑论——公共美术馆中的艺术展览史》,丁宁译,凤凰出版传播集团、江苏美术出版社2009年版。

[2]王璜生:《大学与美术馆——作为美术馆的"声音"》,同济大学出版社2013年版。

[3]王璜生:《美术馆》,广西师范大学出版社2003年版。

[4][美]马泰·卡林内斯库:《现代性的五副面孔——现代主义、先锋派、颓废、媚俗艺术、后现代主义》,顾爱彬、李瑞华译,译林出版社2015年版。

数字化背景下古籍整理展望[①]

张文玥[②]

一、古籍数字化

古籍是一个民族历史和思想的载体[③],利用和保护它,是古籍整理工作的重心所在。如今,用数字化手段进行古籍整理已经不是新鲜事。早在1988年,曹书杰先生的《古籍整理与电子计算器应用研究的思考》一文便对采用新技术整理古籍的新方法进行了初步分析。1997年刘炜先生的《上海古籍馆数字化的初步尝试》则正式使用了"古籍数字化"这一术语。古籍数字化,是从利用和保护古籍的目的出发,采用计算机技术,将常见的语言文字或图形符号转化成能被计算机识别的数字符号,从而支撑古籍文献书目数据库和古文全文数据库,用以揭示古籍文献信息资源的一项系统性工作。[④]可以说这是古籍整理范畴的一个问题。

一时代之学术,必有其新材料与新问题。而新材料和新问题绝对离不开新手段的应用,取用新材料,以研求新问题的过程就是新方法新手段的应用过程。计算机硬件和互联网技术的发展无疑是当代最为重要而深刻的技术变革,因此,应用此种新方法新手段进行中文古籍的研究,无疑能够推动当代学术之进步。而数字化在现阶段已经不仅是古籍整理的一种方法手段,在一定程度上甚至已经成为古籍整理的大背景。

数字化背景下的中文古籍整理,是一个电子信息学科和古典文献学科交叉的领域,但这并不是说它只涉及电子信息和古典文献这两大学科,实际上,中文古籍数字化整理是与多个跨域的文理学科相关联的系统性工程。虽然其核心为古籍整理,但它在很大程度上对程序设计、语言学理论等学科的发展有依赖性。

---

①原载于《唐山师范学院学报》2016年第1期。

②张文玥,西南大学汉语言文献研究所副教授,主要研究方向:句法学、句法-语义-语用界面。

③朱成林、袁曦临:《中国古籍的数字化导读研究》,《图书馆建设》2014年第11期。

④毛建军:《古籍数字化理论与实践》,航空工业出版社2009年版,第6页。

二、古籍数字化理论建设

理论指概念、观点、原理的思想体系，是系统化了的理性认识。理论是人们经验的概括和总结，是把感性材料加以整理和改造而形成的思维结晶。[①]理论来源于实践，并对实践有巨大的影响。同时理论也在不断地发展变化，这种发展变化，一方面由社会实践的发展所决定，另一方面也有其自身的继承性和相对独立性。所以，在中文古籍数字化整理的过程中，对其本质性问题进行描述和总结，并在此基础上进行前瞻性思考和预测，是十分必要的。

尽管当前的中文古籍数字化整理的理论研究已经取得了很多成绩，但大多还停留在罗列某时段中文古籍数字化的成果，描述中文古籍检索系统与数据库编制情况等静态、微观的层面，很少从动态、宏观的层面针对中文古籍数字化整理理论本身进行抽象、系统的归纳。

所以，展望未来，我们要对中文古籍数字化整理理论本身，从静态和动态、微观和宏观等方面进行全方位、深层次的研究，即应包括理论内核、基础理论、应用理论等多个层级，以期建立一个涵盖论、史、法的三维的立体化理论体系[②]，让科学的理论更好地指导中文古籍数据库建设实践。

三、古籍数据库建设

未来中文古籍数据库的建设，需向两大方向发展，即职能化和智能化。

(一)职能化

楼宇烈先生从使用者的身份出发将中文古籍数据库分为版本库、专题库和普及库三种，分别对应着保护古籍、为专业研究者提供古籍数据和为一般读者提供最基本的古籍读本这三种职能。[③]这三种数据库并不是平行的概念，而是涵盖了不同年代和不同质量、不同主题和不同载体、不同用途和不同目标人群的多个层次。为此，有必要按照这三个大类进行具体而又细致的建设，做好职能的区分，塑造多层次的立体化中文古籍数据库网络。

1.版本库。“版本”，亦作“板本”，从宋代至今，已经扩大为以印刷本为主，是包括写本、批校本、手稿本和电子版等在内的一个概念。[④]中文古籍版本库主要起到保护和呈

①廖盖隆、孙连成：《马克思主义百科要览》(上卷)，人民日报出版社1993年版，第290页。

②王锰、郑建明、陈雅：《数字时代目录学理论体系的形式与内容分析》，《图书情报知识》2015年第1期。

③楼宇烈：《汉文化数据库不同层次的实用需求》，《古籍整理出版情况简报》2003年第8期。

④杜泽逊：《文献学概要》，中华书局2008年版，第104—105页。

现古籍的作用，对象为专业研究人员，所以需要具备两个特征。(1)数据全。即尽可能多的罗列多个版本，不能只求善本，只有数据全面，才能更好地体现其作为版本库的建设价值。(2)高保真。即尽可能全面地呈现古籍原貌，所以清晰的图像是首要的，在条件有限而无力建设图文版的情况下优先建设图像版，呈现不同版本的真实情况，减少人为干预。

2.专题库。主要是为了向研究者提供研究资料，这也是我们建设数据库的重要意义所在。除了按照主题分类（如中医古籍、农业古籍、宗教经籍）和体裁分类（如地方志、家谱）等进行建设，笔者认为有两个专题尤需重视。(1)出土文献数据库。出土文献相对于传世文献，“更为真实地保留着当时的面貌，具有极强的文献真实性”[①]，具有重大的文化价值。更重要的是，它们含有巨大的文物价值。所以，建立专门的出土文献数据库，不但有利于传承文化信息，开放研究资料，更有利于它们的保护。而且，出土文献的时间跨度极长，载体多样，从商代甲骨，到周代青铜器和战国秦汉简帛，再到历代碑刻，无疑值得细加分化和详加考究。仅以简帛数据库而言，就将是一个巨大而艰难的工程，已有学者对其进行过相关讨论。如张显成于2006年发表的《构建简帛文字资料库的初步设想和实践述略》，其设想之一便是建设以图版和释文为主要组成部分的电子文字数据库。(2)少数民族古文献数据库。中国是一个多民族国家，虽然汉族占比较大，但中华文化的辉煌离不开不同民族的碰撞与交融。我们对汉族经典文献的重视虽然必要，但也绝不可忽视少数民族古籍文献，尤其在如今少数民族趋于汉化的情况下，少数民族文化和文献的保护尤为紧迫。以云南纳西族为例，纳西东巴文作为世界上唯一还存活着的象形字，其研究意义不言而喻，但纳西东巴文的载体——各种经书，有相当一部分尚未得到彻底整理，在现今的整理过程中，我们应紧跟潮流，及时进行数字化，建立纳西东巴文（经书）数据库。最早对纳西东巴文字进行数字化处理的当属云南啄木鸟计算机工作室杨晓辉开发的“东巴象形文字计算器处理系统”软件。虽说纳西东巴文的数字化已有一定进展，但继续大胆设想、踏实建设需要我们不懈努力。

3.普及库。以上的版本库和专题库多为学者研究之用，而普及库，则主要是面向普通读者，以普及古典知识、传承中华文化为目的。所以，需要注意以下几个方面：(1)降低阅读障碍。版本库和专题库在整理未覆盖到位的情况下可以暂缓断句标点和文字的通俗化（古体字变今体，异体字变通行字等）等工作，毕竟它们的使用者多为具有

①张显成：《简帛文献学通论》，中华书局2004年版，第3页。

一定古文阅读修养的研究人员，但普及库一定要进行上述工作，甚至对文言文内容进行今译。(2)形式更加多样。在电子计算器、移动终端普及的当代，开发相应阅读软件，让古籍数据以第三方应用软件等形式通过手机、平板电脑等面向用户开放，将极有利于传统文化的普及。除此，还可扩展古籍文献的有声化工作，如锺华先生长期致力于“中国古典文学全文朗读”，已经完成了《汉书》《三国志》《封神演义》《儒林外史》等多部古典文献的朗读工作，并投放在网络上供无偿下载，目前的下载量有1000多小时。(3)数据分析。利用各种电子设备浏览古籍数据的阅读者，利用古籍书目数据库和全文数据库进行检索的用户，他们在操作过程中留下的数据信息十分庞大，在一定权限内，收集这些动态数据，并用云计算①对这些数据进行分析，以向潜在读者推荐相关的文献资料。这既有利于达到普及的初衷，又可减少读者的时间成本，提高其学习效率。(4)从学术到公益和从公益到商业。中文古籍的数字化，首先受益的是学术研究，在此基础上强化普及库的建设，进行文化宣传，则在很大程度上是一项公益性事业，有赖于国家的支持和志愿者的奉献。此外，我们还要致力于挖掘中文古籍数据库的经济价值，推进商业性运作，树立市场意识、销售意识、品牌意识。这也是促进中文古籍数据化整理可持续发展的途径之一。

(二)智能化

人工智能是计算机应用的一个重要分支，具有利用计算机的智能化来模拟人类的某些智能行为的功能。②人工智能模拟人类思维，延伸人脑功能，在多种学科领域都有广阔的发展前景。具体到中文古籍数字化整理中，则可以大大节省人力资源，提高工作的效率和准确性。它可以分为自动化处理和自动化分析两大方面。

1.文献的自动化处理。(1)字体转换。包括繁简字转换、古今字转换、异体字转换、不同书写体的转换等，它的实现前提之一是字库的健全，这也是一个庞大的工程，需要文字学理论和字形收集整理工作的支撑，而且，鉴于中文字形、词义的复杂性，自动化处理的错误一定是难免的，所以一定的检查工作也是需要的。(2)自动标点(断句)。现有相关研究多集中在中医古籍和农业古籍等专业特征明显的主题上。标点涉及我们对中文语言结构的认知，需要对古籍文献的语法特征、关联词、同义语、反义词、复合词

①林闯、苏文博、孟坤，等：《云计算安全：构架、机制与模型评价》，《计算器学报》2013年第9期。云计算是继布式计算、网格计算、对等计算之后的一种新型计算模式，以资源租用、应用托管、服务外包为核心，通过整合分布式资源，构建适应多种服务要求的计算环境，满足用户定制化需求。

②杜瑞芝：《数学史辞典》，山东教育出版社2000年版，第538—541页。

等进行梳理，以做到断句。另外，标点在一定意义上反映的是古籍文本内容的逻辑，有时专家尚且不能轻易判断，所以这也必定成为自动化处理的一大难点。(3)自动校勘。早在20世纪90年代初，国内便有研究人员开始探索使用计算器进行中文自动校对，但由于自动分词问题是个难点，所以现在的处理还十分简单。期盼今后可以在简单的上下文匹配的基础上，进一步延伸到词切分上下文匹配、自然语言理解上下文匹配。(4)自动编纂。主要包括自动分词、自动文摘、篇章分割和段落检索等几个方面①。我国古书命名的方式十分多样，而隐括内容为名者较少，且古代学者的作品多为文集，其内容包罗万象而少有内部编目，即便有编纲目也几无统一标准，十分随意，急需整理。而这是一个非常繁杂的工作，若能采用自动编纂技术，将减轻很多工作负担。除以上四个方面外，文献的自动化处理还有很多方面可以探讨，如自动翻译、自动注释、自动纠错等，足以专门做一番论述，在此不再一一说明。

2.文献的自动化分析。现在的计算器只能进行字符的简单比较，尚不能完全模仿人的思维逻辑。虽然我们在努力编写算法、设计应用程序，赋予计算器一定的逻辑分析能力，以进行中文古籍整理，解放人力。初衷虽好，前途虽明，但却需要具体的庞大的基础准备工作，并要仰赖技术的进步。现阶段，我们可以初步借助计算器对中文古籍进行字频、用韵的统计，并探索用典、语句(语言结构)等方面的自动化分析。而主要难点是如何设计合理的算法，即程序编辑问题。程序编辑除了涉及数字语言的转化和软件的建设外，其基础为语言的梳理。目前，我们还是要着力进行准备工作，完善语料，充实数据，为程序的编写提供素材。

四、中文古籍数字化整理面对的挑战和要求

(一)变化的挑战

世界是不断运动发展的，但工业革命以来，人类社会的变化十分迅速，中文古籍整理就是在这种巨大而迅速的变革下诞生和发展的，且有必要在未来紧跟各种变化。

1.跟进信息。信息时代的特点除了信息量的庞大外，还表现在信息更迭速度的迅速上。所以，面对不断更新的信息，中文古籍数据库也要及时进行更新。不过鉴于中文古籍资源总体上是稳定的，所以需要跟进的主要为出土文献的新发现新材料。

①常娥:《古籍自动校勘和编纂研究》，安徽师范大学出版社2012年版，第41—56页。

2.跟进技术。中文古籍的数字化整理的产生无疑是源于计算器和电子信息技术的发展。在短短几十年里,计算器揭开了神秘高科技面纱,信息技术更是变更了我们的生活状态。但无论如何,中文古籍的数字化整理需要而且也会紧跟技术的革新,不断完善。

3.跟进政策。总体来看,我国政策的发展宏观上具有连贯性,但微观政策的变化也会对我们产生一些影响。例如,《文学遗产》2014年第6期中郑永晓先生的《加快"数字化"向"数据化"转变》一文尚可在维基百科上检索到,并可引用其对"大数据"一词的解释,但2015年,我国大陆网络环境下已经无法在线使用维基百科。

(二)资源整合的挑战

几十年来,中文古籍数字化整理工作是参差发展的,首先是开发主体的不同,如大学研究机构、馆藏机构、私营企业,乃至私人个体;其次是地域的不同,如我国大陆和香港特别行政区、澳门特别行政区、台湾地区,日韩和欧美。不同的开发主体,在不同的地域不同的时间,采取不尽相同的标准和技术,导致了中文古籍数字化整理质量的参差不齐,也给研究者和使用者带来了很大不便。所以,我们需要进行资源的整合。

就国内范围来看,我们有必要强化古籍数字化控制主体①的地位,以促进中文古籍数字化整理工作有序、高效地进行;就国际范围来看,我们有必要增进与不同地区、不同国家的交流合作,协商统一的标准,以方便研究者和使用者的检索和查阅。

(三)版权与学术壁垒的挑战

随着数字化的发展,不少纸质版著作被整本扫描,公布在网上,这虽然在一定程度上方便了大家获取数据,但从长远来看这种版权意识的淡漠是不利于学术发展的,也不利于中文古籍数字化整理的市场化,所以,保护版权十分重要。首先,我们在观念上应该重视版权问题;其次,保护智力成果的法律法规也需要完善;最后,还可以从技术层面上,在电子书和数据库的制作中加入保护程序。

但保护版权不能成为独占材料、垄断资源的借口。直面这一挑战,努力在保护和开放中寻找平衡,既尊重智力劳动成果,又避免学术壁垒的产生,才能更长远地维护学者权益,促进学术发展。

①王立清:《中文古籍数字化研究》,国家图书馆出版社2011年版,第106页。古籍数字化主体指古籍数字化的相关协调、控制和管理机构。

(四)人的挑战

展望中文古籍数字化整理的未来前景,我们本身也面临着不小的挑战。

首先,显而易见,是对建设者的挑战。面对浩浩荡荡的数字化浪潮,建设者如何更好地融入,并乘风破浪促进中文古籍文献的整理工作,是一大挑战。

其次,是对使用者的挑战。数字化检索功能的完善和数据库的建立,甚至也许在不远的未来实现的职能化和智能化,对研究和阅读中文古籍的用户们而言,数据的获取不再是难事,大家都可以平等地使用数据库,而在同一起跑线上如何更深入地进行有价值的研究,将是随之而来的挑战。所以,未来的用户需要在组织和架构信息、拣选和分析信息等方面,更努力地发挥自己的能动性,体现自身价值。

地域美术史文献挖掘的路径与方法
——兼及《蜀中广记》所见之巴渝美术史料辑录[①]

聂树平　余　炤[②]

一、既有著作中美术史料的使用情况及分布规律略述

或许是因为文献难征之故，有作者曾感慨“在中国历代美术史上，很难看到有关重庆美术和美术家的记载”[③]。但是根据笔者知见，这种观点有值得探讨的空间。尤其是近年来涌现出《宋代美术人才地理分布研究》《五代及两宋长江上下游地区绘画创作的地域研究》等一系列自觉将美术史、历史学、地理学有机结合的研究论著，更是启发着我们。如果充分利用地域史料尤其是地方志等，应该能梳理出此乡此土关于美术作品、美术家的点滴记载。这对全面地挖掘地域史料、构建地域美术史等无疑有着重要的价值。

中国美术文化是千百年来美术发展历程中精神实质的集中体现。从学术语源看，“美术”一词从法国经日本最后传入近代中国。从学理层面看，广义美术的实物，是指人类社会的全部的创造，不仅仅是绘画、雕塑、建筑，更有日常装饰。而洞穿这些作品的内在品质则有审美属性。既合规律性又合目的性，满足“人”与“物”的双重尺度者皆可进入审美的范围。按此原则，在代表性著作，即美术史大家王伯敏前辈的八卷本《中国美术通史》中提到明代美术史的参考资料有《江苏省明清以来碑刻资料选》《明代院体浙派史料》。在该书第六卷中论述明代“染织工艺”时引用了《浙江通志》《吴江县志》《潞安府志》《福州府志》《广东府志》《松江志》《湖州府志》《嘉定县志》《太仓州志》《嘉兴府志》等地方志，虽然只是零星引用或转引自《农政全书》等书，但是该书在一定程度上体现了对地方志作为美术史料源头的重视态度。

---

①此文系重庆市2015年艺术科学规划课题“重庆工艺美术史料辑录”的阶段性成果。原载于《重庆文化研究》2016年第2期。

②聂树平，讲师，主要研究方向为巴渝古代文学与文化、大学生思想政治教育。余炤，图书馆馆员，主要研究方向为图书馆学、地域文化等。

③凌承纬：《重庆美术五十年现实主义之路》，《今日重庆》2005年第1期。

但若考以前述关于美术文化之内涵，则这些引用资料基本上都是广义美术的实物的创作环境、经济条件、社会形势等外部条件的描述和记录，而对这些美术作品的内在品质，即审美属性的考察相对较少。进而言之，新一代学者在继续进行美术史研究时，应该更加注重古代美术文献在古籍史料中的分布规律。例如，明清时期，方志学发展到高峰时，官府就会对方志的篇章设置给予严格规定，故其美术方面的内容多被打散，分别杂厕于“名胜”“古迹”“物产”“食货”“风俗”“僧道”“谱录”“文征”等部分，由于志书资政存史的一贯目标，此类篇目的文字多以描绘事实为主，很少解释因果，罕见有站在艺术立场上分析其内在艺术价值、审美情趣、创作心理等。所以出现以上这种引用情况既是历史局限，也在情理之中。

但是，我们也欣喜地注意到，类似于《中国美术分类全集·中国版画全集》第四卷明代版画、第五卷清代版画这样的著作分别收录了《醴泉县志》《休宁县志》中的作品。由于自唐至清雕版印刷术长期盛行，所以古方志卷首所镌雕之描绘地理形势、指明四至八到的作品，成为版画界上溯历史源头的重要参考。即便在今天看来，这些地图本身就具有很强的美感，例如下图中形态各异的船只就很有传统工笔线描的美感。

清光绪十七年重庆綦江刘子如《增广重庆地舆全图》

因此，无论是从理论上还是从实践上，我们都有必要全方位地珍视文献中散见的美术史料。据考究，我国自《后汉书》才开始连用“艺”“术”二字：“永和元年，诏无忌与议郎黄景校定中书五径、诸子百家、艺术。”其“艺”指书、算、射、御；“术”谓医、方、卜、筮。郑樵《通志·艺文略》将艺术分为：艺术、射、骑、画录、画图、投壶、弈棋、博塞、象经、樗蒲、弹棋、打马、双陆、打球、彩选、叶子格、杂戏格十七种。清代《古今图书集成·艺术典》中分农、医、卜、星、相术、数、绘画、游艺、商贾等四十三部;《古今图书集成·考工典》分工巧、木工、土工、金工、石工、陶工、染织、规矩准绳、度量权衡、城池、桥梁、宫殿、苑囿、第宅、舟车、器具用品等一百五十四部;《理学汇编·字学典》收入书法、字体。在《四库全书》中艺术分为书画、琴谱、篆刻、杂技四大子目。邓实编的《美术丛书》中艺术内涵与传统的艺术相同,包括书画、雕刻、摹印、瓷铜、玉石、文艺、杂技、艺花、香笺、茶笺、鼻烟等,可谓新瓶装旧酒,无实质变化。

西方学者对中国这种情况也很有体会,德国学者雷德候在《万物——中国艺术中的模件化和规模化生产》中比较详尽地谈论了中国类书之集大成者《古今图书集成》中美术资料的分布规律:文字,即关于不同字体临帖范本、书论著作、文房用具、书家史料都见于《字学典》;青铜礼器则依据其容器类别、生产原料、文字内容等分别见于《考工典》《食货典》《文学典》等;陵墓塑像则主要见于《神异典》中的"神像部""佛像部";工厂艺术,即漆器、纺织品、陶瓷等见于《考工典》《食货典》;建筑按其功能分宫廷建筑、陵墓以及宗教建筑,分别见于《考工典》《方舆典》《神异典》;印刷术则见于《经籍典》《考工典》;绘画则见于《神异部》《艺术部》。

笔者在梳理巴渝古方志中的美术史料时发现,上述文献分布之繁杂,检索之繁复,给我们带来较大不便。无论是画家生平还是作品流程,或者接受过程中的逸闻,都应该是美术史关注的对象,但是这些往往在方志中分布于不同篇章,甚至需要关联同一地域的不同年代的若干方志才能梳理出某类美术文化事象发展之来龙去脉。这一切无疑增加了研习者的工作难度,也正因这一挑战性而给了我们更多的压力与动力。

二、《蜀中广记》所见巴渝美术史料辑录

《蜀中广记》作为地域性丛书,是重庆地区古代志书的重要一部(尽管其中有很多今四川地区的内容),其中对下川东地区即巴渝地区涉及内容较多。尽管此书非美术专著,但其中不少篇章直接关系到巴渝地区的美术史实,值得我们关注。笔者在此抛砖引玉,对该书中巴渝地区美术史料做出如下辑录。

(重庆)府治枕金碧山,汉时,分祀金马、碧鸡处也。宋淳祐中,制置使余玠,因旧址累为台,曰"金碧台",尝草诗余一阕,隶"友石"二字,刻在治后"式燕堂"。

《本志》云:(巴)郡学后莲花坝,有石麟、石虎,相传为古时巴君冢……(巴)县学有夫子燕居像,有元文宗书"万里归程"四字,故称"御书楼"。

《志》云：治平寺有石刻“西山佛”三字，旁刻“开山祖月”名。祖月，宋治平时僧也。

《志》云：城西雉堞下有洞曰“洪崖”，覆以巨石，其下嵌空，飞瀑时至，亦名“滴水崖”。有元丰时苏轼、任仲仪、黄庭坚题刻；嘉泰中，成绘于中起“吏隐亭”，洪偲又起“轻红亭”焉。

《益州记》云：遮墤石东二里，至明月峡，峡前南岸，壁高四十丈，有圆孔如满月状。

《本志》云：明月沱边，有高冢，横刻“伯喈墓”三大字。

《志》云：治西十里，石壁绘佛像，一径仅容舆马，即“佛图关”也……

《缙云传胜录》云：宋初，慧欢禅师住持。太宗皇帝御诵梵经二百四十函，真宗咸平元年迎至寺，景德中敕改崇教寺，封慧欢为慈印大师，有慈印师《遗诫碑》……仁宗天圣元年三月庚辰，涪陵相思寺，夜有光出阿育王塔旧址。发之，得金铜像三百二十有七，则此山在宋时称极盛矣。

《志》云：县西十里，有古石羊驿，其地亦名“石门”。对江壁上，镌大佛，有大佛寺，故相张无尽所创，亦名无尽庵。

《太平广记》云：东蜀大圣院，一木像，制度瑰异……像自荆、湖，溯流而上，历归、峡等郡。所过多具舟楫，取千夫牵挽，不抵岸，流至渝州，州人焚香祈请，应声而往，建此院安置焉。

《碑目》云：县南三里，挑灯碛，石壁上镌“乾道辛卯正月十九日，天水赵宜之，陪王屋李希仲、太原王直夫同寺首珍况来游，饮不至醉。”王屋李孝友书。按：此即莲花石也，在江中，不恒见，见则岁丰。

《碑目》云：《六经图碑》，在（昌元）郡学，郡人杨甲鼎卿所著。

又云：汉《王方平古碑》，颜鲁公书。在旧学，今徙为别刻，字尚在碑阴矣。

《志》云：……宝顶寺，唐柳本尊学吴道子笔意，环崕数里，凿浮屠像，奇谲幽怪，古今所未有也。

又云：（大足）北岩，在治北三里。唐韦君靖建砦其上，曰“永昌有石刻，沿岩皆浮图像”。

《舆地碑目》云：《吴季子墓碑》，在北山，相传以为孔子书，开元中殷仲容奉诏摸拓；大历中萧定移刻润州，有张从申题其后；又云高祖《大风歌碑》在北山；又云《古文孝经》在北山，凡二十二章，与今文十八章小异。

《碑目》云：唐《韦君靖碑》在北山。乾宁二年，静南令胡密所作。

又云:李当涂篆“龙门凤穴”,司马君实书。公生明、苏唐卿篆“蒙泉”“竹鹤”等字,俱嘉定间李元庚刻,在(合川)治北芗林岩上。治西鹤鸣里,有“招鹤亭”三字,宋徽宗书。

又云:又有荔枝阁,沿崖镌象设,古意生动,及古贤题刻甚多。又有濮湖,在岩下,虽倾圮,古堤及岩上刻字犹存。……元祐五年,太守刘象功作《濮岩铭》……

《舆地碑目》云:《石照北嵓卢舍那佛题名》云“敬造卢舍那佛一躯,菩萨二躯,唐长庆三年,岁次癸卯三月十九日,银青光禄大夫使持节合州诸军事,行合州刺史兼御史中丞刘温”。温自幽燕而来,从左羽林军使,改授此。记之,归正寺岩。

又云:《石门弥陀像》,开元二十三年,州别驾张钊为刺史孙希庄作。

《志》云:山在州南五里,石梁横亘,其色如铜,崖镌“铜梁山”三字。

《碑目》云:唐令长新戒,在赤水县,开元二十四年立。玄宗尝择县令百六十三人,令赐以丁宁之戒。其后为县者,皆以戒刻石,《集古录》取焉。景祐中令重刻之,今非唐故物矣。

又云:雁塔题名,在赤水县廨。宣和间,柳瑊始刻,置长安慈恩寺,此盖榻本也。

又云:赤水县,龙多山唐人刻字。此山高明窈深,变态万状,下视涪水如带,烟云出没,山之伟观也。

又云:《祭龙多题名》,天宝十四年十月十一日,大中大夫守巴川郡太守,真宁县开国男,上柱国,赐紫金鱼袋韦藏锋准制,醮祭。

又云:唐孙樵《龙多山录》,旧刻刓阙。元祐七年,刘象功再书,遒劲可喜。

《图经》云:晋永嘉三年,冯仙举家十七人,于龙多山升去。按,即冯盖罗也。今“仙台观”,其烧丹处。至道观壁间,其绘像存焉。

《碑目》云:古书岩,在巴川县石间,隐隐如篆文,不可读。

又云:《季札墓铭》,在巴川县,相传以为孔子所书。

又云:《唐永泰二年石刻》,在巴岳山之化度院。

又云:县南江边,有新明寺古断碑云“此晋之‘新明县’也。”嘉陵、玉溪,在其左右,中有一岩,据大江以西,秀拔自雄。此即西岩境,而汉初县设焉。

《碑目》云:唐赵应龙冢,在旧汉初县上。有一坊,左右画彩凤,大书“雍侯之居”,开元乙卯季秋十九日立。

又云:大圆山,有光尘子墨迹云“三山相接欲飞腾,高下来为半日登。合向中间着夫子,大员道士小员僧。”傍书“宋乾道壬辰年”,相传以为吕仙作矣。

又云：今县别名“琼江”，以官溅溪平滩一带，流入涪江。旧传云“有琼花浮水面而出，故号为琼江矣。”县理在波罗川东里许，盖有“波仑寺”……

《碑目》云：龙门山东八里，有“印土院”，院有“将军祠”石刻，云故唐将也，逃难山中而死，葬山阴。或曰，战国时人也。岁春夏，民以车盖迎其神至水上，张帷致乡矣。

《志》云：县太平里，有唐柳玭墓……在渝时，东川节度使顾彦晖请书“德政碑”……若以润笔为赠，即不敢从命矣，其刚正如此。(綦)江，发源夜郎，作苍帛色，故名綦，昔南平军之长官司也。

《志》云：治南三舍，溪关，上有雁塔碑，曰“此地南平军旧址，南平王墓，亦在此关”。

《茶谱》云：南平县有狼猱山，出茶，黄黑色，渝人重之。

《寰宇记》云：狼猱，乡人构屋高树上，谓之阁栏。不解丝竹，惟击铜鼓，祭鬼以祈福。一名獠厓，在南平军西。

《碑目》云：溱溪寨路西，心坎厓上，有隶书“本初三年三月十六日”共二十余字。文多残缺，不可读，汉质帝时刻也，去南平军七十余里；又云溱州堡吹角坝上有“古磨厓”，风雨朘剥，苔藓侵蚀，惟识其一二曰“建安”，其他不可辨，汉献帝时刻也。

又云：吹角坝有《姜维碑》，始土人开山，得一穴，穴内有碑，“姜维”字犹可辨。

又云：南川镇下三里，崖上有石佛像，近有碑，出于其下，司法参军员外郎置。

司正靳豫撰《序》云：南州城门前右岸，卢舍那石像，乃开元十八年十二月丙戌，中大夫使持节南州诸军事守南州刺史上柱国晋昌唐虞景所造。

《碑目》云：《白鹄寺钟碑》，字磨灭垂尽，尚余一二可识，曰“白鹄寺钟”，处士彭城刘欣文也。

又云：罗围城，上有古碑名“平真碑”，未详。按，《志》：治境上，有此城。

《图经》云：昔徐神翁炼丹于枳(之长寿县)，有丹厓，高二十余丈，下垂瀑布，注于江。厓下老榕，荟医弘敞而阴森者，“清阴洞”也，洞中多留题，剥蚀不可辨。有数行遒楷，稍似涪翁，及元许衡偕门人赵进真来游题名。

《志》云：在学宫右侧。

《图经》云：“集仙山”为徐神翁飞升处，在县之“北真观”，捣药杵臼尚存，有台曰“烟霞台”，即此。

《志》云：“白虎山”亦名“凤山”，在涪西一里。山麓刻“读书处”三字，旁识云“端平二年，鹤山赴乐温，为史子书。”按，眉人史大用，读书于乐温白虎山，作《崇德庙碑》者也。凤山，下有韩村，宋开禧中，土人韩申之见山坡有绿衣端坐，指挥其仆入村酤酒，有白骡龁草其旁，即文昌书所谓“牧骡化”矣。

《图经》云：白虎山石龛，篆“风月之台”四字，甚古。其上石厓，桃花水出焉。有洞古邃幽深，银鸭石笋，杳然人境，即“桃花洞”也。

《舆地碑目》云：古书山，去乐温县四十里。有大历年石刻，云“昔人砌山路，见石穴中藏蝌蚪书数轴。古书之名起于此”。

宋安刚中《(长寿)张桓侯庙记》云：汉自建安以来，皇纲齐弛，神鼎震覆，奸雄观衅，实生豕心。本初孟德之徒，磨牙砺吻，血视生灵，期于吞噬，不留遗臭。先主忼慨为国，志在援拯，一时豪英，狥义蜂起，相与提挈，共成大事。诸葛、关、张，实为之最。凛洌威风，万夫之雄，荆州之役，群盗鼎来，公为后拒，毕力尽死，以抗群丑。奋髯张目，横戈一叱，蛇豕异类，褫魄逃遁。虞渊之日，复耀西南，繄公之功……至郡未几，首议修缮，自捐金帛，众趋成之。功费虽多，了不病民，撤去卑陋，增饰轮奂，开展地基，比旧加倍。是役也，议兴于庚午之冬，落成于辛未之春焉。

WENHUA CHANYE

文化产业

民族电影身份之思

——从20世纪90年代欧洲电影危机看当下中国电影①

张　瑶　刘宇清②

如果民族的属性散发着宿命的气息，这是一种深埋在历史之中的宿命。本尼迪克特·安德森（Benedict Anderson）将"历史的宿命"视为人类在向"国家"这个被想象出来的"朝圣"中心挺进时，所达成的民族认同感和归属感。民族电影作为构建民族身份的一种方式，在现代民族国家的对内建设和对外发展上起着重要作用。托马斯·埃尔塞瑟（Thomas Elsaesser）在对欧洲电影与好莱坞电影的比较分析中发现，20世纪90年代的欧洲正面临着一场"全球化"与"本土化"的民族电影身份之争，民族认同焦虑笼罩着整个欧洲。本文以20世纪90年代欧洲电影危机为切入点，引入特定电影文本，探寻当下中国民族电影的身份问题。当然，这其中势必会涉及跨文化语境的诸多问题，但同是作为全球化语境下好莱坞对外扩张的对象，欧洲却以其独特的方式走出电影危机，并在世界电影之林逐步确立其民族电影的主体性，抵抗好莱坞的蚕食。欧洲的成功范式引人深思。

一、一场电影危机

第一次世界大战前，电影是一项国际事务，战后国家格局的重组需要建立民族身份认同以支撑"国家"形象，对"民族／国家"电影理论的研究当顺应时事潮流。1915年前，法国百代电影公司睥睨天下，美国成为其最大的出口市场。由于百代公司不合时宜的经营策略，加上美国学者和电影人努力构建美国电影身份，好莱坞凭借《一个国家的诞生》引领世界电影潮流。1915年以后，以德国、意大利、俄罗斯为代表的欧洲国家的电影制作实践各具特色：在德国，幻想元素初露端倪；在意大利，历史史诗剧风头正盛；在俄罗斯，人们对悲剧趋之若骛。在世界电影诞辰百年之际，欧洲的政治与经济格

①原载于《电影艺术》2016年第4期。

②张瑶，西南大学文学院硕士研究生。刘宇清，西南大学文学院教授。

局已发生剧变，欧盟成立对民族电影造成冲击，被挤下霸主地位的法国电影成为欧洲电影萎靡不振的一个缩影。20世纪90年代的欧洲电影正面临一场严峻的考验：首先，三次移民潮扰乱民族身份；其次，国家力量今非昔比；最后，观众对欧洲电影失去信心。

在对20世纪90年代欧洲电影危机的分析中，我们不难发现，欧洲电影的“民族性”不能代表民族电影的“本质”。安德森提出，在建构民族电影的同一性和差异性时，既需要以内省的方式审视民族国家的经济和文化，对单一特定民族国家的电影文本实践形式进行考量，又要对多个不同民族国家的电影进行对比，特别是在与好莱坞电影的比较中，确立各自的差异。20世纪90年代的欧洲电影危机为我们研究民族电影的发展路径提供了一个绝佳的例子。早期的民族电影与特定的民族国家相关联，“国籍”成为识别民族电影的标志。到20世纪90年代，由于欧盟的成立，加上好莱坞的冲击，我们不能再在特定的民族国家范围内思考民族电影，“国籍”根本不能代表民族电影，民族国家制作的民族电影也不能完全反映自己国家的“本质”，这就需要对民族电影中的“民族身份”和“国家地位”做全新的思考。笔者把20世纪90年代欧洲电影危机（主要是好莱坞的冲击）看作“全球化”进程中由于民族身份认同焦虑而导致的民族电影危机。欧洲电影作为检验民族国家的现代表达方式的案例，也将作为考量当下中国电影产业和电影文化发展的先例。

二、两桩身份谜案

试看两个特定的电影：一个是2014年12月上映，韩国导演尹齐均的《国际市场》；另一个是2015年5月在戛纳电影节上映的中国内地导演贾樟柯的《山河故人》。通过对比分析，我们发现《国际市场》和《山河故人》有一个共同的角色设定，即脱离母国的子代——被美国人收养的莫顺和在澳大利亚成长的到乐——面临着双重身份，并陷入定义个体民族身份认同的囹圄中，他们无法“回归”母国。“乡愁”“寻觅”“回归”是民族电影文本的一种特定表达方式，这同好莱坞电影中随处可见的“民主”和“自由”是一个道理。《国际市场》作为商业片，体现了韩国打开亚洲市场，走向世界的一种行动方式。“韩朝问题”作为最能唤起观众“民族身份”确认的历史记忆，它反映了以“本质主义”建构民族电影的传统方法，即相比其他（流行）文化艺术形式而言，电影的叙事方式、意象或反复出现的主题，揭露国家某种独特的价值观或信仰，具有高度的真实性和预言性，并暗示着民族的深层意识，让我们洞察到隐秘的幻想、政治的压力点、民族的共同愿望和焦虑。《国际市场》大团圆的结局令人动容，这其中暗含着韩国民众对解决韩朝问题、推动南北半岛“统一”的热切期盼；另一方面，在影片中植入“民族记忆”和“民族文化”的做法，使电影的民族性更独特和稳定，使民族电影真正成为拥有国际市场的电影。

对比《国际市场》中的主角莫顺，《山河故人》中的主角到乐的返乡之路异常坎坷。《山河故人》的特别之处在于，在中国电影史上它首次以写实主义的方式展现非科幻的未来。影片中除了通体透明的电子产品，2025年的时空与当下并无多大区别。在对文本的设计上，贾樟柯首次将叙事空间从国内的小城镇转移到国外的大都市，这是贾樟柯的一次转型，也是他对中外关系的一次探索。与《国际市场》不同，《山河故人》是一部艺术片，并且它的首映是在法国戛纳。戛纳、柏林、威尼斯三大电影节成为非好莱坞电影赢得国际声誉的重要途径。例如张艺谋的《大红灯笼高高挂》和陈凯歌的《霸王别姬》都是通过参加电影节影展冲出国门，并一鸣惊人，使外媒对20世纪90年代中国电影产生浓厚兴趣的。通过参加国际影展，影片获取了不凡的价值，导演蜕变为“作者导演”。尽管如此，西方对中国的认识要远远低于中国对西方的认识。

韩国电影在亚洲的崛起可以看作好莱坞对外输出的又一场胜利。《山河故人》作为贾樟柯的转型之作，虽然表现平平，但笔者仍然把贾樟柯看作具有黑格尔“世界精神”的导演，这其中涉及作者导演如何处理与好莱坞的关系。在对20世纪90年代欧洲电影的分析中我们发现，欧洲导演意识到好莱坞不可能完全被当作“他者”，好莱坞电影文化已浸透到世界各国的电影文化中，并不同程度地参与了当地民族电影身份的构建。所以，20世纪90年代的欧洲导演，既不反对好莱坞，又不愿对其俯首称臣，他们利用好莱坞，将欧洲电影打造成为俄罗斯式的“双头鹰”，发展“双重视野”。这种既非本质化又非同质化的民族电影发展方式帮助欧洲电影走出了20世纪90年代的电影危机，成功地抵御了好莱坞电影冲击。而这对中国电影又有何种启发呢？

三、三种思考途径

欧洲的“双重视野”为我们提供了一种解决电影民族身份危机的模式，即加强对民族电影工业的融资，增加电影内容的民族多样性，同时，也要考虑国际观众的“口味”，生产“全球电影”。这是一种从“民族电影”到“区域电影”再到“世界电影”的发展流程，要求电影既要有民族情怀，又要有世界意识。“双重视野”之所以成为欧洲民族电影独特的复兴方式，除了论述中欧洲对好莱坞的接纳外，从历史沿革来看，还在于欧洲与美国在历史时空中互为“他者”而存在。

中国民族电影中的身份问题主要有：首先，少数民族电影陌生化、小众化、边缘化；其次，香港特别行政区和台湾地区因曾分别被英国和日本进行过殖民统治而导致身份被误读；最后，全球化语境下身份认同焦虑中的"去中国化"困境。

如之前所述，早期的民族电影是以特定民族国家为限制条件的，"语言"和"国籍"成为人们区分民族电影的标识。而与特定民族国家不同的是，中国是多民族的国家，这就涉及少数民族语言和少数民族电影如何在"民族电影"中发声，或者说，如何"自我言说"和"被他人言说"。少数民族语言是"华语语系"的重要构成部分，电影所构建的中国少数民族话语对我们认识少数民族产生影响，这牵扯到如何在民族电影的大框架中体现少数民族主体性的问题。中国作为幅员辽阔的多民族国家，民族电影中的民族话语不应该是单一的、同质的。而中国少数民族电影的问题在于"早先不适切的被他人言说"和"现今自我言说的不适切"。

当我们探讨华语电影时，第二个问题就尤显突出。华语电影建立在语言和民族国家之间的非对等关系上。"华语电影"是一个历史性的理论概念，已存在了二十余年。汉语使用者和华语电影有着同样庞大的数量，主要分布在中国大陆、台湾地区、香港特别行政区、澳门特别行政区，以及新加坡等东南亚各地。此外，还分布在美国各地的亚裔群体以及世界其他地方的华人社会。对于以单一特定国家为基础的传统的"民族电影"而言，"华语电影"概念的提出是一次基于安德森的"反语言"的定位，同时，这也会涉及"民族电影"和"电影与民族"之间的区别。对于"民族"与"电影"的关系，到底是用本质主义还是建构主义的方法看待呢？

大卫·鲍德韦尔在《后理论重建电影研究》中针对"宏大理论"提出"中层研究"的概念。"宏大理论"高屋建瓴，自上而下，但鲍德韦尔对其教条式的学术前提和联想式的逻辑推理提出质疑。重要的是"后理论"并不意味着不要理论，如鲍德韦尔所言，宏大理论之后，取而代之的是多种理论。电影学者李道新在《中国电影文化史》中尝试用"中层理论"的概念模式来梳理一百多年的中国电影，这其中涉及理论与文本、实践、经验之间的关系问题，即如何用西方的理论框架来研究中国民族电影。怎样才算是适度呢？笔者认为，争论点在"中层研究"的上下两端。若对比周蕾与吕新雨的观点，便可看出两个极端的激烈矛盾。周蕾熟稔于西方"宏大理论"，对电影文本进行"去中国性"分析，以规避"大中华主义"；而吕新雨则质疑"华语电影"中的"去中国化"和"去中心化"，认为多元文化已经超越了身份认同，成为政治"分散主义"的依据。如果说在全球化语境下身份认同焦虑让我们重新思考中国电影主体性的问题,那么笔者认为,中国电影学者的主体性问题也该包含在其中。同时,与理论的争执相对应的是来自电影实践形式的争执。受当下国内繁盛的电影市场和好莱坞转型的影响,孙绍谊提出"中莱坞"、邵培仁提出"华莱坞",力图突破好莱坞一家独大的局面,将中国电影融入世界多极化的电影生态圈。虽然"中莱坞"和"华莱坞"引起了诸多质疑,但笔者在这里仅将二者看作中国电影学术界对民族电影身份焦虑的某种回应。

四、结语

相比20世纪90年代的欧洲电影危机,中国民族电影的问题更复杂。欧洲民族电影的求生之道为我们提供了某种视野,但由于文化语境的差别,仍需要选择引用。笔者认为,中国民族电影除了要完成对内整合,正视少数民族电影的话语权外,还需要考量香港特别行政区、台湾地区电影在"民族国家"内的生存方式,由此,民族电影才能建立自己的维度,并在此基础上综合考量华语电影囊括之下的庞大脉络,建立电影中"民族身份"的"想象共同体",再以"区域电影"的方式与好莱坞进行抗争。本文力图突破"民族电影"的传统局限,重新看待"民族/国家"电影的理论框架与叙述方式,引导其向"跨国"或"跨地"的方面延伸。全球化进程造就了好莱坞电影的霸主地位,所有非好莱坞电影都面临生存危机,从表面上看都面临着相同的经济与市场问题,而深层次的问题则是身份危机。民族电影的生存策略似乎有两种:要么放弃他者身份,沦为好莱坞影片的打工者或仿制品制造商;要么任由好莱坞控制市场,甘愿被边缘化。但一味地"迎合"与"放任"都不是正确的发展方式,如何在好莱坞单向度的倾轧下获得文化输出的一席之地,将民族电影变为真正拥有国际市场、受世界观众喜爱的电影,任重而道远。电影对民族身份的构建永远是进行时,没有所谓的"定型"的民族身份之说,即使是独占鳌头的好莱坞也在不断修饰"美国形象",以迎合多国观众的"口味",何况正在发展中的中国电影呢?道阻且长,行则将至。

探究我国网络自制剧产业的发展现状[①]

张　悦[②]

网络自制剧在我国是近年来才出现的一种新生事物，其普遍特点是制作简易、成本低、效益高，并以强盛的互联网为渠道进行传播，放映方便，恰恰能满足网络媒体的需要，具有极大的发展空间。

一、网络自制剧在我国兴起的动因

网络自制剧是近年来在我国兴起的一种新生事物，经历了从边缘到主流继而实现品牌战略的发展进程，逐渐形成了产业化发展态势。而视频网站之所以会大力开发自制剧，是受到了国家网络版权政策的重要影响。为了控制日益上升的版权费用，各大视频网站相继开始尝试自己制作网络剧，以此降低成本，寻求发展出路。

二、网络自制长剧《匆匆那年》的制作特色

搜狐视频出品的网络自制长剧《匆匆那年》因为精彩的剧情设计和优质的制作水平，成了“现象级”的网络自制剧，成了引领网络自制剧潮流的“火车头”，更被称为年度自制剧“剧王”。《匆匆那年》不仅体现了网络自制剧不同于传统影视剧的制作特色，而且成为我国网络自制剧的典范。

（一）高规格自制，电影式营销

《匆匆那年》拍摄采用了4K技术手段，完全可以称得上是高规格自制，由此也彻底改变了人们对自制剧小制作、低成本、专业性不够、剧作肤浅的传统印象。与此同时，《匆匆那年》的营销推广模式也堪比电影，其开启的电影模式的高规格点映活动，定格了它的全新的历史地位。

---

①原载于《新闻研究导刊》2016年第4期。

②张悦，重庆大学硕士研究生，研究方向：广播电视理论与业务。

(二)采用周播模式,吸引大量年轻观众

为了顺应现代年轻人的生活作息习惯,《匆匆那年》是国内第一部真正采用周播模式的网络长剧。采用这种模式能够充分地吸引众多的年轻观众,并且《匆匆那年》采取了一些适于周播剧的传播策略,与周播模式相配合,达到了相得益彰的效果。此外,对于广告赞助商来说,采用周播模式能给观众一个相对充足的传播和消化其广告内容的时间,便于检验其产品广告投放的效果。由此可见,《匆匆那年》采用周播的形式来传播,无疑是一种正确的选择。

(三)用户至上的互联网思维

《匆匆那年》作为我国首部网络大剧,选择青春怀旧题材,是典型的"用户至上"的互联网思维的体现。搜狐视频网站内容运营中心总编辑尚娜也如是说:"这个类型的题材是进不了电视主流收视时段的,电视台来来去去播的都是古装剧,家长里短的东西。所以《匆匆那年》本身从收视人群的年龄段、题材选取上,都在给创作者机会,我觉得这是非常有互联网精神的,不拘一格,充满创新意识。"

三、我国网络自制剧在发展过程中出现的问题

(一)网络话语表达对故事叙事价值的消解

当下的国产网络自制剧是最典型的用互联网精神来讲故事的影像叙述体裁,对于传统电视剧所追求的连贯性,在网络剧的叙事中已变得不再重要。而这种脱胎于网络空间的"去中心化"的叙事方式,消解了故事本身的价值,打乱了叙事的结构,使叙事的完整性受到破坏。

(二)没有创新,创作风格同质化

相较传统电视剧而言,网络自制剧的题材选择相对自由,这为网络自制剧的创作提供了灵活的主题选择空间。题材无限制激活了网络剧创作者的热情。但同时,网络自制剧也存在一些问题:同类题材的创作存在克隆现象,内容有同质化倾向,主题选择无亮点,题材略显单一,情节设置简单,剧情单调且缺乏戏剧性与冲突性。

(三)内容无底线,植入式广告泛滥

从当前我国国内各大视频网站已经播出以及正在制作的自制剧状况来看,国产网络自制剧有相当一部分内容质量差、缺乏深度,将搞笑、无厘头视作个性大肆宣扬,这样的自制剧对于观众是没有持久吸引力的。另一方面,在影视剧播放过程中植入广告

是无可厚非的，但是植入广告中经常莫名其妙地出现低级、庸俗的广告词以及生拉硬拽的广告背景，严重影响了影视剧的播放进度和观者的情绪。

四、我国网络自制剧的发展前景

（一）注重原创，增加剧本的原创性和独立性

在这个信息向网民狂轰滥炸的时代，创新才是真正的核心竞争力。我国网络自制剧要想获得长足的发展，就必须重视原创，创作出新颖的剧目。

（二）适度改变营销模式，构筑自制剧的完整产业链

我国网络自制剧的营销模式是以免费点播为主，主要的收入来自广告商的赞助，因此时而会出现剧作质量欠佳、广告植入突兀的弊病。所以应对其营销模式做适度的调整，使网络剧的付费点播模式成为视频网站盈利的重要途径。此外，我国的视频网站之间要杜绝内耗，形成网络自制剧产业的良好健康发展态势。鉴于此，网络自制剧必须寻求资源的多元化组合，形成具有制作、出品、销售、衍生等功能的一条完整的产业链。

（三）重视影片的质量，适当减少广告植入的份额

视频网站对其出品的内容要进行自审自查，在内容的创作、编辑上严把质量关，切忌粗制滥造，使植入广告的时间、形式、频率等适度，这样不仅迎合了观众的口味，还能保证植入广告的数量和质量。

五、结语

从我国第一部网络自制剧产生到《匆匆那年》的一举成功，网络自制剧在我国经历了从边缘到主流的发展历程，逐渐形成了产业化发展态势。因此，对于方兴未艾的网络自制剧，我们应给予更多的肯定和鼓励，切实思考，拿出更加可行的措施，让网络自制剧朝着更快、更好的目标迈进。

参考文献：

[1]庄若江：《网络自制剧的崛起、发展与跨媒介传播》，《现代传播》2013年第6期。

[2]张超然：《我国网络自制剧的发展弊端以及未来前景》，《今传媒》2014年第7期。

大数据时代背景下的IP电影[①]

杨怡馨[②]

大数据时代海量的数据和与之相关的技术与创新是其显著特征。在大数据时代，IP电影越来越受欢迎。IP是Intellectual Property的缩写，中文含义是知识产权。对于当下的影视圈来说，IP电影无疑是最热门的话题，是备受年轻一代追捧的流行娱乐文化标志。而大众文化也不再仅仅追随精英文化，而是会创造属于自己的文化，甚至可能会否认和批判精英文化。然而，过度的娱乐化和市场化的行为可能会导致"严肃电影"以及文艺电影的缺失。大量出现的改编影视作品对中国电影业是一把双刃剑。在IP电影流行的当下，电影投资人和制作人需要考虑电影内容的质量，需要保持对电影艺术的文化价值追求，需要认真思考如何进行IP电影改编，以平衡大众文化与精英文化之间的关系，而不应一味地追求金钱利益。

一、IP电影兴起的主要原因

从生产环节来说，大量逐利性商业资本的涌入，使得电影创作中出现了浮躁现象：为追求利润而缩短制作周期，电影内容毫无艺术性可言，等等。这些不利于生产方的长期可持续健康发展。

一方面，流行文化的兴起导致了IP电影的兴起。随着网络文学的逐渐兴起，越来越多的文学作品被改编为影视剧。但存在的一种不好的现象就是许多影视公司囤积文学作品，将其作为固定资产，尽管其中不少网络文学作品质量并不是特别好，有些甚至非常差，完全达不到拍成影视剧的标准。

另一方面，商业资本的涌入导致了IP电影的兴起。近年来，电影产业的飞速发展，导致电影票房收入呈现出大幅度增长态势，业界掀起了一股影视并购热，并购投资

①原载于《艺术科技》2016年第2期。

②杨怡馨，重庆大学电影学院。

额不断上升。并购几乎成了一些传统影视行业转型的救命稻草,它们希望借此机会重新获得发展活力。尤其对一些小的民营影视公司来说,也渴望用投资者的资金来缓解企业的资金压力,并在获得足够资金支持后进行扩大经营。但目前由于并购估值普遍较高和证监会对并购的审核程序有所放松,以及相关政策鼓励上市公司加速并购整合(如下图),导致目前文化企业并购中存在一定程度的泡沫经济现象,存在风险隐患。

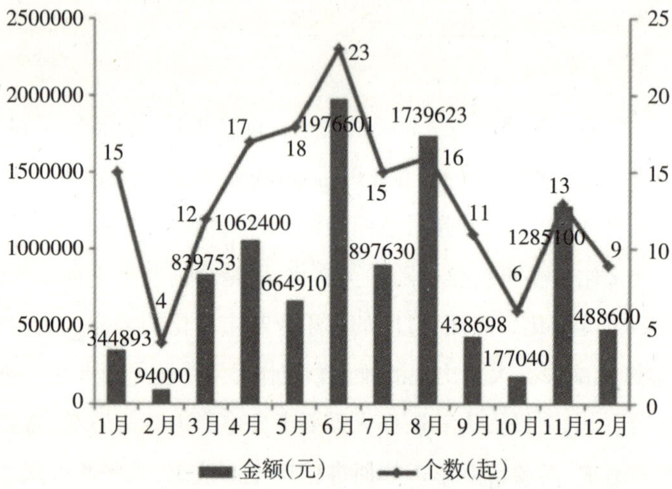

2014年文化产业各月份并购规模

二、当今IP电影面临的困境——数量直线增长,质量未被重视

商业资本的涌入、流行文化的兴起给电影业带来无限生机,许多影视企业一味地追求影片数量而没有把电影当作一门艺术来对待。近些年来,改编影视作品数量繁多、层次不同,如由歌曲改编而成的《同桌的你》,由漫画改编而成的《喜羊羊与灰太狼》系列,由综艺节目改编而成的《奔跑吧兄弟》《极限挑战》,等等。如何平衡"精英文化"和"大众文化"之间的关系是电影制作人和投资人必须认真思考的问题。

以电影《小时代》为例,导演和编剧均为原小说作者郭敬明,郭敬明首次担任导演,虽有来自台湾的制作团队进行协助,但由于郭敬明自身缺乏专业的电影素养和相关经验,导致《小时代》系列电影出现了剪辑不流畅和故事内容空洞的弊端,尽管电影利用各种华丽的服装和豪华的场景为学生群体的观众制造了一场唯美的梦(因为电影中极尽奢华的生活是中国绝大部分学生无法企及的)。该系列电影没有用一般青春片的方式来诠释故事,而是以富家子弟的视角看待整个社会。笔者认为这种叙述方式是不够严谨的。《小时代》依靠原作的粉丝数量获得了不少票房，却因为不优质的剧情和制作引来骂声。

国产电影行业的崛起为市场提供了更多的可能性，也出现了许多只追求经济利益的电影制作方。与高票房的商业片相比，一些高口碑的文艺片收益却不尽如人意。如2014年横扫香港金像奖最佳影片、最佳导演、最佳摄影、最佳服装设计、最佳美术指导等五项大奖的《黄金时代》，到2015年9月票房仅5155万元；获2015年亚太电影大奖最佳女主角奖的《闯入者》，到2015年9月票房仅1004万元。与文艺片形成对比的还有好莱坞的艺术电影，他们将商业电影艺术化，或者说将艺术电影商业化，取得了良好的效果。如李安的《少年派的奇幻漂流》，截至2015年9月全球总票房为14.7亿人民币，其特技水平堪称顶级。但目前国内的文艺片却很难达到这一制作水准，所以票房也受到一定程度的限制。

三、IP电影的操作流程

第一，购买版权。这是影视作品创作的第一步。一般情况下，制片人会广泛搜罗大量现成的网络小说并从中遴选，或找市面上已经具备粉丝基础的小说，对它们进行版权买断。

第二，确定改编意向。请专业编剧把已经购买的小说改编成可供拍摄的剧本。把文学作品电影化，使其具备电影应有的表达形式。

第三，组建班子筹备制作。在确定了剧本之后，制片人就会选择一个合适的导演。如此这般，一个以制片人、编剧、导演为中心的班子就已经初步形成。在此基础上，制片人和导演将会对演员进行筛选，最终确定一支具备专业素养，并且与导演设想中的角色相符合的演员队伍。

第四，正式拍摄片子。在这一阶段，导演处于创作的核心地位，其领导作用开始凸显出来。导演在执导过程中运用蒙太奇的思维进行构思，在此基础上设计电影的分镜头、分机位的脚本，以及导演构思的阐述。导演构思阐述指的是导演艺术构思的文字表达，其中要阐明对剧本的理解，对电影主题的把握，确定全片的风格样式，确立空间情境和对摄影、表演、配音、剪辑、服装设计等的要求，预想达到的市场效果等。确定了以上各项之后，组织主要创作人员搜集相关资料，分析剧本，集中和统一创作意图，确定影片总的创作计划，进行拍摄。在影片拍摄过程中，导演还要统筹现场拍摄和各项后期工作，直到影片全部完成为止。从一定程度上来说，导演的素养决定了一部电影的质量，而一部电影也体现了导演的艺术风格。

第五，上映。影片制作完成之后，需要做一些宣传来获得票房收入，所以导演和演员在电影上映之前会四处奔走宣传，提高电影的知名度。如《胜者为王》《何以笙箫默》等青春片，上映之前在全国各大高校举行明星见面会，获得了大批粉丝的支持，提高了电影的知名度。

四、结语

如今IP电影数量的迅速增长，代表了电影行业蒸蒸日上的发展态势，虽然其质量还得不到完全保障，但笔者相信随着IP电影行业的日渐成熟，电影的质量会越来越高，进而实现大众文化和精英文化的融合，IP电影的未来也会越来越明朗。

国产中小成本电影的现状及发展策略[①]

孟 云 付筱茵[②]

近年来，中小成本电影因其极度契合当下受众审美趣味，在好莱坞大片的重重夹击下创造了以小博大的票房奇迹。《重返20岁》公映一个多月就以约3.5亿元人民币的好成绩打破中韩合拍片在国内的最高纪录；《致我们终将失去的青春》公映后一个多月时间里国内票房就达7.2亿元人民币；《泰囧》投资3000万元，在公映后的一年多时间里轻松收获约12.6亿元人民币；《夏洛特烦恼》凭借口碑成功逆袭，上映两个月票房超14亿元人民币……屡屡攀升的数字是对中小成本电影紧握时代脉搏的肯定，但繁华背后也隐藏着值得我们深思的问题。

本文详细分析了国产中小成本电影赢得票房奇迹的原因；厘清新媒体环境下中小成本电影面临的现实困境；最后结合市场发展和所取得的经验成果，探讨中小成本电影当下的发展策略，从而为国产中小成本电影的成功突围提供参考建议。

一、国产中小成本电影盛行的原因

（一）影片类型定位准确

喜剧片在国产中小成本电影中占据有利地位。《重返20岁》是一部融奇幻、青春、亲情、爱情于一体的感人喜剧，各种元素混合，却毫无违和感。该片中70岁老太太穿越回20岁年轻小姑娘的情景设计，算是一次创新，该片也可谓国产首部“老妞”电影。这部呼唤亲情的暖心之作、纯正的感人喜剧，由老戏骨归亚蕾、可爱俏皮的杨子姗、成熟稳重的陈柏霖以及歌坛新秀鹿晗等加盟组成强大的演员阵容，从视觉感官上给观众以美的享受，老少组合的演员阵容也极度拓宽了观众层面。同时，观众对杨子姗的演技也赞叹不已，她将优雅与俏皮集于一身，把“年轻奶奶”的角色演绎得十全十美。该片并没有让观众一路笑到底，结尾处奶奶与儿子的真情对白直击观众内心，让观众在

①原载于《中国电影市场》2016年第4期。

②孟云，西南大学新闻传媒学院2015级研究生。付筱茵，西南大学新闻传媒学院副教授。

轻松娱乐之余有所思考。这样的圆满结局摒弃了传统的说教性质，着以轻松自然之感向大众传递了正确的价值观，在一定程度上也满足了观众的审美心理和情感需求。

（二）故事平实，贴近生活

故事作为电影的基本要素，蕴含着人们的记忆和生活形态。《夏洛特烦恼》讲述了遭遇中年危机的夏洛意外地回到了学生时代，一改先前“丑陋”形象，赢得了事业和爱情的双丰收，当他处在人生巅峰时，内心充满的却是孤寂和空虚，难以忘怀的是象征妻子对自己爱的付出的茴香打卤面。该片以圆满结局收场，并发出了“珍惜眼前人”的感人呼唤。《失恋33天》没有宏大的叙事，亦没有跌宕起伏的剧情，而是讲述了一个普通女生黄小仙在她失恋的33天中所经历的各种不幸事情。失恋，几乎是每个生命个体都会经历的人生情感体验，这种贴近生活的题材更会让观众产生共鸣。正如“使用与满足”理论所倡导的，影视作品应以受众为中心，认可他们根据自己的审美需求、认知水平、情感需求等选择影片的主动性和能动性。

（三）语言表达极具特点

“戏仿”指戏谑、滑稽性的模仿，是将经典电影中的经典桥段、现代社会中的某些现象等以扭曲的形式再现，将其中关键性的地方加以修改，从而营造出诙谐滑稽的狂欢气氛。极具特点的语言风格能使相关片段更具戏谑性和讽刺意味。《疯狂的石头》是对“戏仿”手法的大手笔运用，影片中的许多台词就借鉴了《天下无贼》《十面埋伏》等影片中的经典内容，比如“顶你个肺”等。《失恋33天》中也有这种运用，其中王小贱教训黄小仙前男友：“放开她，嘛呢，嘛呢……什么什么意思，上班路上截，下班门口堵，不接电话你就改写信，你丫够古典的，就算你不懂法，她旁边还站着一个喘气的呢，你瞎呀。”《泰囧》中的“淡定”等也运用了这种手法。类似的语言打破了影片中的传统语言范式，着以戏谑、犀利、搞笑的后现代主义辞藻为观众带去阵阵狂欢快感，同时，该种新奇语言也在相当长的时间内发展成网络流行语，深受广大观众（尤其是年轻观众）喜爱。

（四）营销手段灵活多样

票房是衡量电影是否成功最直观的标准（但绝不限于“唯票房论”的窠臼），也是电影营销最核心的内容。《泰囧》可谓在各种营销手段间行走自如的成功范例。首先，档期选择巧妙。将首映时间排在12月12日，正好赶上市场空当，而且喜剧类型也迎合了贺岁的节日氛围。其次，网络营销顺势推广。利用婚变新闻提高影片关注度，并在PPTV、优酷等网站做捆绑广告宣告；制片方也充分利用自身优势，加大在地铁、火车站等场所的宣传;充分利用免费试映会进行“一传十,十传百”的口碑营销,为影片树立品牌。最后,实体营销扩大受众范围。主演做客知名栏目、出席各种新闻发布会以及粉丝见面会,这在一定程度上扩大了观众群体的范围。《小时代》系列、《后会无期》和《爸爸去哪儿》大电影等则是有力地凭借先前聚集起的粉丝群体力量以及粉丝对该文化品牌的认同感获得高票房收入。

二、国产中小成本电影的现实困境

(一)影片类型较为单一

喜剧片是一种用引人发笑的方法来表达人类的自信心和超越精神的电影类型。这种方法有利于拉近影片与观众的距离,给观众带来轻松愉悦之感,所以喜剧片向来是市场上颇受大众欢迎的一种类型。国产中小成本电影中喜剧片占大多数。因为它符合当今娱乐消费时代人们将电影作为“一次性文化消费产品”的需求与理念,电影功能已经从陶冶情操沦落为消磨时间、缓解压力。2006年《疯狂的石头》以“黑马”姿态闯进电影市场后,许多电影人纷纷效仿,造成了该类型题材的泛滥,影片质量下降,内涵也趋于低俗化。相比较而言,国产大片《卧虎藏龙》《英雄》《智取威虎山》……题材类型并无固定,内容涉猎广泛,并且票房方面也做得同样成功。这些曾经的辉煌依旧值得人们回想与品味,而部分中小成本电影给我们留下的仅仅是短暂的快感与消费式的狂欢。

(二)构想偏执

我国每年拍摄的中小成本电影数量颇多,但最终能上映的也不过几部,像《疯狂的石头》《泰囧》《滚蛋吧!肿瘤君》《夏洛特烦恼》等优秀影片毕竟还是少数。中小成本电影因资金来源困难、投资小,制作团队往往会在场景、演员、制作、影片前后期宣传策划等方面节省开支。中小成本电影在资金投入受限的情况下,导演的一些完美构想与理念难以实现,但中小成本电影还是企图构造出与大片一样的宏大场景,这种偏执的构想不免带来许多诟病。形式上不能赶超国产大片却还要固执模仿,原本可以精雕细琢的内容也因过于侧重形式而不尽如人意,致使构想偏执的中小成本电影双手失利。我们终究要清楚,“以小博大”的极致并不是绝对的,我们要对其辩证地看待。中小成本电影如果没有立足现实,只是一味地追求宏大场景的华丽外表而忽略细节刻画,到头来避免不了走下坡路的命运。

（三）制作粗糙

粗制滥造已成为制约中小成本电影发展的瓶颈。由于资金匮乏，影片整个团队缺乏专业人员；拼贴、戏仿等表现手法的随意使用使电影失去艺术内涵。有人将2006年称作“恶搞元年”，是缘于当年《一个馒头引发的血案》《武林外传》等几部恶搞影片的盛行。另有2008年上映的《十全九美》和2009年上映的《熊猫大侠》中也掺杂了许多恶搞情节。对“恶搞元年”的说法要辩证看待：一方面相关导演并没有着力构建精彩的故事情节，而是附之以轻松、搞笑、诙谐的元素，迎合观众的娱乐观赏需求；另一方面，这种纯粹制造“喜剧”氛围、肆无忌惮地追求幽默滑稽效果的剧情，缺乏新意和一定的人文关怀，错误地将“快餐文化”看成是流行文化。长此以往，难免会造成观众精神文化世界的空虚。

（四）放映资源匮乏

影院放映业作为整个电影产业实现影片价值的重要场所，也是构成电影市场的重要因素。据统计，我国2014年全年新增影院1015家，新增银幕5397块。这些迅速增加的电影院线每年都需要依靠放映一定数量的影片来维持正常运转。只有追求影片发行的最佳效果，片商和影院才能赢得利益最大化。首先，从硬件条件来说，我国大部分电影院线设施并不完善，可以享受“视听盛宴”的院线主要集中在一线城市，而中小成本电影因质量、宣传等原因而不被这些院线欢迎。其次，排片作为影响影院经营的关键因素，对满足不同时段不同观众的需求影响也很大，甚至在一定程度上决定着影片的效益，大多数影院为了实现盈利最大化，舍弃风险大的中小成本电影而优先选择大片。综合来看，中小成本电影的放映环境资源匮乏。

三、国产中小成本电影的发展策略

（一）类型多样化

我国电影人对喜剧片“情有独钟”，喜剧片已经培养了一个固定观众群，但这并不意味着电影人可以仅专于此。如今，重视“用户体验”的电影模式要能满足用户的多元化需求。中小型电影对侦探推理片、警匪片等都值得一试，因为它们自身所固有的叙事模式与叙事风格在一定程度上能顺应当今观众的接受心理。由忻钰坤执导的犯罪悬疑片《心迷宫》就是最好的试水范例，它不具备大投资大明星的标配，但环环相扣与多视角叙事方式下的故事“血肉丰满”。多样化的电影题材有利于观众进行多元化选择,也有利于导演对多种类型演员的定向培养。另外,类型多样也有利于电影院线的多样化选择,更有利于国产电影的可持续发展和相关衍生产品的开发。所以说,我们要抓紧制止这种类型单一的风气,避免中小成本电影步入商业片的后尘。

(二)质量精细化

国家新闻出版广电总局公布的数据显示,2015年中国电影票房突破400亿元人民币。中国已步入世界电影生产大国之列,并逐步改变着世界电影格局。尽管如此,影片自身质量如果提不上去,票房收入自然还是不容乐观。影片自身质量包括影片的艺术性、思想性、技术性和商业性几个方面,提高影片自身质量必然要求从导演、编剧、摄影摄像、演员到剪辑等各个环节都要达到一定的文化标准和艺术规范。纯粹追求搞笑戏谑,毫无思想性和艺术性可言的影片自然不会博得观众的"同情"。当然,不能为了追求影片的艺术性和人文关怀而拍摄过于晦涩难懂的影片,尽管追新求异是好的,但绝非舍本求末。同时,提高影片自身质量也是塑造品牌形象的一个重要策略。虽然电影在当下"消费社会"和"奇观社会"的环境中扮演着"一次性消费品"的角色,但我们剥离不了它自身固有的文化属性——宣传、教育、娱乐,我们要让观众感受到影片的文化价值所在。

(三)定位本土化

纵观前几年的电影格局,我们看到的实际情况是:当前中国电影最大的缺陷就是丢掉了现实主义的传统,"童话"般的影片似乎日趋盛行。作为低成本投资的中小成本电影,大多将故事背景放在当下,由非职业演员来演绎特定区域或民族的人物,以反映他们的真实生存环境与生活状态。如《三峡好人》中的男主角韩三明,他的原名就叫韩三明,他的真实身份就是一名矿工,这种本色出演所产生的代入感是其他演员的模仿所不能比拟的。在中小成本电影中,本土化方言是常见的表现方式,尤以"草根"偶像黄渤与王宝强最具代表性。《疯狂的石头》《斗牛》《泰囧》等借助方言的表现形式既增加了影片的喜剧效果,又栩栩如生地展示了影片内容。如果影片被置于特定环境背景下并符合当地群众的兴趣口味,那么影片宣传及票房收入自然就有了基本保障。

(四)市场中间化

据有关数据显示,从2011年到2015年前三季度,一线城市观影人次呈下降趋势,二线及以下城市的观影人次呈上升趋势,其中五线城市的增长尤为明显。[①]由此可见,

①邹菁、李岩:《小镇青年渐成电影票房主力军　未来发展三线城市空间巨大》,人民网,2016年1月23日。

小城镇观众已发展成为当今国产电影票房增长的绝对主力军，这对中国电影产业的发展来说是个机遇。2016年微电影《暖春》借助非主流院线取得了很好的票房收入。该剧为农村题材，新人导演，全篇没有任何明星，主创团队深知进入主流院线是不可能的，便采取了“立足本地”“农村包围城市”的营销策略，最终一共卖出拷贝360多个，票房收入达1500多万人民币。对于这样一部小成本影片来说算是创造了奇迹。优酷土豆集团原高级副总裁朱辉龙认为，在二三四线城市做电影营销是很难的，最好的方法就是用互联网，借助互联网低成本、高覆盖的特点实现对二三四线及以下城市地区的票房拉动。由此可见，中小成本电影在发行方面并非无路可走，而是要找准目标受众，用心经营。

四、结语

中小成本电影借助其独特的题材类型、语言风格等引领影视时尚潮流，取得了傲人的票房成绩，但中小成本电影的发展道路还极为坎坷。国产中小成本电影是兼顾“内容为王”、回归“叫座又叫好”的辉煌，还是被淹没在时代的浪潮下，作为中国电影人，我们需要做的还有很多。

浅析重庆本土电视剧的发展历程、特点与优势①

周 莹 王 烨②

说到重庆本土电视剧，人们很容易将其与方言电视剧联系起来，认为重庆本土电视剧就是用重庆话表达，人物面貌、城市环境都停留在20世纪八九十年代，并且除了像《凌汤圆》《山城棒棒军》这样一些早期在全国范围内有一定影响的剧作外，都是只供本地观众观看，甚至走庸俗路线的低成本方言剧作。实则不然。本文将通过梳理重庆本土电视剧的发展历程，总结重庆本土电视剧的特点和发展优势，以使读者和学界对重庆本土电视剧有一个新的认识。

一、重庆本土电视剧的发展历程

（一）开端：20世纪80年代

中国电视剧发端于1958年的《一口菜饼子》，之后有一段时间的停滞期，直到20世纪80年代初才开始复苏，而重庆电视剧发端于这一时期。这一时期，重庆电视台顺应时代的发展形势，拍摄了大量的电视单本剧，如《烛光曲》《案件发生以后》《冲出地平线》《秋月》等，其中《希波克拉底誓言》和《巴桑和她的弟妹们》成就最为突出。这两部剧由重庆电视台资深编导、一级编剧张鲁、何为、潘小扬、蔡梅孩、王永春等组成的“重庆电视台青年摄制组”制作，以强烈的时代感、独特的视听效果和纪实感在中国电视界掀起了一股探索风潮，连续两届夺得全国电视剧“飞天奖”的桂冠。这一时期，重庆电视台在系列剧的创作上走在全国前列。反映交通安全的《啊！方向盘》、规诫生活的系列剧《形形色色的骗局》，等等，内容贴近生活、风格诙谐幽默，是中国电视剧发展史上不可抹去的一笔。

---

①原载于《当代电视》2016年第3期。

②周莹，重庆工商大学文学与新闻学院副教授，中国传媒大学广播电视艺术学博士。王烨，重庆工商大学讲师。

（二）兴盛：20世纪80年代后期至90年代中期

20世纪80年代后期，中国电视剧发展到以连续剧为主导的阶段，重庆本土电视剧也在这一时期迎来了两次创作高峰：一是20世纪80年代，以方言电视剧《凌汤圆》为代表；二是20世纪90年代，以方言电视剧《山城棒棒军》为代表。

1988年，重庆电视台开拍方言电视剧《凌汤圆》。该剧讲述了一个以卖汤圆为生的小生意人，在尝尽人世间的酸甜苦辣后，终于拼出一条成功之路，创造了"小鱼吃大鱼"的奇迹，成为当地有名的富翁的故事。1990年，该片在中央电视台播出时引起了较大反响。

借着这股势头，1997年，重庆电视台再次推出方言电视剧《山城棒棒军》。该剧以改革开放后大批进城务工人员的生活为背景，以"棒棒儿"这一充分反映重庆特征的特殊人群为表现主体，展现了他们的生存状况以及与城里人在矛盾中产生温情的故事。该剧当时在重庆地区的收视率高达百分之四五十，成为一个至今都无法超越的经典，以致很多人戏谑重庆电视台为"棒棒军电视台"。《山城棒棒军》的成功引领了方言电视剧的兴起，《爬坡上坎》（1999年）、《奇人安世敏》（2000年）等都是当时观众耳熟能详的作品。在当时，可供人们观看的电视节目种类和数量都比较少，这些方言电视剧大量启用本土明星，讲述重庆本土故事，内容贴近生活、贴近百姓，风格轻松搞笑，在展现巴渝风土人情的同时，也给人们带来了新鲜感，因此这些电视剧不仅受到重庆本地观众的喜爱，也受到全国观众的追捧。方言电视剧一度成为重庆本土电视剧的代名词。

应该说，这是重庆本土电视剧较为辉煌的一个时期。在这一时期，重庆本土电视剧在表现体裁、艺术风格、创作群体等方面都形成了自己独特的风格。尤其是重庆方言电视剧，它的起步实际上要早于后来影响力更大的东北方言电视剧。

（三）发展：21世纪至今

虽然这一时期重庆本土电视剧在整体的发展速度和规模上有所放缓，全国影响力也并不理想，但在类型上有所突破，主要体现在革命历史题材和现实题材作品上。革命历史题材剧有《雾都猎狐》《解放大西南》《江姐》等。这些革命历史题材电视剧一方面体现了重庆本土电视剧的特色，赢得了观众的肯定；但另一方面，大量的"硬"题材又让整个重庆本土电视剧的生态景观显得有些单调，制约了市场占有份额的扩大。

与此同时，重庆本土制作力量相继推出了一些现实题材剧目，包括《好大一棵树》《闹春莲萧舞起来》《侯天明的梦》等。这些电视剧反映了重庆人民的生活状况和风土人情，在当地的收视率比较高。

在此基础上，重庆市选送的《周恩来在重庆》《记忆之城》《防火墙5788》、参与制作的《国家行动》四部电视剧入围27届全国电视剧“飞天奖”候选名单，实现了重庆电视剧入选中国广播影视大奖——电视剧“飞天奖”终评剧目名录零的突破。

由于内外诸多原因的影响，重庆方言电视剧发展滞缓，难以再现昔日的辉煌，但本土制作团队仍做了一些努力和尝试。以《街坊邻居》为代表，自2000年播出第一部以来，该剧一直是重庆本土上叫得响的一个品牌，到2015年推出《街坊邻居》第三部，该剧成了“2015年重庆十大值得期待的事件”之一。据制片人刘岗介绍，《街坊邻居》第三部的收视率虽然不如第一部，但在电视台其他节目的收视率普遍下滑的情况下，《街坊邻居》第三部的收视率却是上升的。该剧能取得这样的成绩，必然是与剧组的积极创新和努力分不开的。剧中除了大胆起用年轻演员以拉近与年轻观众的距离外，还增加了网购、二胎等时尚元素，使方言电视剧有了更开阔的视野和现代气息。

二、重庆本土电视剧的特点

（一）类型特点

重庆本土电视剧主要有两大类型：一是方言电视剧，二是革命历史题材电视剧。

1.重庆方言电视剧

重庆方言电视剧是一种轻喜剧，其结合运用谐剧、喜剧等地方戏曲与喜剧的形式和手段，讲述发生在重庆这片土地上的故事。该类电视剧一般由本土明星出演，其中大量的重庆方言和反映重庆人民性格特征的细节，贴近生活、贴近百姓，展现了巴渝地区真实的风土人情和当地群众乐观、坦荡、耿直、坚韧不屈的性格特征。

《山城棒棒军》是重庆方言电视剧中公认的经典之作，其不仅代表了重庆方言电视剧的最高成就，也对全国方言电视剧的发展产生了深远影响。而《街坊邻居》第三部作为重庆方言电视剧新时期的代表，不管是大胆起用年轻演员，还是在剧中加入大量时尚元素，都是制作团队为改变重庆方言电视剧留给观众老、旧、落后印象，积极吸引年轻观众所做的努力，也代表了重庆方言电视剧的发展方向。

2.革命历史题材电视剧

目前，重庆电视台播出的革命历史题材电视剧以抗战剧和谍战剧为主，强调军事斗争情节和强情节叙事。一方面，重庆是一个有着深厚革命历史背景的城市，尤其是作为战时陪都的这段历史为重庆的影视创作提供了非常丰富的资源。很多革命历史题材电视剧如《烈火红岩》《记忆之城》《一双绣花鞋》等均取材于重庆，还有很多影视作品也在重庆取景。另一方面,重庆的历史渊源也让本地观众长期以来形成了收看强情节抗战剧和谍战剧的习惯,而这种市场需求又作用于影视剧生产。

(二)创作特点

早期的重庆本土电视剧在表现体裁、艺术风格等方面形成了明显的特色,如《希波克拉底誓言》的画外音,《巴桑和她的弟妹们》的纪实感,《山城棒棒军》《凌汤圆》中方言与喜剧的结合等,这些是重庆本土电视剧为中国电视剧的发展带来的惊喜。

除此之外,重庆本土电视剧的创作特点还表现在:其一,喜欢启用重庆本土明星和“草根”演员,尤其是方言电视剧,这些本土明星和“草根”演员在表演上具有鲜明的地域风格;其二,剧中故事大多发生在重庆地区,也基本上取景于重庆本地,但在展现重庆特色文化和现代都市面貌方面还显得不够;其三,由于题材长期集中于生活类和革命历史类,缺少像《三国演义》《汉武大帝》这类恢宏的历史题材,所以也缺乏精致的大作;其四,由于表现角度和方式太专注于本地,造成了受众面和市场出路狭窄的问题。

三、重庆本土电视剧的优势

不管是特殊的自然环境、历史背景,还是全国公认的三大名片“美女、火锅、夜景”,重庆可以书写和展现的本土文化资源是非常丰富的。

(一)山城地理文化使电视剧呈现独特风貌

重庆境内的险峻山川作为巴蜀文化的一种具象,使重庆有了“山城”“桥都”“雾都”的别称。因为独特的地理条件,道路蜿蜒盘旋,城市隧道纵横,建筑物依地势而建……这些成了重庆的特色。城在山中,山中有城,城市非常具有立体感,“爬坡上坎”一词便形象地展现了重庆的地势特点。近年来,在重庆取景的电影电视剧越来越多,例如,张艺谋导演的《十面埋伏》便取景于重庆永川茶山竹海,而好莱坞大片《变形金刚4》也选择重庆武隆作为取景地。

(二)码头文化为展现风云故事提供平台

重庆地处长江和嘉陵江的汇合处,朝天门码头作为重庆的地标之一,不仅见证了纤夫的爱情,也见证了西南地区水运史的发展。曾创作《决战天门》《云雨生死恋》《少林达摩》的香港导演余积廉就认为,重庆有着很好的展现风云故事的平台,非常希望能拍摄一部重庆版的“码头风云”。

(三)三峡文化具有挖掘潜力

三峡地区是历代的移民走廊和集散地,有着优美的自然风光和浓厚的人文景观。修建三峡大坝,库区百万大移民书写了光辉的篇章。虽然三峡的人文资源比较丰富,但影视业对三峡文化的开发利用还处在初级阶段,三峡题材的影视作品仅有《三峡好人》《国家行动》《家在三峡》《三峡人家》等。这个文化宝库尚待深度挖掘。

除此之外,依山傍水的自然环境不仅让重庆主城的夜景极具层次感,还为重庆赢得了"小香港"的称号。同时,以火锅为代表的重庆美食也深受全国人民的喜爱。喜剧电影《火锅英雄》就以开火锅店为线索,讲述了一个发生在重庆的神秘喜剧故事。重庆本土的特色文化孕育出重庆人鲜明的性格特点,不管是直爽的"辣妹子"、温和的"耙耳朵",还是坚韧善良的"棒棒儿",都是专属于重庆影视作品的人物形象。重庆文化资源是重庆本土电视剧发展取之不尽的内容源泉,自然景观也为剧作提供了独具特色的拍摄环境,使重庆本土电视剧呈现出不一样的视觉效果。重庆本土电视剧一路走来,有过曾经的辉煌,却未能趁热打铁地将优势延伸下去。目前,随着重庆在全国政治经济文化地位的提高,重庆本土电视剧有必要,也有条件进行一次跨越式发展,努力地走出困境,开辟适合自己的发展道路。

基于5W模式的重庆本土动漫现状分析[①]

熊一如　丁桢桢[②]

21世纪以来，我国经济发展进入新常态，从规模速度型粗放增长转向质量效率型集约增长。我国的文化产业顺应这种新常态的趋势，与科技、金融相融合，正以不可阻挡之势蓬勃发展。动漫产业作为新兴文化创意产业的重要组成部分，有效地将艺术、技术与营销三者融为一体，成为21世纪最具潜力的创意文化产业的"领军人"。重庆是我国动漫产业发展较早的城市之一，因而，为进一步发挥重庆动漫的优势，推动重庆动漫产业更快、更有效发展，本文基于拉斯韦尔的"5W"模式，对重庆本土动漫现状进行系统的分析。

一、重庆本土动漫的控制分析

动漫企业是动漫产品传播活动的开启者，负责相关资料的收集、整理、选择、处理、加工以及信息传播，在信息传播过程中担任"把关人"的角色。在重庆本土动漫的生产传播活动中，动漫企业主要负责动漫的生产。据中国新闻网报道，截至2013年10月20日，重庆市动漫游戏及衍生品企业已达百家，动漫企业年产值超过5000万元，原创动画片出口60个国家和地区。[③]

重庆动漫企业利用其地域优势，巧妙地结合高校资源，充分利用四川美术学院、重庆邮电大学传媒艺术学院、西南大学美术学院等各大高校的优秀专业人才和专业技术，实现重庆动漫产业的全面发展。

同时，重庆动漫企业作为动漫传播的"把关人"，行为必然受到政治、经济、法律等

①本文系重庆市研究生科研创新资助项目"数字化跨界模式下重庆本土动漫创作的巴渝文化资源转化研究"（项目编号:CYS2015086）的研究成果。原载于《新闻研究导刊》2016年第13期。

②熊一如，西南大学新闻传媒学院在读研究生，主要研究方向:传播学。丁桢桢，西南大学新闻传媒学院在读研究生，主要研究方向:戏剧与影视学。

③连肖:《重庆动漫游戏及衍生企业达百家　动画片出口60个国家》，中国新闻网，2013年10月20日。

各方面的影响。从全国范围来看,国家在文化产业发展方面给予了大力支持,2016年,《"十三五"规划纲要》中提出,加快发展网络视听、移动多媒体、数字出版、动漫游戏等新兴产业,推动出版发行、影视制作、工艺美术等传统产业转型升级。因此,政府的呼吁和支持无疑有利于重庆动漫的生产和传播,且作为21世纪的新兴文化产业,重庆动漫产业发展前景光明。

二、重庆本土动漫的内容分析

影视作品传播的内容是经过传播者筛选后所呈递给受众的信息,它是大众所能接受和使用的信息。重庆本土动漫遵循有效传播的基本准则,强调传播内容的重要性,通过多样化的表现方式来展现动漫作品,从内容上来分主要有家庭生活类、科幻冒险类、奇幻类。

首先,重庆本土动漫所打造的家庭生活情景,不同于其他以家庭为切入点的体现都市社会生活或子女与父母间的代沟的动漫作品,重庆动漫对家庭题材的设计,结合了重庆本土文化和当地人的性格特点。其中,备受观众好评的《麻辣小冤家》作为重庆本土动漫的代表作之一,讲述了来自农村的周福贵一家和城市里的任来凤一家从冤家变为亲家的故事。影片中不仅使用了重庆方言,还将山城人民那种热情似火的个性彰显得淋漓尽致,用诙谐幽默但又不乏温馨的画面与情节,描绘了重庆市井生活,以及重庆人骨子里善良、坚强、勇敢、勤劳、质朴的精神。其次,《莫莫》《月尘》等动漫作品,都是以科幻冒险作为主要内容题材,但在具体的剧情表现方面着力点不同。《莫莫》和《月尘》的相同之处就是都将故事背景设置于未知的虚构世界,而不同之处是,《莫莫》选择的是对人性的阐释,通过"未来世界由冷漠到温暖"这一变化,传递出人类对"爱与真诚"的追寻,也体现了环保理念;《月尘》则展现了外太空世界里人类的智慧与顽强,并且融入了中国民间神话元素,使其具有了本土气息。最后,《缇可》系列突破了传统儿童动画影片的叙事模式,在故事内容的表现上不再局限于说教式的表现手法,而是设计了一个奇幻世界,运用了魔法、精灵等元素,展现了别样的画面风格与故事背景,加强了剧情的戏剧性,也提升了重庆本土动漫的视觉效果。

三、重庆本土动漫的媒介分析

传播媒介是传播行为得以实现的手段,重庆动漫的生产者与传媒集团、产业基地一起合作,确保重庆本土动漫的有效传播。重庆视美动画公司能在短短十年间迅速地成长为西部影视动漫产业的龙头企业,一方面归因于其优秀的制作团队与创意理念,另一方面在于媒介的合理选择。视美动画结合数字媒介,开启了互联网传播渠道,并根据动漫作品制作了相关的手机APP软件和动漫衍生产品。

重庆动漫产业飞速发展,众多动漫产业基地在重庆顺利落成,包括视美动漫产业基地、茶园动漫基地、高新园动漫文化产业园区、天健创意产业基地,等等。美国哈佛大学教授迈克尔·波特指出,产业集群是在某一特定领域,大量联系密切的企业以及相关支撑机构在空间上集聚,通过协同作用,形成强劲的、持续的竞争优势的现象。重庆动漫基地集群,有助于相关资源的协调和整合,有助于动漫产品的产出,有助于传播渠道的多元化,有助于全面推动动漫产业的发展。犹如《爱神巧克力》,由重庆视美动画公司联合腾讯公司共同打造,在传播形式上,选择了网络播放,投放在腾讯视频、优酷、土豆等网络媒体上,因而在一定程度上提高了受众的点播率。

四、重庆本土动漫的受众分析

(一)受众细分化

受众是一个庞大的群体,他们对节目的要求不尽相同。做到受众细化,能让受众根据自己的信息需求来选择节目,使受众的需要得到最大限度的满足。实践中,重庆动漫根据受众制定动漫节目,进而建立了稳定的受众群。重庆动漫主要针对的受众是儿童,根据儿童对画面色彩的喜好和对剧情的理解进行动漫的风格定位和故事设计显得尤为重要。比较经典的动画影片《魔盒与歌声》,讲述了一个有着魔力的音乐盒的故事,用虚幻和魔力来吸引儿童,抓住儿童的好奇心。与此同时,影片还巧妙地运用儿童音乐,进一步吸引儿童。

(二)满足受众需求

"使用与满足"理论就是从受众的角度出发,通过分析受众的媒介接触动机以及这些接触满足了他们的什么需求,来考量大众传播给受众带来的心理和行为上的效用。[①]在现实社会中,人们向往和憧憬美好的事物,而媒介在一定程度上可以满足受众的精神需要和情感需要。弗洛伊德在他的自传中提到,艺术家的创作,即艺术作品,正如梦一样,是下意识的愿望得到一种假象的满足,而且在本质上也和梦一样,是具有妥

①郭庆光:《传播学教程》,中国人民大学出版社2011年版,第163页。

协性的,因为它们不得不避免跟压抑的力量发生正面冲突。弗洛伊德的艺术创作和做白日梦一样,是对未曾满足的愿望的一次满足。重庆动漫也着力在作品中创造美好的事物,让人们在动漫作品中实现现实中不能满足的愿望。影片《莫莫》正是这样设计内容的。在现实生活中,人们每天都在快节奏地生活、工作,内心的真诚、信任、勇气、真爱都被隐藏起来,而《莫莫》将受众的愿望融于故事中,让受众在故事中得到精神的满足,找到内心的美好。

五、重庆本土动漫的效果分析

沃尔特·李普曼在《舆论学》中指出,在某种意义上,大众媒介把"外在的世界"变成了"我们头脑中的图画"。动漫所提供的内容,对受众感知周围的环境产生影响。动漫的主要受众是儿童,而重庆动漫遵循着给儿童呈现美好事物的宗旨,致力于出品具有正能量的动漫作品。

(一)真善美的追崇

动漫是儿童的艺术,对于天真烂漫的儿童来说,真善美的东西是他们在性格成形阶段不可或缺的,他们所看到的任何东西,对他们性格的形成都有影响。重庆本土动漫追崇真善美的事物,呈现积极向上的、美好的内容。比如,影片《缇可》讲述小伙伴们相互协作,共同实现美好理想的故事。故事崇尚友谊,强调团队协作,宣扬真善美,传递正能量。《麻辣小冤家》勾勒出的是一幅城乡市井的生活,体现的是乐观、善良、朴实的精神价值。儒家提倡"人性本善",而这些动漫揭示人性的美好,有助于儿童塑造健全的人格和正确的价值观。

(二)英雄形象的建构

自古以来,人类就有英雄崇拜思想。在影视艺术中,传统英雄人物往往是以酷帅外形、功夫高深、追求正义的形象来构建的。作为传统的英雄,行侠仗义、舍己为人是他们的责任和使命。而如今,英雄形象已逐渐转型,英雄可以是平民英雄,可以是集体英雄,甚至可以是女性英雄。在重庆本土动漫中,《可儿历险记》《弹珠传说》就是经典的英雄形象的影片。在《可儿历险记》中,霍去病就是传统的英雄形象,从年轻的战士到无敌的战神,展现了传统的英雄形象;而可儿,则是一个十分接地气的平民英雄。调皮捣怪的可儿,本是一个平凡的中学生,却意外地穿越到了西汉,为了能够生存于此,不得不踏上历险之路,在经历种种磨难后,终于成为英雄。这样的可儿,虽然并不完美，但更具亲和力，很好地拉近了与受众的距离。《弹珠传说》则体现的是典型的集体英雄主义。故事中塑造了五个弹珠战士，他们并肩作战，懂得以大局为重，通过集体的力量战胜了邪恶。这类动画作品，不仅会唤起孩子们当英雄的愿望，也能培养他们敢于担当、甘于奉献的精神。

六、结论

本文基于拉斯韦尔的“5W”模式，对重庆本土动漫的现状进行分析，探析了当前重庆动漫的优势，即重庆本土动漫响应国家政策，充分利用当地资源，开展了与高校、传媒集团、产业基地的合作，在注重创意的同时，也关注动漫传播渠道和内容形式，最大限度地满足了主要受众的需求。通过对重庆动漫现状与优势的系统化探究，希望能启示重庆动漫的未来。

新媒体环境下电视节目发展策略浅析[①]

宗绪麟[②]

电视节目作为电视媒体传播的形式之一,在新媒体环境下面临巨大的挑战与机遇,但是有一点毋庸置疑,那就是电视节目已经和新媒体密不可分。例如我们在看电视的时候,可以通过微信"摇一摇"参与电视节目的活动,可以通过微博关注电视节目的相关话题并参与讨论,可以在错过电视节目的时候通过网络电视实现回看等。电视节目如何在新媒体环境中发挥自身优势,并借助新媒体进一步促进自身的发展,是本文主要阐述的问题。

一、新媒体环境分析

随着数字化技术的发展,新媒体在人们的生活中扮演着越来越重要的角色。从电脑的使用到智能手机的广泛应用,数字化的新媒体以高速、高质、超量、多样化、范围广的传播优势,在媒体这个大家庭中占领了一席之地。新媒体的出现让人际传播、群体传播以及大众传播呈现融合趋势,并逐渐呈现出一体多功能的态势。新媒体让每一个人都成为信息的制造者、传播者以及接受者,使其拥有三重身份。新媒体以独特的优势改变着人们的生活习惯以及思考方式,从而改变着这个社会,包括电视节目的制作。

庞大的网民需求为新媒体提供了极大的发展空间。在这种情况之下,网络视频网站迅速发展,起初是纷纷发展微电影,之后逐渐把重心转向制作网络节目和自制网络电视剧,并逐渐开始投资电影。其中网络节目的兴起,对电视节目的冲击不可小觑。2015年,爱奇艺、优酷、腾讯视频、搜狐视频、乐视网等视频网站基本完成了由PC端向移动端的用户过渡,这掀起了网络节目高潮。爱奇艺制作的《晓说》《奇葩说》在获得高点击率的同时,也引起了一些社会反响;搜狐视频自制短剧《屌丝男士》《极品女士》等广

---

①原载于《科技传播》2016年第2期(下)。

②宗绪麟,重庆大学硕士研究生,研究方向:数字媒体。

受欢迎；优酷出品的喜剧短片《万万没想到》吸引了广大观众；动画短片《十万个冷笑话》也获得了不少人气。

《奇葩说》第一季就突破2.6亿次的点击率，第二季在第12期的时候就超过了第一季的点击率，达到3亿次，并且引起了人们的广泛关注。“奇葩说”的微博阅读量在2015年8月就达到了16亿次，微博累计讨论量73.2万条。①爱奇艺视频网站还陆续推出了《爱上超模》《我去上学啦》《偶滴歌神啊》等自制节目。

《十万个冷笑话》第一集在新浪微博发布后，短短3小时内转发次数破万，转发热度是当天的第一名，并且是当年7月百度搜索风云榜的第二名，3天内这部片子的播放总量突破1000万次，同时在YouTube网站上的播放量也突破了60万次，创造了当时网络节目的一个奇迹。

一连串的数据显示，网络节目的兴起抢占了电视节目大批观众，尤其是网络的发达和智能手机的普遍使用，为新媒体环境下发展起来的网络节目提供了便利的传播渠道。可以说，新媒体环境来势汹汹，对传统的电视节目产生了不小的挑战。

二、电视媒体面临的困境

与新媒体欣欣向荣的情况相比，传统媒体面临着不少困难。尤其是作为20世纪的媒体巨头的电视媒体，它的地位受到了新媒体的挑战。电视节目也因此面临着发展困境。

（一）载体受限

首先，电视媒体的传播载体是电视机，受电视机体积庞大、随时通电的限制，电视节目只能在固定的地方进行传播，所以受众面较小。其次，电视媒体因为其载体是电视机，所以其传播是单一方向的，传播的内容具有强迫性，人们只能被动地接受电视媒体传播的信息，这使得电视节目在制作和传播上显得更加“一厢情愿”，媒体与受众之间缺乏互动性，受众只能通过遥控器选择节目，在节目内容上缺乏参与性。

（二）时效性不足

相比报纸杂志，电视媒体的时效性可以说很强，但是电视节目的制作需要经历一系列流程，时间上总有滞后性。电视节目制作需要策划、拍摄、剪辑等一系列流程，针对新闻类节目，其时效性明显不如微博等新媒体报道和传播速度快。就算是电视节目的现场直播，前期也需要大量人力、物力的准备。

①李思思、任沁沁：《中国本土网络自制综艺发力“突围”》，新华网，2015年8月6日。

而新媒体的明显特点就是每个人都可以是消息的发布者、传播者和接受者。可以说,新媒体带来了一个自媒体时代。微博、微信等社交媒体环境中,新闻一旦发生,每个经历新闻的人都可以成为报道的主体,其报道时间几乎和事件发生时间一样。一些网络自制节目,因短小精悍,往往制作周期比较短,时效性相对于电视节目也是比较高的。除此之外,审查制度也是影响电视节目时效性的一个因素,电视节目严格的审查程序,会使电视节目的时效性大打折扣。

从上述几点可以看出,电视节目的优势正在逐渐失去。如何在新媒体环境下发展电视节目,我们可以从以下几方面进行浅析。

三、面对新媒体,电视节目需发挥自身优势

(一)善于利用其坚实的基础

电视媒体从20世纪初发展至今,有着重要的地位。经过多年的发展,电视媒体的基础是坚实的。

首先,经济基础雄厚。电视媒体除了政府对其进行资金支持之外,广告收入也是重要的资金来源。以中央电视台第一频道为例,每天中午的《新闻30分》时段,5s的广告费用就高达116 000元,10s的广告费用高达174 000元,15s的广告费用更是高达218 000元。所以说雄厚的经济基础决定着电视媒体可以制作宏大、精致、高质量的电视节目。比如走遍世界制作宏大的真人秀节目《极速前进》,走遍中国制作精良的《舌尖上的中国》,以及各类大型赛事和活动的现场直播等,都需要雄厚的资金做支持。

其次,群众基础牢固。俗话说:“瘦死的骆驼比马大。”经过多年的发展,电视媒体已经拥有比较广泛的群众基础,尤其是中老年人,他们对电视媒体始终保持着崇敬之情,可以说,他们大多数人对新媒体技术并不熟悉,而对电视媒体,他们是忠实粉丝。这批忠实粉丝是电视媒体的最稳定受众。但是电视节目切不可因为其雄厚的受众基础而放弃正在流失的年轻观众。保持这批最稳定的观众,积极吸引当下的年轻观众是电视媒体以及电视节目得以发展的重要因素。

(二)展现其权威性、严谨性、深刻性和宏大感

近两年,真人秀节目不断涌现,从这些节目的制作上看,没有强大的资金支持和成熟的制作经验,是很难达到令人满意的效果的。以近期播出的真人秀节目《了不起的挑战》来看,这档节目的版权属于韩国MBC电视台,其中韩国工作人员就有60余位,整

个节目的工作人员就达数百人，节目制作辗转中国各地，嘉宾来源多样，各种准备、协调工作繁杂。可以说，这种宏大的制作，是处于发展阶段的新媒体无法做到的。

由于强大的经济基础和政策支持，电视节目中往往可以邀请到国内顶尖的相关专业人士。比如中央电视台第七频道的节目《防务新观察》，其长期的嘉宾评论员为张召忠、杜文龙等一批专家。张召忠为国防大学军事后勤与军事科技装备教研部副主任，副军职，海军少将军衔，教授，军事战略学博士研究生导师，军事装备学学科带头人，通晓阿拉伯语、英语，先后有8项科研成果获得国家部委和军队级科技进步奖。杜文龙为大校军衔，军事科学院作战理论和条令研究部正师职研究员，主要从事合同战术和武器装备的研究工作。从上面的人物介绍可以看出电视节目中所邀请的嘉宾往往都是相关领域的权威人士，从而保证了电视节目的权威性、严谨性以及内容的深刻性。

另外，电视媒体有其观影优势，即可以增进家庭感情。电视机是中国家庭中必不可少的电器之一。国际经合组织（OECD）曾经对29个国家进行时间利用调查，数据显示中国人在每天3.8个小时的休闲时间中看电视就占去了约2个小时。而中国家庭成员在一起做得最多的事情则是看电视。从历年中央电视台春节联欢晚会的收视率来看，在大年三十晚上家人团聚之时，全中国有一半的人在看春节联欢晚会。看电视节目成为中国家庭团聚消遣、发表观点、增进感情的方式之一。全家人一起看电视是中国人的传统习惯，基于这个原因，电视节目往往喜乐融融，并包含家庭观念和伦理观念，便于家人增进感情。

四、面对新媒体，电视节目要做到与之融合

新媒体，有着自身的不足，但是其优势是不可忽视的。与传统媒体相比而言，新媒体具有个性化突出、受众选择性多、表现形式多样、信息发布及时等优势，具有交互性、全息化、数字化、网络化等特点。从内容上来说，新媒体可以传输文字、图片、视频、音频等各种信息；从过程上来讲，新媒体既可以通过流媒体的方式实现线性传播，也可以通过存储、读取的方式实现非线性传播。新媒体打破了媒介间的壁垒，消融了地域之间，甚至传播者与接受者之间的边界。新媒体环境中，观众的参与性、互动性更强，这样不仅能充分调动观众的积极性，而且有利于节目的宣传推广。

马克思说过，世界万物皆有联系。在新媒体时代，电视节目的进一步发展离不开新媒体。电视节目首先要利用电视媒体拥有的优势，把这种优势发挥到极致；电视节

目还要利用新媒体的优势，增强自身的影响力、关注度和互助性，准确定位电视节目目标受众，结合网络电视等进一步发展。我们不妨大胆设想一下，电视节目的发展最终会顺应时代潮流，与新媒体融合到一起，在未来，或许没有电视节目与新媒体节目的区别，节目仅仅是节目，不会因载体而有所区别。

参考文献：

[1]胡智锋、周建新：《新媒体语境下电视节目生产的发展空间探析》，《视听界》2008年第5期。

[2]戴雅楠：《三网融合背景下电视节目的市场创新策略》，《企业导报》2009年第3期。

[3]张利平：《新媒体时代传统媒介融合渠道与路径选择——以〈华尔街日报〉为例》，《湖南大学学报(社会科学版)》2013年第1期。

[4]相德宝：《新媒体问题与管理——2011中国新媒体研究综述》，《新闻界》2012年第2期。

[5]孙宜君、王建磊：《论新媒体对文化传播力的影响与提升》，《当代传播》2012年第1期。

[6]周星：《新媒体时代的文化景观与应对策略》，《艺术百家》2012年第4期。

WENHUA YICHAN

文化遗产

近十年我国非物质文化遗产教育研究进展[①]

王 莉　贺能坤[②]

联合国颁布的《保护非物质文化遗产公约》明确提出，通过正规和非正规教育保护和传承非物质文化遗产，制定向青年进行宣传和传播信息的教育计划。教育成为非物质文化遗产传承的主导力量，已越来越为学者们所认同。近十年来，学者们围绕非物质文化遗产教育进行了多角度的研究，形成了丰富的研究成果。梳理已有研究文献，反思我国非物质文化遗产教育存在的问题，对促进非物质文化遗产保护具有重要作用。

一、非物质文化遗产与教育的关系

现存的非物质文化遗产有各种形式，包括民间文学作品及语言文字，民间音乐、舞蹈、美术、戏剧、曲艺，风俗礼仪，节日，传统手工艺，自然和宇宙的知识和实践等。[③]这些种类繁多的非物质文化是中华民族文化的重要组成部分，是一个民族的根和魂。保护和传承非物质文化遗产，对一个国家、一个民族的发展具有重要意义。但是，在现代化的今天，非物质文化遗产的保护和传承面临巨大挑战。许多非物质文化遗产已经中断传承，甚至消亡。解决这一难题，教育被公认为是最好的办法。因此，非物质文化遗产教育成为近十年来学者关注的热点。

（一）非物质文化遗产教育的价值

众所周知，非物质文化遗产的形成和发展，与地形、气候等自然环境以及民族心理、风俗习惯等社会环境相关，非物质文化遗产凝聚着该民族各种文化基因。[④]非物质文化遗产是进行青少年真、善、美教育的好素材，开展此类文化教育有利于提高青少年

---

①原载于《重庆文理学院学报（社会科学版）》2016年第3期。

②王莉，西南大学西南民族教育与心理研究中心。贺能坤，重庆文理学院非物质文化遗产研究中心。

③普丽春：《少数民族非物质文化遗产教育传承研究——以云南省为例》，民族出版社2010年版，第235—240页。

④汪立珍：《少数民族非物质文化遗产的保护与教育》，《民族教育研究》2005年第6期。

的素质，实现人的全面发展。①不仅如此，非物质文化遗产所蕴含的有关该民族的意识形态、经济生活、发展历史等，是青少年和公众认识自己民族的绝好资源。因此，开展非物质文化遗产教育，有利于全体社会成员养成自觉传承非物质文化遗产的行为②；有利于民族成员形成稳定的民族心理③；有利于消除民族中心主义，最终实现各民族文化的和谐共生；有利于促进人的全面发展以及社会的和谐发展。

（二）教育在非物质文化遗产传承中的重要性

教育的基本职能是延续文化，发展文化，孕育、创造新文化。④这里的教育不仅包括学校教育，还包括学校之外的各种公共文化机构开展的教育活动。一方面，学校是最发达、最完备的文化传递场，扮演着"二元"文化传承场的角色。⑤人们普遍认为学校教育是传承非物质文化遗产最有效的途径，学校应肩负起传承非物质文化遗产的历史使命。《中华人民共和国非物质文化遗产法》第三十四条也规定："学校应当按照国务院教育主管部门的规定，开展相关的非物质文化遗产教育。"同时学校要紧跟时代的发展，明确新形势下非物质文化教育内容和教育方式。另一方面，各种校外教育机构也应该积极参与进来。各级图书馆、文化馆、博物馆、科技馆等公共文化机构要积极开展非物质文化遗产的传播和展示活动。教育与非物质文化遗产保护、传承是一个双向互动的过程，两者相互影响、相互制约。

二、非物质文化遗产教育的实施路径

如何开展非物质文化遗产教育，学者们主要从学校教育、家庭教育、社会教育来探讨实现路径。

学校主要通过教材、课程、校园文化活动等开展非物质文化遗产教育。目前，学者提出要借助高等院校的优势开展非物质文化遗产教育，培养当代大学生对其的认识、理解，促使大学生掌握相应的非物质文化遗产保护和传承的理论和方法，迅速培养一批非物质文化遗产教育人才。甚至有学者指出，在高校应该建立非物质文化遗产学科

①宋晶：《中国世界遗产地与青少年素质教育》，《湖北社会科学》2003年第8期。

②张卫民：《我国非物质文化遗产保护新路向——非物质文化遗产教育探究》，《民族艺术研究》2005年第5期。

③普丽春：《少数民族非物质文化遗产教育传承的价值特征》，《民族教育研究》2013年第2期。

④郑金洲：《文化与教育：两者关系的探讨》，《上饶师专学报》1996年第1期。

⑤赵世林：《民族文化的传承场》，《云南民族学院学报（哲学社会科学版）》1994年第1期。

体系。[①]鼓励教师从学科教学出发，将非物质文化遗产教育融进教学中。除高等院校之外，在中小学也应该积极开展非物质文化遗产教育。特别是非物质文化遗产资源比较丰富地区的中小学校，更应该成为非物质文化遗产教育的主要阵地。如何促使学校发挥非物质文化遗产教育的作用，有学者认为当务之急是把非物质文化遗产教育纳入教育体系，与非物质文化遗产的保护同时展开，建立非物质文化遗产全方位、多层次教育传承体系[②]。具体来讲，就是在学前教育阶段，注重培养非物质文化的热爱者；在中小学阶段，注重培养非物质文化的认同者；在大学阶段，注重培养非物质文化的传承者。[③]

另有学者从家庭教育的角度讨论非物质文化遗产教育。非物质文化遗产是家庭教育的基础，是家庭教育的重要内容。[④]在学校教育出现之前，家庭教育成为民族社会习俗教育的基础。[⑤]家庭教育在保持教育对象的主体性和主动性，维系家庭成员的情感和教育的灵活性方面有明显优势。[⑥]容中逵认为家庭教育是非物质文化遗产保护和传承的重要环节，侧重于传承非物质文化遗产的行为系统[⑦]，具体来说，就是进行生产劳动、宗教信仰、民族传统文化、风俗习惯、道德品行方面的教育，以影响青少年和其他社会成员。[⑧]家庭教育主要是家长通过自己对非物质文化的态度，榜样示范、言传身教，以影响自己的孩子。

还有学者从社会教育的角度探讨非物质文化遗产教育。有学者指出人类活动充满了活态教育，非物质文化遗产教育是这种活态教育的重要组成部分，必须走进生活。非物质文化遗产根植于我们的社会生活，社会是滋养非物质文化遗产的土壤，也是其传承的根基。社区是文化传承中学校教育的有效补充。程世岳等以社区理论为基础，在多元文化教育理论和杜威的“教育即生活”理念指导下，通过分析以传统文化为主要

---

①牟延林、谭宏、王天祥，等：《非物质文化遗产教育传承：当代高校文化素质教育的新路径——以重庆文理学院为例》，《民族艺术研究》2011年第1期。

②普丽春：《云南少数民族非物质文化遗产传承模式构想》，《云南民族大学学报（哲学社会科学版）》2010年第1期。

③谭宏：《构建非物质文化遗产教育传承体系的探讨》，《重庆高教研究》2015年第1期。

④曹能秀：《民族文化传承与教育——以云南省寻甸回族彝族自治县六哨乡为个案》，人民出版社2012年版，第15页。

⑤哈经雄、滕星：《民族教育学通论》，教育科学出版社2001年版，第124页。

⑥向瑞、张俊豪：《湘西苗族传统文化在家庭教育中的传承特性》，《民族教育研究》2014年第2期。

⑦容中逵：《家庭教育：你在传统文化传承中都做了些什么——论当前我国家庭教育中的传统文化传承问题》，《教育理论与实践》2008年第6期。

⑧范婷婷：《家庭教育中的少数民族文化传承》，《黑龙江教育学院学报》2009年第11期。

内容的村寨式教育,期望利用社区教育实现非物质文化遗产保护和传承。[①]

综上所述,学者们从不同场域讨论了非物质文化遗产教育的实施路径。但从实际考察来看,诸多因素导致非物质文化遗产学校教育存在诸多局限,学校并没有很好地承担这一重任。家庭、社区在非物质文化遗产教育中本应占有一席之位,但由于不可控因素较多,也未发挥应有的作用。学校教育、家庭教育、社区教育三者脱离。

三、学校开展非物质文化遗产教育的实践

学校教育是非物质文化遗产教育的主要途径。非物质文化遗产进校园、进课堂、进教材活动的有效开展,对非物质文化遗产的保护和传承具有重要作用。

(一)编写专门教材

《中华人民共和国非物质文化遗产法》第三十四条规定:"教育部门和各级各类学校要逐步将优秀的、体现民族精神与民间特色的非物质文化遗产内容编入有关教材,开展教学活动。"目前已出版很多关于文化遗产的教材,且多是统编教材,出版时间主要集中在2005年至2010年。有关世界文化遗产的教材主要有:《世界遗产与年轻人》《世界遗产概论》《世界文化与自然遗产概论》。有关非物质文化遗产的教材在2003年之后如雨后春笋般的速度呈现在我们面前,但质量参差不齐,主要代表作有:王文章的《非物质文化遗产概论》、苑利等人的《非物质文化遗产学》、乌丙安的《非物质文化遗产保护理论与方法》、牟延林等人的《非物质文化遗产概论》。作为世界文化遗产和非物质文化遗产的通识教材,它们在一定程度上满足了学校普及非物质文化遗产知识的需要。但从非物质文化产生的根源来讲,我们的教材要更能体现文化遗产的地域性,需要开发"乡土"教材。目前,地域性教材、校本教材以及其他针对不同教育对象的教材的缺乏仍是非物质文化遗产教育教材建设面临的主要问题。

非物质文化遗产教育教材应包括哪些内容?张卫民认为非物质文化遗产教育的教材应包括民族和民间非物质文化遗产内容、地域性非物质文化遗产内容。[②]民族地区的非物质文化遗产具有独特性,既有适合学校教育的内容,也有宗教的内容,选编这些非物质文化遗产时,既要考虑学校教育的特殊性和局限性,还要考虑学校教育的优势。郎玉屏提出应利用乡土教材传承民族地区的非物质文化遗产,但编写乡土教材要

①程世岳、叶飞霞:《少数民族社区教育传承民族传统文化的理论探讨》,《天津电大学报》2014年第1期。

②张卫民:《我国非物质文化遗产保护新路向——非物质文化遗产教育探究》,《民族艺术研究》2005年第5期。

一切从实际出发,同时教材内容需不断更新。[①]

(二)开设相应课程

已有考察发现,义务教育阶段并没有单独开设非物质文化遗产课程,而是艺术类、体育类学科结合自己学科特点在课堂中渗透某类非物质文化遗产的内容。艺术类课程具有传承文化艺术的功能,教师在教学过程中将非物质文化遗产引进,可以培养学生热爱我国民间艺术,达到拓展学生视野的目的。以中学美术教育为例,此阶段开设的与非物质文化遗产相关的内容,主要有剪纸、绘画等。在大学阶段,与非物质文化遗产相关的课程以选修课、通识课为主要形式。[②]在普通高校和职业院校既要开展与非物质文化遗产相关的民族学、民俗学、人类学、历史学等理论课程,运用观察、访谈、问卷、实验等研究方法了解当前非物质文化遗产现状,还要开设专门技能训练实践课程,让学生通过实际参与,提高某些民间工艺品等的制作技能。

目前以探究为导向的独立课程,以鉴赏为导向的课堂渗透,以活动为导向的非正式课程正在首都师范大学展开。[③]"穿插式、附加式、渗透式"课程设计方式也已显山露水。"穿插式"是指在现有文化课程中,教师穿插介绍一些有关非物质文化遗产的内容。这要求教师必须做好备课工作,还涉及教师如何建构授课内容和方式,让学生在课堂中感受非物质文化遗产的魅力。"附加式"是教师在建构新课程时,不改变原有课程结构、目的,把课外阅读和实践内容附加到该课堂中。"渗透式"需要对课程每一个方面重整,考虑非物质文化遗产的产生、发展、创新等各方面,融入大教育系统中。[④]如果这些教学方法能落到实处,我们或许会看到濒危的非物质文化遗产复苏。

四、结论与展望

回顾近十年来我国非物质文化遗产教育研究成果发现,非物质文化遗产教育研究具有"三多三少"的特点。具体表现为:

---

①郎玉屏:《现代化进程中少数民族非物质文化遗产传承研究》,《西南民族大学学报(人文社科版)》2009年第10期。

②黄江丽、王瑾、洪剑明:《世界遗产教育在大学的实践模式探讨》,《首都师范大学学报(自然科学版)》2010年第4期。

③黄江丽、王瑾、洪剑明:《世界遗产教育在大学的实践模式探讨》,《首都师范大学学报(自然科学版)》2010年第4期。

④张卫民:《我国非物质文化遗产保护新路向——非物质文化遗产教育探究》,《民族艺术研究》2005年第5期。

（一）多强调正规教育，少谈非正规教育

多强调正规教育（学校）在非物质文化遗产保护和传承中具有重要作用，少谈非正规教育的作用。《保护非物质文化遗产公约》中明确指出要利用正规教育和非正规教育传承非物质文化，但现实却是学者们多关注正规教育传承非物质文化遗产，主张开设非物质文化遗产课程以及开发教材。目前，中小学校主要通过课间活动以及校园文化建设凸显自己在这方面的教学特色，课间活动以具有民族特色的体操或舞蹈为主。以国家级非物质文化遗产代表作重庆秀山花灯为例，当地学校利用课间操时间组织学生跳花灯操。在现实生活中，人们理所当然地认为通过学校进行非物质文化遗产教育一定会比其他方式效果显著。出现该想法的根源在于没有准确认识学校教育的本质与非物质文化遗产的本质的关系。一定时期的经济、政治、社会条件和人的身心发展水平影响教育目的的确定。学校教育确有文化传承作用，但所传承的文化必须符合科学，符合当前的教育目的。学校，不是包治百病的良医。我们不能有这样的惯性思维，即社会中出现任何问题，就把该问题交给学校，学校就可以解决。许多学者强调将传承人请进学校，这表明他们虽考虑到非正规教育的价值，但仍以学校为主体。人类活动充满了活的教育，研究文化不能只从现有的书本出发，而是该走进实实在在的生活，只有这样，我们才会对非物质文化遗产有真切的认识，面对非物质文化遗产的消失才有切肤之痛。此外，我国现行的教育体制在非物质文化遗产传承方面有诸多局限，加上受非物质文化遗产本身属性的限制，因而必须借助非正规教育。非正规教育在非物质文化遗产传承中的重要地位应该被重视。

（二）多强调普通教育，少谈职业教育

多强调普通教育对非物质文化遗产人才的培养，少强调职业教育对非物质文化遗产人才的培养。非物质文化遗产人才的培养，除了需要普通高等教育的参与，还需要职业教育出力，这不仅有利于系统构建非物质文化遗产教育体系，还能推动职业教育发展。现阶段，非物质文化遗产教育的研究较少关注职业教育在传承中的重要作用。与普通教育相比，职业教育具有时间短、见效快等优点。非物质文化遗产中包括许多有高经济效益的传统手工艺，如何利用职业教育将其转化为经济效益将变得尤为重要。民族地区的职业院校要认清自己所处的“位”，摸清本区域非物质文化资源存量，结合文化资源、旅游资源优势，在做好充分的市场调研的情况下，设置特色专业，培养专业人才，形成非物质文化遗产教学特色。

（三）多讨论教育实践，少谈教育评价

多讨论各级各类学校的非物质文化遗产教育实践，少谈对非物质文化遗产教育的评价。政策的制定和实施，都需考虑成效。《保护非物质文化遗产公约》《关于加强我国非物质文化遗产保护工作的意见》《完善中华优秀传统文化教育指导纲要》等政策早已颁布，但这些政策的实施效果如何？取得的成效如何？目前仍没有一个明确的衡量评估体系。中小学虽然积极开展非物质文化遗产教育，但其质量该如何评估、成效如何评价等，还未从根本上建立起较为完善的评价体系。

近十年来，我国非物质文化遗产教育的研究成果有力地推动了非物质文化遗产的保护和传承，在非物质文化遗产的传承方面发挥了积极的作用。但是，非物质文化遗产的保护和传承状况仍不乐观，还需要进一步围绕非物质文化遗产教育开展多角度、深层次的研究。在今后的研究中，我们应该更加重视探讨非正规教育在非物质文化遗产保护和传承中的地位和作用，探讨非物质文化遗产教育的理论和实践以及非物质文化遗产教育的评价等问题，以便更好地开展非物质文化遗产教育，促使非物质文化遗产得到有效的保护和传承。

用虚拟现实技术捕捉“非遗”

——以重庆市的川剧保护为例①

罗 敏②

近年来，社会各界对非物质文化遗产越来越重视，非物质文化遗产开始走进人们的生活，但对非物质文化遗产怎样进行保护，特别是如何利用现代先进技术进行传承和保护，是亟待解决的问题。

一、“非遗”融合虚拟现实技术的重要意义

党的十八大以来，习近平总书记多次在不同的场合，就文化创新阐发了一系列重要观点。习近平强调要加强文化创新力度，要把“创新”摆在国家发展全局的核心位置。创新是“非遗”发展的重要推动力，也是推动文化发展繁荣的基础。创新将成为“十三五”期间文化发展的重头戏。

利用虚拟现实技术发展“非遗”，也是落实国家政策，实现“非遗”创新发展的重要路径。非物质文化遗产融合虚拟现实技术，有利于弥补传统非物质文化遗产保护、传承方式上的欠缺，有利于创新非物质文化遗产保护的方式，有利于人们全面认识非物质文化遗产。由于虚拟现实技术在非物质文化遗产保护领域的应用可以不受时间和地点的限制，可以更全面地全方位记录非物质文化遗产重要数据，可以以最直观、最全面的方式再现非物质文化遗产的形态，可以在虚拟三维空间中模拟真实的非物质文化遗产人文历史情景，等等，这些有利于增强人们的体验感，让更多的人加深了解，增强兴趣，激发民族文化发展的活力。

---

①本文系重庆市文化艺术新闻出版广播影视科学研究规划项目（项目编号：15DH014）的研究成果。原载于《四川戏剧》2016年第11期。

②罗敏，重庆市文化艺术研究院馆员。

二、重庆"非遗"项目——川剧的保护

川剧被列入国家第一批非物质文化遗产名录。川剧体现了独具地域特色的渝派戏剧风格。重庆川剧荟萃前人所创之精华，造就了张德成、周慕莲、袁玉堃、夏庭光、许倩云、高凤莲等一大批知名度高、造诣深厚的老一辈艺术家和新生代川剧领军人物、全国十大青年表演艺术家，这些新生代有著名艺术家沈铁梅、资深剧作家隆学义、导演胡明克、作曲家陈安业等；积累了《金子》《琵琶记》《绣襦记》《柳荫记》《孔雀胆》《聂小倩与宁采臣》《乔老爷奇遇》等优秀保留剧目。川剧以剧本的文学性、表演的精湛性、声腔的多样性、打击乐的独特性、绝技的神奇性以及大俗大雅的渝派风格，声誉卓著。

虚拟现实技术，也称人工环境或灵境技术，是把客观上存在的或并不存在的东西，利用计算机模拟技术生成一个虚拟三维空间，使其高度模拟真实环境，人们在体验时会产生置身于相应的真实环境中的虚幻感、沉浸感，人们还可以实时地进行相应的操作。

虚拟现实技术为川剧实现情景再现提供了坚实的技术保证。使用虚拟现实技术对川剧的表现方式进行模拟，设计虚拟的表演者（各个角色行当）、环境、道具、声腔、身段、服饰等，形成一个三维的虚拟场景，我们可以通过虚拟场景多角度观看川剧表演。在交互模块，我们还可以通过手势、体态等多种方式与系统进行互动。虚拟现实技术有利于我们更加详细地了解川剧，亲身参与、亲自体验各个角色行当，有利于川剧的传承和保护。

三、用虚拟现实技术捕捉"非遗"

虚拟现实技术捕捉"非遗"指的是利用计算机虚拟现实技术，建立非物质文化遗产项目的虚拟三维模型，以数字化的方式将非物质文化遗产的所有资源真实地、完整地存储到数据库，实现三维数字存档，以便非物质文化遗产资源得到最大限度的共享。下面详述构建虚拟环境的过程。

（一）虚拟现实技术应用于川剧的实施过程

1.数据采集

数据采集是虚拟现实系统构建的基础，是三维建模的主要依据。为了在虚拟场景中展示逼真的川剧表演，对原始素材进行拍摄、测量是必不可少的。在拍摄过程中，可以通过各种测量手段进行多个角度、多个方位的高精度拍摄，获取精确的数据。常用的测量技术有人工测量和仪器自动测量。这里以大型场景的数据采集为例进行相关

原理说明。用全站仪对川剧表演的大型场景进行大范围的精准测量,利用360°全景技术将各个表演者、服饰、道具等的各部分分别拍摄成不同的全景图,然后利用激光扫描技术快速地获取点云数据,与采集到的照片和数据进行匹配,再进行制作加工,最终获得所需的各个角色的图形图像。

2.三维虚拟建模

三维建模是虚拟现实系统建立的核心技术。非物质文化遗产是以人为本的活态文化遗产,它依托于人这个特殊的载体而存在,强调的是以人为核心的技艺、经验、精神,以及与传统文化表现形式相关的实物和场所。所以我们不仅要对川剧传承人的表演过程进行建模,还要对与其相关的实体建模,这样才能全面展示、保护、传播川剧。目前常用的方法主要是利用现有的成熟的建模软件如Sketch Up、3ds Max、Maya、Soft Image、Alias等,通过交互式技术对目标进行建模,建模精度能够满足实际应用的要求。

(1)静态建模

主要对象是川剧中的环境、场景、道具、乐器、服饰等相关实体。静态建模是动态行为建模的基础。静态建模的具体过程:基于几何图形和图像的混合建模技术,利用IBMR构建川剧虚拟场景的环境,将所获得的川剧虚拟场景以及实物的真实照片作为样本来重现现场场景及实物,从重现的川剧场景中获得六面截图(要求与原物品比例一致,纹理色彩与原物品相同),然后用几何建模技术构建出场景和实物的几何模型,利用前面所获得的截图对模型进行透明贴图或无缝贴图(可使用Photoshop图片处理软件将贴图元素“贴”到视线能够察觉的位置),产生表面细节,同时要保持数据精确度,并做光照、透明剔除、消隐、去冗余面、纹理映射、渲染等后期处理,最后得到视觉丰富、形态逼真的川剧场景模型。

(2)动态行为建模

主要是指对各个角色行当在表演过程中的动作、表情的捕捉,以完成对川剧表演过程的真实再现。虚拟现实系统中所谓的行为其实就是指川剧表演中的连贯动作。选择重庆市川剧代表性传承人沈铁梅、夏庭光、高凤莲、周继培、许倩云、余果冰、刘树德、罗吉龙等的主要表演剧目(《金子》《李亚仙》《焚香记》《彩楼记》《借赵云》《马房放奎》等)中的动作为捕捉的内容,实现表演动作、人物表情的片段分解,并总结制订出动作的分解步骤,对他们的动作进行建模。在这里我们可以对每个动作进行一系列的参数编程,也可以利用3ds Max对多个运动的部位进行运动关系分析,增加自由度节点,从而完成多种预定的动作的建模。

3.利用虚拟现实软件平台完成交互设计

川剧三维建模完成后，就可以导入到虚拟现实软件平台完成交互设计。目前虚拟现实软件平台呈现出多样化特征，有Virtools、Nibiru、Quest 3D、Converse 3D、Unity 3D、VR-Platform（VRP）等软件。我们主要用Unity 3D三维虚拟现实平台软件。该软件支持DirectX 11和Open GL，支持Java Script、C#、Boo脚本语言，具有功能强大、操作简单、稳定灵活、完全可视化、支持顶点渲染和像素渲染等特点，能实现完整地还原川剧的目的。

4.虚拟漫游

川剧模型构建完成后，就可以实现自动漫游和人工漫游自如切换。在虚拟环境中，我们可以对川剧整个项目进行展示，观看者不仅可以从整体上欣赏，亦可以一个场景、一个细节地进行浏览、观看。可以360°环视或多角度旋转观看川剧，可以选择自动漫游模式或自主漫游模式，体验川剧的表演过程，感受川剧音乐等。

5.建库存档

最后将川剧所有数据存储到数据库中，实现资源共享，做好网络安全和备份工作。将建好的川剧模型与数据库相关联，方便读取、查看川剧项目和传承人的信息，以及了解该项目的其他相关信息，全方位认识原汁原味的川剧。

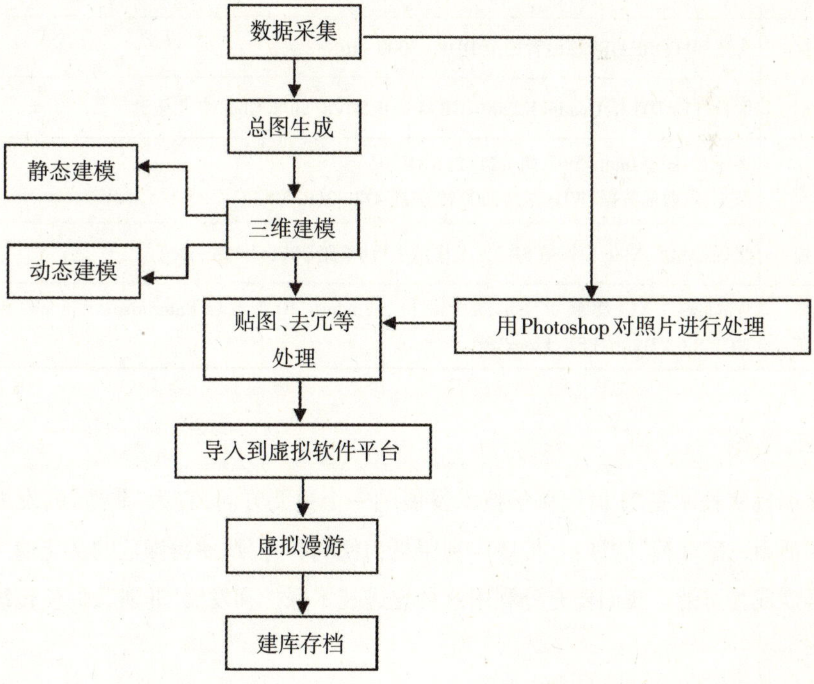

(二)应用系统开发工具

1.核心技术

(1)立体声合成技术、传感技术和立体显示技术

利用立体声合成技术通过对直达声、回声以及川剧周围环境的混杂声的处理获得立体声效果,增强川剧表演虚拟环境中的音乐的真实感;利用传感技术工作的各种头盔显示器、数据手套、数据衣服、光阀眼镜、手持立体显示设备等有利于我们更加逼真地感受动态川剧表演;大型的立体显示设备也可以为川剧提供虚拟演示的场所。

(2)触觉与视觉反馈

在数据手套内层安装一些可以振动的触点来模拟触觉,可以让我们在体验川剧虚拟表演时有身临其境的感受。

2.硬件配置

用于建模和数据处理的电脑要有相当强的三维图形处理能力。关于硬件配置有以下建议:

配件	品牌型号
CPU	英特尔 i7-5960X 处理器(八核16线程)
内存	海盗船(CORSAIR)统治者铂金 DDR4 3000 (16G×8条)
显卡	丽台(LEADTEK)Quadro K2200 4GB×4 DDR5/128-bit/80Gbps 专业显卡
硬盘	系统盘:固态Intel 750系列 1.2T×2(RAID 0) 数据盘:西部数据(WD)黑盘7200转 64M 4TB×3(RAID 5)
主板	华硕(ASUS)X99-E WS/USB 3.1工作站主板(单路 2011针4路交火)
操作系统	Windows 7 X64 旗舰版(Service Pack1)、Windows 10 企业版 Enterprise、Windows Server 2012 R2、VMware ESX、Linux等

四、结论

虚拟现实技术是21世纪科学技术发展的一个重要方向,它为“非遗”的发展注入了新的活力,让“非遗”的展示、传播与利用更为便利和充分,使得濒危的文化遗产的还原和再现成为可能。我们要充分利用这种先进技术保护和发展“非遗”,促使传统文化活在当下。

参考文献:

[1]王文章:《非物质文化遗产概论》,教育科学出版社2013年版。

[2]杨红:《非物质文化遗产数字化研究》,社会科学文献出版社2014年版。

[3]刘光然:《虚拟现实技术》,清华大学出版社2011年版。

民间艺术复兴的可能性探索

——以重庆地区传统手工艺为例[①]

秦　臻[②]

作为非物质文化遗产的传统手工艺，在当下的社会环境中遭遇诸多困境，如生存环境不复存在、市场萎缩、传承后继无人等。传统手工艺如何在新的时代背景下定位自身发展，如何更新自我的存续形态以适应不同的环境，如何通过一定的手段增强生命力和发展力，是非物质文化遗产保护亟须思考的问题。

一、抽离·图像的转载

图像是人类社会活动中最常见的信息载体。据统计，一个人获取的信息大约有75%来自视觉，图像也成为我们认知事物的最重要的形式之一。民间工艺多与民众生活息息相关，或是反映生活，或是寓教于乐，而图像作为最直接的信息载体，便成了民间艺术最常用的表现形式。

梁平木版年画作为西南地区历史悠久且影响深远的民艺，被誉为“巴渝十大民间艺术”之一，至今约有三百多年的历史，不仅在刻板、印刷等方面具有独特的工艺价值，在造型、色彩等图像元素上，也体现出浓郁的地方特色和极高的艺术价值。然而，纯手工制作的梁平木版年画工序复杂，生产周期长，加上传承后继无人和社会需求降低，年画原有的实用价值已经无法在现代社会中体现，其原本得以存续的文化生态环境亦不复存在。[③]

在几百年的技艺延续中，年画图像已经程式化地固定下来，并带有很强的艺术识别性，忽略工艺的流程，图像成为年画生命延续的重要载体。在这样的情况下，保护工

①本文系重庆社会科学规划项目“后三峡时期非物质文化遗产传承人口述史研究——以重庆梁平地区为例”(项目编号:214YBY091)的研究成果之一。原载于《新闻研究导刊》2016年第12期。

②秦臻，四川美术学院副教授，博士。

③秦臻、张习文:《梁平木版年画艺术》，重庆大学出版社2015年版，第60页。

作可以转换思路,即剥离传统手工技艺原有的实用价值,而将其作为非物质文化遗产的历史价值、文化价值、艺术价值、社会价值等浓缩在一笔一画的图像之中。取其形、用其意,将图像抽离木版、纸张等传统载体,转载到装饰画、文化创意产品等新的载体上。在载体创新的基础上,立足一定的审美标准,通过设计创新,对传统图像进行元素化、卡通化、抽象化处理,以便用于衍生品的复制和转载。以具有代表性的图形作为媒介,实现传统民间艺术向当下大众文化的嬗变,可以帮助此类传统民间工艺在"适者生存"的市场经济社会中实现再生。

二、重构·物性的延伸

对于特定的传统手工技艺类非物质文化遗产,其文化核心在于手艺人日复一日的"心"与"手"的配合所承载的文化观念和知识经验,这是现代机械无法创造的精神内核,是保护和传承中不可改变的部分。而对于成品的应用功能,则可以从"新"的角度进一步开发,利用设计手段进行"再设计",使其与现代生活发生关联。

古法二元纸在过去往往作为祭祀用的火纸或印刷用纸,特别是作为年画的画纸而存在。用途的高度局限带来的是生存能力的下降,一旦社会背景发生变化,或者新式替代物出现,或者机械化的高速高效高标准要求,又或者对费工费时的手工化的淘汰,像古法二元纸这种传统手工产品的命运往往多舛。若不是非物质文化遗产的学术保护,它们很可能已经消逝在历史的长河中了。

既然用途的局限是古法二元纸技艺传承的软肋,那通过设计的手段,拓展它的用途是否可行呢?设计师们抛弃纸作为书画材料的单一认知,将纸视作一类"物"来对待,对"物"的属性进行探讨,则会改变对二元纸在物化及设计过程中的全部认知。纸张是具备丰富的视觉和触感的材料。其适宜的软硬度造就了可围裹、可折叠等造型属性,造型过程中,某些功能属性也适时产生,而在这几种基本属性之外,还可以挖掘纸张的其他属性去开发设计产品。某些视觉传达专业人员对于宣纸新的应用和探索,可以作为二元纸很好的借鉴。宣纸的创新应用中,在保留了纸张原本的属性和质感的基础上,通过重构纸张的造型形态,使其从单页平面变成三维的灯具、包装品和书籍,实现了古法二元纸的"物"性的延伸,在切实的"使用"过程中,表达出传统文化的意义。创新可以是在功能上、使用上、视觉上的改进,也可以是体验上、情感上的改变。

三、再现·技艺的运用

花丝镶嵌是我国传统的手工艺，因花丝和镶嵌这两种独立工艺常一起使用，故合称“花丝镶嵌”。花丝选用金、银、铜为原料，采用掐、堆垒、编织等技法；镶嵌以挤、镶等技法，将金属片做成托和瓜子型凹槽，再镶以珍珠、宝石。重庆花丝镶嵌最辉煌的时候是20世纪七八十年代，那时候，重庆金属工艺厂（原金银饰品厂）里拥有大批银楼艺人，他们拥有熟练的技术，加上雄厚的研发力量，当时生产出的产品精致多样，远销东南亚、欧洲各国。在那段时间里，重庆花丝工艺也取得了很大的发展，是当时的中国三大花丝工艺之一。

传统花丝镶嵌主要用于传统民族服装的装饰，造型大多模仿现实中的花草与动物，或一些传统吉祥纹样，这与当代大众的审美标准严重脱节。但精湛的手工技艺是花丝镶嵌作为非物质文化遗产的内核，对其进行活态传承才是技艺焕发新生的根本。

花丝镶嵌作为传统手工技艺，制作繁杂，工序较多，具有稀缺性。手工制作带来的独有性使其符号价值远大于物质性价值，具备成为奢侈品的基本条件。但是奢侈品的珍贵在于手工工艺与原创精致设计相结合，而不在于贵金属和宝石的简单粗糙的使用上。设计师如果能把握当下潮流与传统技艺的平衡结合点，相信花丝镶嵌技艺不难在以手工为贵的市场中占有一席之地。另一方面，花丝镶嵌可以与服饰设计相结合，或在小件家居用品上进行局部的装饰和点缀，不局限于大型、价格昂贵的工艺摆件或首饰，实现将传统技艺融入日常生活中，这也是为其注入“新生命”的必然选择。

四、新生·新民艺时代

在固有印象中，传统民艺是属于工业革命之前的产物，已经被机械化批量生产和市场经济所抛弃，与现代社会生活发生隔离。那是不是手工艺会就此消失呢？在西方，19世纪50年代，因为机械化生产对手工艺的冲击而酝酿了工艺美术运动，如今，面对同样的矛盾，我们能否从中有所借鉴呢？

工艺美术大师柯愈勋为我们提供了一个新的答案。号称“二刀”的他，白天作为医科大学的教师，用手术刀解剖青蛙，晚上作为一名木雕工，用雕刻刀创造“青蛙”，这是他生活中医术与艺术的映衬。2007年，柯愈勋成为重庆唯一获得“中国工艺美术大师”称号的民间艺人，可以说，他是新时代的民艺代表人。透过他的雕刻作品，我们看到了如今已十分难得的工匠精神，看到了手工艺复兴的一丝希望，也看到了现代艺术家如何创造出新的工艺。柯愈�不是传承人,他是新生的民艺人。柯愈勋用自己的创造力使传统的木雕技艺焕发了新的生机。

老手艺可能会被淘汰,但工匠精神从来不会过时,或许是时候抛弃对传统民艺古老陈旧的偏见了。在任何时代任何社会背景中,只要工匠精神永存,新的民艺总会找到合适的土壤破壳而出。这也提示我们,用当下的视野和眼光去看待和发展传统的民间工艺,为它们提供合适的利于创新的环境,未尝不是一种更为现实和可行的方法。

五、结语

民间传统手工技艺是传统文化的重要组成部分,作为非物质文化遗产,是文化多样性的一种存在。其工艺美术的价值也被学术界充分认可,但是仅仅依靠学术的保护,民艺会失去生机和活力。民间艺术需要在特定的文化生态环境中才能展现生命的活力,而延续生命活力的活态化传承才是保护的根本目的所在。民艺终归需要回到民间被制作、被观看、被触摸和被使用,只有这样,民艺才算真正的复兴。以上四个案例只是冰山一角,但笔者希望透过这些鲜活的例子,窥探民艺复兴的可能性和新途径,也希望能抛砖引玉,引发更多人的参与和思考。

城镇化进程中秀山花灯多种生存态势研究[①]

丁梦玲[②]

一、秀山花灯及其传承现状

在漫长的历史变迁中，秀山花灯已经发展成为集歌、舞于一体，以打击乐、琴弦乐为伴奏，同时又融合了秀山土家族、苗族歌舞表演技艺的一种民间文化艺术类型。这项民间习俗在我文化与他文化的不断磨合与交融下，最终形成了一种完整而又严格的艺术样态。其独树一帜的艺术样态已成为中国花灯文化艺术的一个重要流派。

秀山花灯作为秀山土家族苗族自治县民间文化艺术的主要代表，目前已经成为重庆市一项重要的旅游资源。1996年秀山县被文化部命名为“中国民间艺术之乡——花灯歌舞之乡”；2006年，经国务院批准，秀山花灯被列入第一批国家级非物质文化遗产名录。秀山花灯形成初期受巫术仪式的影响较深，求福避祸的思想隐含其中。作为与传统农耕生产方式紧密相关的“非遗”样式，秀山花灯在城镇化进程中发生了重要变化。从2005年秀山花灯申报国家级非物质文化遗产的调查工作中我们看到，当时尚在活动的花灯班已不足10个，开展活动较为正常的只有6个。然而翻开秀山花灯的传承发展史，在中华人民共和国成立初期，全县花灯班多达200多个，艺人近5000人。20世纪50年代全县花灯班有130多个。从20世纪60年代初期开始，受三年困难时期社会环境和“文革”的影响，花灯班锐减。到1985年，保留下来的只有80多个。改革开放后，花灯班曾一度复苏，但随着电视、电影、电脑和网络的出现、普及，青年人大多热衷于现代娱乐活动，对传统花灯艺术十分冷漠，致使绝大多数花灯班已无法开展活动。到2005年底，还在活动的花灯班已经不足10个，秀山花灯面临失传的危险。目前，由于秀山花灯赖以生存的农村社会条件发生了变化，加上花灯老艺人相继辞世，秀山花灯的传承和发展面临巨大挑战。

---

①原载于《美与时代》(上)2016年第4期。

②丁梦玲，四川美术学院硕士研究生。

二、作为“通过性”仪式的秀山花灯

秀山县位于渝、湘、黔、鄂结合部的武陵山区，在中华人民共和国成立后的相当长的一段时期内都处于贫困状态，生产力发展水平很低。秀山县是在1951年拥有了第一台千瓦发电机以后才开始用上照明电的。[①]但是，这并没有从根本上解决秀山县电力资源匮乏的问题。直到1980年，全县都没有实现全面照明，除了城区和交通较好的乡镇外，那些偏僻的、远离中心地带的绝大部分村寨都用不了电。这些依然长期处于“黑暗”之中的农村地区，只能依靠原始的照明工具，如桐油灯、煤油灯和蜡烛等带来“光明”，他们期盼以“灯”来驱逐黑暗，于是“灯”成了村寨里老百姓最基本的需求。马林诺夫斯基主张对现存的任何风俗、社会制度或社会关系，都应通过其功能来解释，即考察它是如何满足人类的需求的。他的文化功能论强调文化的功能在于满足个人的需求，其中包括必不可少的生理和情绪需要，以及较为次要的社会的需要。拉德克利夫·布朗则更多地强调“社会整合”和“社会结构”。他的功能论探讨的是社会结构如何在时间的推移中保持自身的作用。马林诺夫斯基强调的个人需求和布朗强调的社会需求，在秀山花灯这项民俗活动中都得到了体现。个人对“灯”的需求和对美好愿望的寄托，催生了秀山花灯这项仪式活动。而在这项仪式活动开展的过程中，个人的生活和情感需求又得到了满足。

花灯自传入秀山之后，当地居民便将其视为神物供奉，并载歌载舞地加以簇拥。因此，从一开始，秀山花灯便具有一种浓厚的祭祀性。因为花灯有象征光明的吉祥寓意，人们把许多力所不能及的内心期望都附加在花灯上。在这种状态下，花灯逐渐成为一种精神寄托和信仰，最终被幻化成了灯神。秀山花灯作为原始自然宗教信仰的产物，人们在跳花灯的过程中始终遵循着它特有的仪式。秀山花灯按其原本的规律存在和发展着。一方面，这种原始的村寨式跳花灯从产生之初就有祈福纳吉的象征性，作为一种“通过性”仪式活跃在春节期间。另一方面，秀山花灯活动还严格按照一定的程序进行。选竹是筹备春节花灯的第一步，用来制作花灯的竹子要求竹节长、粗细恰当、竹顶没有断尖和虫子咬过的伤疤；选定合格的竹子后就开始扎制花灯，花灯制作的尺寸也有严格规定；到正月初二或初三则启灯，启灯仪式结束后就要出灯和跳灯，入户跳灯也要根据实际情况遵循一定的规矩，要依据主家不同的情况分别跳“开财门”“送寿月”“闹华堂”等曲牌；花灯跳到正月十五就要送灯——一行人来到河边或溪边将花灯放在稻草上烧尽，奉送“灯神上天”。

①秀山土家族苗族自治县县志编纂委员会:《秀山县志》，中华书局2001年版，第355页。

作为“通过性”仪式的秀山花灯是依附于民俗活动仪式的歌舞形式，其程序和唱舞规范，过程中供奉神灵牌位，请神、接灯、辞灯时点烛烧香化纸钱，在祭祀中许愿、还愿、祈求吉祥安康等，将一方民众的乡土情结和浓厚的民间信仰寄托在活动中。

三、作为文化遗产的秀山花灯

自2006年秀山花灯作为民俗类活动被列入首批国家级非物质文化遗产名录，它就成了当地的一项重要的资源，依靠不断上升的知名度带动旅游业的发展，从而推动地方经济的发展。文化资本是法国社会学家布迪厄社会实践理论的核心概念。他认为在当代社会，文化已经“无孔不入”了，已经深深地渗透到了社会的各个角落。[①]在秀山和酉阳两地争夺《黄杨扁担》之时，《黄杨扁担》就已经在“非遗”大行其道的时代背景下成了文化资本。之后，一场场文化演出和文化展览围绕着秀山花灯开展。

(一)职业化的歌舞剧团花灯表演

秀山花灯成功申遗后，它不仅成为一种仪式性很强的民俗活动，也具有了多种表演形式。其中包括以秀山花灯为主体展开的各类“文化展演”。这种展演形式大多是有组织性的，比如县政府为节日庆祝或专题活动而组织的花灯演出。承担这类演出的秀山花灯歌舞剧团就是一个专业的文艺团体，是秀山花灯唯一的专业创作演出单位，担负着传承、发展秀山花灯的历史重任。

“秀山县辰河戏剧团”是“秀山花灯歌舞剧团”的前身，成立于1958年10月1日。自成立之日起，为了剧团的生存和繁荣，为了弘扬秀山花灯，几代人为之努力奋斗，曾经创造过辉煌历史，也遇到许多困难。在半个多世纪中，剧团几次面临解体，但最终依然坚持了下来。近年来，政府加大了对秀山花灯保护的资金投入，组织专业人员收集整理相关的图片和文字信息。剧团作为一个集体所有制事业单位和职业性文艺团体，担负着创作、表演、传承和理论研究的重任。其主要任务有以下几个方面：

首先，以演出的形式接待外宾。自20世纪60年代，秀山花灯歌舞剧团就不断地在县城进行表演，且深受欢迎。到20世纪90年代，主要演出剧目有歌舞和小品等，主要服务对象除了一些工厂、农村外，还在城市中做接待外宾的小型演出。

其次，下乡慰问演出。虽然秀山花灯的原始场域在村寨，但是活动主要在春节期间进行。由于时间的限制，平时的花灯表演主要依靠花灯歌舞剧团。秀山花灯歌舞剧团自建团起，每年都安排一两个月的农村、工厂、学校以及军营演出。

①高宣扬：《布迪厄的社会理论》，同济大学出版社2004年版，第14页。

最后,剧团还承担着编创新戏和对外参加竞赛表演的职责。为了庆祝秀山土家族苗族自治县成立10周年,剧团参与创作和演出了《花灯情韵》大型团体操。在黔江地区组织的"这方水土"大型文艺演出中,秀山花灯歌舞剧团也参与了节目创作、排练及演出,且在黔江地区各县巡回演出时深受民众喜爱。自1992年起,每年的秀山春节联欢晚会,剧团都担任主创主演任务。

秀山花灯歌舞剧团在保护秀山花灯这项国家级非物质文化遗产方面担负着多种职责和任务,也创新了秀山花灯传承传播的重要形式,对秀山花灯的继承和发展起着重要作用。

(二)商业化的娱乐性花灯表演

改革开放以来,秀山人民通过对各种各样新产业的探索,为当地经济的发展做出了巨大努力。秀山用开发矿产资源所得资本来发展花灯文化产业,不仅创新了当地经济转轨的模式,也促成了花灯文艺发展和企业文化建设的良性互动。产业化的花灯表演主要活跃在各种广场。位于县城中心位置的花灯广场是秀山极具代表性的一大靓丽景观,广场大门的内外墙上,四幅花灯舞蹈浮雕栩栩如生,生动地描述着古老花灯的动人故事;耸立的《花灯赋》石刻碑文让人们读尽秀山花灯的文化内涵。花灯广场成了集休闲观光、集会健身以及大型文体表演为一体的多功能大众广场。因此有游人如此感叹:到秀山不去花灯广场等于没去秀山。一个花灯广场已将秀山花灯的文化内涵展现得淋漓尽致。

除此之外,秀山花灯表演也活跃在餐饮行业。当秀山花灯的知名度不断提高时,一些独具慧眼的企业家开始将眼光转向了花灯文化产业。他们将民间花灯文化与餐饮行业相融合,先后建成了花灯寨、花灯风情苑等花灯文化实体。还有以"花灯"命名的花灯宾馆、花灯饭店等服务业。这种秀山花灯实用方式,是商家立足于花灯文化而开发的附属性文化产业。利用这种方式,可以树立秀山花灯的品牌意识,对花灯艺术起到推广和宣传作用,商家也以此吸引顾客,促进收入增长。在娱乐休闲场所进行的商业化的花灯表演,与村寨中的仪式性跳花灯及秀山花灯歌舞剧团的花灯表演,皆不相同。与原始村寨跳花灯相比,商业化花灯表演简化甚至舍弃了宗教性的仪式,更注重艺术性和美感;和剧团的花灯表演相比,商业化花灯表演没有行政任务的束缚,因而更加自由和开放。

四、结语

自2006年秀山花灯申报为国家级非物质文化遗产以来，秀山县政府便将其视为重要的文化资源，并努力让秀山花灯的文化资源转化为经济资源。为此秀山县境内旅游线路的建设都极力围绕秀山花灯而展开，让沿线的原生态花灯班发展壮大起来。在这些旅游线路，自然景观、人文景观与秀山花灯相映衬。在东南一线可欣赏到涌洞花灯、峨溶花灯、平马花灯、梅江花灯及兰桥花灯；在西北一线可欣赏寨踵花灯、隘口凉桥花灯、白粉墙花灯。近年来，有人还提出了在秀山县创建"黄杨扁担"旅游区的构想。

秀山花灯的多种形态，虽然在仪式表征和观演模式上存在差异，甚至表演目的也有所不同，但正是它多维度的传承发展模式满足了不同群体的需求，才让这种艺术形式在时间和空间上得以延续。作为娱"神"和娱人的民间习俗，各个花灯班在正月闹得火热；作为纯粹的娱人活动，秀山花灯也以多种方式存在于社会生活中。

子乍弄鸟尊的造型形态构建研究[①]

袁恩培　马可瑞[②]

子乍弄鸟尊是我国流失海外的珍贵文物之一，据《国宝档案》栏目介绍，这件鸟尊通高26.5cm，宽22.8cm，是昂首挺立的鹗鸟造型，双目圆睁、头部微昂、双翅合拢、腹部饱满、两足挺立，形象传神、威风，鸟喙可以开合，很便于使用。鸟首与鸟身分体，用铜制的卯榫相结合(图1)。鸟尊下方仅有两只支撑用的青铜小兽，支地并不稳固，疑似尾部丢失同样的一只铜兽。鸟首背后有错金四字“子乍弄鸟”(图2)。“子”是铸造者的名字，“乍”字读“作”，是制作的意思，“弄”字则有把玩的意味。铭文阐述了这件鸟尊是一个名叫子的人铸造出来的，是专门用于盛酒的酒尊，并非一种礼器。

图1

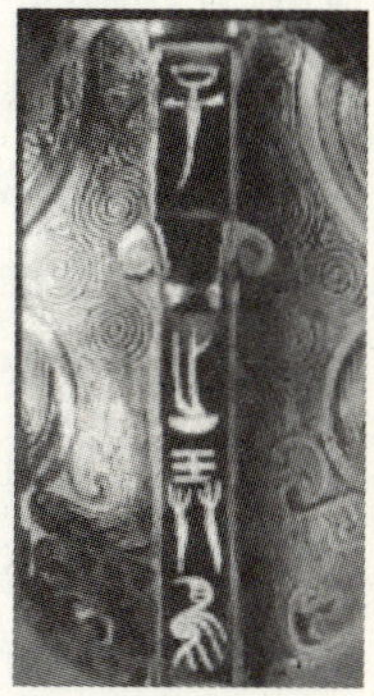

图2

一、子乍弄鸟尊的形态构建成因究源

据考证，子乍弄鸟尊出现在我国的东周时代，这一时期社会发生了剧烈变革。由于周王室的衰微，奴隶制度随之瓦解，社会生产技术以及文化艺术事业取得了跨越性的进步，尤其表现在青铜器铸造业的高度发展上，即新兴的铸造工艺创造出了大量富有创意、精巧优良的青铜器。郭沫若先生在总结殷周青铜器的四个分期时说：“自春秋中叶至战国末年，一切器物呈现出精巧的气象，器制轻便适用而多样化，质薄，形巧。花纹多全身施饰，主要为精细之几何图案，每以现实性的动物为附饰物，一见即觉精

①原载于《设计艺术》2016年第1期。

②袁恩培，重庆大学艺术学院教授，硕士研究生导师，研究方向：视觉文化艺术研究。马可瑞，重庆大学艺术学院，研究方向：视觉传达设计与研究。

巧。”[①]可见春秋时期青铜器迎来了一个新的发展高潮，充满了浓郁的地方特色和清新之风。子乍弄鸟尊以独具匠心的制作工艺和精美绝伦的造型，成为这一时期青铜艺术品中的佼佼者，堪称国宝。

这个时期出现了关于青铜器制造技术的专著《考工记》，书中对如何才能制作出精湛的器物给出了精辟的总结：“天有时，地有气，材有美，工有巧。合此四者，然后可以为良。材美工巧，然而不良，则不时，不得地气也。”[②]也就是说青铜器制作首先要注重天时、地气条件对材料的影响，再追求材料的美感和工艺的精良，强调一种整体的、系统的、互相制约的美，把工艺和材料结合起来，并充分利用材料的自然属性。子乍弄鸟尊的表面之所以光滑平整、纹饰之所以细致清晰，可能是在制作过程中，制器者精确地掌握了锡、铅比例，同时制作工艺技术的改进也带动着材料性能的完美发挥，装饰工艺模印法使得纹饰更加精细繁密、规整统一。此外据考证，制器者为了增强所做的陶范的韧性和耐火度，在精心筛选的范土中加入了植物硅酸体和熟料，使陶范不易分层或开裂。制作过程中还有一个很重要的流程就是闷料，闷料可保证将范料放置在一定的温度和湿度的环境中一段时间后，范料仍不易变形。从材料、技术、制作流程中的一些细节来看，一件优秀的器物汇聚了制器者对自然规律的很多发现和遵从，人类的造物活动融合了太多的人与自然环境的关系。张道一先生在《造物的艺术论》中指出，每一种科学技术的新发明，不论是新的物质材料的推出或是新的工艺制作的获得，一方面促进了科技的发展，另一方面也为工艺美术输入了新血液，推动了新品种的产生。在历史的长河中，科学技术与工艺美术两者是亦步亦趋地发展着的。科学技术给工艺美术提供了不同的物质条件和技术条件，工艺美术则为科学技术的新成果塑造相关的形态。这体现了造物过程中科技与艺术的统一。

《东周与秦代文明》一书中有对子乍弄鸟尊的描述：“通体浮雕状花纹，有错金‘子乍弄鸟’四字，字体与智君子鉴酷肖。此器传出太原，当为晋卿赵氏所作。”[③]对比山西太原晋国正卿赵氏墓的“赵卿墓鸟尊”，其与本文的子乍弄鸟尊的规格、功能等有许多相似之处，所以推断这两只鸟尊可能是同一时期的产物，是晋卿赵简子或赵襄子自用的酒器。本文所研究的子乍弄鸟尊为传世品，它不仅是一件精美的工艺美术品，反映着古代工匠们技术上的鬼斧神工，更反映了古人对神灵和祖先的敬仰，表达了古人对生活的热爱和与自然和谐相处的美好愿望。

①郭沫若：《青铜时代》，中国人民大学出版社2005年版，第230页。

②转引自吴祖慈：《艺术形态学》，上海交通大学出版社2003年版，第25页。

③李学勤：《东周与秦代文明》，上海人民出版社2007年版，第39页。

二、物态环境因素主导下的鸟尊形态构建规律

材美和工巧，两者相辅相成，人们选择最合适的材料和运用最先进的技术才能制造出精美的器物。首先对青铜材料的准确选择和利用是鸟尊造型的保障。器物之美的一半是材料之美，只有优质的材料才具备优良的功能，如何最佳地使用材料来制造器物是很关键的，没有良好的材料就不能产生健全的工艺。[①]《考工记》中记载了六种青铜器中不同的含锡量，称为“六齐”，即谓“六分其金，而锡居一，谓之钟鼎之齐……”[②]说明当时已经可以精确地掌握制作青铜器的锡、铅比例。显然子乍弄鸟尊的重量感、造型的庄重感，以及通亮的色泽和细密精美的纹饰给人的神秘感，则是合金成分比例准确而产生的效果。技术精湛的匠师们在制作子乍弄鸟尊的过程中，极致地发挥了青铜材料的美感。

此外对材料进行构型和美化牵涉到制作工艺，分铸法技术为这一时期铸造更加精美的青铜器提供了极为便利的条件。解析鸟尊的加工过程，即在浇铸前要先制造出模范，要制模范首先需要挑拣范土，然后是和泥，最后是刻模翻范。比如鸟的双足，即身下撑用的小兽都是逐一用两块模范先铸成。鸟的头部用两块模范单个铸成，身体也是用了两块模范，再雕刻上鸟尊的纹饰，翻制出外范，阴干之后进行烘烧，用合范法铸成待铸范，再浇铸成型，铜液冷却后，打碎外范，掏出内范，最后再将其修补打磨抛光。鸟尊下方撑用的青铜小兽是与鸟身焊接在一起的，这可能就用到了与分铸法相互配合的焊接法，即用熔点较低的锡、铅等金属将器身和附件焊接为一体。

工艺技术的改进为人们带来了富足的物质产品，器物的实用功能也随着社会的变革有所加强，王室中原来的“礼器”变成了各诸侯国生产生活用的器物。各诸侯国对奢华生活品的需要成就了青铜器的实用性。[③]子乍弄鸟尊在实用功能上将工程学原理运用得很高明，如将鸟尊倾斜呈倒酒状，上喙与下喙自然分离(图3)，酒便从鸟嘴中流出，当鸟尊放正时，上喙和下喙即合上。制作工艺的进步也促进着器物实用性的增强，这为铸造出集实用功能与艺术欣赏功能于一身的子乍弄鸟尊提供了技术条件。

为适应铸造工艺的发展，春秋时期出现了模印法印花工艺，这是一种高效率的纹饰成型技术。此工艺的广泛运用使得器物纹饰更精细繁密、规整统一。该印花法的具体步骤是把事先制作好的刻有纹饰的陶制范模按照构图要求组合起来，在铜器外范设

①[日]柳宗悦:《工艺文化》,徐艺乙译,广西师范大学出版社2006年版,第94—95页。

②马承源:《中国青铜器》,上海古籍出版社2003年版,第497页。

③杭间、郭秋惠:《中国传统工艺》,五洲传播出版社2010年版,第53页。

图3

计的位置上拍印，得到连续的花纹，亦即若干组图案。这种方法既能获得连续的装饰图案，又能够节省工时，还能最大限度地发挥母范的作用。

总的来说，子乍弄鸟尊制作精美，通体纹饰图案之间相互配合得错落有序，形成了生动的造型形态和极强的视觉冲击力，达到了当初设计者和铸造者的表达意图。生动、威严、使人崇拜是鸟尊最终要达到的艺术效果(图4)。

图4

三、子乍弄鸟尊非存在意象的构建思想

春秋战国时期诸子百家争鸣中产生了人与自然、人与社会关系的哲学思想，器物制作一改庄重、威严的风格，趋向生动写实，甚至整个器型都直接以动物为造型，还原生活中真实鲜活的形象，人与自然的关系开始走向平等。子乍弄鸟尊就是生活样态的生动再现，无论对原始材料的改造、工艺技术的应用，还是在审美文化层面，都深深地刻有这一时期的烙印，涉及了阴阳五行说、“以人为本”“美善相乐”“天人合一”、自然崇拜等许多文化因素，以及“象形”的美学原则。子乍弄鸟尊制作精巧，又具有实用性和观赏性。

(一)制器活动

铸造子乍弄鸟尊的过程中，从材料的选择、技术的把握、流程的安排都体现了阴阳哲学思想。阴阳五行说将世间万物分为阴阳两类，认为金、木、水、火、土是人类赖以生存的、必不可少的五种最基本的物质资源，这五种物质相互依存、相互制约，共同维持整体相对稳定的状态，又处于不断的运动变化之中。五行成为民生之源、立国之本。当时生产力条件还比较落后，自然界对人类有极大的影响，人类不得不探索自然变化的规律，努力适应自然、改造自然，于是阴阳五行说在这样的背景下产生。它囊括了人类生活的自然环境、生活资料和人类认识自然、认识人生的世界观、方法论以及进行艺术创造的方向。[①]它影响着器物的制作活动，成为古代匠师们进行艺术创作的指导思想。

①孙长初:《中国古代设计艺术思想论纲》，重庆大学出版社2010年版，第168页。

(二)用器活动

子乍弄鸟尊的功能效用体现了儒家“以人为本”“美善相乐”的思想以及中国传统鸟文化。“以人为本”思想学说的基础是“仁”,“仁政”则是对人的关心及重视,是从人的需求角度出发考虑问题。“以人为本”就是要以人的生命、需要、利益、发展为本。提倡工艺的实用性,就是工艺技术应服务于社会生活。高蒙河先生指出,在东周时期,中国铜器上表现出了日益生活实用化的趋势,铜器越来越多地进入人们的日常生活领域,开始投射出以人为本的光泽。[①]所以人们在不违背自然规律,遵从自然法则,与自然和谐共生的前提下,在制作器物时将用器者的需求和感受放在第一位,朝着满足人的利益的方向发展。子乍弄鸟尊鸟体空心,可以盛酒,鸟喙能够活动,鸟尊往下倾斜嘴即张开,鸟尊复位嘴即合上,子乍弄鸟尊的盛酒、倒酒功能是为了满足诸侯的生活需要。

(三)器物本体

器物在满足人的基本需要和保证实际效用的同时,还需要被注入文化意义和情感体验,在人与器物之间构建一种文化情感的认同,让观器者感受到器物的文化内涵和人文价值,给器物富于鲜活的生命力和人情味。这种精神的关怀包含着传统美德的表达,人们通过器物来传达对于美好品德的向往和赞颂。子乍弄鸟尊形态本身与中国的鸟文化有一定的渊源。鸟的形态中包含着独特的文化内涵和道德观念,总结起来有仁、义、礼、智、信五个方面。鸟的本性是仁爱的,传达的是人与人之间相亲相爱的道德观念,即中国传统文化中的“仁”;鸟也有知恩图报、义薄云天的品质,体现着一种侠肝义胆、恩山义海、义气震天地的精神内涵,这便是“义”;鸟对人类认识创造语言、音乐、文学等有很大的帮助,体现着“礼”的内涵;鸟又是一种很灵敏聪慧的动物,机智过人,表达人对“智”的追求;“信”即为人诚实守信,对人赤诚相待,也是实现“仁”的重要条件,体现在鸟身上就是对主人忠诚守信。这五个道德观念在器物上化作鸟的形象展现给观者,使得器物能够与观者进行道德情感上的沟通。

另外,器物本身,包括造型、纹饰等体现着中国文化“天人合一”的基本精神和中国传统美学的“象形”原则。“天人合一”指人与天地对应一致,人与自然和谐统一。在儒家看来是“自然的人化”,即拿自然来比喻人事。在美学的观念上,儒家的“自然人化”思想就是认为通过模仿自然来从形态上表达文化内涵和思想感情的一些艺术活动要能够将自然和人的思想情感、道德观念联系起来,并且将儒家对于人和自然关系的认

①高蒙河:《铜器与中国文化》,汉语大词典出版社2003年版,第151页。

识体现在器物上。而在这个整体不断变换的世界，却能在器物的形态上体现和谐统一的美感，这是中国传统文化中重要的儒家美学特征。《周易》中的“天人合一”与器物美学有着不可分割的关系。“天人合一”思想在器物造型上得到了形象的体现，无论是器物的外形还是纹饰都充分采用自然形象，大多数是动物的形象。子乍弄鸟尊则在器物的外形上采用了动物的形象，这种自然形象也体现着人对自然力量的崇拜。器物的制造者试图将人的精神与自然的精神相与为一，人们通过这种“自然的人化”实现人与自然的统一。子乍弄鸟尊的设计灵感源于自然，来自自然的形态美给人带来视觉上的享受，再赋予文化意义，鸟的文化内涵又能使人得到情感上的共鸣。

前面所说的以“自然”为审美的最高境界，就是中国传统美学原则之“象形”，即以客观物象为造型的基础。《周易》中也对“象形”进行了理论上的诠释，形成了中国古代艺术创作的美学原则：“古者包牺氏之王天下也，仰则观象于天，俯则观法于地，观鸟兽之文与地之宜，近取诸身，远取诸物，于是始作八卦，以通神明之德，以类万物之情。”这是一种“观物取象”的创作方式。“象”的产生既是一个认识的过程，又是一个创造的过程。子乍弄鸟尊具有很高的艺术审美价值，是因为在于它的身上充满了各种源于自然又超越自然的纹饰形态。其中既有写实的纹饰形象，也有根据自然形象加以丰富想象的纹饰形态，如夔纹。造物思想就是立象以尽意，立象是为了尽意，尽意决定了如何立象，为了尽意则需要对所要模仿的形象加以变形，不能只局限于对现实形象的具体描述。人的思想观念在改造自然形态的过程中得到升华，以此来促进传统文化与器物美的表达形式的相互融合。

四、结语

本文转换视角，立足于对造型形态构建的分析，运用艺术形态学的研究方法对子乍弄鸟尊的造型形态进行解读，从显性形态到隐性形态，从工艺到文化，通过这两个方面分析子乍弄鸟尊的材料配比、制作技术、文化内涵、实用功能和审美功能之间的构建关系。

通过分析子乍弄鸟尊，一方面能够进一步解析中国古代青铜器的艺术形态，即它是物质和精神的结合与表现，启迪当代的设计理念；另一方面子乍弄鸟尊作为流失文物，是中华民族的艺术瑰宝，也代表着中华民族的历史和尊严，所以值得我们去思考它的回归之路，把它追索到祖国的怀抱。

WENHUA CHUANMEI

文化传媒

社交媒体环境下我国意识形态安全面临的挑战及对策[①]

姬全生　赵媛媛[②]

在现代信息社会，传媒和意识形态的关系更为密切。美国著名学者J.希利斯·米勒认为“媒介就是意识形态”。社交媒体作为新媒体的一种形态，自诞生到今日，其主导地位一直由YouTube、Facebook、Twitter等西方社交媒体占据。西方国家一直妄图利用社交媒体这个“隐秘杀手”来“分化”“和平演变”中国。我国主流意识形态能否在社交媒体中站稳脚跟，立于不败之地，将直接关系到国家安全。[③]马克思曾指出：“如果从观念上来考察，那么一定的意识形态的解体足以使整个时代覆灭。”[④]2013年习近平在8·19重要讲话中指出：“经济建设是党的中心工作，意识形态工作是党的一项极端重要的工作。”[⑤]因此，探讨社交媒体环境下我国意识形态安全所面临的变化与挑战，并提出应对之策，是关系到国家安全的重大理论与现实问题。

一、社交媒体的兴起及其传播意识形态的特点

（一）社交媒体的兴起

信息网络时代，社交媒体依托互联网技术迅猛发展与更新换代。2012年以来，大数据、微信、云计算、移动互联网等新媒体已渗透至人类生活的各个领域。信息网络时代，信息传播呈现出多样化、便携化、大众化的发展趋势。社交媒体是一种新媒体形

---

①本文系重庆市研究生科研创新项目“大数据时代大学生网络信息安全教育研究——以重庆市高校为例”（项目编号：CYS15162）和重庆邮电大学社会科学基金项目“巧用网络语言开展95后大学生意识形态工作新探”（项目编号：K2015-13）的阶段性成果。原载于《理论观察》2016年第2期。

②姬全生，郑州科技学院马克思主义学院教师，研究方向：信息化与马克思主义理论创新。赵媛媛，硕士研究生，研究方向：网络思想政治教育。

③徐强：《网络意识形态是网络文化软实力的灵魂》，《中国高等教育》2015年第11期。

④《马克思恩格斯文集》第8卷，人民出版社2009年版，第70页。

⑤习近平：《意识形态工作是党的一项极端重要的工作》，《人民日报》2013年8月20日。

态，是广大用户获取信息、交流互动的主阵地，是基于Web2.0技术和SNS技术基础上的网络应用，是信息交流和热点发布的重要媒介。它能够打破阶层限制，提供一个平等、开放的网络空间。社交媒体允许用户自己进行内容建构和交换，用户可以在社交网站上撰写、分享、评价、讨论等，它是用户分享信息、发表观点、交流互动的工具和平台。受众在社交媒体这一平台上可以实现互动，也可以实现逆向信息上传，改变了传统媒体"你传播我接收"的被动模式，形成"多对多对话"的互动模式。近年来，社交媒体深受网民喜爱，发展势头迅猛，用户规模不断扩大。截至2015年上半年，仅微博客一项，中国用户规模已达2.04亿，在网民中的普及率高达30.60%。①

（二）社交媒体传播意识形态的特点

现阶段，社交媒体主要包括微博、微信、社交网站、网络社区和论坛，等等。网络的开放性、互动性、便捷性等特性也使得社交媒体在意识形态传播过程中表现出新的特性。

1.交叉传播的隐蔽性

社交媒体中，意识形态传播具有较强的隐蔽性。广大用户使用手机、电脑等终端，在微信朋友圈、微博平台、QQ空间等社交媒体平台上将文字、图片、语音、视频等信息进行分享，信息通过社交平台在个体与个体之间、个体与群体之间、群体与群体之间交叉传播。这种传播方式具有较强的隐蔽性，难以通过单纯的技术手段对传播内容的安全性进行监测与管理。

2.内容传播的耦合性

社交媒体的出现，使信息传播突破了媒介之间的界限。社交媒体中信息的关联度加深，信息之间有更高的耦合性。由于受不同的认识水平、传播目的影响，社交媒体所传播的观点往往鱼龙混杂、参差不齐。一些充斥着个体需求的信息，以偏离事实的方式，在传播过程中不断演变，信息内容会演变成为一个耦合性极强的谬误观点，并与前者相互影响。信息传播的耦合性使各种非马克思主义思想突变式传播，使意识形态安全监管更加艰难。

3.思想传播的渗透性

知识的廉价性、观点的新颖性、获取的便捷性，使社交媒体阅读逐渐成为广大受众的生活方式。社交媒体中"语不惊人死不休"的话语方式，往往易于吸引受众的眼球，受众之间会产生短期思想共鸣。这种传播具有很强的渗透性，容易使受众产生"鸦片"

①中国互联网络信息中心：《第36次中国互联网络发展状况统计报告》，中国经济网，2015年7月23日。

式的精神依赖。"技术媒介的部署把社会互动与具体场所分开,就使人们能够对远距离的他人起作用。"①

二、社交媒体环境下我国意识形态安全面临的挑战

社交媒体的兴起使意识形态传播产生新的特点。从维护国家意识形态安全的角度而言,这些特点导致意识形态斗争更加复杂化、尖锐化和隐蔽化,意识形态安全面临着新的变化与挑战。

(一)传统媒体在维护意识形态安全方面的作用受到限制

由于网络的发展和新型传播技术的有效运用,传统媒体的影响力日渐衰微,其维护国家意识形态安全的能力大受影响。一直以来,传统媒体在传播主流意识形态方面发挥着重要的作用,各大党报、主流杂志、电台、电视台是意识形态传播的主力军,但随着社交媒体的出现,其方便、快捷、人人可以参与互动的特点导致传统媒体影响力日渐衰微。新华社新闻研究所研究员唐润华指出:"就全球媒体整体格局而言,在新媒体的环境下,传统媒体的衰微已经势不可挡。"首先,受众减少导致承担主流意识形态传播任务的传统媒体所占市场份额日渐缩小,出现生存困境。其次,主流意识形态信息往往被淹没于多元化的海量信息当中。因为在社交媒体环境下,人们可选择的信息范围很大、内容很多,这会影响人们对传统媒体的信息的选取。最后,传统媒体自身在意识形态传播方面的固有模式过于僵化、滞后,其难以适应社交媒体环境下意识形态话语体系。②

(二)社交媒体对意识形态安全的影响力空前提升

随着技术的进步和社会的发展,社交媒体的影响力逐渐渗透到各个领域,改变着人们的生活、思想和行为方式,特别是在意识形态等重大领域发挥作用。社交媒体环境下,多元的应用、丰富的平台和开放式的媒体舆论场,为媒体接近终端用户构建了多种渠道。忽视利用社交媒体加强意识形态管控,甚至放纵社交媒体自由发声,则会危及国家安全。"3·14"事件、"7·15"事件都是境内外敌对势力蓄意谋划,利用社交媒体煽动民众,从而引发暴乱,其目的就是引发意识形态混乱,危害国家政权的稳定。综上不难窥见,社交媒体的行为直接关乎国家意识形态安全,如果对社交媒体使用管控不当,将可能造成难以预料的严重后果。

---

①[英]约翰·B.汤普森:《意识形态与现代化》,高铦等译,译林出版社2005年版,第17页。

②李艳艳:《维护微博意识形态安全必须纠正的几种倾向》,《红旗文稿》2014年第23期。

(三)社交媒体成为意识形态传播的重要渠道

新时期意识形态斗争的主战场已悄然转移,社交媒体成为影响国家意识形态安全的重要因素。社交媒体凭借其双向互动、海量存储、及时检索、图片与视频的视觉化体验等技术特性,在传播机制上迥异于传统媒体,在传播方式上优越于传统媒体,为受众参与创造、传播新闻提供了便捷的渠道。但社交媒体的出现也给国家意识形态安全带来了前所未有的复杂局面。一是社交媒体受众的分众化、信息传播的“去中心化”和信息的碎片化,导致主流意识形态难以成为“主流”,对受众的影响力减弱。新自由主义、历史虚无主义、西式宪政论、“普世价值”说、“公民社会”论、“儒化中国”论、否定改革论等思潮,在社交媒体平台上以各种形式与主流意识形态激烈交锋。二是信息传播渠道增多,各种思想良莠混杂,意识形态管控难度加大。传播学理论告诉我们,媒介越是发达、越是普及,传播的组织性就越弱。也就是说,大量的信息传播会在社会组织之外进行。三是信息传播迅速快捷,自由度增大,掌控难度增大,导致在面对危机问题时,稍有不慎,可能会被别有用心的人利用,煽动非理性情绪,造成难以挽回的局面。社交媒体已经成为意识形态交锋的主战场,在社交媒体这个虚拟平台上,我国社会主义意识形态的主导地位、话语空间、社会基础以及传播方式、防控能力都面临着真实而强大的挑战。

(四)敌对势力利用社交媒体对我国实施意识形态瓦解

西方敌对势力从来就没有放弃意识形态进攻,只是利用技术优势将其转移至社交媒体战场中。信息网络时代,西方媒体开始转移对我国意识形态作战的空间,依托互联网技术优势,发展社交媒体,加强意识形态内容的隐形渗透。美国前任驻华大使洪博培曾在一场总统选举的党内电视辩论中就明确表示,要利用互联网“扳倒中国”。近期,一些受到西方敌对势力资助的“网络水军”,在微博平台上对坚定共产主义信仰微博言论进行谩骂攻击,企图制造共产主义事业无法实现的乱象。这些错误言论在一定程度上有削减主流意识形态感召力和影响力的作用。习近平在8·19讲话中指出,意识形态的斗争远没有终结,而是转入新的阵地,斗争依然复杂尖锐。对此我们应保持清醒的认识。

三、社交媒体环境下维护我国意识形态安全的对策分析

习近平指出,应始终牢牢掌握意识形态工作的领导权、管理权和话语权,确保国家

意识形态安全。从三者的关系上来看,领导权是前提、是根本,管理权是方式、是手段,话语权是目的、是效果。面对社交媒体环境下意识形态安全面临的种种挑战,从维护国家安全的高视角,加强意识形态管控,以此为纲,逐步深入强化,使主流意识形态真正成为主导、主体,并能够得到广大民众的真正认同和认真践行。

(一)树立战略意识,搞好顶层设计,从维护国家安全的战略高度重视意识形态安全

意识形态工作是党的一项极端重要的工作,是我们党团结带领全国各族人民全面推进中国特色社会主义伟大事业的“定海神针”。当前,我们必须从全面建成小康社会、实现民族复兴中国梦的战略高度,将意识形态安全纳入顶层设计层面。面对传播技术带来的革命性变化和意识形态传播面临的内外复杂局面,首先应树立战略思维、全局观念,构建全方位国家战略传播体系,特别是将社交媒体舆论工作纳入国家总体战略当中,将其作为维护国家安全、提升国家文化软实力的一项重要工作来抓。2014年1月24日正式成立的“中华人民共和国国家安全委员会”具有内外兼顾的双重职能,明确将意识形态安全作为其工作重心,并将中宣部纳入机构当中,体现出国家层面关注意识形态安全的战略规划。

(二)注重理论创新,加强阵地建设,巩固马克思主义在社交媒体中的指导地位毫不动摇

恩格斯曾说过:“任何意识形态一经产生,就同现有的观念材料相结合而发展起来,并对这些材料做进一步的加工;不然,它就不是意识形态了。”[①]在社交媒体中,各种社会思潮激烈交锋,主流意识形态受到多元文化冲击、认同感降低和低俗内容渗透等方面的挑战。马克思主义意识形态虽然具有一定的稳定性,但在社交媒体中各种“明枪暗箭”对主流意识形态的侵蚀、解构的作用非常明显。要在不断整合意识形态的过程中,结合社交媒体发展变化的新情况和新问题,使稳定性较强的马克思主义意识形态形式更加多样、内容更加充实,构建科学性与实践性相统一的社交媒体宣传体系,增强马克思主义意识形态的吸引力和凝聚力。在社交媒体环境中必须要有传播意识形态的阵地意识,并且要加强阵地建设,增强社交媒体中广大受众的马克思主义认同感。首先,通过多样化的社交媒体渠道,构建学习马克思主义理论的舆论氛围;其次,充分利用社交媒体传播技术,采用显性与隐性传播相结合的方式;再次,转变受众接受马克思主义理论的传统形式,发挥受众主体意识,化被动为主动。

①《马克思恩格斯选集》第4卷,人民出版社1995年版,第257页。

（三）强调内外结合，坚持攻防并举，打好社交媒体环境下意识形态安全主动仗

打好社交媒体环境下主流意识形态主动仗，要采取内外结合、攻防并举的策略，增强主流意识形态的社交媒体防御能力，全方位维护国家意识形态安全。首先，要加强内部管理，筑牢防线，修好内功。要加强社交媒体意识形态工作者队伍建设，建立起政府主导型的主流意识形态社交媒体宣传平台，确保舆论导向体现中国中共党的意志，从而抵御西方不良价值观和不良意识形态的侵蚀。其次，应具有主动意识，积极抢占网络舆论阵地，注重外部宣传，与错误思潮、敌对势力开展针锋相对的斗争，形成“人人都是宣传者”的良好局面。用走出去的方式传播中国文化，通过建立全球性的社交媒体平台等方式扩大中华文化的影响力，提升我国文化软实力，增强意识形态吸引力。最后，要发挥好“意见领袖”的引领作用。在社交媒体环境中，“意见领袖”的观点往往具有很强的新颖性、感召力，“意见领袖”能够长时间引导社交媒体的舆论走向。在社交媒体中，政府部门应注重与“意见领袖”的沟通，科学地引导他们加入主流意识形态宣传队伍中，最大限度地发挥“意见领袖”在社交媒体中的影响力，使其为主流意识形态服务。

（四）实施媒体融合，促进优势互补，全面打造维护意识形态安全的“媒体之盾”

维护意识形态安全要发挥传统媒体与社交媒体各自的优势，使其实现更深层次的融合，共同为维护国家意识形态安全服务。首先，继续发挥传统媒体的力量，为国家意识形态安全服务。与社交媒体相比，传统媒体拥有强大的内容生产力，拥有专业化的新闻传播理念和运作机制，具有品牌和知名度等方面的优势，这是社交媒体在短期内无法比拟的。在社交媒体环境下，传统媒体一是要紧抓“内容”这一传统优势，不断提供优质的原创性内容，保持自己的鲜明特色，抓好自己的立身之本，保持权威性和可信度；二是要充分利用其强大的人力物力资源、采编权限方面的优势，以及其丰富的传播经验，为主流意识形态传播服务；三是保持在意识形态传播方面的权威角色，以传播社会主义核心价值观为中心任务，做好表率，把好关口，发挥引领作用。其次，应充分利用社交媒体，占领意识形态主阵地。社交媒体在覆盖率、传播速度、敏感性、隐蔽性及互动性等方面存在优势，但在传播效果上同时存在严谨性、深刻性、权威感不足等缺点。可根据其特点，扬长避短，使其更好地为维护意识形态安全服务。要进一步加大网站建设力度，通过在知名社交媒体上建立官方平台，将主流意识形态内容转移到新

阵地，形成权威影响力。再次，要加强网络技术创新研发，提升数据流、语言流分析技能，做好舆情管控和危机处理工作，让社交媒体更好地服务于意识形态传播。最后，应加强传统媒体和社交媒体的合作，逐步打破二者在机制上和体制上的隔阂，实现更高层面上的媒介融合，真正实现优势互补，推动主流意识形态宣传向更高更深层次发展。

网络媒体传播视域下我国主流意识形态建设研究[①]

肖　红[②]

拿破仑·波拿巴曾说:“世界上只有两种强大的力量,即刀枪和思想;从长远看,刀枪总是被思想战胜的。”[③]拿破仑认为思想的力量比武器的力量更强大。在当前的中国语境中,“思想”即主流意识形态。网络媒体的出现,使主流意识形态的传播方式发生了重大变革,网络媒体已经成为我国主流意识形态传播的新载体。一方面,网络拓宽了主流意识形态认同的渠道,为我国主流意识形态的传播提供新契机;另一方面,网络促进了多元化意识形态的形成,弱化了民众对主流意识权威的认同。正如亨廷顿所说:“对一个传统社会的稳定来说,构成主要威胁的,并非来自外国军队和坦克的进攻,而是来自外国观念的侵入。”[④]他强调“外国观念侵入”对于一个国家的安全稳定构成巨大冲击。在网络媒体环境中,我国同样受到外来观念的入侵。因此,加强网络媒体技术研究和主流意识形态理论自身研究,增强主流意识的吸引力,提高民众对主流意识的认同感,努力争夺主流意识形态在互联网时代的制胜权是我们当前义不容辞的责任。

一、网络媒体内涵释义及主流意识形态的界定

美国社会学家库利认为,“传播是人与人关系赖以成立和发展的机制,包括一切精神象征及其在空间中得到传递、在时间上得到保存的手段……”[⑤]库利强调以符号为媒介的传播是人类关系得以维持的基础。随着时代发展,网络媒体已成为继报刊、广播、电视之后的第四大媒体。对于网络媒体的内涵,学者们也有不同的见解,如雷跃捷认

---

①本文系重庆市社会科学规划项目(项目编号:2014QNMK04)和重庆市教育委员会人文社会科学研究项目(项目编号:15SKG170)的研究成果。原载于《江西广播电视大学学报》2016年第1期。

②肖红,长江师范学院马克思主义学院讲师,硕士研究生,研究方向:马克思主义理论与思想政治教育。

③转引自钟新文:《青年懂中国才能接好棒》,《人民日报》2014年9月6日。

④转引自王玉丽:《“顶层设计”+“基层参与”——新媒体时代的主流意识形态传播策略》,《未来与发展》2015年第3期。

⑤转引自沙莲香:《社会心理学》,中国人民大学出版社2002年版,第234页。

为:“网络媒体是借助国际互联网这个信息传播平台,以电脑、电视机以及移动电话等为终端,以文字、声音、图像等形式来传播新闻信息的一种数字化、多媒体的传播媒介。”[①]在2003年举办的中国网络媒体论坛上,代表们认为:“中国网络媒体是指根据有关法律、法规建立,并经国家有关部门批准、授权或认定,在互联网上依法从事新闻信息的选择、编辑、评述、登载和链接等信息服务的专业网站。”[②]综合以上观点,笔者认为网络媒体一方面是指经国家有关部门批准的专业网站(如人民网等);另一方面是指通过网络媒介传播新闻信息的网络公共平台,包括进行新闻信息采集与选择、编辑与登载、评述和链接等信息服务。

关于主流意识形态的基本内涵,可以从马克思的意识形态的阶级性的角度去理解,是指占统治地位的阶级社会意识的总和。这一意识形态代表该统治阶级根本的价值观念、情感意志等,是统治阶级用来维护其统治的思想武器。[③]主流意识形态作为统治阶级维护其统治的思想武器,是一个国家的精神支柱和灵魂所在,这一思想武器既为统治阶级进行政治统治提供了合法性依据,也为群众认知世界、实现价值认同提供了价值标准。在进行社会主义现代化建设的今天,我国主流意识形态的核心仍然是马克思主义。因此,必须坚持马克思主义这一主流意识形态毫不动摇。

二、网络媒体对我国主流意识形态传播带来的机遇和挑战

网络媒体是一把双刃剑,在给我国主流意识形态的传播带来新的机遇的同时,也对我国主流意识形态的主导力带来新的挑战。

(一)网络媒体对我国主流意识形态传播带来新机遇

1.网络媒体为我国主流意识形态传播提供新载体、新平台。互联网的出现、信息来源渠道的多元化,使人们在生产、生活和思维方式上发生了巨大变化。改革开放前,主流意识形态的传播方式以自上而下的组织传播为主,具有极强的组织性和权威性,群众接受意识形态也有一定的强迫性。而在网络媒体中,网络媒体把主流意识形态内容转化为数字符号,综合运用声音、图像和文字等多媒体手段进行传播,实现了跨时间、跨地区的信息流通和交流,网络媒体成为我国主流意识形态传播的新载体和新平台。

---

①转引自郑洁、汪玲丽、白崭:《网络媒体传播社会主义核心价值体系的责任及功能》,《浙江师范大学学报(社会科学版)》2010年第4期。

②刘连喜:《崛起的力量——中国网络媒体1995—2003》(上),中华书局2003年版,第13页。

③林敏:《我国高校大学生主流意识形态建设的探究》,《学理论》2015年第6期。

2.网络媒体打破了官方舆论垄断,搭建了官民舆论的桥梁。网络媒体改变了传统信息自上而下的传播方式,打破了传统的官方信息垄断格局。在没有特权、平等自由的网络世界中,民众可以突破时空界限介入政治生活。“政治体系所提供的参与渠道越多越通畅,政治参与就越便利。”[①]在网络媒体中,民众根据自己的实际需求,自主登录政府网站了解政策信息、服务项目等,并对政府行为加以监督,向政府提出建议和意见并参与决策等。网络媒体为官民沟通搭建了桥梁,促进官方舆论与民间舆论的和谐发展。

3.网络媒体开辟了民众舆论监督新渠道。在网络媒体环境下,民众可以获得一种前所未有的政治参与新体验,成为最大的舆论监督团体。民众可以通过网络媒体了解政府工作人员的不作为或腐败现象,通过网络舆论揭露事实真相和传递真实想法,促进公职人员服务意识的提高、政府自身体制机制的完善。民众在网络中获得的话语权和监督权,是推进政府自身改革、提高执政能力、促进社会公平正义、实现社会和谐发展的有效路径。

(二)网络媒体对我国主流意识形态传播的挑战

1.网络媒体导致社会价值观念的多样化。网络媒体为人们提供了一个全新的信息环境。网络环境中多样化的信息服务使个体选择信息的自由度更大。网络媒体赋予网民自主接受信息、发布信息的权利,所以每个人的思想、观点均可在网络上自由展现。由于网络的匿名性和虚拟性,个人在网上的活动也更加自由和个性化,导致价值观念向多元化发展。多元价值观念,并非完全有害,但不加以引导,往往会产生不良后果。

2.网络媒体影响主流意识形态舆论的主导力。传统媒体的信息传播模式为“记者发现新闻事实→媒体把关(审稿)→传播给受众”,信息经历了严格筛选、层层把关,民众收到的信息都是经过过滤的,主流意识形态的主导地位非常明显。网络是人们个人愿望表达的重要场所,具有传播范围广、速度快、隐蔽性强甚至反权威性等特征,而当前我国正处在社会转型期,各种社会矛盾凸显,民众往往会通过网络表达“社会不公平感”,不理性的民意表达会冲击我国主流意识形态的主导力。

3.网络媒体成为西方国家对我国和平演变的新阵地和新载体。意识形态领域的战争是“没有硝烟的战争”,但绝不亚于传统的武器作战。改革开放以来,我国在取得重大成就的同时主流意识形态也受到强烈冲击。奥尔布赖特认为“中国不会拒绝互联

①[美]罗伯特·A.达尔、布鲁斯·斯泰恩布里克纳:《现代政治分析》,吴勇译,上海译文出版社1987年版,第138页。

网这种技术，因为中国要现代化，这是我们的可乘之机，我们要利用互联网把美国的价值观送到中国去"，"有了互联网，对付中国就有了办法"[①]。西方国家正是借助强大的语言影响力和先进的网络技术对我国进行意识形态的渗透，大肆散布各种政治偏见和谎言，扭曲事实真相，诋毁我国国际形象和社会主义政治制度；或者以网络为武器，培植反动中国势力等，企图颠覆中国政权。网络越来越成为西方对我国进行和平演变的新武器。

三、网络媒体传播视域下我国主流意识形态的构建路径和方法

中国共产党历来重视主流意识形态建设，特别是十八大以来，党中央特别强调要推动传统媒体和新兴媒体融合发展，推进我国主流意识形态建设。

(一)理论基础构建

1.需求满足理论。社会心理学需求满足理论认为："每个人都有某种需求或动机，一个人之所以有某种行为，是因为这些行为能满足这些需求和动机。"[②]民众需要获得、传播和评价信息的渠道，而网络正好给民众提供了平等、自由交流的平台，满足了其"自由权"需求和"话语权"需求，"自我满足""自我实现"得以体现，这便是民众喜欢网络的一个原因。网络备受网民青睐的另一个原因是，媒体的策划者根据大众的心理需求寻找和制造能够引起他们注意的话题，并通过文字、图片和视频等各种方式将其发布到网络上，引起民众讨论，这些策划者正是抓住了民众的心理需求。

2."把关人"理论。"把关人"又称"守门人"，是一个传播学概念。在信息传送过程中，"把关人"有重要的过滤功能，对新闻信息进行层层把关、严格筛选。相对于网络媒体传播而言，传统媒体传播控制力更高，有利于国家在主流意识形态方面进行引导。但在网络媒体中，由于网络传播的开放性、匿名性，任何个人和组织都可以进行信息发布，对信息的把关难度增大，"在网络上，每一个人都可以是一个没有执照的电视台"[③]。因此，加强网络环境建设，进行技术研究，严把网络信息关仍然是当今媒体人重要的工作。

①转引自高奇、王希军、高云：《马克思主义传播的数字化路径探究》，《东岳论丛》2014年第12期。

②转引自谢宝富：《吸引·迫使·方便——城乡结合部出租房和流动人口登记管理机制创新研究》，《北京联合大学学报(人文社会科学版)》2014年第4期。

③王晓红：《网络视频带来了什么》，《当代电视》2015年第5期。

(二)网络媒体传播视域下主流意识形态构建思路

1.树立网络媒体传播主流意识形态新理念。进行网络媒体传播视域下的主流意识形态建设,理念必先行。既要做好"顶层设计",又要做到"基层参与",二者协调发展。"顶层设计"要从国家战略部署、制度制定方面去落实。国家需要从战略层面去落实主流意识形态传播指导思想、总体思路、基本原则、主要内容、法律制度及实施手段等。"顶层设计"的关键在于制定相应的法律、法规,限制公民不良网络行为,避免意识形态颠覆行为的渗透。"基层参与"是实践层面的要求,包括传播方式方法、传播内容、传播者、传播对象等。我国主流意识形态传统传播缺乏灵活性和亲民性。网络媒体传播视域下的主流意识形态宣传,要体现"以人为本"理念,对出现的问题要以疏通引导为主,同时要增强理论自身的吸引力。因此,网络媒体中的主流意识形态建设既要做好制度设计又要研究传播策略,以巩固主流意识形态。

2.加强网络阵地建设,开辟网络媒体传播主流意识形态新途径。进行网络传播媒体下的主流意识形态建设,关键要做好网络阵地建设。首先,要做大做强主流网站。要请专家对网站精心策划与设计,打造一批在国内外有影响力的综合性网站和特色网站,以传播主流意识形态;同时加强传播方式、技巧、方法、内容研究,将主流意识形态枯燥的理论转换为群众喜闻乐见的形式,在新形式中渗透主流价值观。其次,要加强主流意识形态实践教育阵地建设,如利用民族传统节日、重大纪念日、红色旅游资源等进行阵地建设。要将主流意识形态融入社会生活实践,让受教育者从实践中去感知,实现价值观的自主接受。再次,加强网络资源整合,实现网络舆论与社会舆论的契合。要发挥网络传播优势,以便与民众进行多种形式的沟通交流,在沟通交流中实现价值自觉认同。最后,加强媒体人素质培养。媒体人是网络传播的推进者,媒体人的政治敏锐性和责任意识影响着意识形态的传播,因此培养高素质的媒体人是推动网络阵地建设的重要途径之一。

3.建构主流意识形态传播新机制。意识形态机制包括生活化机制、话语表达机制、感性化机制等。首先,创新传播理念,建立主流意识形态生活化机制。传统的主流意识形态传播形式是自上而下的组织性传播。由于组织机构自身的权威性使得这种主流意识形态带有浓厚的组织权威色彩,意识形态在被接受的过程中带有一定的强迫性,导致民众在价值认同上存在一定的抵触心理。在网络媒体传播中,意识形态的传播要考虑民众的实际情况和感受,要研究群众的接受能力和需求实际,使主流意识形态回归现实生活，让民众从现实生活中自觉地、潜移默化地接受主流意识形态。其次，要建立主流意识形态话语表达机制。任何思想理论都需要借助话语来表达，网络媒体中，要强化沟通交流，弱化强制灌输，要以生动形象、通俗易懂的话语表达主流意识，为民众所理解和掌握。最后，建构主流意识形态感性化机制。我国传统的主流意识形态宣传主要以理论化形式加以展示，真正被群众接受的内容很有限。而网络媒体下，一些非主流意识会以丰富的形式、感性的形象展现于民众眼前，自然产生先入为主的效果。因此，网络媒体中的主流意识形态要以最快的速度，以影视画面或象征符号等感性形式把理论所蕴含的价值理念传达给民众，产生先入为主的视觉效应。

4.加强民间舆论引导机制建设。当今国际环境日趋复杂，西方国家从来没有放弃对我国进行意识形态渗透，这就要求我们要有明确的政治立场和敏锐的鉴别力。首先，要建立网络舆情监测及收集机制。“把关人”理论虽然在网络媒体中实施有难度，但还是要加强网络技术研发，加强网络信息把关。对网上反动的、不健康的内容要进行依法清理，特别是肆意破坏我国经济制度、政治制度，以及丑化政府形象的行为要进行舆情收集并严厉打击。其次，建立网络舆论引导机制。对网络上出现的问题要及时处理，矫正网络舆论偏差，引导网民理性思考，正确看待中国的经济、政治制度和改革开放政策等。民众的认同是对西方和平演变最强的回击。最后，努力实现官方舆论与民间舆论的契合。现实社会中官方舆论与民间舆论存在一定的差异，需要寻求官方舆论与民间舆论的最大公约数，找准两者的共通点，实现网络媒体下主流意识形态与现实社会的契合，实现二者良性互动。只有实现了最大程度的契合，社会才能更加和谐发展。

5.加强网络传播监管力度。网络的出现，为西方国家进行意识形态的渗透开辟了新渠道。如今，意识形态的渗透已由传统的显性转向现如今的隐性。首先，要从战略高度重视网络传播监管，加强网络空间的技术监控。要大力进行技术研发，实现技术性安全防范，对垃圾信息进行自动清理，对颠覆主流意识形态的有害信息进行自动屏蔽等。其次，建立必要的信息审查制度是实施网络监管的重要途径。在网络媒体下，逐步实行网络实名制，通过资格审查和不良行为监控来规范网络行为，确保网络安全，实现主流意识形态认同。

综合以上观点，笔者从网络媒体的内涵释义和主流意识形态的概念出发，分析网络媒体在我国主流意识形态传播中的新载体、新平台作用；网络媒体打破官方舆论垄断，搭建官民舆论的桥梁；网络媒体开辟了民众参政议政、舆论监督新渠道。网络媒体也导致了社会价值观念的多样化,影响主流意识形态舆论的主导力,成为一些国家对我国进行和平演变的新载体。因此,基于需求满足理论和“把关人”理论,要树立网络媒体传播主流意识形态建设新理念,开辟主流意识形态传播新途径,建构主流意识形态传播新机制,建立民间舆论引导机制,强化网络传播监管力度,促进我国主流意识形态建设。

网络新媒体下的拟态环境与反转新闻[①]

倪　洋　王晓园[②]

20世纪80年代是一个特殊的时代，伴随着科技的发展，电视逐渐普及并赢得原本属于报刊的"元媒体"地位。也是这个年代，人们的思维方式逐渐发生变化。原本高度理性、超常冷静和客观的人们也变得更看重形式、更注重感觉，思维变得感性、简单。这些都引起了当时美国著名媒介生态学家尼尔·波兹曼的思考。无独有偶，同样在20世纪80年代，远在法国的社会学家皮埃尔·布尔迪厄也对电视"元媒体"影响下，传播者与受众都没有意识到自己被操控的"象征性暴力"情况进行了认真的思考。

21世纪的今天，网络等新兴媒体的发展再一次改变了人们的思维方式。碎片化、简单化、感性化成为人们思考问题的特征，不仅如此，信息过剩、社会被"再现为一系列支离破碎的事件"成了新媒体独特的生态环境。仔细观察会发现，这两个时期的媒体生态环境是如此相像。本文是由波兹曼和布尔迪厄有关电视媒体的观点引发的对现今网络新媒体所建构的拟态环境的思考。

一、网络新媒体建构的拟态环境与传统媒体不同

波兹曼认为"媒介即隐喻""媒介即认识论"。简而言之，就是由于现实大环境的复杂，人们实际的活动范围、精力和时间有限，不可能对外部环境都保持经验性接触，对超出自己感知范围之外的事物，只能通过媒介这种工具把真实的世界看作媒介所呈现的世界，进而间接地去理解真实的世界。[③]这与李普曼提出的拟态环境的观点相似，不同的是波兹曼更强调不同媒体形态下的拟态环境的区别。波兹曼认为，不同的媒介形态往往有不同的表达方式，表达方式影响表达的内容，因而在不同媒介影响下的人往

①原载于《新闻研究导刊》2016年第8期。

②倪洋，重庆大学新闻学院。王晓园，重庆大学新闻学院。

③[美]尼尔·波兹曼：《娱乐至死》，章艳译，中信出版社2015年版，第6—17页。

往会对同一问题有不同的思考方式。①因而网络新媒体作为一种新兴的传播形态，对同一内容也有不同的表达方式。随着传播方式与传播格局的变化，网络新媒体的影响力不断加强，必然会产生与传统媒体不同的拟态环境。

二、网络新媒体建构的拟态环境更为复杂

今天基于互联网技术的新媒体所建构的拟态环境，一方面，具有互动性的特征，能大大提高用户的主动性，每一个用户可以主动地发表言论、设置议题，积极参与新的拟态环境的构建；另一方面，用户对信息的需求并非全方位的，往往受制于兴趣，久而久之，容易局限于某一个或者某几个信息主题之中，形成一种更为狭窄的拟态环境。因此，相对于传统大众媒体的拟态环境，网络新媒体的拟态环境更加复杂。

近年来越来越多的"反转新闻"在一定程度上可以证明网络新媒体下拟态环境的复杂性。"反转新闻"是指原报道和后续报道形成巨大反差，导致网络民意截然相反的新闻报道。以成都女司机被打事件为例，2015年5月3日17点39分，成都商报官方微博以"太吓人，娇子立交发生暴力打人事件"为题，率先披露成都女司机卢某被打一事。随后有67万粉丝的@成都同城会也发布了此消息。2小时后，华西都市报以《女司机变道遭男子暴打》为题在其网站刊发报道，舆论偏向同情女司机，谴责打人者。次日下午，成都锦江公安部门召开情况通报会，并向媒体公布了打人者张某行车记录仪拍下的视频。随后，华西都市报在官微以《女司机变道挡路男司机，全过程视频曝光》为题公布视频。成都商报也在微博公布此视频，只是标题为《打人者张某行车记录曝光》。视频公布后，舆论开始反转，"女司机"成为众矢之的。起初，媒体所营造的作为弱势群体的"女司机"形象在一定程度上影响了公众的判断，网民也参与到构建一种同情弱者的拟态环境中；之后经过相关部门的调查，事实的真相进一步浮出水面，舆论发生了反转。

三、网络新媒体下拟态环境所产生的影响

（一）影响人的思维方式，使思考变得浅层化、同质化

布尔迪厄认为，在市场化的环境中媒体为争取市场需要第一时间发布内容，而这种紧急性赋予了具有快速思维的人话语权，进而导致"快餐式"的"固有思想"更加泛

①[美]尼尔·波兹曼：《娱乐至死》，章艳译，中信出版社2015年版，第18—33页。

滥,人们对事物的思考变得浅层化、同质化。[1]同样,面向市场的网络新媒体为追求效益,以模式化、表面化的内容博取公众眼球,如此的拟态环境容易导致社会公众形成浅显化、简单化、一致化的思考方式,不利于社会的长远发展。

还是以“反转新闻”为例。2016年春节期间的“上海姑娘逃离江西农村”事件,源自2月6日19时28分篱笆网老干部闲聊板块一篇题为“有点想分手了…”的帖子。发帖人以调侃自己在江西男友家的经历为目的发了该帖,该帖发出后迅速引起该论坛网民热议,至当晚24点,跟帖已达700多条。次日,该事件进一步被传播扩大,新浪微博博主@KDS宽带社将此帖发至新浪微博后,微博评论量高达19万条之多。当日下午,@华西都市报、@新浪江西、@东方今报、@重庆商报等诸多媒体微博转载这条帖文,随后该消息还登上腾讯网、凤凰网等各大新闻媒体。主流媒体以及网民舆论普遍感叹乡土中国与现代都市的差异,讨论感情是否需要门当户对,并且谴责女孩缺乏教养。后来,经过媒体记者的走访、理性网民的分析以及相关部门的调查,最终还原了事情的原貌。究其出现的原因,网络新媒体形态下浅显化、同质化的思维方式有不可推卸的责任。一方面,目前无论传统媒体,还是网络新媒体营造的拟态环境都对农村议题、贫富婚姻问题存在主观上的同情;另一方面,网络新媒体中每个用户都可以主动参与拟态环境建构,对事件发表自己的看法,而受评论字数和希望能抢先发表评论的心理的影响,评论本身大多是一种停留在表面上的、浅层次的思考。用户发出的评论可能会引起其他用户的关注和再次评论,进而形成循环往复的互动过程,因此用户主动建构的这种拟态环境也会对其他用户产生影响。

(二)更易混淆真实环境与拟态环境

布尔迪厄认为,电视这种媒体存在一种施行者和承受者合谋和默契的施加,通常双方都意识不到自己在施行或者在承受“象征暴力”。[2]这类似于日本传播学研究者藤竹晓提出的“拟态环境的环境化”概念,意思是说虽然“拟态环境”与现实环境具有很大差距,但是人们往往根据媒体提供的信息来认识环境和采取应对行动,这些行动作用于现实环境,便使现实环境越来越带有“拟态环境”的特点,以至于人们已经很难在两者之间做出明确的区分。[3]

①[法]皮埃尔·布尔迪厄:《关于电视》,刘晖译,南京大学出版社2011年版,第35—38页。

②[法]皮埃尔·布尔迪厄:《关于电视》,刘晖译,南京大学出版社2011年版,第16—19页。

③郭庆光:《传播学教程》,中国人民大学出版社2011年版,第127页。

如今随着传播方式与传播格局的变化，网络新媒体中的“拟态环境的环境化”现象越来越明显，对社会造成的影响也越来越大。网络新媒体的用户享有极大的选择权和主动权。有学者认为，网络时代，新闻传播者的地位受到削弱，权力在向受众倾斜。但是实际的结果却是，人们或是长期依赖于少数几个固定的网站来获得信息，依旧把选择权交给网站；或是在网上漫无目的地点击，走马观花，盲目接收信息。因而，信息数量的增多只是为人们提供了更多的选择可能性，并不会必然增强人们对信息的选择力，反而是对选择力的削弱，人们因此更加接受媒体营造的拟态环境进而使“拟态环境”更加“环境化”。

还是以“反转新闻”为例，2016年3月18日泰国星暹日报官方微博报道，一名泰国网友通过脸书账户分享了中国游客在泰国清迈一酒店自助餐厅疯狂铲虾的视频。视频显示，部分游客不仅用盘子直接铲，而且一次带走两三盘。英国BBC、香港《东方日报》等多家媒体对此报道进行了转载，19日人民网的官方微博报道此事后，已有超过6000条评论，近1600次转发。舆论普遍批评国民素质低下。但很快事情发生反转，除了有网民辟谣称该餐厅几乎只有这道菜可吃，并且一个人拿过去是给许多旅行团友吃的外，23日，泰国王权免税店发表声明证实该视频的拍摄地点确为该公司的自助餐厅，但视频是两年前的，希望以此能澄清此前的一些不实报道。但依旧有舆论坚称出国旅游的国人素质低下，严重影响国人形象。这种只选择自己愿意相信的信息，并将媒体营造的拟态环境进行“环境化”的行为，若被别有用心的人利用，极易混淆视听，影响社会稳定。

四、小结

综上所述，网络新媒体建构的拟态环境，一方面，会与传统媒体营造的拟态环境相互作用，并极易受传统媒体营造的拟态环境的影响；另一方面，用户积极参与新媒体拟态环境构建，会进一步加重用户浅层化、同质化的思考方式。同时，用户对信息的需求并非全方位的，往往受制于兴趣，久而久之，容易局限于某一个或者某几个信息主题之中，更易产生拟态环境的“环境化”现象，极易混淆视听。因此，相对于传统大众媒体的拟态环境，网络新媒体下的拟态环境更加复杂。

论自媒体时代的意识形态传播[①]

王永友　宋　斌[②]

网络信息技术的迅速发展推动着信息传播方式的巨大变革,报纸、广播、电视等传统信息媒体的核心地位逐渐被网络媒体所取代。以微博、微信、QQ空间等为代表的自媒体平台在互联网时代大显神通,日益成为传播社会信息、制造社会热点、引领社会舆论的重要力量,传统媒体舆论影响日渐衰微。面对这种发展趋势,如何把握自媒体时代信息传播的一般规律,探索意识形态传播工作的新方法、新途径、新手段,以巩固主流意识形态的话语权,成为亟须解决的新的时代课题。

一、自媒体时代给意识形态传播带来的挑战

自媒体在丰富文化生活、促进沟通交流的同时,也加剧了人们思想观念的多元化、娱乐化和庸俗化倾向,对我国社会主义意识形态的主导地位形成冲击,给意识形态的传播带来严峻挑战,主要表现在以下四个方面。

第一,自媒体信息的多样化对意识形态传播的一元性形成挑战。自媒体是一个开放的舆论平台,但还未发展成为一个高度文明的言论场域,其信息具有复杂性,是高尚与低俗、真实与虚假、现代与传统、东方与西方、集体与个人、自由与保守的高度集合体。"我们今天面临着相对主义、多元主义、'碎片化'占着主导地位的一个精神氛围"[③],不同思想观念在自媒体领域的肆意传播,对马克思主义在意识形态领域的主导地位形成强烈冲击。社会主义意识形态并不排斥信息的多样化,而是反对无序的、无规则的多样化。思想观念、价值追求的多样化应该遵循一定的规则,失范、失序的多样化会引

①本文系重庆市人文社会科学重点研究基地重点项目"社会主义核心价值观认知认同研究"(项目编号:14SKB021)和重庆市研究生科研创新项目"微时代大学生主流意识形态教育研究"(项目编号:CYS14067)的阶段性成果之一。原载于《重庆邮电大学学报(社会科学版)》2016年第1期。

②王永友,西南大学马克思主义理论研究中心副主任,教授,博士生导师,研究方向:文化发展与意识形态建设、社会思潮与思想政治教育创新。宋斌,西南大学马克思主义学院硕士研究生。

③侯惠勤:《马克思主义意识形态论》,南京大学出版社2011年版,第47页。

起社会价值体系的失衡和混乱。处于发展中的自媒体平台信息量大且杂乱无章,存在许多非主流价值甚至反主流价值的思想观念,严峻考验着意识形态传播工作的一元性。

第二,自媒体风尚的娱乐化对意识形态传播的权威性形成挑战。意识形态的政治性决定意识形态传播工作具有权威性和严肃性。作为凝聚思想共识、维护统治秩序和捍卫政治合法性的有力武器,主流意识形态传播工作肩负着维护国家文化安全的重要使命。在自媒体时代,碎片化、浅显化、娱乐化、庸俗化的信息受到一些人的追捧,理论化、系统化、严肃化的意识形态不太受普通民众喜爱,意识形态传播工作的权威性遭遇娱乐和恶搞心态的挑战。从以丑为美的凤姐风靡微博,到炫富豪赌的郭美美人气爆棚,自媒体娱乐化元素层出不穷、接连不断。这些在本质上是对主流意识形态的一种反叛和背离,一些政治谣言和政治笑话的流传,给公众调侃政治提供了丰富的素材。如何在自媒体风尚娱乐化、庸俗化的大环境下,既维护意识形态传播工作的权威性,又提高意识形态传播工作的实效性,是自媒体时代意识形态传播工作面临的又一挑战。

第三,自媒体用户的多元化对意识形态传播的针对性形成挑战。自媒体平台门槛低、成本低的优势,吸引了数量庞大、旨趣各异的群体参与其中,用户结构日益多元化。从职业组成看,包括公职人员、商人、记者、学者、工人、农民等;从财产多寡看,包括富豪阶层、中产阶层、贫困阶层等。马克思指出:"统治阶级的思想在每一时代都是占统治地位的思想。这就是说,一个阶级是社会上占统治地位的物质力量,同时也是社会上占统治地位的精神力量。"①准确把握各阶层群众需求特点,熟练掌握意识形态层次化传播技巧,开展有针对性的、生动活泼的意识形态传播工作,是提高意识形态工作成效的基本要求。在自媒体时代,面对用户构成的多元化和用户需求的层次化,提高意识形态传播工作的针对性面临严峻挑战。

第四,自媒体话语的生活化对意识形态传播的理论性形成挑战。意识形态是在一定历史条件下,占统治地位的阶级或集团为维护和发展其统治地位而建构的价值观念体系和行为规范体系。在自媒体环境下,传播话语体系朝生活化方向发展。一方面,自媒体话语内容偏向生活化,人们在微博微信上发布的信息大多为自身日常活动及生活见闻;另一方面,自媒体话语形式偏向生活化,生活中使用的俚语、方言、俏皮话比正规书面用语在微博上更受欢迎。自媒体话语的生活化取向,让具有理论性的意识形态传播工作面临吸引力下降、受众减少、效果不佳的严峻挑战。有效化解生活化和理论

①《马克思恩格斯选集》第1卷,人民出版社1995年版,第98—99页。

性之间的矛盾，寻找一个兼顾内容与形式的平衡点，是意识形态传播工作创新所要解决的重要难题。

二、自媒体时代给意识形态传播提供的机遇

自媒体是信息媒介发展的最新形式，凭借其平民性、开放性、自主性、交互性、即时性等优势，吸引了数以亿计的活跃用户，形成了一个具有广泛影响力的舆论信息场，为意识形态传播提供了难得的机遇，主要体现在以下四个方面。

第一，自媒体为增强意识形态传播的领导力提供了机遇。一是自媒体平台有助于增强官媒的影响力。官媒凭借其传统的知名度和权威性，配合灵活的传播方式，能够迅速地积累大量粉丝，增强舆论影响力。如截至2014年年底，人民日报、央视新闻等官媒在新浪微博的粉丝超过2000万人，微博信息的阅读量远远超过其纸质版阅读量。二是官媒更有能力培育自媒体时代的“意见领袖”，领导信息传播。官媒是党和政府的喉舌，拥有高素质的从业人员，掌握更具权威性的传统媒介，这些资源有助于官媒更好地培育“意见领袖”，通过“意见领袖”的力量领导意识形态传播。

第二，自媒体为增强意识形态传播的吸引力提供了机遇。一是信息内容的吸引力。自媒体的信息内容大多是与人们的日常生活息息相关或者人们普遍关注的事件，生活化和热点化的信息内容更容易被粉丝阅读。此外，微博内容往往字数较少，受这一条件影响，意识形态传播者必须采用简洁、凝练的语言叙述方式，这有助于群众的主动浏览和自觉接受。二是传播形式的吸引力。自媒体平台发布的信息除了文字之外，还可以配以相关的图片、音频、视频资源，丰富多彩、图文并茂的传播形式有利于提高微博的关注度，形态各异的卡通图标为个人情感的多样化显性表达提供了丰富载体，传播形式的生动性拉近了传播主客体之间的心理距离，进而增强了对粉丝的吸引力。

第三，自媒体为增强意识形态传播的渗透力提供了机遇。一是对价值观念的渗透。自媒体传播的核心不是内容，而是价值观念。粉丝忠诚度更多地来源于对博主价值观念及其政治立场的认同和接受，通过对博主发布信息的经常性关注而逐步受到其思想价值观念的影响，进而达到价值观渗透的目的。二是对思维方式的渗透。在自媒体上，感性与理性、科学与形而上学等不同思维方式在信息传播中自然而然地会展开较量，然而只有理性、科学的思维方式才能最终赢得粉丝的青睐，粉丝也会逐步受到这类信息发布者分析方法的影响，进而达到思维方式渗透的目的。

第四,自媒体为增强意识形态传播的亲和力提供了机遇。一是信任感带来的亲和力。人们在自媒体上关注的大都是自已熟知和信任的人,形成一个熟人圈(如微信朋友圈),相互之间的信任感较强,建立在信任基础上的意识形态信息也就更容易为人们所认同和接受。二是交互性带来的亲和力。自媒体将互动范围由现实生活扩展到虚拟空间,互粉、转发、评论、回复、私信、点赞等方式是开展实时的、平等的互动的常用方式。意识形态传播工作者可以充分发挥自媒体高度互动性特点,适时把握互动时机,与接受对象进行密切而深入的沟通交流,增进与其的亲近感。

三、自媒体时代加强和改进意识形态传播的思路

加强和改进自媒体时代意识形态传播工作,提高主流意识形态的吸引力和凝聚力,应该从转变传播模式、创新传播内容、加强传播队伍建设和完善传播监管机制等四个方面入手,切实增强意识形态传播工作的领导力、吸引力、渗透力和亲和力。

第一,传播模式由以"单位传播"为主转为与"社会传播"相结合。意识形态工作是党的一项极端重要的工作。一是要转变思维方式,充分认识媒介信息的发展方向和充分重视自媒体在信息传播中的地位作用,主动使用微博、微信平台,建立自媒体意识形态传播阵地,充分发挥自媒体平台的"裂变式"传播效能;二是要努力学习和掌握自媒体传播技巧,凝练语言文字,配合声像资料,用生动活泼的形式传播社会主义核心价值观,提高传播工作的针对性,因时制宜、因事制宜、因人制宜地开展意识形态传播工作。

第二,传播内容由以"理性传播"为主转为与"感性传播"相结合。一是构建新型的自媒体话语体系,摒弃单纯理论化、抽象化文字宣传的做法,用灵活生动、朴实通俗的生活化语言吸引大众;二是丰富和创新表现形式,避免单一的语言文字宣教,充分发挥技术进步的推动作用,通过图片、动画、视频等方式传播主流意识形态;三是注重情感引导,避免单刀直入的宣教式传播,将意识形态传播内容通过简单、易懂、常见的生活故事展现出来,引发共鸣,以情动人。

第三,传播主体由以"教育者"为主转为与"意见领袖"相结合。一是要重视"意见领袖"的选拔和使用,主动确定一批在自媒体信息场中涌现出的政治素养高、宣传能力强、影响范围广和声誉口碑好的人员参与意识形态建设工作;二是要重视对传统"教育者"的培训,帮助他们熟练掌握自媒体平台的传播技巧,增强他们在自媒体时代的信息传播能力,促使他们迅速由"教育者"转变为"意见领袖"。

第四,传播监管由以"技术删控"为主转为与"法德并用"相结合。一是加强立法工作,完善互联网管理的相关法律法规,严格执行法律,依法惩处利用自媒体诋毁党和国家领导人、攻击社会主义意识形态、危害国家安全稳定的不法分子;二是加强技术攻关,建设自媒体舆论"长城",依法屏蔽和批量删除有害信息,净化自媒体舆论环境;三是倡导道德自律,在网络社会深入弘扬社会主义核心价值观,引导人们自觉遵守国家法律法规,维护国家意识形态安全。

参考文献:

[1]喻国明:《全民DIY:第三代网络盈利模式》,《新闻与传播》2006年第2期。

[2]中国互联网络信息中心:《第36次中国互联网络发展状况统计报告》,中国经济网,2015年7月23日。

[3]周晓虹:《自媒体时代:从传播到互播的转变》,《新闻界》2011年第4期。

[4]俞吾金:《意识形态论》,上海人民出版社1993年版。

[5][美]丹尼尔·贝尔:《资本主义文化矛盾》,严蓓雯译,人民出版社2010年版。

[6][美]阿尔温·托夫勒:《权力的转移》,刘江译,中共中央党校出版社1991年版。

[7]唐绪军:《中国新媒体发展报告(2015)》,社会科学文献出版社2015年版。

微传播环境对我国国民阅读方式的影响[①]

熊　娇[②]

现代社会中科学技术的快速发展与进步，越来越深刻地影响并改变着整个社会。在这个瞬息万变的社会中，信息的传递、人类文明成果的交流与传播为人们所需要，它们依靠媒介技术的发展与进步满足着人们信息不断更新的需要。阅读，对于人类文明的传承与推动，承担着重要的责任与使命。而随着媒介技术与信息传播载体的不断发展，人们阅读的方式已经由原来青灯黄卷的研读，变为如今快节奏的屏幕式阅读，甚至只需一部智能手机就可以随时随地轻松阅读。因此可以看出，无论是对于阅读还是对于人类文化传承，乃至对于整个人类传播史而言，媒介都具有重要作用。

一、微传播的含义及传播特点

与大众传播相对而言，"微传播"这个概念是伴随着微博、微信等新媒体的产生和普及而衍生出的一个新兴概念。"微传播"，顾名思义，传播的是"微内容"，传播体验是"微动作"，传播的对象是"微受众"。与此同时，我们似乎也迈进了一个处处"式微"的时代。随着互联网和智能手机的迅速发展，微博、微信等媒介的影响力和渗透力已经超越了许多传统媒体，其在信息传播中拥有举足轻重的地位，且正逐渐发展成人们获取信息、发表意见，甚至进行舆论监督的重要通道。

在微传播时代，新媒体拥有共同的传播特点：

首先，信息传播由单一的线性模式变为多元化。公众本身成了自媒体，他们不再被动地接受信息，而是可以随时发布、传播信息。公众的舆论监督职能不断凸显，新媒体的公共性日益加强。

其次，微传播时代信息量愈加庞大。信息随时产生，人们随时接收，海量信息分布在人们的周围。人们可接触、可阅读的内容越来越多，阅读内容也变得良莠不齐，显示出杂乱、琐碎的特征。

---

①原载于《传播与版权》2016年第5期。

②熊娇，西南大学新闻传媒学院研究生。

最后,信息的内容和形式呈现出碎片化特征。一方面,新媒体传播内容时追求时效,只求意思表达清楚,不注重语言修辞;另一方面,传播的内容不仅琐碎,而且明显缺乏深度,只能为读者提供浅层次的阅读信息。信息大量激增,受众表达意见的形式越来越多元化,也越来越趋向于碎片化。①

二、微传播对国民阅读的挑战

微传播时代的到来改变了传统意义上的大众传播模式和内容。虽然通过新媒体传播的内容受到字数等方面的限制,形式变得越来越"微",但是传播的对象和范围却越来越广泛,从社会时政新闻到家长里短的琐事,各种内容纷繁复杂,呈现在人们面前。人们在面对海量信息时,受时间、地点、场景等各种因素限制,往往难以仔细、深入地阅读,也就逐渐形成了"快餐式阅读"现象。在微传播时代,阅读这项从古传承至今的活动正面临着新的挑战。

(一)信息碎片化挑战传统阅读形式

如今,"碎片化"一词已被广泛应用到了各个领域。"碎片化"的原意为完整的东西被打破成零片或零块,学界普遍认为"碎片化"一词在20世纪80年代末常见于"后现代主义"的研究领域中,除此以外,在政治学领域、社会学领域也都有所涉及。21世纪以来,我国以黄升民为代表的学者把"碎片化"引入传播学领域的研究中,并将其概念界定为:社会阶层的多元裂化,并导致消费者细分,媒介小众化②。

在互联网时代,尤其在伴随着媒介技术的进步而到来的微传播时代,人们查找和处理各类信息的能力大大增强。信息的碎片化不仅让受众呈现细分趋势,同时也引发了受众个性化的信息需求。因此整个微传播时代都呈现出一种"碎片化"的趋势。

一直以来,只要提到阅读,人们首先想到的就是读印刷纸质书籍。而当微传播时代悄然来临,出现了"电子书"这一全新的形式,"读纸质书"被称为传统阅读方式。由于传统的印刷书籍略显厚重,而且不适合随身携带,传统阅读在一定程度上受到限制。电子书的出现在很大程度上满足了人们在新媒体时代对阅读的新要求,人们可以不受时空限制进行阅读。电子阅读作为一种全新的阅读方式,能够满足快速阅读的需要,满足学习的需求。然而随着互联网的普及,人们的生活时间和空间被碎片化了,阅读时空也呈现出碎片化趋势。

①施秀芳:《"碎片化"时代的手机出版研究》,西南大学硕士研究生学位论文,2013年。

②文晓欢:《浅析以微博为代表的信息传播碎片化——以"新浪微博"为例》,《北方文学》(下半月)2011年第6期。

总的来说，信息碎片化对阅读的影响体现在两个方面。一方面，阅读变得没有难度，变得轻松。获取信息的便利，使得人们不再珍视阅读的严谨性。面对海量信息，轻松、趣味性的东西越来越受读者欢迎，浮光掠影式的阅读普遍盛行；“段子文化”的兴起，片断信息的迅速复制传播，也使读者情绪容易受牵制，乃至演变成文化群虻。另一方面，碎片化让阅读变轻松的同时，也让真正有效的阅读变得艰难，对个人的要求越来越高。每天面对汹涌而至的信息，如果一个人不想成为被动的接收器，就必须具备更高的理性思维和判断力。碎片化阅读的信息是散乱无序的，读者需要对其加以整合，把信息提升为知识。成为信息的主人，而不是成为信息的奴隶，是碎片化阅读中读者应具备的本领。

（二）手机阅读的普及挑战传统出版业

在各类新兴媒介中，手机无疑是发展最快、应用最广的。麦克卢汉说“媒介是人的延伸”，这句话用来形容手机确实再恰当不过。手机是人们日常生活中使用频率最高的信息获取工具，人们可以用手机随时浏览网页、观看视频、交流信息。随着手机的普及，手机阅读这一形式也随之流行并逐渐受到越来越多的人的青睐。与传统的阅读形式相比，手机阅读不再是手持厚重的书籍，逐字逐行地阅读文字，而是用户可以主动选择感兴趣的内容来阅读。无论是社会热点新闻还是流行文学作品，只要轻松点击，读者就可以在线或者将文章、书籍下载到手机上阅读。手机比印刷书籍更方便随身携带，只要条件允许，手持手机就可以进行阅读。而伴随着这种现象的持续普及，“低头族”这个名词也逐渐传播开来。这个词语专指那些在地铁、公交车里个个都作“低头看屏幕”状，把碎片化的时间填满的上班族。[①]微传播环境中，“低头族”所指范围更广。由此可见，手机阅读的普及和影响范围之广。

传统出版业面对电子阅读的冲击，正处于转型的关键时期，数字出版作为一种新的出版模式逐渐兴起。一方面，数字出版迅速发展，在满足人们的阅读需求上，提供了一种更便利、便宜及信息量更大的选择；而另一方面，数字出版，尤其是网络文学的兴起，也为传统出版带来了更大的市场需求。

由此可以看出，手机阅读这种新兴的阅读方式正在以快速发展的强劲势头，挑战着传统出版业和传统阅读形式。我们在开展全民阅读推广活动时，不能忽略手机这个新媒体的重要作用。出版业在进行数字出版的过程中，可以选择将以往出版过的一些

①常凌翀：《数字视域下网络阅读与传统阅读的博弈探析》，《出版发行研究》2010年第4期。

书籍重新排版，推出电子版本，甚至是有声读物，以适应微传播环境中人们碎片化阅读的需要。

三、微传播环境下大力发展全民阅读

（一）直面媒介技术发展给阅读带来的机遇与挑战

媒介技术的发展对阅读来说是一把“双刃剑”，它既改变了国民的阅读方式，使阅读变得更加便利，又使人们越来越习惯并享受随时随地进行的“浅阅读”所带来的“阅读快感”。当电子阅读成为阅读的新常态，我们的阅读文化和阅读习惯也正发生着改变。虽然浅阅读从某种角度来说有助于拓展阅读面，但这种碎片化的阅读缺乏逻辑性和系统性，很难引起读者的深度思考。要推广全民阅读活动，一方面不能忽视媒介技术的发展对阅读的推广和促进作用，可以利用先进的媒介技术平台加大对书目的宣传，利用新媒介互动性强等特点，在实现阅读资源共享与互动的同时，吸引读者的阅读兴趣；另一方面仍然要加强纸质书籍阅读和深度阅读的推广，培养全民思考与辨析能力，有效利用新媒介环境下的阅读资源和阅读的便利性，大力推广全民阅读。

（二）关注国民阅读需求及习惯的变化

随着社会节奏的加快，人们的生活压力也越来越大，当“没时间”“工作忙”等成为思想常态，静下心来读书似乎变成一种“奢侈”，更不用说系统深入地阅读。此外，为了适应社会发展的需要，人们希望通过各种方式提升工作能力的愿望越来越强烈，便越来越倾向于选择那些可以在短时间内带来一些实际效用的书籍进行阅读，即阅读的功利化倾向越来越明显。因此，今后的全民阅读在推广过程中也要重点把握国民阅读需求和习惯的变化，全民阅读活动可以尽量在人们的休闲时间内进行。此外，要客观对待功利化阅读，既要避免过度功利化阅读导致国民知识体系的不健全，进而导致文化向单一发展的不良趋势，又要善于利用功利化阅读在一定程度上可以促进知识快速传播和促进社会发展进步的有利影响，辩证地看待功利性阅读在全民阅读工作开展过程中的意义和功能。

书籍和阅读分别是人类文明传承的主要载体和途径。培养良好的阅读习惯，不仅有助于个人的成长进步，更关系到一个国家、民族的整体素质和综合发展。因此，我国持续开展的全民阅读推广活动有着极为重要的影响和意义。

四、结语

从党的十八大报告中的“开展全民阅读活动”，到2015年国务院政府工作报告中的“倡导全民阅读，建设学习型社会，提高国民素质”，全民阅读正受到越来越多的关注。在微传播时代背景下，全民阅读的推广必然会面临一系列挑战与困难。全民阅读的推广需要充分考虑“互联网+”浪潮的影响，将纸质阅读与数字阅读结合起来，用科技手段缩小全民阅读的“贫富鸿沟”。

新媒体时代的网络谣言传播和治理①

邱　诺②

当今信息时代，网络传播异军突起，人们可以通过移动终端参与到网络信息传播中来，人们可以比较自由地在网络上发表自己的看法和观点，进行信息传递，这一过程就是实现人际传播、大众传播的过程，所以，网络为人们交换信息提供了一个非常便利的平台。基于互联网技术的新媒体拓宽了信息传播的范围，提高了信息传播的速度，增加了信息传播的渠道，但同时也加剧了网络谣言的传播。

那么什么是网络谣言呢？网络谣言是指通过网络介质（如电子邮箱、聊天软件、社交网站、网络论坛等）传播的没有事实依据且带有攻击性、目的性的话语。主要涉及突发事件、公共领域、名人要员、颠覆传统、离经叛道等内容。谣言传播具有突发性且传播速度极快，因此对正常的社会秩序易造成不良影响。

一、网络谣言传播的土壤和机制分析

在网络环境中，信息的加速流通带动了谣言的传播，进一步扩大了谣言的受众范围。谣言传播的一个重要特征是特定人群针对特定的话题进行交流和互动。网络信息传播的双向互动性为谣言在媒体和用户之间的双向传播提供了技术支持。网络谣言的一个重要特征就是匿名性，网民身份的多样性让网络上的言论变得“丰富多彩”，有控制能力的网民会对自己的网络言行进行约束，但某些别有用心的群体或个人，在网络上肆意宣泄情绪，不加约束地发送不良信息，从而使带有攻击性的言论迅速地在网络上传播，并产生负面影响。网络的匿名性加大了搜索信息发布者的难度，传播主体的复杂化打破了传统媒体在信息传播时一家独大的权威地位，这些都给证实信息的真实性带来了重重困难。

---

①原载于《新闻研究导刊》2016年第1期。

②邱诺，重庆大学新闻学院。

“把关”的弱化使信息传播变得难以控制。库尔特·卢因于1947年提出了“把关人”概念，指出把关人承载着过滤信息的责任。在传统媒体中，把关人往往决定着传播什么样的信息，但是在当今的新媒体时代，把关人的作用逐渐弱化，网络舆论环境在很大程度上是由公众的素质决定的。所以，在这样的环境中，每个人都有可能是谣言的制造者、传播者，但都会是受害者。

二、影响网络谣言认同的情感、立场、认知因素

根据卡斯·R.桑斯坦的观点，人们相信谣言是与个人的情感有关的，人们往往是先有立场，然后才能认同和传播谣言。情感对人的行动既可以起到积极的正向作用，又可以起到消极的反向作用。个人的情感对认识网络谣言有举足轻重的作用。当前我国社会正处于转型期间，社会矛盾交织，人与人之间、人对社会存在着未知、怀疑的心理和情绪，这加剧了网络上谣言的传播。例如，2010年的“药家鑫事件”，一位普通的大学生，交通肇事后因害怕承担后果而采用暴力手段将受害人杀害，手段尽管残忍，但一个原本事实清楚的故意杀人案，却经历了复杂的审判过程。由于网络舆论的渲染、网络谣言的传播，“官二代”“富二代”迅速成为药家鑫的标签，这种特殊的身份激发了社会对特权的憎恨和案件是否能够秉公处理的质疑。然而最后的事实证明，药家鑫的父母不过是普通的企业职工，并不是什么高官，也没有任何特权。药家鑫是应该为其所犯下的罪恶承担责任，但罪不及其父母，药家鑫的父母在承受丧子之痛外，还要承受巨大的社会舆论压力和种种不实的污蔑，这难道不是对无辜者最残酷的伤害吗?

网络在当今时代已经成为一个社会环境的虚拟缩影。网民利用网络谣言批判社会、批判官员、批判“富二代”“官二代”。痛恨贪腐、仇富的情绪被嫁接到网络事件中，网络事件经过舆论的推波助澜，便产生了网络谣言。网络成了谣言的发源地，有些人通过转发谣言来宣泄心中对他人、对社会的不满。只要有一个“先行者”或者“领头羊”，就会出现群体性极端行为，就会把一群有不满情绪的人聚集在一起，使原本平静的情绪消失，极端的思想加剧。人们通常不是中立地处理信息，而是会根据自己的心理需求、偏好来处理信息。

从认知方面来看，人们之所以相信谣言，在很大程度上是因为自己缺乏认知，信息匮乏。卡斯·R.桑斯坦指出:“你是否相信一则谣言，部分取决于这则谣言在多大程度上符合你已有的知识。”很多网友不管信息的内容是什么、是否得到了求证，看到别人转发，自己也跟着转发。信息化时代，一些人总是害怕自己的观点代表少数人的意见而被否认或者

被孤立，这就促使他们盲目地支持“多数人的意见”，他们在接受和发布信息时会受到更多个人情绪的左右，削弱了他们对谣言的免疫力，在无意识中有了造谣或传谣的行为。

三、新媒体环境下谣言的应对策略

（一）建立健全网络传播法律和法规

目前，我国的网络管理机制还不够完善，网络信息发展迅速，在这个信息爆炸的时代，网络谣言一旦散播后果难以想象。因此，信息领域的执法和司法任务越来越重，要努力完善这方面的行政执法体制，健全执法机构，明确职责，做到依法行政、依法决策、依法管理。

（二）注重网络信息管理人才和网民的素质培养

无论是信息技术和信息产业的发展，还是信息网络的管理，说到底要有人才。中国在网络方面一直缺乏人才，无论是从技术方面还是从管理方面，都缺乏相关的人才。针对目前信息网络的不断发展，我国应该将网络人才培养这一计划逐步落实。而且要提高网民的网络素质，增强网民的公民责任意识。网民在面对问题时要多加思考，对事件要有自己的判断，不做谣言的制造者和散布者，具备基本的辨别信息内容真伪的意识和素养。

（三）加强网络监管，从源头制止谣言扩散

加强网络监管，从源头上防范谣言的扩散和传播。政府和主流媒体应当发挥自身的优势，强化自身“把关人”的作用。加强网络传播技术的规范化建设，使传播的内容符合法律、道德等价值标准的要求。利用相应的信息技术跟踪网络谣言，对网络谣言传播者进行打击和惩戒。

四、总结

在信息时代这样一个大背景下，网络成为谣言传播的便捷渠道。网络谣言肆意破坏网络环境，危害广大网民的身心健康、财产安全。因此，需要全社会共同行动起来，有效地控制网络谣言的传播，积极应对网络谣言带来的负面影响。

参考文献：

[1][美]卡斯·R.桑斯坦：《谣言》，张楠迪扬译，中信出版社2010年版。

[2]邓国峰、唐贵伍：《网络谣言传播及其社会影响研究》，《求索》2005年第10期。

文化批评类图书选题策划的困境、对策及其启示[①]

张　建　李金正[②]

近些年来，有一类既非纯学术也非纯通俗的图书引起了业界的关注。这类图书不仅跨越了传统意义上的某个学科领域，也有打破专业和通俗两个市场界限的迹象，甚至以回归普通大众的日常生活为主要的内容特色。在学科划分上，这类图书一般被称为“文化批评”，在选题策划上，它究竟该如何归属，还需要一番讨论。下面我们将从这类选题的学科性质入手，看看它究竟具有哪些特点，对选题策划带来了哪些困惑，然后再尝试探讨应对方案以及可能带来的启示。

一、文化批评类图书的主要特点及其对选题策划工作带来的困惑

一般认为，“文化批评”是与传统的“文艺批评”相对应的一门新兴的学科领域，它正是从后者的学科母体中脱胎而来。但就实际的社会影响来说，它又比后者更强烈、更直接，与普通读者的接受趣味也更贴近。文化批评的理论基础来自于“文化研究”——这门学科的命名听起来让人颇觉怪异，因为传统意义上的学科一般都以“××学”作为后缀，但这门学科直呼“研究”，好像很不严谨，让人误以为它只关注某些现象，而没有上升到学科的高度。但正是这门看似荒诞不经的学科，不仅给传统的学科体系带来了一次空前的革命，也对传统的图书选题策划造成了严重的冲击。

首先，文化研究打破了传统的学科分类体系，也扰乱了图书选题策划的传统边界。文化研究不仅是传统意义上的“跨学科”，而且被称为“后学科”，甚至是一种“反学科的知识实践”[③]，因为其理论旨趣就是要反对碎片化、平面化和单向度的传统学科范式，认为这种知识结构在对具体问题的阐释上难免会造成同样的后果。正如北京大学

---

①原载于《出版发行研究》2016年第2期。

②张建，重庆邮电大学传媒艺术学院副教授，硕士生导师，四川大学文学与新闻学院在站博士后。李金正，重庆大学新闻学院博士，讲师。

③罗钢、孟登迎：《文化研究与反学科的知识实践》，《文艺研究》2002年第4期。

戴锦华教授所说，文化研究是“知识的炼金术”，它没有确切的理论来源，也没有严格意义上的研究领域。[①]

文化研究的这种学科性质以及作为其具体应用的文化批评，显然会给选题策划工作带来新的问题。比如，策划编辑如何策划或驾驭如此复杂的“后学科”选题？我们都知道，传统的选题策划就其主体而言，一般都以熟悉某学科领域的知识为基本要求，而以跨学科为主要特色的文化研究和文化批评，显然会对策划主体的知识储备带来一定的挑战；而知识储备不足，不仅会影响对策化信息的判断，而且在实际的编辑工作中也难免会带来一定的差错和纰漏。而且，作为一种跨学科知识实践的文化批评，不仅意味着某一本书很难被确定地归属为某一学科领域，甚至每一本书都已经不同程度地被诸多学科所渗透。这样的著作在上架建议和营销渠道上该如何处理，也非常值得策划编辑关注和思考。

总之，文化批评类图书对于策划编辑所造成的第一个困惑就是其主体身份不得不经历一种从“一”到“多”的裂变，也就是从原来熟悉某一学科领域到尽可能多地了解更多学科领域。这种身份的骤然拉伸和延展，对于当前条件下的策划编辑来说确实还不太容易适应。

其次，文化批评不仅具有天然的跨学科特点，而且还跨越了专业和通俗两种读者市场，这同样对传统的策划选题工作带来了一定的困扰。文化批评中所谓的“文化”是别有蕴意的。传统意义上的文化是指一定地域内的器物、制度、价值观念等的总称，而且它以主流和精英阶层为主导；但文化批评意义上的文化是“由‘普通’男女在日常生活中与日常生活和实践相交流过程中创造的，它的定义应该是他们‘活生生的经历’”[②]。也就是说，文化不再仅仅作为崇高的价值观和社会上层的高雅趣味，它就是由普通男女的日常饮食、生活起居所组成，这样一来，举凡休闲、逛街、健身、美容、上网、旅游等都具有了文化的意味，文化与普通大众息息相关，它也就是大众文化、流行文化或通俗文化，诸如网络文化、瘦身文化、广告文化、酒吧文化等都属此列。这样的内容一旦以图书的形式确定下来，显然对于普通读者尤其部分群体会有一定的吸引力。

可见，文化批评类图书由于对普通大众的日常生活投入了前所未有的关注，不仅是跨学科的，而且已经跨越了专业和通俗两种读者市场。这无疑又对选题策划出了一

①北京大学著名教授戴锦华在凤凰卫视《世纪大讲堂》的一次题为《活的知识——论大众文化研究》的演讲中提到了上述观点。

②[英]约翰·斯道雷：《文化理论与通俗文化导论》，杨竹山等译，南京大学出版社2006年版，第58页。

道难题:该如何在这两种市场之间抉择?众所周知,市场定位对于选题策划工作来说至关重要,它会牵涉到图书的内文风格、文案设计以及市场投放等关键问题,而且,它还直接决定了选题开发,对于本版图书作者队伍的组建以及引进图书的准入标准、翻译要求等都有重要影响。

最后,文化批评连同作为其理论基础的文化研究在国内很多大学的学科建制上都已经被接纳,受众规模逐渐增大,国内出版社也引进开发了部分选题,但这些选题大都注重作为理论基础的文化研究,忽视了作为应用实践的文化批评。这对于选题策划来说,显然既是一个机会,也是一种挑战。

在学科建制上,首都师范大学率先成立了文化研究院,上海大学也成立了文化研究系,同济大学和四川大学成立了文化批评中心,复旦大学、北京师范大学也都有相关的研究所或学科方向。在出版物上,《文化研究》和《热风学术》是国内两个代表性的连续出版物。在大型选题方面,中国社会科学出版社引进出版的“知识分子图书馆”系列选题达三十多种,南京师范大学出版社引进出版的“当代学术棱镜译丛”系列选题有近百种之多,另外还有译林出版社的规模更大的“人文与社会译丛”系列。但这些出版物都明显侧重于理论引介,少见对具体现象的描述分析。

国内以文化批评为主题的系列丛书,截至目前只有三套:由北京师范大学张柠教授主编、花城出版社和重庆大学出版社出版的“刀锋文丛”系列,该系列的作者团队成员包括文化学者、媒体人、诗人、音乐人等,内容广泛涉及新闻时事、休闲、饮食、电影、时尚等,已出版有十多种图书;由旅美学者李陀主编、江苏人民出版社出版的“大众文化批评丛书”,内容包括青年文化、娱乐文化、酒吧文化、电子文化等,共十个品种;由苏州大学出版社出版的“新媒介与青年亚文化”研究系列,包括拍客、恶搞、御宅、迷族、网游等主题。这些出版物主要围绕具体的大众文化现象,主题鲜明,文风平易,对于研究人员和普通读者都具有一定的吸引力。这样的选题才能焕发出它的市场活力,可惜在国内出版市场并不多见。

可见,理论探讨有余,而描述分析不足,这就是文化批评类图书的现状。这类出版物结构上的失衡,一方面固然与它作为新兴学科在国内起步较晚有关,另一方面,也与目前条件下的选题开发不力、准备情况不足有关。文化批评的跨学科、跨主体、跨领域等特点,不仅使策划主体身份发生裂变,也需要策划编辑具有“抓住两类人群、兼顾两种市场”的敏锐眼光,同时还要准确判断策划信息、做好文案宣传和市场投放等工作,这些都需要专业的经验和知识,因此这类选题的巨大读者市场目前只能处于半空置状态。

总之,一方面市场前景广阔,另一方面选题开发不足,这就是文化批评类选题当前的实际情形。如何开发好、利用好这类选题,显然需要引起我们的关注。

二、文化批评类选题的应对方案与启示

由于文化批评类选题目前在国内只是起步阶段,我们只能根据以往相关选题的策划经验、编辑策划理论以及现有的条件等来提出一些应对办法,而且这些办法可能主要针对总体性问题,在具体的策划实践中只能被部分地选用。实质上,那些比较成功的文化批评类选题,正在出色地发挥着这些办法的某些重要组成部分的作用。具体包括以下几点。

首先,对于其跨学科和跨主体的特点造成的策划主体身份分裂的问题,必须从策划编辑自身入手,练足内功,夯实基础,尤其要关注几个方面。其一,广泛研习相关理论知识,可以不必精专,但务必广博。由于文化批评涉及的学科门类比较多而杂,策划编辑需要了解相关学科的历史发展、代表人物及主要的理论知识。只有努力填充自身的知识空缺,才能有效弥合策划主体的身份分裂。其二,具备一定的外语基础,充分利用引进选题。由于文化批评在国内的研究目前还处于起步阶段,可利用资源相对比较匮乏,所以需要好好利用已经比较成熟的引进版图书,这样既能填补图书市场的空缺,也能从中学习宝贵的策划经验。其三,紧跟理论进展,及时获取策划信息。建议出版社订阅文化批评类的研究期刊,购买一定的参考书目,并鼓励策划编辑多参加相关的学术会议。这都是获取前沿策划信息的最重要渠道。

其次,充分调动出版社的人力资源,努力沟通协调学术界和出版界之间的关系。之所以这样做,是因为就目前已经出版的文化批评类图书来说,主要都是由学术界和出版界联合策划的,而且其中发挥主要作用的往往是研究者,而不是策划编辑。比如策划出版"人文与社会译丛"的刘东教授,策划出版"当代学术棱镜译丛"系列的张一兵、周宪教授等,都是该领域屈指可数的专家,他们对选题本身的把握可能比较深刻而全面,但在读者市场、文案宣传、销售前景等方面,则需要出版社做出更周密的安排。这样就有了学界和业界之间的合作互动。因此,出版社建立并维护好与作者团队之间的合作关系是做好这类图书选题策划工作的一个非常重要的方面。

再次，密切观察大众日常生活，深入调研读者市场，积极开发本土选题。尽管合作策划选题比较常见，但这也并不意味着策划编辑就因此而陷于被动。“选题策划从总体来看，是对社会生活的深刻认识。这种认识不是无源之水、无本之木，而是有着深厚的基础，那就是对社会的分析、对市场的把握、对出版社特色探讨的结果。”[①]普遍意义上的选题策划的要求尚且如此，对于跟普通大众的日常生活紧密相关的文化批评类选题在策划时当然更应从多方面做准备。深入了解和认识大众日常生活的主要目的在于考证或提炼出至关重要的策划信息，这些信息是新选题的重要切入点。围绕这些信息，策划编辑可以组建自己的作者队伍，让研究者着眼于实际问题来参与写作，从而打造出更能让读者易于接受、喜闻乐见的选题。

最后，对于“两个市场”的问题，文化批评类选题可以有所偏重，但尽可能不要偏废。所谓“偏重”，即要根据具体文本来判断，学术意味较浓的文本在文案策划和市场投放定位上要偏向于学界，但如果依然有普通读者的接受空间——文化批评类图书一般都比较受欢迎——可以在写作和翻译风格以及在文案宣传等方面做出适当调整。正是由于这类选题跟普通大众的日常生活紧密相关，所以尽可能不要做出偏废一端的决定。事实上，就其内容特点来说，文化批评可能是迄今出现的沟通专业读者和普通读者两个市场的最好的桥梁。完全通俗化或完全专业化的选题当然都是无可厚非的，但对于市场接受来说，文化批评可以而且需要做出打通两个市场的尝试。就像“百家讲坛”“逻辑思维”等视频节目所做的可贵尝试一样，文化批评在纸质出版上最有希望，也最有可能做出这样的努力。

通过以上论述可以明显地看出，文化批评类选题横空出世，它本身就是一个不可多得的研究标本，它洞开了一个前所有未有的读者空间，可以容纳更多的选题创意。因此它对选题策划具有重要的启示意义，主要包括：

第一，在面对一个内容较为庞杂且比较陌生的选题时，必须充分调动各种可利用资源，其中借力专业研究者，探索以研究者策划为主、以策划编辑策划为辅的合作策划方式是一个值得考虑的选择。但合作策划并不意味着策划编辑被动接受，一方面出版社和策划编辑必须在涉及文本质量、宣传、市场管理等编辑出版专业问题上要使上力、把好关；另一方面也要在合作中学习，不仅要合作出成果和友谊，也要合作出进步和提高。

---

①贾培信：《选题策划观念论》，《中国出版》1998年第3期。

第二,无论在任何时候都不能放松对策划编辑职业素养尤其专业素养的培养,这牵涉到出版社能否抓住机遇、利用机遇这一重大问题。策划活动从来都不单单是文案功夫,任何喷薄而出的创意、灵感的纵深处,都有文化、知识和思想的深厚岩层。

第三,"两个市场"的贯通是未来出版的一个重要动向。正如前述,在很多网络视频和电视节目中,传统意义上被称为纯学术的国学、科学等都已经成为普通大众的重要文化消费对象,很多媒体人也都为此做出了可贵的尝试;而作为跟大众日常生活有天然的亲缘关系的文化批评类选题,知识性和趣味性俱佳,当然也应该把握住这个动向,打通两个市场,尽量满足读者大众的文化消费需求。

“VR+新闻”

——从VR报道工作坊出发[①]

杜　江　杜伟庭[②]

一、《舞狮》——实验性VR（Virtual Reality）纪录片

虚拟现实以计算机技术为主，利用计算机和一些特殊的输入/输出设备来营造一个“看起来像真的、听起来像真的、摸起来像真的、嗅起来像真的、尝起来像真的多感官三维虚幻世界”。VR技术的核心特征可以归纳为“3I”，即沉浸（Immersion）、交互（Interaction）和想象（Imagination）。

2015年11月7日至14日，中山大学传播与设计学院的“VR报道工作坊”进行了一次基于虚拟现实技术的新闻报道实验，实验内容为拍摄《舞狮》，整个实验过程分准备、拍摄、剪辑、体验四个环节。

一是设备采购及工作坊准备：①合作方提供一台8镜头（Go-Pro相机）结构360° VR Video原型机作为拍摄设备；②购置“三星Gear VR二代+三星手机S6 edge+三星耳机LEVEL”三套，组成头戴显示器（HMD）；③购置5台理光Theta 360相机练习全景拍摄。

二是拍摄采访：先后拍摄了广东佛山祖庙黄飞鸿武术团醒狮表演，长隆欢乐世界北美伐木竞技SHOW、大型巡游等内容。在佛山祖庙拍摄时，因相机电池问题采访一度延宕。如保罗·莱文森所说，电池是新媒介的软肋。而素材导出后，部分Go-Pro相机工作不正常，在一定程度上影响了影片画质。

三是剪辑合成：以佛山祖庙黄飞鸿武术团醒狮表演部分素材剪辑合成360°全景纪录片《舞狮》，片长3分47秒，粤语配音，繁体字幕。

四是展示体验：2015年11月13日上午9时30分起，以“三星S6 edge手机+三星

①原载于《青年记者》2016年第6期。

②杜江，中山大学传播与设计学院副教授，高级记者。杜伟庭，重庆大学城市建设与环境工程学院环境生态工程专业2014级学生。

Gear VR+三星LEVEL耳机”组成头戴显示器展示，为出席“新-新闻传播教育论坛”的嘉宾演示。国内新闻院校首部VR纪录片《舞狮》面世。

此后，经可行性评估，工作坊项目转化为长期的实验教学项目——VR报道实验室。

《舞狮》作为一部实验作品，笔者在拍摄中初次体验到VR技术所带来的身临其境的魅力。但若以VR之“3I”技术标准来衡量，《舞狮》只能算作VR的一种弱应用，主要体现在沉浸感一般、交互性较弱等方面。严格地说，全片仅是一段360°全景视频，有同学评价其近乎电影史上《火车进站》(1895)的尝试。

二、360°全景视频的采集与观看

如Oculus VR创始人帕尔默所说：“毫无疑问的是，如果VR产业想要发展，VR头显和VR摄影平台缺一不可。”此轮VR热，是开创仅两年的Oculus VR被Facebook以20亿美金收购所引发的。

在《舞狮》实验中，三星Gear VR内藏的位置追踪器，追踪观看者头部的运动并报告给VR系统，从而实现观看者以肉眼观看用机器之眼采集的360°全景画面。观看过程中，必须不时提醒观看者“瞻前顾后”“左顾右盼”“前俯后仰”，以体会360°全景画面，这是《舞狮》中仅有的交互体验。

从视知觉原理上看，人的观看行为是“注视”，而非“环视”，因为目前位置追踪器不能追踪到眼球的运动，从而造成这种反常的观看方式。需要注意的是：(1)传统影像的主体/边框、景别/视角概念，运动镜头的“推拉摇移跟”镜头语言不适用360°全景摄影；(2)要让360°全景摄像机有效工作，离不开一定程度的摆布，如果沿用到新闻领域，会违背新闻真实性原则；(3)在传统的新闻报道中，摄影记者/摄影师是当然的见证人，用360°全景摄像机拍摄，为给“第一人称视角”的观众营造“在场感”与“沉浸感”，摄影记者/摄影师却必须隐身画面之外，引发一种认知上的冲突。

总之，360°视频所带来的视觉冲击，改变了文艺复兴以来单眼观看的透视传统与视觉秩序，其实质仍是一种发展到极致的机器视觉。以VR来讲故事，还需要探索与建构一套全新的视听语言，以VR的“第一人称视角”体验到沉浸感与参与感。

在VR摄影平台方面，领航者为售价高达6万美元的诺基亚Ozo，Ozo可实时捕获到360°音画(8×2K×2K视频)，单次录制时间45分钟，总重约4.5公斤，可用无人机搭载。该机最大特点是具有实时合成与监控功能，既方便导演即时预览，也免却后期合成的麻烦。此外，在该领域“绝对真正的创新”来自新西兰8i公司，8i应用了光场技术

(light field)以捕捉高质量3D立体画面。该公司采用特殊的环形相机,8i的相机将40个相机安装在一个房间的货架上,摄像头一致对内形成环形以展开无死角追踪捕捉(大多数全景相机为球状/圆盘状,镜头向外)。

三、基于VR的沉浸式新闻(Immersive Journalism)

2016年1月12日,由路透研究所与牛津大学发布的最新研究报告表明:"2016年媒介机构计划将更多的注意力放在360°全景视频、直播视频以及'沉浸式报道'上,即将到来的奥运会和美国大选将会成为VR技术大展拳脚的舞台。"①下面笔者介绍一下基于VR技术应用的"沉浸式新闻"。

从字面上理解的"沉浸式新闻",是用360°全景摄像机与其他实体设备记录新闻现场,经过处理后呈现在虚拟现实的头戴式设备上,使受众能获得"身临其境"的体验。如Vice杂志此前与致力于虚拟现实叙事的VRSE公司合作制作的《纽约百万人大游行》(2015),人民日报制作的9·3阅兵VR全景视频(2015)、财新网制作的《山村里的幼儿园》(2015)等。为示区分,在此暂且称这些新闻作品为VR纪录片,而基于"VR"技术的"沉浸式报道"则更具革命性。

诺妮·德拉佩纳等学者发表的《沉浸式新闻:为第一人称新闻体验设计的沉浸式虚拟现实》(Immersive Journalism:Immersive Virtual Reality for the First-Person Experience of News,2010)一文中提出"沉浸式新闻"的概念。沉浸式新闻是指一种能让观众获得新闻故事中描述的事件或情形的第一人称体验的新闻生产形式。其基础思想是让参与者成为一个在场者的数字化身,并以第一人称视角(或者第三人称视角)进入一个虚拟重现的新闻故事剧情场景,尝试创造出一种"存在的二元性",并产生更真实的新闻体验,目前的方法包括但不限于利用游戏平台与构造虚拟环境。它的最主要目的是通过让观众化身为新闻事件现场的"目击者"(Witness),而不仅仅是一个新闻的"观望者"(Viewer),给观众更强烈的视觉与心灵上的冲击,激发观众的关怀与同情心理。

诺妮·德拉佩纳现任"标志组织"(Emblematic Group)公司的CEO与南加州大学交互媒体艺术部门的毕业生研究员,并在过去的两年中担任南加州大学安纳伯格传播学院的"沉浸式新闻"高级研究员。她有20年的新闻报道写作经验,曾任《新闻周刊》记者,并曾为《纽约时报》《时代周刊》等媒体供稿。她在2009年开始拍摄VR纪录片和学

①《路透+牛津重磅预测:2016年数字新闻技术与大趋势》,http://newslab.baijia.baidu.com/article/295935.

习编程技术，并与她过去的实习生、曾在南加州大学创新技术机构工作的Oculus Rift的创始人帕尔默·拉奇(Palmer Luckey)合作，在2012年的圣丹尼斯电影节使用Oculus VR的原型机展示了《洛杉矶的饥饿》(Voices of VR Podcast，2014)。

在诺妮·德拉佩纳的实践中，我们可以总结出她逐步成型的沉浸式新闻报道方式：(1)前期，采集现场的新闻素材，如真实场景，实时记录的声音、图片、视频以及出现在场景中的人(目击者或当事人)，基于图片资料建模或对他们进行动态捕捉以创造精确的数字化身等；(2)后期，结合素材，使用Unity游戏引擎(或其他引擎)建构一个描述特定线性新闻事件的虚拟环境，加入人物塑造等，创造出具有强烈在场性、真实性与冲击力的空间叙事现场；(3)最终，通过虚拟现实的头戴式设备和体感、运动追踪等其他设备进行呈现。具体执行的案例如《洛杉矶的饥饿》(2012)、《叙利亚项目》(2014)、《使用武力》(2014)等，有不少美国民众在看完《叙利亚项目》之后联系了德拉佩纳并向叙利亚儿童救济组织进行了捐赠。她担任CEO的公司“标志组织”目前正在以“激起人们的关怀”为目标进行沉浸式报道的进一步研究。

德拉佩纳在她的TED演讲中提到，这类沉浸式新闻不会改变新闻制作过程中的真实性原则，它与过去的新闻最大的不同之处在于在场感(Sense of being on scene，也可称作现场感)，“你可能体验到观看一个人因为饥饿倒下并对此无能为力，也可能感觉自己置身于一场爆炸的中央”(诺妮·德拉佩纳，2015)。她的合作伙伴范吉利斯·林波瑞迪斯也强调：“我们使用的音频全部是真实的，这确实(给观众)制造出了在场感。”(Vice，2014)

与一般VR纪录片相同的是，观众在观看沉浸式新闻的过程中拥有视线自由，即360°的全景体验。两者之间最大的区别在于虚拟环境与体感、运动追踪设备的加入赋予了观众运动自由与交互自由的体验，这种突破不仅将带来前所未有的沉浸感与在场感，而且能够丰富新闻报道内容，这些都是固定机位且非突发的VR纪录片目前难以做到的。例如：

(1)在《洛杉矶的饥饿》(2012)中，当讲述洛杉矶难民在食物店拥挤排队时，被赋予运动自由的观众可以自由地移动、起立或蹲下，当看到画面中的老人晕厥倒地，他们会小心谨慎地围着老人转圈并观察周围的人，甚至蹲下来试图帮助老人，尽管他们知道这个“倒地的老人”在自己的维度并不存在。

(2)在《使用武力》(2014)中，当讲述美国与墨西哥边界上移民被巡逻警察殴打致死时，被赋予交互自由的观众可以通过启动手上的设备，让虚拟现实的屏幕上出现一个“手机”，而同时他们也可以移动手上的设备，通过运动追踪将自己的动作实时同步在虚拟世界里，从而用“手机”对眼前的暴力场面进行60秒的“拍摄”。（曼恒数字，2014）

（3）在《叙利亚项目》（2014）中，新闻团队以现场音频和视频脚本为基础，通过搜集大量信息找出爆炸的时间与地点，还原出真实的事件现场，让观众置身于一场叙利亚街区爆炸的中央，目睹街区的活动情景、爆炸的发生与爆炸后的慌乱。

这种体验与游戏的体验类似，但在沉浸式新闻中观众只是一个在场者的数字化身，他们没有能力对虚拟现实中的事件进行改变。这一方面保持了新闻的客观性，另一方面则加深了观众的无力感，也将启发他们更多思考。德拉佩纳说：“我不会给你一个在虚拟世界里的身体或者物理存在形式，因为观看者没有介质去改变历史。”（Fast Company，2013）

可以预见，沉浸式报道的走向是将360°真实场景、新闻现场出现的人物与电脑画面（3D建模）结合，并在其基础上加入空间叙事和交互内容。在建构虚拟场景方面，我们已经看到如The Farm 51团队的切尔诺贝利VR项目，他们采用实地取景与后期建模的方式将切尔诺贝利的城市全貌展示在这个教育性、娱乐性的虚拟现实中，使用者在戴上设备后可以观察切尔诺贝利的每一个角落，甚至可以看到墙上的青苔、游泳池上的涂鸦甚至灰尘。

虚拟现实影片——不论是科幻题材或是纪实题材——都已成为另一个让人惊奇着迷的实验性领域，特别是在新闻方面的运用。

四、结语：“达摩克利斯之剑”与“完美的罪行”

对于“VR+”来说，最有市场价值的应用在于游戏、体育、现场音乐会。[①]“VR+新闻”，犹如为新闻业装上人工智能驱动的“技术性假肢”，可以弥补其在新媒体环境下的技术性匮乏，有效缓解转型焦虑，有效创新内容。总之，拥抱VR，即拥抱一种新思维，拥抱未来无限的可能性。

1966年，伊万·萨瑟兰所研制的世界上第一个头盔显示器（Helmet-Mounted Display）面世，它被悬挂在林肯实验室天花板上，又大又重，它有一个寓言般危险的绰号

① 市场观察网站援引分析师Gene Munster的报告称，到2025年，小黄片将成为VR技术的第三大市场，总价值高达10亿美元，仅次于视频游戏的14亿以及橄榄球联盟相关市场的12.3亿美元。

"达摩克利斯之剑"。它的这种危险性究竟在于什么？VR电影制作人克里斯·米尔克在谈起自己的作品时说："想象科技是如何扩张，到了联合你的感知一起达到更加逼真的水平。"他还说："你所谈论的东西在某种程度上不只是一个媒介，而基本上是人类知觉的另一个替代品。"由此可见，虚拟现实技术也面临着一些风险，风险在于依赖这个装置，人们可以在虚拟现实与现实之间转换；风险在于由此通往一条道路，人们通过虚拟现实而忘却了世界的形式，世界成为一种技术的存在；风险在于虚拟的技术实在谋杀了客观实在，这就如博德里亚尔所说的"完美的罪行"。①

参考文献：

[1][美]吉姆·布拉斯科维奇、杰里米·拜伦：《虚拟现实：从阿凡达到永生》，辛江译，科学出版社2014年版。

[2]安维华：《虚拟现实技术及其运用》，清华大学出版社2014年版。

[3]Nonny De La Peña, "Immersive Journalism: Immersive Virtual Reality for the First-Person Experience of News," *Presence* 4(2010):291—301.

[4] Forbes. Inspire People to Care: Using Virtual Reality to Create Immersive Journalism.[EB/OL]. http://www.forbes.com/sites/ellenhuet/2015/05/29/using-virtual-reality-to-create-immersive-journalism/#795eaf377425.

①[法]让·博德里亚尔：《完美的罪行》，王为民译，商务印书馆2000年版。

浅析弹幕视频的传播特点及其发展现状[①]

张　舒[②]

一、弹幕的含义

弹幕,原指射击游戏中屏幕上出现大量的子弹,这些子弹在屏幕上弹动,密集的像瀑布一样。而网络视频中的“弹幕”,则是指视频开始播放时“字幕像子弹一样飞出”。“弹幕”与传统视频网站中的评论不同,用户在观看视频时,可以即时发出评论;当视频播放的时候,评论就会在播放器加载视频文件的同时被载入,并且在视频对应的时间点“飞出来”,显示在屏幕上。

二、弹幕视频的特点

(一)弹幕视频中的“即时吐槽”

“即时吐槽”是指用户在观看弹幕视频的过程中即时发表评论和看法,这些评论和看法会从屏幕中“飞”过。这种随时发表评论的方式相当于用户的即时反馈。例如,当用户在观看视频时对某个有趣搞笑的桥段产生兴趣,当时就可以发送弹幕,这个时候,有相同兴趣的用户也会即时发送弹幕来响应。在各类视频中,只有弹幕视频具有这种即时性,而大家一起“即时吐槽”也是弹幕视频的一大亮点,很多弹幕视频的忠实用户会专门观看这些“即时吐槽”的内容。这是“弹幕”带来的独特乐趣,也是大家飞速地不停发送弹幕的动力。

(二)弹幕间的实时互动

弹幕视频的即时性使用户在发送弹幕的同时还可以与其他用户进行实时互动。当用户在观看视频内容时,也会浏览到屏幕中出现的弹幕内容。在这个过程中,用户

---

①原载于《新闻研究导刊》2016年第2期。

②张舒,西南大学新闻传媒学院传播学专业,研究方向:新媒体传播。

可以在任何时间点与其他用户通过发送弹幕来互动。有时候,用户还会通过“一问一答”的方式相互探讨视频内容,产生思想共鸣,这极大地增加了用户间的互动性,也提高了用户观看视频的娱乐性。弹幕视频相当于提供了一个社交平台,营造了一个虚拟大厅来供用户一起观看视频。当多名用户对同一内容感兴趣并实时发送弹幕互动时,所拥有的感受就像许多人围坐在一个房间一起聊天一样。这在很大程度上消除了独自观看视频的孤独感。

(三)弹幕视频中的针对性评论

与传统视频的评论机制不同,观看弹幕视频的用户可以在视频播放过程中的任何一个时间点,对任何一个画面或值得吐槽的情景发出具有针对性的弹幕评论。这种细致评论与传统视频中的评论所带给用户的感受是完全不同的。在传统视频中,评论是观看完视频后而发表的对视频的评价,用户无法在观看过程中针对某一个大家产生共鸣的情景发表即时评论。而在弹幕视频中,用户所发送的弹幕评论是观看视频过程中对某个内容的即刻感受表达。这些针对性的弹幕评论能够帮助用户更加全面地理解视频所传达的内容。可以随时发出具有针对性的评论是弹幕视频独具的特点。

(四)碎片化的“弹幕”信息

新媒体时代的到来使信息量骤增。面对庞大繁杂的信息,用户无法做到全面细致地浏览,因此,接收到的信息只能是碎片化的。在这种环境下,用户每天接收大量的碎片化信息已经成为常态,而弹幕视频中的弹幕正好符合用户碎片化阅读的习惯。凡是登录弹幕视频网站的用户都可以发表弹幕评论,这种开放性高、门槛较低的特性决定了弹幕内容的片段化、“草根”化,甚至还会有一些庸俗化的信息存在于弹幕视频中。除此之外,弹幕即时传播的特点也使得发送弹幕的人不用花费大量的时间来准备完整的信息,只需在观看视频过程中随时发送只言片语的弹幕即可。当这些简短的评论出现在弹幕视频中时,呈现给用户的就是碎片化的信息。综合各种因素,弹幕传播的信息只能是碎片化的,而弹幕视频的存在也满足了当下用户的观看需求。

(五)弹幕的表达方式多种多样

弹幕视频之所以被用户所喜爱,还因为弹幕具有丰富的表达方式。与传统视频中单一的评论方式不同,弹幕不再受空间、时间的限制。弹幕在视频播放时会按照不同的弹幕层并排出现在屏幕中,每个用户的弹幕都会在屏幕中出现。除了弹幕的空间分布方式多种多样外,用户还可以通过设置字体颜色来表达不同的意思。例如,弹幕视频中常见的红色字体大多是对视频的内容进行提示,告诉观众接下来的视频会有“高能出现”。每当红色字体出现的时候,弹幕的数量往往会大增。弹幕多种多样的表达方式能够提高用户观看视频的娱乐性。遇到不懂的剧情时,用户可以通过观看“蓝字君”来寻求视频之外的内容。看到其他用户提出问题时,自己也可以帮忙解答疑惑。

三、弹幕视频的发展现状

(一)弹幕视频存在版权问题

我国本土的弹幕视频网站最初是由一些ACG(Animation,Comic,Game)爱好者建立的,因此并没有充足的资金和大量的资源。这些弹幕视频网站上的视频很多来自于外链,如通过非正规方式盗链其他视频分享网站的视频。这种不符合转载和复制程序而得来的视频,存在版权问题。并且在弹幕视频网站中,还存在一部分由“UP主”上传的原创视频,这些数量庞大的原创视频也无法一一被严格审查,从而也无法确定其是否存在侵权行为。目前,版权问题是弹幕视频网站存活的关键。

(二)弹幕内容难以管理

弹幕视频的出现虽然提高了用户的自主性,增强了用户与网站之间的互动性,但是多元化的弹幕也存在一定的弊端。有时候弹幕的内容中会存在不良信息,这些信息不仅低俗、暴力,甚至还会引发多方“骂战”。当用户打开一个充满不良弹幕内容的视频时,在很大程度上接收到的都是负面信息。但是,如果管理者增加对弹幕内容的管理力度,用户在发每一条弹幕时都得深思熟虑,那么他们就会失去“畅所欲言”的乐趣,弹幕视频也会失去自主性高的魅力。但是,如果管理者没有加强管理又会使弹幕视频网站变成不健康的媒介环境。如何把握好内容监管的尺度和力度是弹幕视频网站管理目前所面临的困境,也是让管理者陷入两难、无从下手的原因。

(三)弹幕视频网站的盈利模式模糊不清

任何视频网站都需要一定的盈利模式来支撑其运营,但是弹幕视频网站特有的性质使得其并没有像爱奇艺、优酷、乐视等传统视频网站那样在视频中放置广告。如今,网络版权管理越来越严格,弹幕视频网站也必须通过购买版权来使自己规范运行,然而购买版权是需要大量资金的。因此,尽快地明晰盈利模式是弹幕视频网站生存下去的唯一出路,没有固定的盈利模式是无法稳定发展的。

(四)弹幕从小众走向大众

随着弹幕的走红,原有的弹幕用户群体不断扩大,喜欢弹幕的用户不再只局限于

ACG爱好者，更多的青年群体开始观看弹幕视频并且关注“弹幕文化”。近期也有一些传统视频网站纷纷“试水”，如优酷、土豆、爱奇艺等也在视频中开设了弹幕功能。

四、结语

近年来，弹幕视频这种新兴事物逐渐进入大众的视野，受到了更多用户的关注。虽然“弹幕”这种形式并没有在视频中被广泛普及，但是弹幕视频特有的传播特点给用户带来了不一样的感受。用户在观看视频时可以即时“吐槽”、即时互动，无论是针对视频某一部分内容发出评论，还是运用多种多样的方式发送“弹幕”内容，用户无疑拥有了更加丰富的观感体验。虽然弹幕视频的观众正在从小众走向大众，但是就目前的发展来看，版权纠纷、内容监管困难以及盈利模式模糊等，都是困扰其继续发展的重要问题。只有解决这些问题，弹幕视频才可能更好地被大众所接受。

参考文献：

[1]陈一、曹圣琪、王彤：《透视弹幕网站与弹幕族：一个青年亚文化的视角》，《青年探索》2013年第6期。

[2]谢梅、何炬、冯宇乐：《大众传播游戏理论视角下的弹幕视频研究》，《新闻界》2014年第2期。

[3]陈松松、何天天：《弹幕视频——小众网民互动新形式》，《新闻世界》2014年第6期。

[4]陈席元：《弹幕话语建构的青年亚文化网络社群研究——以哔哩哔哩网对Keyki事件反应为例》，《电脑知识与技术》2014年第20期。

[5]马志浩、葛进平：《日本动画的弹幕评论分析：一种准社会交往的视角》，《国际新闻界》2014年第8期。

[6]王霜奉：《让弹幕飞：视频也疯狂》，《上海信息化》2014年第10期。

[7]詹雪美：《浅析弹幕视频网站在我国的发展》，《大众科技》2014年第10期。

手机二维码在新闻传播中的应用研究[①]

刘 丹[②]

二维码又被称为二维条码，是几何图形按照一定的规律在二维平面上排列，从而形成丰富的数据符号信息。人们在使用时利用相应的扫码设备对其扫描，数据符号信息经过处理，相应的信息内容便可获得。近年来，随着网络技术与智能移动技术的发展，二维码被广泛应用在商品识别、产品信息获取等方面。为促进新闻媒体行业的不断发展，手机二维码技术也被引入其中，但是在实际的应用过程中，还存在着一些问题，必须寻求有效的办法来集中解决这些问题。

一、利用手机二维码进行新闻传播所面临的问题

(一)主流媒体对手机二维码应用具有盲目性

新闻媒体在传播新闻的过程中，应集中精力将有效信息整理出来，让受众可以在最短的时间里花费最少的精力获取有效信息。[③]二维码的出现使新闻媒体开始了新的信息传播方式，但是由于其对二维码的应用没有进行很好的控制，应用具有极大的盲目性，造成受众在使用二维码获取信息过程中产生消极体验。二维码的有效运用可以起到扩充新闻版面与挖掘新闻深度的作用，从而提升新闻传播的质量。而当前新闻媒体对其利用方式不正确，许多新闻信息不加筛选便利用其进行推送，受众在扫描二维码进行信息阅读时感觉信息太多，选择难度大。

(二)信息接收者对二维码新闻认可度低

通过近几年的新闻报道我们不难发现，因为扫描二维码造成的身份信息泄露以及财产诈骗等案件屡见不鲜，所以受众对二维码扫描获取信息的形式始终存有疑虑。与

---

①原载于《新媒体研究》2016年第1期。

②刘丹，重庆大学新闻学院，研究方向：新闻传播。

③路燕、陈堂发：《运用二维码实现报纸传播科技内容的路径优化》，《科技传播》2014年第20期。

此同时,二维码是新生事物,相应的法律、法规、章程还不健全,一旦出现问题,权益很难获得合法保障,受众更喜欢通过传统的媒体形式获取信息资源。尽管传统媒体能够对受众的隐私进行适当的保护,但是依然避免不了风险的产生。另外,应用手机二维码获取新闻信息,会产生一定的流量资费,而当受众并不清楚二维码中承载的信息量,一旦进行二维码扫描所产生的资费与所获信息量不成正比,就会带来一定的资费负担,影响受众的使用情绪。

(三)客观条件对二维码新闻传播的制约

我国引进二维码技术的时间较长,但是受网络技术、移动终端技术以及二维码自身技术等客观因素的限制,二维码的使用并没有得到很好的普及。当前我国网络尽管已经进入高速发展时期,步入移动互联网的4G时代,客户量也逐年持续增长,但是与发达国家比较,我国的移动网络技术依然处于较为落后的水平。①网络技术不先进加上网络普及程度不够,使得二维码手机新闻传播模式发展受到一定制约。另外,二维码制的不统一也对手机二维码新闻传播产生了极大的不良影响。目前尽管我国已经拥有自主知识产权的汉信码被应用到手机二维码中,但是统一的标准码制还没有制定出来,这在一定程度上限制了二维码的广泛使用。

二、应对手机二维码在新闻传播中面临问题的策略

(一)对二维码在新闻传播中的定位进行明确

信息时代的到来,使人类社会的信息采集能力与传播能力得到巨大提升,但也为人们带来巨大的信息负担,人们只有在众多的信息中不断进行筛选,才能获得所需的有用信息。因此,作为信息传播主体的新闻媒体在利用手机二维码进行新闻传播的过程中,要对自身传播的新闻信息清楚地定位,明确何种信息适合用二维码来传播,何种信息适合用其他形式传播。通常来讲,含有丰富的图文、视频的新闻适合用二维码来宣传,以便能够为受众带来直观的新闻感受。如娱乐新闻、旅游新闻等单纯依靠文字难以描述事件全貌,便可以采用二维码的形式,受众通过扫描二维码可获取丰富的视频资源,通过清晰的画面进行感受。②相关媒体可以明确自身的新闻传播优势,利用手机二维码形成多种媒体形式之间的优势互补,实现新闻信息的有效传播。报纸、杂志

①李娟、韩萌、刁亚萍,等:《二维码营销及其对图书馆资源和服务推广的启示》,《情报探索》2014年第12期。
②张海东、孙继华、白净:《纸质科技期刊二维码应用研究》,《农业图书情报学刊》2015年第10期。

等纸质媒体主要以内容见长,电视媒体则以画面取胜,而网络媒体则因传播速度快而深受人们喜爱,因此可以利用二维码技术将各种媒体的优势相结合,促进新闻行业的发展。如可以在纸质书刊中的二维码信息中融入电视新闻中的生动的画面,让受众在读取丰富的新闻内容后,还可以获得相关的视频资源,获得更好的新闻体验。

(二)加大宣传力度,普及二维码的有效应用

手机二维码在新闻传播中的应用,还面临着受众认可度低和使用度低的情况。尽管二维码具备信息资源丰富、信息获取方式便捷等优势,但是所产生的安全风险也是极大的,因此受众在阅读新闻信息的过程中往往存在疑虑。要加强手机二维码在新闻传播中的应用,首先就要提升受众的认知能力,只有受众了解到二维码技术的优势,才能广泛使用。各大主流媒体可以在新闻传播活动中,尤其是基于二维码技术的推广活动中,将二维码的使用、特点、优势以及相关步骤做详细的介绍,使受众对其有一定的了解。另外,可以在扫码活动中加入一定的娱乐活动,开展有奖扫码等活动,引导受众主动使用二维码。如在央视《开门大吉》的电视节目中,就利用二维码让场外观众积极参与到节目中,观众可以通过扫码猜歌名,从而获得相应的奖品。在手机二维码新闻传播活动中,如果只让受众进行二维码扫描获取新闻信息,未免过于枯燥乏味,不易引起受众的兴趣。因此,相关新闻媒体行业可以将新闻推广与其他娱乐活动相结合,以捆绑营销的模式,推广手机二维码新闻传播形式。当前智能手机用户常常在手机上玩游戏、看微博等,因此相关新闻媒体可以考虑新闻传播与手机APP应用联合营销,如玩手机游戏时扫描新闻二维码,就会获得免费生命值或是相关道具等,以此增加二维码用户的数量,从而传播新闻信息。

(三)国家与媒体加强对二维码技术的监管工作

在当今社会,二维码的使用正在兴起,报刊销售、产品促销等都热衷于二维码的使用。尽管形形色色的二维码资源有效地促进了新闻传播业的整体发展,但是二维码本身还存在一定的安全风险与技术漏洞,因此相关部门要充分发挥自身监管职能,保障用户使用二维码的合法权益不受到侵害。政府部门应及时出台二维码的具体操作细则,统一行业标准,对市场中利用二维码从事非法活动的行为予以严厉打击。与此同时,要尽快完善二维码移动支付系统,保障消费者的财产安全。媒体行业在手机二维码的使用过程中,也要尽量简化用户接收信息的过程,不给违法犯罪分子可乘之机。

三、结束语

综上所述，为有效开展手机二维码新闻传播工作，应加大对二维码的宣传力度，制定相应的措施保障受众的使用安全，从而增加受众对二维码新闻的接受程度与认可程度，促进新闻媒体行业的发展。

未经许可续写作品的著作权保护与限制[①]

苗成林　潘勤毅[②]

续写作品是在原作品基础上，进行二次创作所形成的新作品，续写作品本身其实是原作品的继续或重写，因此，续写作品不同于复制作品，也不同于改编作品，属于演绎作品的范围。

续写作品不同于复制作品。《中华人民共和国著作权法》(以下简称《著作权法》)规定："复制权，即以印刷、复印、拓印、录音、录像、翻录、翻拍等方式将作品制作一份或者多份的权利。"复制权作为一项重要的著作财产权，强调的是对原作品的再现，而不论载体是否有形，还是二维与三维之间的相互再现。著作权法意义上的复制是最严格意义上的复制，是对原作品的"拷贝"。[③]而续写作品是在原作品基础上的创新，是新作品。所以，续写作品不同于复制作品。

续写作品不同于改编作品。我国《著作权法》规定："改编权，即改变作品，创作出具有独创性的新作品的权利。"据此可以认为，只有通过改变作品的形式将原作品中的基本内容呈现出来的行为才称为著作权法上的改编[④]，如将文字作品改编成漫画作品、将小说改编成影视剧本等。而续写作品并未改变作品的形式，仍是通过文字作品的形式进行展现，所以，续写作品不同于改编作品。

续写作品属于演绎作品。演绎不是著作权法中的概念，而是学理上的概念。演绎是指在原作品基础上，借用原作品的独创性表达，创作新作品的行为。演绎作品的特点是既保留了原作品的基本表达，又包含演绎者的独创性智慧成果。[⑤]续写作品是在原作品基础上的再创作，是借用原作品的人物、故事情节等独创性表达而形成的新作品，续写作品不仅在创作上与原作品一脉相承，同时也结合了新的创作元素，是演绎作品的一种。

---

①原载于《中国出版》2016年第9期。

②苗成林，重庆大学法学院。潘勤毅，广西知识产权发展研究院。

③齐爱民：《知识产权法总论》，北京大学出版社2010年版，第392页。

④王迁：《知识产权法教程》，中国人民大学出版社2014年版，第160页。

⑤王迁：《知识产权法教程》，中国人民大学出版社2014年版，第159页。

一、续写作品的特点

续写作品借用了原作品的独创性表达。作品由一系列表达构成,这些表达是作品的核心,也是需要重点保护的著作权。表达有可能是细节描述,也有可能是词语段落,只要这些内容对于作品的思想具有一定的辅助或烘托作用,是为思想服务的,而这些又是作者独创的,那么这些就是所要保护的表达。表达与思想的界分有时并不十分绝对。对于作品来说,构成作品最终形态的主要框架性内容,包括主要人物及其特有的性格、语言、动作,以及故事情节、主要场景等,如果具有独创性,都是作品的表达。而作者所反映的故事主题、科学原理、历史事实等则不受著作权法保护。

续写作品一般都借用了原作品的独创性表达。这是因为,虽然续写作品的故事情节有别于原作品,但续写作品一般都是原作品的继续或重写,通常都借用原作品的人物形象,包括人物名字、性格特点以及动作语言等独创性表达,再加上新的表达进行二次创作。比如《鬼吹灯》系列小说开启了我国盗墓玄幻小说的先河,其中固有人物如胡八一、王胖子等的人物形象已经和盗墓的职业特性、故事背景等表达元素紧密结合在一起,其后的续写作品无一不是在最初作品的基础上,借用相同的人物而创作的新作品。正是因为原作品中的独创性表达受著作权法的保护,所以续写行为必须经过许可才可以实施,这也是未经许可续写行为侵权的法理基础。

(一)续写作品具有独创性

续写作品是在原作品基础上进行二次创作的新作品,所以,续写作品应当满足著作权法对于作品的一般要求,即续写作品须具有独创性。首先,续写作品是基于原作品独立创作的新作品,如果续写作品无法满足独创性要求,那么续写作品就不是著作权法意义上的作品,也就无法得到著作权法的认可。其次,独创性也是演绎与复制的分割线,如果续写作品仅具有低程度独创性的话,那么它其实就是原作品的复制或抄袭,而不能称为新作品。如电视剧《宫锁连城》中有许多表达跟《梅花烙》十分相似,虽然《宫锁连城》并没有完全复制《梅花烙》的故事情节,但许多曾经看过《梅花烙》的电视观众很快就发现《宫锁连城》中人物设定、剧情脉络等与《梅花烙》十分相似。虽然《宫锁连城》中也有编剧的一些想法,但这些想法并不具有独创性,所以《宫锁连城》仍然不是一部新作品,而是《梅花烙》的复制品。因此,续写作品作为一部新作品,应当具有独创性。

(二)续写作品应当经过原作者的许可

首先,在法理上,续写作品是借用原作品的独创性表达在经过二次创作后形成的新作品,这就导致了续写作品出现了双重著作权,一是原作者因自己作品中的表达被借用而存在于续写作品之上的著作权[①],另一个就是续写作品中续写者自己的独创性表达,这些表达因为满足独创性而获得著作权。正是由于原作者的著作权也影响着续写作品,使得续写者的著作权被限制,所以如果续写者想要拥有不受限制的著作权,只能获得原作者的许可而解除原作者著作权套在续写作品上的枷锁。其次,虽然我国著作权法并未将续写作品明确规定在法律中,但基于上文中对于续写作品属于演绎作品的界定,可以参照著作权法中关于演绎作品的规定。我国《著作权法》第十二条规定:"改编、翻译、注释、整理已有作品而产生的作品,其著作权由改编、翻译、注释、整理人享有,但行使著作权时不得侵犯原作品的著作权。"本规定中提到演绎者行使著作权时不得侵犯原作品的著作权,由此可见,续写者想要行使其著作权就必须获得原作者的许可。总之,续写者想要行使续写作品的著作权,必须经过原作者的许可。

二、未经许可续写作品的侵权分析

著作权法上对侵权作品的认定形成了一套国际公认的模式,即接触+实质性相似。如果被控侵权作品的作者曾接触过原作品,且被控侵权作品与原作品之间在内容上存在实质性相似,则除非有合理适用等法定抗辩事由,否则即可认定被控作品侵权。[②]续写作品是原作品的继续或重写,与原作品在内容上存在实质性相似,除非能够证明续写作品是未经原作品影响下的独立创作,或者存在法定抗辩事由,否则,未经许可的续写作品就侵害了著作权人限制他人借用原作品独创性表达进行再次创作,从而形成新作品并加以后续利用的一种排他性限制权利,即演绎权。

(一)续写者能够"接触"到原作品

一部作品获得巨大成功后一般都会"圈粉丝",而粉丝则是续写者的最大来源。他们基于对原作品的喜爱,或不满足于原作品,都会在原作品的基础上进一步创作,并加入自己的想法,所以,续写者根据原作品进行的再创作都是经过了"接触"之后的行为。

---

①戴彬:《演绎作品著作权研究》,华东政法大学硕士研究生学位论文,2010年。

②王迁:《知识产权法教程》,中国人民大学出版社2014年版,第41页。

（二）续写作品与原作品存在实质性相似

一般情况下，续写作品都是原作品的继续或重写，续写作品的人物设定、故事情节基本都与前作一脉相承。如《哈利·波特》系列小说，其后的每一部都是在前一部基础上的继续，作品是沿着哈利·波特的成长这一主线展开的；又如《鬼吹灯》系列小说，《鬼吹灯2》其实就是套用《鬼吹灯1》的情节进行的重写，实质就是盗墓"三人组"在不同时间、不同地点的另一段相似的盗墓历险。这些续写作品都与原作品存在实质性相似。此外，也有一些续写不存在实质性相似，比如金庸先生在《射雕英雄传》之后又继续推出了《神雕侠侣》，虽然《神雕侠侣》中也出现了一些《射雕英雄传》的英雄人物，但《神雕侠侣》的主线却是杨过与小龙女的传奇武侠情缘，与《射雕英雄传》在内容上不存在实质性相似，所以《神雕侠侣》不是《射雕英雄传》的续写，而是具有独立意义的另一部作品。

综上所述，未经许可的续写作品是侵权作品。首先，续写作者毫无疑问能够接触到原作品，又在内容上具有实质性相似，续写作品已经侵权；其次，续写作品是在原作品的基础上借用原作品的独创性表达而形成的新作品，其本身已经构成演绎作品，侵犯了原作者的演绎权；最后，鉴于续写作者未经原作者的许可，续写作者丧失了合法的抗辩事由。所以，即使续写作品因具有独创性而可以成为著作权法意义上的作品，但续写者未经原作者许可，擅自进行续写的行为仍然侵犯了原作者的演绎权，应当承担停止侵害、消除影响、赔礼道歉、赔偿损失等相应的民事责任。

三、原作者与续写者的著作权之间的冲突

著作权法的重要意义在于其不仅鼓励文学创新、促进社会思想进步、保护创作自由，同时也保护作者的合法权益不受侵犯。如果坐视他人毫无顾忌地擅自进行续写，打着"创作自由"的旗号侵犯作者权益而不制止的话，这与著作权法保护作者权益的立法宗旨相违背；但与此同时，虽然未经许可的续写行为侵犯了原作者的演绎权，但如果续写作品能够满足独创性要求，续写作品应该被视为著作权法意义上的作品，即使续写作品是侵权作品，也理应受到著作权法的保护。这就会导致原作者的著作权与续写者的著作权之间不可调和的冲突与矛盾。

（一）续写者著作权的自动产生

著作权的自动产生是国际公认的著作权取得方式，并得到了世界上大部分国家的

认可。《保护文学和艺术作品伯尔尼公约》(以下简称《伯尔尼公约》)第三条第一款规定:“为本联盟任何一成员国公民的作者,其作品无论是否已经发表,都受到保护。”我国是《伯尔尼公约》的缔约国,同样承认著作权的自动产生。《中华人民共和国著作权法实施条例》(以下简称《著作权法实施条例》)第六条规定:“著作权自作品创作完成之日起产生。”在这里,无论是国际公约还是我国的著作权相关法律法规都明确规定了著作权的自动产生,而且都未排除侵权作品,这也就是说,侵权作品同样可以自完成之日起取得著作权。基于我国《著作权法实施条例》关于著作权自动产生的规定,只要作品满足著作权法上一般作品的独创性要求,作品的作者就取得了著作权,而无论其是否侵权。由此可见,侵权续写作品虽然侵犯了原作者的演绎权,但续写作品是在原作品上的二次创作,具有区别于原作品的独创性,应当在其完成之日起受著作权法的保护①,这是著作权法的内在要求。

(二)原作者著作权的合法制约

续写作品借用了原作品中的独创性表达,而原作品中的独创性表达受原作者著作权的保护,因此,续写者如果想合法地借用这些独创性表达,就应当获得原作者的许可,未经许可的借用自然要受到原作者著作权的规制。续写者能够获得著作权,并非承认原作者的著作权对其毫无制约,毕竟未经许可的续写作品是侵权作品,这就说明原作者的著作权是可以对续写者的著作权进行一定合法制约的。纵观国内外法律,虽然都没有对续写作品做出明确规定,但无论是国际公约,还是我国著作权法,都对演绎行为做出了规定。《伯尔尼公约》中对于演绎行为的规定是:“翻译、改编、乐曲整理,以及某一文学或艺术作品的其他改变,只要不损害原作的著作权,这种改变就得到与原作同等的保护。”我国《著作权法》中也有同样的规定。《著作权法》第十二条规定:“改编、翻译、注释、整理已有作品而产生的作品,其著作权由改编、翻译、注释、整理人享有,但行使著作权时不得侵犯原作品的著作权。”第十四条规定:“汇编若干作品、作品的片段或者不构成作品的数据或者其他材料,对其内容的选择或者编排体现独创性的作品,为汇编作品,其著作权由汇编人享有,但行使著作权时,不得侵犯原作品的著作权。”这些法律规定都是赋予著作权人演绎权,从而保护原作品中的独创性表达不被他人非法借用、非法剽窃,同时也为原作者合法制约续写者行使著作权提供了法律依据。

①徐晓娟:《论网络演绎文字作品的著作权保护》,北京邮电大学硕士研究生学位论文,2012年。

四、未经许可进行创作的续写者只享有不完全的著作权

具有独创性的续写作品一经完成即受著作权法的保护，续写者也因此获得著作权，但这种著作权鉴于侵权的原因而受到一定的限制，那么，续写者可以获得哪些著作权，哪些著作权又受到原作者的限制呢？笔者认为，由于著作人身权具有人身属性，不能限制也不能被剥夺，续写者应当自续写作品完成之日起享有；而续写作品本身侵犯了原作者的演绎权，如果放任续写作品的广泛传播更是对原作者财产利益的侵害，因此，未经原作者许可，续写者不能享有著作财产权，以限制续写作品的后续使用，限制续写作品的传播。

(一)续写者自始享有著作人身权

著作人身权是著作权的精神权利，这是因为作品不仅具有经济价值，还体现了作者的人格、精神、思想等人格因素。在极端保护著作人身权的大陆法系国家(地区)，作品被认为是作者人格利益的延伸，所以著作权首要保护的是蕴含在作品中作者的人格权益。法国《著作权法》规定："对于外国人的作品，无论该外国人的所在国是否对法国的作品提供互惠保护，均保护作品中的完整权和署名权。"我国台湾地区著作权法规定："著作人格权专属于著作人本身，不得让与或继承。"虽然我国著作权法并没有不得限制著作人身权的专门规定，但基于著作人身权具有一般人格权的性质，仍可以从我国《民法通则》中推出相关的法律适用。因此，应当肯定续写者自始享有著作人身权，并不受限制。

(二)未经原作者许可，续写者的著作财产权受限制

之所以原作者的著作权可以限制续写者的著作财产权，是因为：首先，续写者的续写行为侵犯的是原作者的演绎权，而演绎权的实质是赋予著作权人继续创作作品，或许可他人基于自己的作品进行创作并加以利用的权利。由此可知，演绎权并非限制续写者继续创作的权利和自由，而是限制续写者对续写作品进行利用的权利和自由，而这种对作品利用的权利和自由只能是著作财产权。其次，演绎权作为一项重要的著作财产权，维护的是原作者的经济利益，续写作品只有进入传播和流通环节才会给原作者造成经济利益的损害，而只有续写者行使复制权、发行权等著作财产权时，续写作品才能够进入传播和流通环节，单纯的续写行为仅仅产生续写作品，不会对原作者的经济利益带来损失。所以，只有限制续写者的著作财产权，才能限制续写作品的传播，才能保护原作者的经济利益不受损害。

但需要注意的是，续写者的著作财产权是被限制，而非被剥夺，也就是说，续写者的著作财产权是处于效力待定状态，一旦获得原作者的许可，续写者自作品完成之日起可获得完全的著作权，著作财产权的效力溯至续写作品完成之日，这主要是为防止第三人的二次非法演绎行为给续写者带来经济损害。

（三）未经许可之前，续写者无力限制续写作品被二次非法演绎

借用作品中独创性表达，需要经过原作者的许可，这是原作者著作权的行使。而由于未经许可，续写者的著作财产权被限制，演绎权也同样被限制而无法行使，这就导致了一旦第三人对续写者的续写作品进行二次非法演绎，续写者就面临着有权却不能使的尴尬状况。这是因为，首先，续写作品本身作为侵权作品，无法获得完全的著作权，续写者只享有著作人身权，包括演绎权在内的著作财产权被限制，在面临第三人侵权时只能无计可施。此时，只有获得原作者的许可，续写者才能自始获得完全著作权，从而保护续写者在著作财产权期限内的经济利益。其次，非法借用原作品中独创性表达，续写者只有获得原作者的许可才能取得完全著作权，这不仅是对原作者智力成果的尊重，也是对著作权的尊重。最后，只有通过这种方式，才能敦促续写者积极争取原作者的许可进行创作，减少社会上非法演绎作品的泛滥，保护包括续写者在内的广大作者的权益，促进著作权市场的健康有序发展。

五、结论

未经许可的续写作品虽然是侵权作品，可一旦其完成，即受到著作权法的保护，这不仅是著作权法的内在要求，也是著作权法鼓励自由创作、传播优秀文化的立法宗旨的体现；与此同时，续写者又因为侵权而受到原作者著作权的限制，使其不能行使续写作品著作财产权，无法享有完全的著作权，这也是著作权法保护原作者合法权益的体现。只有合理协调原作者与续写者之间的著作权的冲突与矛盾，才能维护好作者的合法权益，才能鼓励作者积极创作，进而促进科学文化的发展与繁荣。

众包新闻:意涵、参与者与本土化实践[①]

张伟伟[②]

移动互联网时代,以社交网站和手机客户端等为代表的新媒介技术产品,为网络用户参与新闻业提供了多种途径。其中,“众包新闻(Crowdsourcing Journalism)”作为用户参与新闻内容生产最为突出和重要的一种表现形式,极大地冲击了新闻从业者在公共信息流通中的“把关人”作用。从某种程度上来说,“众包新闻”的出现,表明新闻机构已经无法保持它们对公共信息的“排他性管辖”,新闻业迈入“去专业化”的进程。然而,梳理中外文献,关于众包新闻的研究却尚未形成一个成熟而系统的、具有较大社会影响和自身特色的研究领域。目前在我国学界,对于众包新闻的研究还停留在现象层面,已有文献主要集中于论述众包新闻的意涵、表现形式与发展趋势等,缺乏深入的学理探讨。然而在业界,媒体从业者对众包新闻的尝试却早已开始,发展至今已经形成多种类型的实践形式。可以预见,作为新闻未来的一种重要发展趋势,众包新闻在公共信息的流通中将扮演愈来愈重要的角色,它迫切需要学界给予更多的关注与重视。

一、众包新闻的意涵:概念、类型与意义

应当说,“众包新闻”作为一个前沿性概念,中外学界对它的研究都处于起步阶段。“众包新闻”源自经济学领域的“众包(Crowdsourcing)”概念。根据经济学研究者的定义,“众包”是一种依赖互联网技术支持的新兴商业生产模式。Jeff Hawe(2006)是“众包”概念最早的提出者,他认为所谓“众包”就是“一个公司或机构把过去由员工执行的工作任务,公开外包给非特定的大众网络的做法”,本质上“众包”是“大众(Crowd)”和“外包(Outsourcing)”的结合[③]。Brabham(2013)进一步对“众包”概念做了

①本文系2015年度重庆市社会科学规划博士项目“媒介融合背景下众包新闻生产中的用户参与动机研究”(项目编号:2015BS061)的研究成果。原载于《今传媒》2016年第4期。

②张伟伟,重庆大学新闻学院讲师,博士,主要从事网络和新媒体研究。

③Howe,J.,“The Rise of Crowdsourcing,”*Wired Magazine* 14,(2006).

拓展,他提出应当将“众包”视作一种调动在线大众的群体智慧为特定组织机构服务的问题解决模式。在新闻传播领域,“众包新闻”这一概念是伴随着西方新闻机构仿效商业公司开展众包式的新闻生产模式而被提出的。学者认为,“众包新闻”是新闻机构借助网络技术组织化地从用户那里获取报道灵感、素材以及资金等帮助的一种新闻生产模式,它是新闻机构和用户之间的一种通力合作[①]。“众包新闻”和“参与式新闻”“公民新闻”既有相似性,也有显著区别。从表现形式来看,“众包新闻”与“参与式新闻”“公民新闻”一样,都是公众参与新闻业的一种方式。所不同的是,“众包新闻”重视和利用的是“群策群力”,具有鲜明的基于网络、面向非特定人群以及公开、广泛的特征。

在众包新闻生产过程中,用户的参与形式是多种多样的,包括提供线索、分享观点、发布照片、撰写报道等。根据用户所做贡献的性质不同,“众包新闻”可以分为“众包内容(Crowdsourcing content)”和“众筹新闻(Crowdfunding Journalism)”两个基本类型。“众包内容”是目前新闻机构普遍采用的一种新闻生产模式,大多数“众包新闻”实质上即是“众包内容”。它的做法非常简单,就是新闻机构通过网络平台邀请用户为新闻报道贡献内容,用户可以根据自身的特性,承担包括消息源、文字记者、摄影师、评论员等多种角色;“众筹新闻”是通过向用户募集资金来完成新闻报道的一种众包新闻形式。它的具体做法是新闻记者通过网络平台提出一系列新闻报道选题,用户通过捐赠一定的资金来资助他们认可的报道选题,在设定的期限里,如果某一选题获得预期的资助金额,那么提出该选题的记者就可以用这笔钱来进行报道。在众筹新闻中,用户扮演的角色相对单一,他们主要发挥“主编”的审核作用,决定新闻选题的生死。

一些学者基于西方社会情境下的实证考察,对众包新闻的影响和意义进行了探讨。Aitamurto通过对美国众筹新闻网(Spot.Us)的捐款用户和受赠记者的深度访谈发现,“众筹”为记者和用户建立了一种强联系,这种强联系促使记者产生了一种超越工作职责的责任感,驱使他们竭尽全力地做好报道,以免用户失望。[②]Bradshaw和Brightwell以个案研究的方法对众包调查新闻进行了考察,他们发现“众包”在帮助调查记者高效完成报道的同时,也让用户在参与过程中感受到调查报道的意义,增进了他们对调查报道的认识和理解。此外,学者也指出伴随着众包新闻的进一步发展,未来它将对既定的新闻专业主义理念形成极大的冲击[③]。

---

①Muthukumaraswamy, K., “When the Media Meet Crowds of Wisdom,” *Journalism Practice* 4, no.1 (2010): 48—65.

②Aitamurto, T., “The Impact of Crowdfunding on Journalism,” *Journalism Practice* 5, no.4(2011): 429—445.

③ Aitamurto, T., “Crowdsourcing As a Knowledge-Search Method in Digital Journalism: Ruptured Ideals and Blended Responsibility,” *Digital Journalism* 4, no.2(2016): 280—297.

二、众包新闻中的"用户":属性、贡献与动机

众包新闻由新闻工作者和用户协作完成,用户在众包新闻中发挥着关键性的作用。基于此,一些学者对众包新闻参与用户的属性、贡献以及动机进行了考察。Muthukumaraswamy对卫报(The Guardian)、赫芬顿邮报(Huffington Post)以及谈点备忘录(Talking Points Memo)等五家众包新闻网的考察发现,不同众包新闻网站所利用的用户表现出显著的属性差异。卫报和谈点备忘录分别代表了两种极端:卫报重视普通用户的贡献,它广泛地从用户那里获得多元的信息和观点;而谈点备忘录作为美国最为活跃的政治新闻网站,它则只从作为专业人士的用户群体(如律师群体、政策专家等)那里获取建议和帮助;其他三家网站则介于两者之间。[①]Brabham对用户贡献的文本内容进行了话语分析,发现用户表现出相当专业的水准,丝毫不比专职新闻工作者逊色,据此他呼吁新闻机构应当尊重用户的劳动成果,给予他们应有的劳动报酬。[②]

一直以来,用户的参与动机都被学者视作众包新闻研究中的核心问题。动机理论认为,人们的某个行为都是出于一定的动机。因此用户参与众包新闻的行为,同样是受到动机的驱使。Brabham的调查发现,当前美国用户主要基于内部动机(如兴趣爱好、自我肯定等)来参与众包新闻。但是,这并不意味着外部动机(如金钱或物质奖励)对用户毫无影响。事实上,Brabham认为外部动机对用户的驱动效果可能更好,只是新闻机构并不愿意为用户提供外部物质的激励。Aitamurto通过对用户的深度访谈发现,参与众筹新闻的用户普遍是受利他而非利己的动机驱动,他们认为自身的参与行为可以促进公共利益。Huberman对Youtube用户的观察发现,关注度是用户参与众包的一个重要动机,如果某个类型的视频获得较高的点击率和下载量,那么用户就会积极上传更多该类型的视频。Jian和Shin以集体行动理论作为理论研究框架,探讨了用户为众筹新闻网站Spot.us捐助资金的9个动机:利他主义、有趣、信仰和自由、社会、社区、自尊、理解、形象,以及家庭和朋友。他们的研究发现,有趣、家庭和朋友是预测用户捐助行为的显著变量。他们的研究还指出,对于那些一次性新闻报道而言,众筹也许是一个非常好的资金补充方式,但是对于连续性报道,众筹新闻也许并不是一个很好的可持续发展的模式,因为它往往难以为新闻生产源源不断地提供资金。此外,学者也发现用户参与众包新闻的动机,与他们使用媒介的动机具有很大的重叠性,这些重叠的动机包括学习知识和技能、打发空闲时间、认识新朋友等。

①Muthukumaraswamy, K., "When the Media Meet Crowds of Wisdom," *Journalism Practice* 4, no.1(2010): 48—65.

②Brabham, D., "The Myht of Amateur Crowds," *Information, Communication&Society* 15, no.3(2012): 394—410.

三、“众包新闻”的本土化实践与研究

“众包新闻”作为一个舶来品，目前已在我国落地开花，从中央到地方媒体都有开展众包新闻模式的尝试。我国众包新闻的本土化尝试，既包括报纸早期开设的目前已经成为常规项目的“报网互动栏目”，也包括近期新闻机构开展的种种“新”新闻实践，如新华社的“我在现场”、都市快报的“征集启事”，还包括记者个人在网络上发起的众筹新闻项目。表1为研究者对我国众包新闻项目的梳理。

表1　我国众包新闻项目梳理

<table>
<tr><th colspan="2">类型</th><th>开展主体</th><th>代表</th></tr>
<tr><td rowspan="5">非常规项目</td><td rowspan="4">UGC(用户生成内容)征集</td><td>报纸媒体</td><td>《都市快报》(2006)：“征稿启事”</td></tr>
<tr><td>电视媒体</td><td>凤凰卫视(2012)：“新拍客运动”
天津电视台(2013)：“都市新拍客”</td></tr>
<tr><td>网络新闻媒体</td><td>千龙网(2014)：“网络圆情”“网求拍”</td></tr>
<tr><td>互联网公司</td><td>新浪网(2015)：“两会选题会”</td></tr>
<tr><td>众筹新闻</td><td>媒体人</td><td>《新京报》记者巫倩姿(2013)：“揭秘金钱左右下的时尚圈”</td></tr>
<tr><td rowspan="7">常规项目</td><td>众筹新闻</td><td>报纸媒体</td><td>《南方都市报》(2015)：“珠海读本”</td></tr>
<tr><td>“报网互动”栏目</td><td>报纸媒体</td><td>《广州日报》(2010)：“网事”</td></tr>
<tr><td rowspan="2">UGC栏目</td><td>通讯社</td><td>新华社客户端(2014)：“我在现场”</td></tr>
<tr><td>网络新闻媒体</td><td>澎湃(2014)：“问吧”</td></tr>
<tr><td>自媒体(面向普通用户进行众包)</td><td>互联网公司</td><td>网易(2013)：UGC精选</td></tr>
<tr><td rowspan="2">自媒体(面向专业用户进行众包)</td><td>网络新闻媒体</td><td>新华网(2014)：“思客”</td></tr>
<tr><td>互联网公司</td><td>虎嗅网(2012)、钛媒体(2012)</td></tr>
</table>

说明：本表格主要根据作者对相关媒体人士的访谈资料和相关文献(沈阳、周琳达《中国众筹新闻的萌芽之路》，2014年第3期)，以及媒体报道(《新浪探索两会新闻众包：网友报题编辑操作》，新浪传媒，2015年3月18日；《“凤凰新拍客运动”：千万稿酬悬赏拍客作品》，中国新闻网，2012年1月5日)综合而成。表格中标注的时间为栏目开设时间，非常规项目为媒体在特定时间段为特定新闻事件(如两会)开设的栏目，常规项目为媒体长期开设并日常运作的栏目。

从表1可见,我国的众包新闻实践不仅起步早,发展至今也有了非常丰富多元的形式。其中,特别值得指出的是报纸媒体开设的常规项目——“报网互动”栏目,这一栏目是在近年来网络用户生成内容不断对我国报纸媒体产生巨大冲击的背景下开设的。我国报纸媒体为应对用户生成内容所带来的巨大挑战,自2006年起,开始开设专门的栏目和版面来报道用户生成内容。曾繁旭等学者把这一现象称为“报网互动”,把这些栏目和版面称为“报网互动栏目”。[①]虽然,在“报网互动栏目”之前,主流报纸已有众包内容的行为,但这些行为比较零散、带有偶然色彩,例如某些报纸在报道“两会”这样的重大政治新闻时,有时会上网收集网民的意见进行报道。“报网互动栏目”的出现,则意味着我国报纸开始常规性地实践众包内容的新闻生产方式。事实上,众包内容的新闻生产方式在海外新闻媒体中早已成为一种普遍现象。Erdal等学者将之视为移动互联网时代媒介融合的一个重要表现[②]。关于新闻生产引入众包的意义和影响,学者经过调查发现,在传媒私有化和商业化的现实下,众包内容并未对海外新闻媒体的新闻品质带来多少提升。例如,Jönsson和Örnebring对英国和瑞典三家严肃报纸和两家小报的考察发现,这些报纸采用的用户生成内容都是以娱乐文化和个人日常生活内容为主。Lee对香港报纸引用YouTube作为新闻素材的研究指出,被香港报纸所吸纳和利用的,超过一半是关于人情趣味、脱序行为及非法活动等性质的用户生成内容[③]。林照真、刘蕙苓则发现台湾电视台偏好采用社会热点事件、犯罪事件、娱乐八卦等类型的用户生成内容。而众包对我国新闻的意义和影响,迄今学界对其还缺乏深入的学理性探讨。

由于我国学界对众包新闻的研究至今尚未形成一个有意识的学术话题,目前这一领域的研究还停留在描述阶段。吴乐珺、张建中、滕涵等学者在对西方众包新闻的发展状况进行描述性介绍的基础上,探讨了我国开展众包新闻的可行性和困难性。关于众包新闻的用户动机探讨,目前只在一些关于用户生成内容的创作动机的研究中有所涉及。例如,李仪凡和陆雄文对虚拟社区用户的深度访谈发现,用户主要有八种参与动机——领导、沉湎、攻击与贬低、性需求、物质需求、角色探索、亲和以及休闲与自

①曾繁旭、周俊林、杨艾莉:《“报网互动栏目”的新闻产制与公共议题的生成》,《国际新闻界》2009年第10期。

②Ivar John Erdal,“ Researching Media Convergence and Crossmedia News Production, Mapping the Field,”*Nordicom Review* 28, no.2(2007):51—56.

③Lee, Francis L.F.,“News from YouTube: Professional Incorporation in Hong Kong Newspaper Coverage of Online Videos,”*Asian Journal of Communication* 22, no.1(2012):1—18.

由[1]。Liang等对中文维基百科管理员的调查发现,他们的主要参与动机包括自我成长、使命感和相似性[2]。赵宇翔、朱庆华在梳理相关文献的基础上,将用户参与动机归纳为社会驱动、技术驱动和个体驱动三种类型。然而,我国用户创作用户生成内容的动机与他们参与众包新闻的动机是否一致,两者之间有多大差异和相似,迄今仍然没有得到充分研究[3]。此外,众包新闻中用户的属性特征,众包新闻中用户与新闻工作者的互动关系,以及众包新闻对公共信息的意义和影响,这些围绕众包新闻而产生的重要问题至今尚未得到解答。

四、结语

移动互联网技术的发展,极大地改变了新闻业的面貌。在我国,众包新闻作为一种未来新闻趋势,已经步入如火如荼的发展状态。2015年年底,《南方都市报》以"让普通市民参与新闻的生产过程并享受新闻分红"为口号,推出"众筹新闻"。在《南方都市报》开设"众筹新闻"之前,这一众包新闻形式在我国还只是媒体从业者个人偶发的实践行为。《南方都市报》"众筹新闻"栏目的开设,标志着"众筹新闻"在我国已经步入组织化、常规化阶段。这也反映了众包新闻作为用户影响公共信息流通的一种重要方式,它的影响在不断深化。然而,我国学界目前有关众包新闻的研究还很薄弱,完全不能与行业的发展相匹配。因此,众包新闻作为一个富有前景和潜力的领域,亟待学者的关注与研究。

①李仪凡、陆雄文:《虚拟社区成员参与动机的实证研究——以网络游戏为例》,《南开管理评论》2007年第10期。

②Liang, C-Y, Chen C-H, & Hsu, Y-L, " The Participation Motivation and Work Styles of the Administrators for Chinese Wiki-pedia," *Journal of Education Media & Library Science* 46, no.1(2008):81—109.

③赵宇翔、朱庆华:《Web 2.0环境下影响用户生成内容的主要动因研究》,《中国图书馆学报》2009年第5期。

YISHU YANJIU

【艺术研究】

暴力·游戏　娱心至上

——关于动画创作的几点思考[①]

王英莉　段晓昀[②]

20世纪90年代，随着改革开放步伐的加快，市场经济体制逐步建立，商业大潮汹涌澎湃，艺术也被卷入市场经济中。在此背景下，大众传媒的低俗内容不断增加，媒介暴力潜滋暗长。来自美国、日本的影像暴力扭转了中国观众的审美情趣，进而改变了人们的文化认同心理机制和审美标准。

近几年，影像暴力越来越受到人们的关注。2007年2月，热播动画片《虹猫蓝兔七侠传》停播，在同年的全国"两会"上，很多代表基于此片的暴力提出动画片分级的建议；2013年，获得多项荣誉的《喜羊羊和灰太狼》《熊出没》因暴力失度等问题被中视《新闻联播》点名批评，动画暴力再度成为舆论热点。殊不知，《奥特曼》《蜡笔小新》在日本是限制级动画片，黄金时间不能播出；在美国，《猫和老鼠》属于TV-Y7级别的动画，严禁7岁以下儿童观看，而我们的频道对此却没有任何限制。

一、当动画遇上暴力

从"活泼可爱、造型生动，制作精良、构思巧妙，反映中国传统价值观"的官方评价，到被紧急叫停，再到CCTV点名批评，"猫""羊""熊"的"出事"皆与暴力有关。当动画邂逅暴力，我们在担心什么？

随着有线电视、电脑、智能手机的日益普及，以及网络电视的快速发展，人们观赏动画片的渠道更加多元化，时间更加灵活方便。动画片的需求在不断地扩大。近几年，国家大力推动文化产业发展，国产动画产业突飞猛进，动漫影视作品数量一跃成为

①本文系2015年重庆市社科规划项目"国产动画的媒介暴力研究"（项目编号：2015YBYS085）的阶段性研究成果。原载于《电影评介》2016年第7期。

②王英莉，重庆人文科技学院副教授，主要从事电影理论、影视摄影研究。段晓昀，重庆大学副教授，主要从事中国电影史、电影批评研究。

世界之最,但一些动漫作品因存在暴力失度、语言粗俗的情形而饱受诟病。过度关注商业利益而忽视人文关怀的暴力画面,影响着儿童的认知观念和价值判断,人们不得不担心国产动画又是一例“三聚氰胺”添加剂。

暴力通过强制手段对他人造成伤害,总是和血腥、杀戮、打斗、死亡、痛苦、关押、绑架、破坏、体罚、战争等联系在一起。在人类历史进程中,暴力总是伴随着荒蛮愚昧,并与战争紧密相连。暴力嵌合在正义和理想中,是人类本能的一种冲动,人类总是倾向于以暴力解决争端。展示暴力、崇尚暴力和批判暴力成为永恒的话题。在艺术领域,暴力也一直是美术、戏剧、影视的重要表达主题。

电影诞生初期,银幕空间中就充斥着暴力。慢慢地,暴力与色情一样,成为影视片中一项不可或缺的元素。早期的动画片,如《白雪公主》《灰姑娘》等,影响了一代又一代的儿童少年,在世界范围内广泛流传。这些作品以道德训诫为主,画面温馨优美,甚少涉及暴力。可好景不长,自从20世纪50年代电视和电影展开竞争以来,动画片的色情和暴力元素就日渐增加,至20世纪90年代,媒介暴力随着互联网技术的发展呈愈演愈烈之势,如今暴力已广泛存在于各类风格的动画作品之中,成为推动情节和呈现主题的重要手段。

自20世纪30年代以来,美国、日本等发达国家就开始对媒介暴力进行研究,并取得了不少研究成果。1968年美国成立“暴力起因与防范国家委员会”,推行“暴力与媒介研究”工程。从全球四十余年的大量研究来看,媒介暴力虽不是生活暴力的唯一诱导因素,却会对儿童产生不良影响,是未成年人暴力行为的重要预测指标之一。这些研究的目的是怎样减少媒介暴力对社会的影响,而不是怎样杜绝暴力,因为媒介暴力是现实社会样态在人文艺术中的一种反映,并不能完全消除。如今,令人担忧的问题不是要不要表达暴力,而是创作者崇尚使用暴力解决现实冲突的思想观念,以及这种思想观念所建构的价值观。

二、暴力·游戏,生命不死

这几年,我们把七八十年前美国的动画片,如《猫和老鼠》《米老鼠和唐老鸭》的创作手法和故事情节借鉴过来,创作出《喜羊羊和灰太狼》,使其成为国产动画片的“样板戏”。紧接着“光头强—熊大熊二”“鸡小龙—瘦高高”等二元对立的角色跟风而上,它们追逐、嬉戏,玩得不亦乐乎。其他类型的动画片也裹挟着暴力、粗话接踵而来,国产动画片形势看似一片“大好”。

在《喜羊羊与灰太狼》中，灰太狼、喜羊羊等角色拥有金刚不坏之身，百毒不侵、无伤无痛，摔不死、烧不坏、炸不伤、打不破、撞不碎。灰太狼从高空摔下，毫发无损；喜羊羊被开水烫过，安然无恙，羊、狼之间的战争更像是一场永远都会回到起点的嬉戏或打斗游戏。在《熊出没》中，熊大、熊二为了保护森林与光头强进行着永无止境的防守与进攻的对决，光头强经历了无数种酷刑，被电得哇哇乱叫、被高空坠物砸扁了脑袋、从车上摔下来被碾压，结果还是活蹦乱跳的。对决中双方通常是受点惊吓，最多也就是外伤，不会有性命之忧。这些具有喜剧色彩的情节处理，使得暴力场面往往朝着啼笑皆非的方向发展，生死存亡的激烈搏斗变成了娱乐观众的一场游戏。动画影视通过塑造生命不死的角色，将暴力游戏化、荒诞化，与快乐嬉戏联系在一起。动画片中这种被赋予了超现实意味的、生命不死的暴力行为，在儿童看来如同游戏一般，是好玩有趣的，他们认识不到暴力本身所具有的攻击力和破坏性。暴力影像在游戏化、浪漫化的过程中得到了释放和消解，暴力叙述看似合情合理。“娱乐文化中的一个核心概念就是宣泄，而暴力文化的展示可能起到这一作用。”[①]以游戏的形式在动画影像中展现暴力，在很大程度上契合了当今视觉文化的宣泄概念，达到了宣泄某种“本我”潜意识中潜伏的暴力情绪、缓释某些压力、实现感官愉悦的目的。游戏化暴力成为当今中国动画追求戏谑性喜剧效果的重要表现手法。

对于这些游戏化的“力”，并不能更改暴力本质上的“恶”，虽然成年人可以一笑而过，但对儿童来说恰似裹着糖衣的毒果，不容忽视。特别是6岁以下的儿童，他们心智发育不成熟，几乎没有鉴别力，暴力的动画内容远远超出了他们的接受能力。无论是什么性质的暴力画面都不能完全规避暴力对儿童带来的负面影响，更不能代替生活中的娱乐游戏。“考虑到动画片的受众主要是儿童，不合理的暴力镜头应该尽量减少和避免。”[②]

在这种环境中，家长应该积极引导，告诉孩子动画角色烧不伤、打不死的情况在现实中并不存在。如果孩子长期接触一些充斥着暴力的不良信息，他们就会认为凭借暴力可以解决问题。就拿《虹猫蓝兔七侠传》和《喜羊羊与灰太狼》来说，在两部片子播出后不久，就有家长投诉片中包含了太多的暴力的低俗的内容，孩子时常模仿剧中角色，对抗同伴、家长，动作粗鲁、语言粗俗。诚然，对于认知能力有限的孩子来说，他们会天真地认为人可以和动画角色一样受伤不流血、受虐不会死，因此他们就会模仿镜头里

①吴娟：《暴力美学真的那么美?》，《文汇报》2004年1月4日。

②王昊魁：《“动画暴力”悬在家长心头的“一把剑”》，《光明日报》2013年8月10日。

的动作，漠视生命，做出暴力行为。这种事情在现实生活中已经发生过很多次，其中2013年江苏“烤羊”游戏伤害案最具代表性。对未成年人来说，动画暴力起到了一种示范作用，其中危害最大的是可复制性暴力。这种暴力的实施，需要施暴者有一定的行为能力和具备一定的客观条件。现实生活中，在以上条件具备的情况下，暴力被模仿再现的可能性就会大大地提高，例如拳打脚踢，损坏财物，投毒放火，持刀具、锅铲、石块伤人，等等。

2013年我国多家动画片制作和播出机构的联合倡议中就提到，避免在动画情节中将日常用具用于危险用途。英国也规定厨房用具、家用电器等日常生活用品不能作为暴力工具出现在儿童动画片里。迫于形势的压力，国家新闻出版广电总局在2013年就透露要出台国产电视动画片内容标准。在国家标准还没有出台之前，当下的动画创作尤其应当限制可复制性暴力动作的过度表达。

娱乐文化迎合暴力，把商业利润建立在人性的“弱点”之上，潜藏着资本逐利的本性。暴力影像的宣泄功能，说到底，体现的是一种“生命不死、游戏不止”的思想。中国学者冯博一几年前就发出这样的感慨：“我常常纳闷，从‘文革’的专制压抑、80年代的人文启蒙与关怀，到90年代的破碎激情，再到当下‘娱乐至死’的变化过程是如此的迅猛，我们的内心是如何承载这样的翻天覆地的变化？我们的生命又是如何轻易地承受了这样一份儿的‘轻’？”

动画片理应帮助儿童树立正确的价值观，而当下动画暴力却很癫狂。用鲁迅先生观察通俗文学的两个维度来看，就是“娱心”至上，而“劝善”乏力。动画作品的“魂”是什么？是真善美。追求“善”才是文艺的永恒价值。“好的动画作品，应该充满爱的力量。”①

三、关于动画创作的几点思考

我国传统的动画制作把国画艺术与动画技术结合在一起，创作出《大闹天宫》《小蝌蚪找妈妈》《山水情》等作品，赢得了观众的喜爱，成为经典之作。但自从商业味十足的《宝莲灯》（1999年）出现之后，国产动画创作与传统艺术渐行渐远。在市场逐渐成为动画生产的支配力量的情况下，动画创作开始往产业化方向发展。同时，被美国、日本动画的文化认同心理机制和审美标准塑造过的80后，已逐渐成为国产动画创作的

①孙丽萍、徐润南：《一位母亲斥国产动画“三宗罪”》，《新华每日电讯》2014年6月14日。

中坚力量，为了迎合市场、取悦观众，他们习惯于模仿国外动画的风格。从表面上来看，中国动画表现出了国际化的倾向，实际上却遗弃了民族精神，“形象的欲望得到了满足，却失去了意义的追索”[①]。

童话作家夏辇生认为，要解决动画暴力泛滥问题，必须唤起动画创作者的责任感和使命感。“动画片是孩子们的心灵鸡汤和精神食粮，为了孩子们的健康成长，创作者从一开始就必须把握好方向，提供健康的动画内容。”[②]2015年《西游记之大圣归来》以9亿多人民币的收入，超越迪士尼动画《超能陆战队》，稳居国内动画票房第一，做出了动画电影的中国味道和民族精神，吹响了国产动画“归来”的号角。

鉴于动画的暴力现象，笔者有以下三点思考。

首先，打造内容积极向上的低幼儿童专属绿色动画作品，为孩子们树立正确的价值观。美国不但有严格的动画片分级制度，还制定了绿色动画标准，为0~6岁儿童提供安全可靠的动画片。在未来我们国家的动画片也应有准确的年龄定位，要打破“小孩子才看动画片”的传统思维，改变动画片的低幼定位，打造适合不同年龄段的作品。在不同级别的动画作品中，以7岁以下的低幼儿童的动画片最为重要，而当前我国生产的这一类动画片往往不注重这一年龄段儿童的接受能力和心理适应能力，掺杂了暴力、低俗、危险等元素，且有大龄化甚至成人化的倾向。“羊”“熊”两剧就是最好的例证。虽然“羊”剧制作方负责人曾说，喜羊羊受众定位是低幼儿童，但如果按照美国的分级制，“羊”则属于TV-Y7级，不适宜低幼儿童观看，而《虹猫蓝兔七侠传》《熊出没》《果宝特攻》等，应该被设置为TV-PG或TV-Y13级，即需要家长陪同观看或仅限于13岁以上儿童观看。

其次，我们的动画创作在娱乐感官的同时，不能忘却人文关怀的主旨，也不能遗弃传统文化。动画中的暴力元素有它存在的合理性，关键是我们通过暴力想表述什么。《超能陆战队》中的打斗是为了爱和拯救，体现的是人文关怀和人心灵深处的感动；《西游记之大圣归来》用勇敢、善良和执着，唤起温暖人心的侠义情怀。而“羊”和“熊”传递的是保护环境、互帮互助吗？以往，我们的动画创作过多地追求思想性，传达教育意义，而当下又一味地强调娱乐至上。我国的动画创作从一个极端走向另一个极端。做到真正的“寓教于乐”，将正面、积极的元素融入娱乐中，将思想性和观赏性相统一，才

---

①求是杂志文化编辑部：《生活与哲学文选》（第五辑），安徽师范大学出版社2012年版，第200页。

②王昊魁：《“动画暴力”悬在家长心头的“一把剑”》，《光明日报》2013年8月10日。

是动画创作的最高境界。“教”要做到不知不觉、潜移默化,就像《超能陆战队》中,小宏在逃避追杀的生死时刻还坚持红灯停车。另外,动画片创作也要体现传统文化,逐步呈现具有民族特色、适合未成年人观看、展示中华民族优良传统的动画片系列。

因此,从国产动画业的长远发展来看,对美国、日本的学习固然不可缺失,但坚持传承中华文化才是立足之本。试想,如果能用传统中国画的形式创作“喜羊羊”系列,再适当消减、弱化暴力,将是一种怎样的精彩!

最后,巧妙地处理暴力镜头。在动画的生产过程中,创作者要通过巧妙的构思和技术手段尽量规避暴力元素,以符合低幼年龄段受众的需求。如果暴力场面无法避免,也要在画面中进行适当处理,隐去暴力的实施过程或血腥的暴力结果,减少视觉上的冲击。譬如《狮子王》中用火光造成的光影来表示刀疤被土狼杀死分食,《白雪公主》里用山石的崩塌和鹏鸟的飞离象征老巫婆的悲惨结局,以及《火影忍者》中暴力事件的黑镜头处理。这些镜头处理得含蓄委婉,具有很强的暗示意味,类似于中国画“深山藏古寺”的意境,让观众用生活经验和想象来补全故事内容。

总之,动画工作者应该牢记,创作是自己的中心任务,必须把创作、生产优秀作品作为工作的中心环节,努力创作、生产更多传播当代中国价值观念、体现中华文化精神、反映中国人审美追求,思想性、艺术性、观赏性有机统一的优秀作品,创作出优秀的民族动画,为儿童撑起一片湛蓝的天空。

四、结语

鲁迅认为通俗文艺有两大主旨:一为娱心,二为劝善,即“在娱心中劝善”。艺术之“善”,“不仅是在表现一种形式、一种生命、一种情怀,更是在昭示一种观念、一种精神、一种态度”①。而当下的国产动画片创作一味地宣示暴力,让成人化的娱乐暴力过早、过多地进入儿童世界。一些影视作品使用揶揄的、戏谑的甚至调侃的方法进行创作,或热烈如一场拳击,或轻盈如一场游戏,解构崇高、消解责任,失去了启迪童心的重要意义。艺术作品有其社会功能,这种功能不是说教、不是娱心,而是艺术对自然、对人生、对世界的观照。归根到底,动画乃至其他影视作品,最终还是要靠真、善、美征服人心。

---

①杨琼:《关于艺术之真善美问题的冷思考》,艺术中国网,2015年5月6日。

文艺不能在市场经济大潮中迷失方向,影视不能在暴力媚俗中失去精神。面对动画片暴力不止、娱心至上的现状,我们必须研究如何为儿童提供良好的欣赏空间,不断探索并采取积极有效的措施,扬长避短,创造有利于儿童健康成长的"在娱心中劝善"的环境。消减暴力镜头对未成年人的不良影响,需要从各个方面努力并制定对策,将故事引领回归到人性的温情之上,娱心不忘劝善,守望社会、引导舆论、传承文化,共同关心未成年人成长。

动漫艺术发展的地域文化特色与路径研究

——以重庆为例[①]

寇　强[②]

动漫是以创意观念为主导，以传统文化与价值观念的积淀为根基的艺术门类。原创意识的深入挖掘和文化艺术的自觉传承是其本质属性。现在，美国、日本等国家引领全球动漫艺术的风向标。这些国家的动漫作品之所以在全球具有广泛的影响力，除了它们拥有雄厚的经济实力、庞大的人才储备、精良的制作技术和成熟的产业化运作模式外，作品所承载的强烈而鲜明的民族价值观与丰厚的地域文化内涵也是重要的因素。

中国动漫具有浓郁的民族品性，也曾经取得了令人瞩目的艺术成就。遗憾的是，自20世纪80年代后，中国动漫逐渐由辉煌走向沉寂。造成这种局面的原因是多方面的，而缺失民族文化品性无疑是其中重要的一方面。

近年来，在国家与地方扶持政策的强力推动下，在动漫制作公司与各高校的共同努力下，中国动漫逐渐摆脱长时间的颓势，复兴态势迅猛。书籍、影视片、游戏等艺术种类得以增多，创作数量和质量亦有大幅提高。随着中国动漫行业景气度的逐渐回暖，重庆动漫制作人在本行业进行了一些卓有成效的探索与尝试，动漫产品在国内的影响力日趋扩大。重庆是我国西部动漫艺术发展的重要一极，其动漫产业的雏形已然显现。

但我们也应该清醒地看到，包括重庆在内的国内动漫艺术在发展中暴露出了一些问题，如创意观念薄弱、动漫作品缺失核心价值理念、生搬国外动漫的造型风格，急功近利、粗制滥造等。国内动漫艺术创作成果中缺乏具有深厚民族底蕴和地域文化特色的动漫精品。

---

①本文系2011年重庆市社会科学规划项目“重庆动漫艺术的地域风格研究”（项目编号：2011QNYS47）的阶段性成果。原载于《美术教育研究》2016年第7期。

②寇强，重庆邮电大学传媒艺术学院教授。

一、重庆动漫的地域文化背景与可利用的传统艺术资源

笔者认为,包括重庆在内的我国动漫艺术要想健康良性发展,自身的特色定位与地域文化的引导是关键。基于此,笔者以重庆为例,对我国动漫艺术发展的相关问题进行探讨。

(一)重庆的地域文化

地域文化属于人文地理学的范畴,它强调文化生成所仰赖的地理环境的重要性。地域文化是某一特定地域的人群在风俗、生活习惯与行为、思维模式等方面集中、趋同的反映,它在物质、制度、哲学层面具有区别于其他文化的独有性、模式化与符号化等特点。

和其他地域文化一样,重庆的地域文化经过漫长的历史流变逐步丰富,架构起了庞大的体系,形成了诸如巴渝文化、红岩文化、贬官文化等内涵与外延独特且多样的地域文化形态,并且仍处于不断发展的动态演变进程中。

重庆地区位于中国西南部,长江天堑纵贯全境,大巴山等众多山峦将其环绕,自古交通极为不便。在中国历史上,重庆地区多远离中国政治中心。正所谓“山高皇帝远”,不仅制度、政令难以顺畅推行,与外界沟通交流也比较艰难,经济发展相对滞后,文化闭塞。这使得该地区保持了原始率真、神秘粗犷的民俗文化,与重礼制礼器、温文尔雅的儒家文化迥然不同,与富庶散漫的四川盆地滋养出的“重仙”的蜀文化亦有不少差异。特别是各种鬼神崇拜和巫术信仰,在重庆地区有着丰厚的社会土壤,影响着民众日常生活的方方面面。如,当地的一些人家供奉着形象凶煞的“鬼神”;习惯诸事占卜吉凶,亦祈求消灾辟邪;等等。该地区还遗存有令世人惊奇且费解的丧葬形式——悬棺。亡者入棺后,并非如其他地域那样“入土为安”,而是随棺木被悬置于人迹罕至的万仞峭壁上,人们通过此举寄望亡者灵魂早升天堂。将巴地“崇鬼好巫”的民俗文化演绎到极致的当属人间“地府”——“鬼城”丰都。重庆地域民俗的殊异,由此可见一斑。

重庆人文历史与文化留存十分丰富。如,彪悍、勇猛的巴人族群的形成与消亡、迁徙与斗争的史料记载与神秘传说;抗日战争期间,悲壮惨烈的重庆空战;伴随了几代中国人成长的红岩革命精神及其典型人物——许云峰、江姐、小萝卜头;深明大义、背井离乡的三峡移民;等等。其中既有撼人心魄的史实,也有戏剧冲突强烈的演义,更有妇孺皆知、感天动地的典型英雄人物故事,无一不是内蕴极为丰厚的人文历史大戏。

历史上的巴蜀也是囚犯发配、罪臣流放较为集中之地。李白、杜甫等诸多彪炳史册的文化巨匠都曾作为贬官被流放巴地，从而形成了特殊的贬官文化。窘迫的生活和困顿的精神激发出诗人们天才般的创造力和悲天悯人的深沉情怀，许多独步古今的不朽诗篇由此而产生。“朝辞白帝彩云间”等名句不仅成就了作者的千古盛名，也使那些被咏叹过的荒凉之地从此声名远播，不再湮没无闻。

巴蜀之地是我国著名的移民地区。秦朝时，巴蜀地区的移民活动就已开始。由于战乱、经济建设等多种原因，在宋末元初、明末清初、抗日战争时期和三峡工程建设时期出现了几次大规模的移民，促进了不同地域文化间的碰撞与交流，对巴蜀地域文化的激荡重塑更是影响深远。特殊的历史使重庆文化在多元文化融合背景下既承续巴蜀传统，又兼容多种地域文化的特色因素，形成了开放、包容的独特文化品格。

（二）重庆地区的传统艺术资源

重庆是中国历史文化名城，该地区丰富多样的传统民间艺术形态和底蕴深厚的艺术遗存星光熠熠，蜚声海内外。

2006年，传承历史悠久的重庆梁平年画被列入国家级非物质文化遗产名录。重庆梁平年画因质朴、粗犷的造型样式与简洁明快的色彩而享有盛名，其水印套色木刻的制作工艺十分独特，是我国地域性年画的典型代表。

重庆綦江地区有“中国现代民间绘画画乡”的美誉。这里的农民版画汲取并糅合了该地域内汉族、苗族、土家族等民族的木雕、石刻、蜡染等多种民间艺术样式与技法特点，作品多选材于原住民的劳动生产、婚丧嫁娶等现实生活。夸张、稚拙的意象造型与大胆多变的色彩运用不落窠臼，具有鲜明的地域特征和浓郁的生活气息。

此外，重庆地区还有川江号子、铜梁龙舞、土家摆手舞、秀山花灯、巴渝吹打等各具特色的民间艺术形态，无不体现着深厚的巴渝地域文化内涵。

历史上，重庆地区还是构成中华传统文化精髓的儒、释、道三学重要的光大之地。位列世界文化遗产名录的重庆大足石刻，是与敦煌莫高窟、云冈石窟、龙门石窟、麦积山石窟等齐名的中国古代雕刻，是雕塑艺术中的瑰宝。大足石刻群开凿于唐末宋初佛教在我国发展的鼎盛时期，其最大的特色和价值在于将源自域外的佛教文化所宣扬的业力果报的经论与中国儒家、道家的思想共冶一炉，并成为其极具表现力和代表性的重要题材，大足石刻是不可多得的人间佛教与生活佛教的实物典范。大足石刻不仅有各式人物形象，而且在各种场景的展现上也力求体现人性化、世俗化、本土化特点，栩栩如生的世俗生活画卷展现出浓厚的巴蜀地域风格。

二、重庆动漫发展的地域特色路径

(一)重庆动漫地域特色的题材创意与造型设计

巴渝地区有着底蕴厚重且类型多样的地域文化,不仅人文遗存丰富,而且还有众多颇具特色的民间艺术样式。这些地域文化元素在影视、文学甚至戏曲等多种艺术形式中都有体现,但以动漫艺术形式表现的作品较少。丰富的地域文化为重庆动漫产业的发展提供了取之不尽的珍贵资源。因此,进一步发掘重庆地域的特色题材,进行系统化的归类、梳理,为动漫、图书、影视片、网络游戏、主题游乐园等提供素材现得尤为重要。这对促进地域文化的继承与传播也有着重要的意义。

1.旅游民俗文化开发的重点区域

其一,"鬼城"丰都。可以依托丰都创意文化产业基地和丰都鬼城文化演出基地的既有平台,充分挖掘丰都丰富的惩恶扬善的鬼城文化题材;以动漫cosplay、网络游戏等动漫艺术形态打造主题游乐园区;利用各种新媒体,以动漫的形式演义崇鬼好巫的巴渝民俗。这既是对本土民俗文化多样创意样式的有效传播,也是对动漫产业内容载体的有益尝试。

其二,大足石刻。可以将动漫创意产品有效地融入现有的大足石刻旅游休闲度假产业。一方面,可以利用短片、网络游戏等动漫艺术形式对现有的旅游项目进行推介,实现动漫创意与旅游产业的有效结合;另一方面,可以依托大足石刻影视文化创意产业基地,深入挖掘孝、义、爱、亲等中华传统美德题材的故事,制作动漫创意产品,弘扬社会正能量。

其三,长江三峡。长江三峡不仅自然风光雄奇壮美,民间传说、军事遗址和人文遗迹也比较丰富。如,三国时期蜀国刘备托孤之处——白帝城;"巫山神女"的民间传说;千古之谜的悬棺;等等。这些是动漫工作者需要认真研究与挖掘的题材资源。

2.角色造型与风格样式

重庆地域的各类民间艺术样式,大多历经了数百年甚至上千年的积淀才逐渐成熟与完善,具有较高的稳定性,值得我们细细揣摩。我们应该充分且系统地研究民间艺术样式与动漫艺术的深度结合,这不但有利于民族文化的传承与发扬,也有利于提炼出具有民族与地域风格的动漫造型,是本土动漫造型设计的根基。

(二)重庆的动漫教育应以地域文化和本土价值为导向

重庆有发展地域特色动漫的良好教育资源和基础。重庆有众多著名的高等院校，培养了一大批各类专业技术人才。一些院校的动漫专业经过多年耕耘，在国内外享有较高的知名度。

近年来，开设动漫专业的高等院校数量在增加，招生规模也在扩大，但是也存在教学质量下滑和就业率持续低迷的问题。具体原因有两个：一是在当前的教育背景下，一些院校不顾自身师资水平较低、办学条件差的客观现实，盲目开设该专业；二是一些高校的动漫教育不重视民族核心价值观念和地域民族文化的导向性作用。针对这些问题，笔者认为，动漫专业教育首先应回归理性，改变粗放的动漫教育体系，重视以民族文化与地域特色为导向。

1.教育目标的导向性

高校动漫教育位于动漫产、学、研链条的上游，不仅要培养学生扎实的应用技能，还要着力塑造学生的艺术理论素养和人文精神，使学生形成广博的知识体系。动漫是综合性的艺术门类，也是创意文化的典型样式。所以，教师在教学实践中应有意识地引导学生，使学生创作出民族传统文化和地域特色鲜明的动漫作品。

2.教学规划和课程体系建设

教师在进行教学规划和课程理论体系建设的过程中，应重视民族传统文化艺术的教育，引入地域风格等要素，并在实践中深入探索动漫与其他专业课程的联系，要激发学生的学习热情，从而拓展学生的知识体系。

笔者认为，学习、借鉴动漫产业发达国家和地区成熟的教学理论、先进的制作技术是非常必要的。但是，研究、借鉴绝非最终目标。最终目标是在立足民族与本土特色的基础上，促进动漫艺术的自主发展，进而弘扬优秀的民族文化。

三、结语

中华民族千百年来所累积的丰厚的文化艺术遗产，理应成为中国动漫艺术取之不竭、用之不尽的宝藏。这不仅契合艺术创作观念中差异性创意原则，而且是我国动漫艺术实现自主创新与良性发展的必由之路。

参考文献：

[1]殷俊、谭玲:《动漫产业》,四川大学出版社2006年版。

[2]张凤琦:《"地域文化"概念及其研究路径探析》,《浙江社会科学》2008年第4期。

[3]谭继和:《巴蜀文化辨思集》,四川人民出版社2004年版。

[4]宋郎秋、李代才:《大足石刻导览》,巴蜀书社2000年版。

记忆、物品与语言方式
——评戴耘雕塑创作①

王　林②

戴耘的雕塑创作可分为两个阶段。

第一个阶段是寻找与尝试。戴耘做过与宣纸、水墨有关的装置作品，做过与历史语录有关的波普雕塑《铭文》系列，还做过名为“超女”“电视英雄”和“Q行天下”的几座纪念碑。从这些作品可以看出，他对传统文化、历史资源和大众文化兼而有之的兴趣。这和他早期长在西安古城后又身在深圳特区的经历有很大关系。其作品不无闪光之处，毕竟作品中融入了太多的创作热情。虽然不免有批评言说，但这恰恰助长了他的创作热情。面对质疑，戴耘并没有像很多年轻人那样，轻易放弃初衷。这和他沉着镇定的性格、喜欢思考的习惯有关，更重要的是，他始终保留着挥之不去的历史记忆。正是这种内心的召唤，让这位艺术家在不断尝试中寻找真正属于自己的创作方向。

第二个阶段是从戴耘用砖头做雕塑开始的。这次尝试不同于其他尝试，对戴耘来说，它就像是在草丛中发现的一条可以辨认并伸向远方的路径。以砖为材料进行创作，很多人尝试过，但大都浅尝辄止，难以深入。唯独戴耘一触即发且一发不可收拾。他前后做了四个系列的作品：一是生活物件，如罐头、沙发、洗衣机、汽车等，与都市文化联系，带有波普倾向；二是物种系列，与生物科技有关，是克隆、转基因变异的动物形象；三是古典人像，如菩萨像、力士像，等等；四是杯瓶静物，因其静穆近于写生而自成一体。

和别人用砖雕塑不一样，戴耘只取其质而不重其形，在他的创作过程中砖的形状完全服从于造型需要而任意被改变，以至于作品细节可以模拟得非常逼真。如汽车的

---

①原载于《艺术评论》2016年第4期。

②王林，四川美术学院教授。

方向盘和佛像的衣纹装饰等。这里的关键技术是拼接、切割和打磨，其能工巧匠之“能”是令人惊奇和叹服的。艺术创作中观念之于方法，方法之于材料和技能，后者是基础。戴耘毕竟是雕塑家，手头功夫相当深厚。戴耘砖雕作品以其不可复制的性质，使得这种功夫成为其创作方法的突出特点。这对于那些因急功近利而粗制滥造的江湖艺人，无疑是一个很好的范例。

戴耘对技能的深入挖掘，并不是炫技性的。其创作方法根源于他的深入骨髓的历史记忆，亦根源于他对雕塑本质的深刻理解。雕塑不同于装置的最大特点，是使用单一材料所形成的长久性与永恒感。从此意义上讲，雕塑是探讨物性最为本质也最为深入的艺术。古典艺术因模仿之故，以坚固质材造就审美对象，成就了伟大与崇高。现代雕塑要求展现材料自身的价值，其空间构造倾向于抽象性。而当代雕塑受现成品观念和城市文化的影响，更注重物品的呈现。正是“物品”这一概念，连接着当代艺术关于材料、现成品、物性等内在关系，也包含着都市、消费、大众等文化语境。如何在历史和当下的连接点上创新重塑物品的方法，这正是戴耘要解决的问题。一方面他采用青砖、红砖这种从古至今都在使用的建筑材料，保持雕塑材料的某种自然属性、历史属性和构造性、纪念性；另一方面他所塑造的又是通俗易懂、随处可寻、司空见惯或世俗想象的事物。材料和形象之间的矛盾通过不无反讽的精巧制作，转换为异质而又协调的作品。其陌生化处理的关键，在于材料和形象之间保持着特有的视觉张力。在这里，“物品”并不完全来源于现实生活中，而是反映、体现现实中物品的某些属性。于是物品具有了当下、个体、此在的存在意义，物性被创造出来，物品成为艺术品。由此戴耘有了自己的言说物品、创造物性的语言方式。这是他从众多青年雕塑家中脱颖而出的根本原因。

最近又看到戴耘的作品，他不再局限于单体或单组对象的塑造，而是以渐趋成熟的艺术语言，进一步介入空间、环境、生态与文脉等主题的创作中。他似乎无意居留于形态的样式，这种自我开放的创作心态，必将为他日后的创作拓展出更多的可能性。

关于新千年以来武侠电影流变的理性审视

虞　吉　文　静[①]

21世纪以来，古装商业大片、“现象电影”、喜剧片、神怪大片等影片类型迭出，其间也夹杂着武侠电影的身影。2001年李安的《卧虎藏龙》在北美票房和口碑上的不俗表现引发了“投石效应”，此后十多年间，《英雄》(2002)、《十面埋伏》(2004)、《剑雨》(2010)、《武侠》(2011)、《一代宗师》(2013)、《道士下山》(2015)、《刺客聂隐娘》(2015)、《师父》(2015)等武侠片先后登临大银幕。武侠电影似乎成了一块急需重整的“实验田”，武侠片导演们对武侠电影进行解构与重塑，采用作者化策略肆意创作。由此，武侠电影开始偏离商业类型的轨道，整体走向作者化。

1948年法国评论家亚历山大·阿斯特吕克提出“摄影机——自来水笔”，主张导演应该如同执笔的作者自如地在作品中书写自己的思想，以体现导演的个性特征。其后，在发端于法国并席卷全球的“新浪潮”运动中逐渐定格了电影的“作者论”原则。随着时间的推移，“作者理念”也曾影响香港武侠电影。1979年徐克的《蝶变》，1994年王家卫的《东邪西毒》便是武侠片“作者化”的最初尝试，而李安的《卧虎藏龙》则是将其推向国际化与跨文化视域的又一典范。对武侠电影在21世纪整体走向作者化的趋势，已有论者在评论《武侠》等片时敏锐地指出：“虽然现在难以预计《武侠》将对今后的武侠电影发展走向产生何种影响，也无论它能否真正改变武侠，但它毕竟是陷于泥泽中的武侠电影继续前行的一次难得的尝试，至少其成功地以‘作者’的身份完成了对银幕武侠的另一番解读与演绎。”[②]

从中国电影发展的历史来看，武侠类型是最具本土特色的“原产类型”，在长达百年的影史历程中几度沉浮，但始终未偏离商业类型电影的轨道。无论是早期的明星公司创作的十八集的《火烧红莲寺》，还是20世纪六七十年代香港的张彻、胡金铨的“硬

---

①虞吉，西南大学新闻传媒学院教授，博士生导师。文静，西南大学新闻传媒学院在读研究生。

②黄显麟：《武之外衣　侠之仁者——浅论新类型武侠电影〈武侠〉》，《电影文学》2012年第15期。

派”武侠乃至徐克的“新武侠”,武侠片的类型演变始终恪守“武林—江湖”“侠义—恩仇”的类型范式。而21世纪以来,武侠类型电影的创作不仅改写和颠覆了基本的类型范式,而且与当前中国(商业类型)电影所强调的类型化的走势“逆向而行”,整体上形成了“武侠片作者化”现象,并体现出与之前不同的鲜明特征。

一、改换与弃置的策略

纵观《卧虎藏龙》《十面埋伏》《剑雨》《武侠》《绣春刀》《道士下山》《刺客聂隐娘》《师父》等武侠片,它们都主动弃绝了传统武侠电影的家国争胜、江湖恩怨、忠君复仇、武林称霸的普适性主题,转而立足于普通或普遍人性。

被誉为中国版《理智与情感》的《卧虎藏龙》,以剑心直指人心,李安让李慕白在情、理、欲三个层面挣扎往复,随着剧情的展开逐步呈现本心。而在《十面埋伏》中,侠客们放弃了家国理念和侠义道德,选择为爱情而战。张艺谋面对采访就曾明示:“实际上《十面埋伏》里蕴含着另外一个主题,就是想用人性做一个武侠类型的反叛。最后这三个人已经完全抛弃了‘侠’所代表的江湖利益和责任,在一个不为人知的角落,进行爱恨的厮杀和争斗。”①而《剑雨》与《武侠》是对家庭日常生活图景的还原与升华,展现了主角对家的依恋,对爱情的守护,影片最后,主角都完成归隐。《绣春刀》颠覆传统侠客的潇洒肆意,展现了“基层公务员”陷入政治倾榨后为生存所做的艰难挣扎。人物少了正义凛然的侠性,多了鲜明细腻的人情与世故。《刺客聂隐娘》以隐娘对“剑”与“镜”认识的深化以及心灵的成长为线索构思故事,讲述了个体价值观的瓦解与再建。

其实,将21世纪以来武侠电影的银幕表现与导演进行对位,便可发现二者之间有着明显的“作者性”对映,导演既关注人性也借此来映射自身。李慕白身怀绝技却低调隐忍恰似李安蜚声四海而含蓄内敛;宗师叶问身怀精益武功流连于自己的武侠世界与王家卫十年磨一剑,用影像与韵律成就《一代宗师》更是如出一辙;凭借《霸王别姬》登临文化艺术巅峰的陈凯歌,后来跟随古装商业片大潮拍摄出《无极》,他的人生又何尝不是一种“道士下山”的隐喻;在湖光山色中踽踽独行的聂隐娘就像是现实生活中缺少同类的侯孝贤的写照。当然,《卧虎藏龙》《一代宗师》《道士下山》《刺客聂隐娘》这几部影片表现出的“作者性”对映,还仅仅只是停留在表层的直观比对上,其实在策略上还深隐着支撑与决定影片的深层结构。

结构作者论认为,在任何一位艺术家的作品中,都必然存在某种近乎不变的深层

①转引自杨彬彬:《全面回应观影争议》,《新京报》2004年7月19日。

结构，而导演的不同作品仅仅是这一深层结构的变奏形式。[①]英国著名电影学者彼得·沃伦也指出，正是导演/电影艺术家生存的时代、置身的环境和个人的生活遭遇，共同构成了文化的深层结构，并始终影响和制约着其可能的存在方式。诚如李安的东、西方文化智慧；张艺谋的色彩造型；陈可辛的文艺气质；陈凯歌的佛道哲思与现实社会的结合叙事；王家卫的直击心灵的表现手法，如擅用特写、滤镜来表达情感；侯孝贤的纪实长镜头与静视一切的超然视角。作者导演们从自身特征出发解构武侠类型片，形成立于传统武侠类型片之外的"作者"武侠的"各异其趣"。

李安的《卧虎藏龙》立足于东、西方文化语境，传递有关"道"与"器"的哲思。该剧中青冥剑作为一个解构性物件，与金庸笔下倚天屠龙剑不同，它不是夺宝争霸的筹码，而是人物情感牵绊的复杂表征。李安以中国哲学的"道""器"之论铺排故事，既立足东方哲思，又符合西方的接受预期。以色彩造型讲故事已经成为张艺谋的个人标签，在电影《英雄》中，他用黑、黄、蓝、白、绿五种色调将叙述视角、叙述者及故事内容有机地统一。整饬的秦国宫殿黑得肃穆，凄美的胡杨林黄得凄惨，无垠的荒野蓝得忧郁，白衣胜雪的残剑心怀天下，旖旎的山野风光绿得生机盎然。张艺谋将侠士之义、侠士情怀全都融于色彩之中。《武侠》的主题是一个改邪归正的养子在一个行事"一根筋"的捕快的帮助下杀掉了罪大恶极的养父，故事本身并不美好，但以"文艺片"见长的陈可辛把它拍成了田园牧歌式的家庭美好生活，展现了武侠悬疑的细腻。影片文武交错，融入悬疑、推理等多种元素，涉及医学、物理学的知识，被观众戏称为"科学武侠"与"微观武侠"，其中充满了人文气息和温情色彩。一直以来注重"人生主题"的陈凯歌，以武谋皮，内容深处却填充着对人世百态的审读。《道士下山》用小道士的视角和下山经历串起人世百态。当何安下在红尘道场里看到周西宇的"仁"、查老板的"义"、彭乾吾的"怨"、玉珍的"诱"、崔道宁的"尘"、崔道融的"迷"、如松长老的"禅"、赵心川的"叹"，领悟到世态炎凉和做人的终极意义，最终觉悟再次上山修行。

这些武侠片不仅主题游离传统武侠，风格与镜语形式也极度个性化和个人化。侯孝贤的《刺客聂隐娘》，虽然试图突破以远景长镜头处理动作戏的惯常镜语，但整体上依然保持了以往"缓"与"静"的叙事风格。其中用镜头的缓慢移动配合中、近景镜头与"气韵剪辑法"[②]来表现打戏。影片一开场是隐娘刺杀一个罪不可赦的大僚，隐娘动作之快之轻，达到了"刺其首，无使知觉"的境地，以至于大僚被杀时连他的坐骑也不曾惊

①戴锦华：《电影理论与批评》，北京大学出版社2007年版，第52页。

②李钦彤：《〈刺客聂隐娘〉：文人武侠的疏离与支离》，《电影新作》2015年第6期。

觉，似乎只有那一群穿过丛林的飞鸟知晓。侯孝贤对这一段落的镜头处理，首先以远景慢镜头交代大僚的行踪，接下来便是一个中景，即隐娘在丛林里暗中观察大僚的一举一动，然后是一组中、近景镜头切换，即隐娘一个起跳割大僚之首，大僚倒地。侯孝贤不以武打过程取悦观众，而是淡化冲突，放慢镜头，缓慢展开一幅盛唐画卷……

相对于侯孝贤以“静势”为主的风格取向，王家卫更注重功夫片镜头组接所表现的“动势”。《一代宗师》的摄影师宋晓飞说：“王家卫希望影片能够展现出一个不一样的风格——重点表现武打招式的酝酿过程或者蓄势待发的状态……几乎所有的镜头都是在不停地移动、升高和降低的过程中完成，就连一个特别简单的镜头都是在动的。”①

该片中马三与宫二的雪夜打斗戏使用了大量特写与中近景镜头，营造了张弛有度的节奏感。泛黄的暮霭、波光潋滟的民国街景、踏雪而来的长靴、撞击而出的铁屑与雪沫、落在大衣上的朵朵雪花，烘托出那个大年夜惊心动魄的决战。长达16秒的武戏，1秒1镜头（见下表），使用“暴雨剪辑”②与“一瞥美学”③，形成一种连续不断的影像激流，给观众的心理造成强烈的冲击。

镜号	镜头时间	画面内容	拍摄方式
1	01:19:15	马三出拳	特写、慢镜头
2	01:19:16	宫二接招	近景
3	01:19:17	拳头	特写、慢镜头
4	01:19:18	脚旋转	近景、慢镜头
5	01:19:19	宫二转身与马三过招	近景
6	01:19:20	马三正面下倒	近景
7	01:19:21	立脚溅起雪花	特写、慢镜头
8	01:19:22	马三平躺出拳	近景
9	01:19:23	马三平地旋转、宫二马步站立	全景
10	01:19:24	马三出拳为前景，两人贴身打为主体	近景

①陈刚：《影像的极致——与宋晓飞谈〈一代宗师〉的摄影创作》，《电影艺术》2013年第2期。

②贾磊磊：《中国武侠电影史》，文化艺术出版社2005年版，第239页。

③“一瞥美学”是美国电影理论家大卫·鲍德威尔在《不足中见丰盛：胡金铨惊鸿一瞥》中的说法。

续表

镜号	镜头时间	画面内容	拍摄方式
11	01:19:25	宫二头撞击墙柱	近景
12	01:19:26	宫二再次出拳迎战	近景
13	01:19:27	马三回击	近景
14	01:19:28	脚回旋溅起雪花	特写
15	01:19:29	马三出击宫二,宫二让开,拳打在柱子上	特写
16	01:19:30	铁屑、雪沫激荡而起	特写、慢镜头
17	01:19:49	火车车轮启动	特写、慢镜头
18	01:23:36	宫二转身	近景

在这18个镜头中,除了1个全景俯拍镜头用来交代两人的位置关系,其他17个镜头都是特写或者近景。王家卫惯长用特写与中近景镜头的复现、慢镜头与快速剪辑的镜式来呈现打戏。在这一段落的第14号镜头中,马三用力踢脚,长靴溅起了雪沫,至缓至极致的这一脚,展示了功夫的力量与舞蹈化的审美功能。从第17号镜头开始,前进的火车与两人越来越激烈的对峙相呼应。最后,从第18号镜头开始,宫二转身离去。在这种若即若离、咫尺天涯的情景中,宫二打赢马三,绝尘而去。赢的人不张狂,输的人不狼狈。王家卫以极其自我的镜语形式展现了打戏的仪式感。

二、逆反类型的叙事倾向

针对传统武侠电影,陈墨曾说:"武侠电影必须要有武、有侠,刀光剑影而又善恶分明,围绕武打、侠义、传奇这三种相对固定的要素,结合导演与时代之'趣'。"①而21世纪以来的武侠电影却呈现出整体"逆反"的姿态,解构武打、侠义、传奇、江湖、奇情等经典武侠元素,表现出"影片主旨去江湖化"②和"侠义表述隐逸化"③的倾向。

《卧虎藏龙》从一开始就展示了大侠李慕白意欲归隐,托付意中人俞秀莲送青冥剑给贝勒爷的情节。《剑雨》《武侠》等影片都以侠的隐逸归寂为结局,无不展示出"对归于

①陈墨:《类型片研究:武侠电影漫谈》,《当代电影》1994年第4期。

②列孚:《不再激情的去江湖化——从〈剑雨〉看武侠片的转型》,《电影艺术》2010年第6期。

③吴青青:《武侠电影的美学新变——考察2010年以来的武侠电影》,《电影艺术》2013年第9期。

平淡生活价值取向的肯定”[1]。《剑雨》《武侠》侧重侠士的隐逸化和日常生活审美化叙事，无论是细雨、江阿生、刘金喜都表现出对江湖腥风血雨的逃逸和对田园牧歌式家庭生活的向往。对此已有论者指出：“‘去江湖化’才是《剑雨》的本旨……披类型片之‘形’，写‘情’之实，最终要达至去‘江湖化’的要旨，本片可以说用心良苦。”[2]《一代宗师》则讲述了侠的没落与漂泊，宗师们流落香港，叶问开了武馆，宫二开了医馆，一线天开了发廊。《刺客聂隐娘》更是淡然得几乎没什么江湖气息，片尾隐娘护送磨镜少年与采药老者渐渐隐于山林，侠的末路是隐匿与孤独。《师父》则描述了民国武馆的败落与拳腿刀剑面对枪林弹雨的无奈。

总体而言，改置与消解是这些武侠片奉行的基本策略，正像有论者所说：“路阳的《绣春刀》在‘侠’与‘江湖’这两个最传统的武侠片要义上却做出了勇敢的尝试：根本不存在‘江湖’，更不存在‘侠’。”[3]《绣春刀》脱离了传统“江湖”的叙事空间，整个故事建构在明朝末年真实的历史政治风暴之中，背离武林的虚设假定，凸显朝廷政治中充满阴谋、暗杀、尔虞我诈的险恶，片中没有侠士的潇洒惬意，个人命运被时代政治、权谋、个人欲望所羁绊。而“《道士下山》则更进一步在宏大叙事传统上消解了崇高、悲壮，英雄人物、侠、江湖儿女的情义都彻底消失，从而走向情感关系的虚无化”[4]。影片中，叙事环境去江湖化——改置于波云诡谲的民国市井；传统武侠的世界观全面崩塌，何安下、周西宇、赵心川因为出色一再被赶出师门；侠义表述“清淡化”，侠士不再大仁大义，主要人物何安下不再“从一而终”，拜师学艺仅仅成为现代社会“唯功利主义人格”的呼应；片中主要的几位“侠士”，彭乾吾阴险奸诈，彭七子痴顽不灵，周西宇、查老板隐逸于世。

当然，改置与消解不是各自为政的天马行空与肆意而为，改置与消解后是重构，重构实际上整体倾向于调用东方文化元素，化用东方人文情境，实施“在地性”的武侠场景重塑，并将武打过程唯美化、隐匿化，以融合东方温谦含蓄的情感表达。从宏观上看，“以文学的自主性性格来表现电影的特质就是在地性”[5]。对21世纪以来我国所涌现的这一批武侠片来说，“在地性”实际上就是在武侠类型范围内“作者性”的集中体

---

①列孚：《不再激情的去江湖化——从〈剑雨〉看武侠片的转型》，《电影艺术》2010年第6期。

②列孚：《不再激情的去江湖化——从〈剑雨〉看武侠片的转型》，《电影艺术》2010年第6期。

③董爽：《绣春刀：非典型武侠片的典型性》，《电影文学》2014年第23期。

④余莉：《〈道士下山〉：一部伪武侠电影》，《电影艺术》2015年第5期。

⑤罗琳：《在地精神与范式转换——比较视野下的台湾家庭情节剧》，《当代电影》2013年第5期。

现。从《卧虎藏龙》的“竹梢对决”“树枝点化”“大漠孤烟”“长河落日”“飞身殉道”到《英雄》以单色(阶)造型渲染武之空灵、王权森然,再到《一代宗师》《刺客聂隐娘》更为极端化的侠义书写,体现了步步深入的趋势。

《一代宗师》以美不胜收的打戏颠覆了传统武侠的刀光剑影、血腥厮杀,以往武侠片中拳拳到肉的对打让位于“舞蹈化的武术套路”①。其中,叶问与宫二在金楼客厅的打斗,不废室内任何一物,没有传统武侠里的掌碎花瓶、一手打烂一张桌子的范式,有的只是在民国的气韵与风情中,六十四手与咏春拳点到为止的试探、叶底藏花的千变万化与咏春三板斧的碰撞。这些是王家卫所展现的最精致最简约最极致的武学审美体验。另外,宫羽田与叶问过招时的掰饼与《刺客聂隐娘》中聂隐娘与精精儿在白桦林里的交手有着异曲同工之妙。前者掰饼定乾坤,以武林想象拼概念;后者两人近距离过招二三十秒后翩然离去,以潇洒姿态展现风度。两者都有一种神龙见首不见尾的气韵。前者是饼裂落地的特写镜头,后者则是精精儿破碎的面具和微微跛足离开的聂隐娘的背影。这些镜头里的着笔写意与空镜留白,传达的是中国诗书画意的神韵,当然也都是武侠元素“在地化”重塑的表现。

三、“逆反现象”的评判与期许

早在1994年,王家卫拍摄的《东邪西毒》其实就是武侠类型“作者性”逆反的一次尝试。《东邪西毒》解构了经典武侠小说《射雕英雄传》的叙事传统,尽管《东邪西毒》还是叙写江湖中人,但叙写的重点不再是江湖,而是人物的情感,叙事视角也转移到了欧阳锋身上。该片中,“影片主旨去江湖化” 和“侠义表述隐逸化”的倾向初露端倪。当然20世纪90年代的香港电影中,王家卫的行为还属特立独行,徐克的“新武侠”——《新龙门客栈》《黄飞鸿》(系列)等仍主导着武侠片的潮流。21世纪以来,武侠电影整体呈现的“逆反现象”从根本上改变了武侠电影的类型格局,使武侠电影显示出从未有过的“变数”。就市场反馈来看,这一“变数”的票房表现在当下的票房格局中明显“势弱”。仅以2015年而论,《刺客聂隐娘》《师父》仅获得了5000多万人民币的票房,《道士下山》获得票房不到4亿人民币,相较于处于票房井喷顶端的“疯癫喜剧片”《港囧》的16亿多人民币的票房收入、《夏洛特烦恼》的14亿多人民币的票房收入、《煎饼侠》的11亿多人民币的票房收入、神怪片《捉妖记》的24亿多人民币的票房收入,武侠片市场份

①贾磊磊:《中国武侠电影史》,文化文艺出版社2005年版。

额缩水严重已是不争的事实。另外，对武侠片的各类评论，则呈两极化趋势，总体上批评大于褒扬。对武侠片的这一发展态势，著名编剧、《师父》一片的导演徐浩峰在接受媒体采访时认为：近二十多年来是武侠电影的衰落期，期间武侠电影的创作再也没有形成香港20世纪80年代末90年代初大家都拍武侠电影的潮流，武侠片变成了非常个人化的事情，武侠电影作为一种商业的类型，它在整体上已经走向末路了。[①]

徐皓峰的分析应该说是客观的，但也过于悲观了一些。其实21世纪中国武侠电影所显现的整体的“作者化”态势，在笔者看来应该是武侠片这一传统深厚的类型样式在新的时代语境中谋求类型演变所显露的直观形态。由此，不由得让人想到20世纪六七十年代美国电影从“经典好莱坞”向“新好莱坞”转化的过程中，经典类型所发生的演变。仅以“黑帮片”为例，从1967年阿瑟·佩恩的《邦妮与克洛德》对“黑帮片”全面“黑色化”与“作者化”的类型改写，到五年之后弗朗西斯·福特·科波拉的《教父》(一)，以及之后的《教父》(二)完成“黑帮片”类型的类型更新，所经由的便是“电影小子”们主导的(体制内的)“作者化”之途。[②]21世纪以来，中国武侠电影整体呈现出的“作者化”倾向，虽然在类型演变的速度上明显缓慢于“新好莱坞”，但作为一个持续九十余年、传统深厚的主打类型，武侠片的类型更新之路势必更为艰辛，延续时间更长，然而这也更值得我们期许和展望。

①田超：《徐浩峰：商业武侠片已走向末路》，《京华时报》2015年7月16日。

②虞吉：《蜕变与更新：新好莱坞电影的常规类型建树》，《现代传播(中国传媒大学学报)》2008年第6期。

"互联网+"下的城市生活
——微时代美学探究[①]

唐婉璐[②]

一、微美学的新时代

网络架构了社会的新型社会形态学,网络信息的传播从根本上改变了生产过程、体验、权利和文化的运作与结果。[③]

全球化时代是以信息、资本、市场为基本前提,高速的全球化巨变形成全新的生产系统。于是,我们进入了一个以微博、微信为代表的双向互动的微时代。微时代改变了文化生产与传播的基本形态,改变了人们的审美体验,并引发了"微时代的美学"。

在笔者看来,这个当下的微时代更像是一个剧场,要么看戏,要么演戏,要么看人。从微博到微信再到现在疯狂崛起的Uber,微时代的思维模式和审美方式已经彻底地改变了我们的生活,在这个场域当中,我们有人扮演观众,有人扮演演员,有时候又在这两者之间进行身份转换。微时代的美学,更像是一个剧场,一个微型的剧场。

二、传统美学与微美学的处境

中国艺术举凡绘画、诗词、音乐,讲究的是一种"意境",并以此为最高的审美准则。"意境"一词王国维在《人间词话》中标举:"古今词人格调之高,无如白石。惜不于意境上用力,故觉无言外之味,弦外之响,终不能与于第一流之作者也。"[④]"意境"包括了"意"(艺术家主观情感的流露)和"境"(外在社会环境或自然环境的反映、再现)。这

---

①本文系2015年四川美术学院科研重点项目"微美学——移动互联网平台的艺术(项目编号:15ky02)"的研究成果。原载于《美与时代》(城市版)2016年第5期。

②唐婉璐,四川美术学院硕士研究生,研究方向:摄影艺术。

③[荷兰]约斯·德·穆尔:《赛博空间的奥德赛——走向虚拟本体论与人类学》,麦永雄译,广西师范大学出版社2007年版,第33页。

④王国维:《人间词话》,中华书局1982年版,第42页。

种情境相融的境界蕴含着无穷无尽之韵味，被称为“言外之味”和“弦外之响”，达到超越物化层面不受现实羁绊的精神境界。简括地说，意境是心与物、主与客、内涵与形式的完美统一，更注重以虚涵实、实中见虚，具有“无限”和“深远”的特征。“意境”实为中国一个极富民族特色的独特美学范畴。

中国的传统美学思想是从实际出发，把内容和形式相统一，具有一定的实用性。如音乐艺术要服从一定的伦理学和美学规范，音乐上强调“和”字，如“五声、六律、七音、八风”以及“清浊、大小、短长、疾徐、哀乐、刚柔”。

然而，微时代将一切都变得“微小”起来，它将审美方式变得更加生活化、日常化。比如，审美对象微小化，人们的欣赏与分享才会使用相对较短的时间。就目前以微信、微博为最主要代表的“微媒介”来看，微信朋友圈每次所发图片不超过9张，微信的微视频也有时长限制。微信公众号发布的文字内容与图片虽然可以增多，但其载体也是以具有私人性、便携性以及使用频繁性为特征的手机和平板电脑为主，使用时间总是在我们的休闲时间。

三、平等的微美学时代

下面笔者将结合自身的经历谈一谈对于美学在微时代中不断平等化的感受。

(一)“重庆森林”微信公众平台的创建

笔者创建了一个名为“重庆森林”的微信公众平台，在这个微型“剧场”里，笔者既是“观众”，也是“演员”；既是这个“森林”的主人，也是朋友圈里的“观众”。创建这个微信公众平台是在2014年，创建平台的初衷是将好看的、好玩的、有趣的东西分享给身边的朋友。开通“重庆森林”微信公众平台后，笔者每天会在平台上推出和分享一些和艺术相关的内容以及资讯，这让笔者每天需要投入大量的时间和精力来收集整理资料。这种形式是一个很好的学习机会，不仅丰富了自己的知识，拓宽了视野，还能将好的东西与他人分享。在微信平台开通后一个月的时间里，粉丝和人气在缓慢地积攒着。当平台的一篇原创文章《徐冰个人作品完整回顾1975—2013》发表后，微信平台第一次迎来了人气增长的小高峰，这篇文章在当时频刷朋友圈，人人相传，最后竟传到了艺术家徐冰自己那里。微信的信息传播速度与分享能力实在让人惊叹。而在没有网络技术与通信设备的年代，若要联系一个人，若要将一条消息传达到某个人那里，需要写一封信，这封信将跨越千山万水，经过好几周甚至好几个月的时间才能到达目的地。然而现在的情况大不相同,人们只需要在巴掌大的屏幕上轻轻地点击“发送”按钮,一条消息或是一封E-mail在下一秒就从地球的这一端传到那一端。微时代的人们处于一个巨大的信息网当中,每个人都被这个巨大的信息网覆盖着,并且通过各种各样的方式被关联起来。

(二)人人都是“审美的人”

笔者2014年6月首次在“重庆森林”微信公众平台推出的《唐小姐带你看展览》栏目,受欢迎的程度大大超过了笔者的预料。作为一个美术学院的学生,笔者并没有以一个学生或是专业观众的角度来报道毕业展,而是以一个真实的、普通的、平凡的观众——唐小姐的视角,以略带调侃的、轻松幽默的方式带着观众“参观”和“欣赏”专业的展览。

笔者认为这就是微时代的美学带给人们最直观的感受和改变,它改变了人们传统的审美方式。首先,传统上,观众想要看懂一次美术展或是一件艺术作品也许需要一定的专业背景知识,需要接收一些专业的解说或者报道。然而现在情况变了,对艺术品的多角度解读,能让观众以一种轻松的姿态来看待艺术品,人人都能从自己的角度来理解艺术品。其次,我们以前看展览可能需要驱车去美术馆或者博物馆,在展厅可能还会以拍照或录像的方式来记录展览。看一次展览需要花费很长的时间和很多的精力。然而现在我们也许只需要在微信上打开一条链接,就可以在一个巴掌大的屏幕上足不出户地观看展览。接受艺术的场所不再局限于美术馆、博物馆、剧院或影院等传统艺术空间,而是扩大至移动网络信号覆盖的所有区域。更重要的是,艺术创造不再为少数精英们独享,数字媒介技术带来的专业门槛和诸种成本的降低,使越来越多的人实现了由单纯的艺术接受者向艺术创作者的身份转变,成了真正意义上“审美的人”。艺术欣赏不再是仅仅属于有机会进入美术馆的人的专利。

(三)平等的微时代

微时代的美学带来的一个非常重要的概念就是平等。

美国曾开创了一项“平等”的先例:最富裕的消费者与最贫穷的消费者基本上可以购买相同的东西。犹如可口可乐广告所说:你可以在电视上看见可口可乐,你知道总统喝可口可乐,伊丽莎白·泰勒喝可口可乐,然后你也可以喝可口可乐。可口可乐就是可口可乐,没有钱能让你买到比街角流浪汉所喝的更好的可乐,所有的可口可乐都一样,而所有的可口可乐都很好喝。总统知道,伊丽莎白·泰勒也知道,流浪汉也知道,而你也知道。①

①[美]安迪·沃霍尔:《安迪·沃霍尔的哲学:波普启示录》,卢慈颖译,广西师范大学出版社2008年版,第146页。

微时代也创造了同样的一件事——平等。随着信息网络的飞速发展,移动互联网终端的普及,美术馆和博物馆越来越亲民,人们了解艺术知识和掌握艺术创作技法的途径越来越广,与艺术创作者接触和交流的机会越来越多。很多人开始利用自己的互联网终端进行创作,比如用手机、平板电脑拍照、摄影、制作微电影,甚至绘画,并在此基础上运用移动设备上的APP进行美化与加工。人们可以创作出一件看起来还不错的作品,并迅速地上传到微信朋友圈或微博这样的公共空间中展示或与更多的人进行分享。在过去,精英艺术家往往扮演传统艺术创作者中的主要角色,而微时代的艺术创作者中既有非职业的爱好者,又有专业出身的艺术创作者。互联网的开放性与平等性带来了更加多元化的艺术活动的参与者,不同阶层、不同职业、不同年龄的人既可以轻松地进行艺术创作,完成一次审美的自我表达,又能借助互联网随时随地地互动与交流,完成一次审美的对话。微艺术的创作形式不仅为"草根"创作者们提供了一个多角度的平民创作途径,也实现了"草根"和精英之间真正的精神交流与对话。

美拍说,人人都是生活的导演;海报工厂说,人人都是设计师;足迹说,人人都是王家卫;唱吧说,人人都是歌手。笔者想说:安迪·沃霍尔神一般地存在,今天微时代的移动互联网映衬了他的"在未来,人人都会成名15分钟"①的预言。

四、微美学当中的商业化

微时代的艺术更倾向于商业化与商品化,实现商业化与商品化的形式也更加"草根"与平等。在当下,任何人都拥有审美和创作的权利,许多审美交流和艺术作品的成交都能借助互联网来完成。艺术商业化一直是人们广泛讨论和争议的问题,在笔者看来,商业化并没有什么不好,相反,它带来的是受众的增多和艺术的普及。

笔者赞同安迪·沃霍尔关于艺术商业化的看法。在他曾经住院的那一段时间,他"工厂"的"职员们"继续做事情,这让他明白他的确有个活的生意,因为它没有安迪一样能运转。对认识到这一点他感到十分高兴,因为在那个时候,他已经判定商业是最好的艺术。他跨进商业艺术行业,他想成为一名艺术商人,或者商业艺术家。

①[美]安迪·沃霍尔:《安迪·沃霍尔的哲学:波普启示录》,卢慈颖译,广西师范大学出版社2008年版,第1页。

五、新媒体中微美学日常化

互联网媒体的发展和新技术的普及为艺术的传播提供了一个很好的平台。很多的艺术作品在互联网普及之前我们只能通过美术馆来了解它们，而如今这些艺术作品可以通过互联网得以迅速地传播，尤其是很多影像和动画作品，在互联网上拥有非常高的人气和点击率，这些都得益于互联网的平等性与互动性。随着媒体技术的发展，艺术家们通过一种非美术馆和博物馆系统的新的系统来传播信息，传播的速度就像病毒似的飞快蔓延。个人电脑的适用性不断增强，使新兴的以计算机为基础的艺术得到进一步发展，包含了计算机图形、动画、数字图像、电脑雕刻、激光演示和通信事件，以及范围广阔的，需要既是观察者又是参与者参与的各种形式的互动艺术。[①]这个系统是一个将虚拟世界即视化和平等化的平台，也是实现微善学日常化的过程。

六、世界的未来将是人类的一件艺术品

德国艺术家约瑟夫·博伊斯说："人人都是艺术家。"艺术不只是艺术家的作品，每个人以充满生命力的态度独立思考，拥有自由自在的创造力与想象力，都是艺术家。生活本身就是创作的表现，创作也是人类存在的唯一可感形式。世界的未来，将是人类的一件艺术品。如今互联网的出现与媒介技术的介入与革新，重塑了社会审美标准和艺术创作的方式，微时代的艺术变得日常化、微观化，"人人都是艺术家"的理论似乎正在这个微型的"剧场"当中渐渐变为现实。

①[美]迈克尔·拉什：《新媒体艺术》，俞青译，上海人民美术出版社2015年版，第208页。

试析自主意识在写意油画调性中的运用

黄剑武[①]

调子也称调性或色调,是指一幅画总的色彩倾向和色相类别,从明暗度上分有深调子、浅调子、灰调子等,或分有冷调子、暖调子、中间色调子等;从色相上分有红调子、黄调子、绿调子等。结合起来讲,又有以对比为主的调子、以协调为主的调子等。调性是创作者统筹画面感觉和表达其情绪的主要因素,是一幅作品成功的关键环节,也是反映创作者学术水平的核心要素。因此,这个看似基础的问题,如果存在经验性,会大大影响艺术创作的深度和高度。

一、经验性调性的存在背景

调性是写意油画写生中表达的主要载体,是组成作品视觉特征的主要因素。在油画作品中,主要通过色调来反映创作者的情感和精神指向。具象、抽象、写意等任何一种表现手法,都是以调性为首要因素来谋篇布局。调性,总是反映一幅作品中色彩的总体倾向和效果,是多样色彩配置取得和谐效果的重要因素。各种不同的调性,可让观者有热烈、平静、忧伤等各种不同的情感反应。这和大自然色彩给人的心理感受是一致的,如金黄的秋天给人以欢乐的情绪,阴冷的冬天给人以凄清的感受,阳光给人以振奋的信心,黑夜给人以神秘的忧郁……因此,我们通常根据表现的主题和内容选择调性。调性是创作者实现其意图倾向的有力工具,它常常对写生对象归纳出总体倾向和效果,并使其与创作者的意向趋向一致。创作者在写生时根据自己在不同景色中的感受,捕捉一个"合适"的调性来表现对象。表现抽象性的油画也会选择调性倾向,利用某些物象或事件表达创作者的各种艺术诉求。

为了获得表现对象的调性规律,国内在专业教学中常常采取针对性的专题训练方式,以使学习者掌握色彩知识和提高对画面调性的驾驭能力。常见的有以下几种方

①黄剑武,重庆市文化艺术研究院,副研究员。研究方向:美术创作与理论,艺术评论。

式:(1)色调训练,即掌握色调组合的基本原则和色彩搭配优美和谐的基本规律,并能根据调性需要,选择相应的色块构成特定的色调;(2)调性构成训练,即利用具象色彩的现成作品,抽去自然界具体形象后,通过色调归纳和局部择取的方法进行综合处理或重构,在保持调性不变的基础上,寻求色彩的整体美、韵律美、装饰美、对比美、和谐美等,从而达到把握自然色彩与画面色彩的转化规律、主观色彩与画面色彩的情感规律的目的;(3)调性的主观表达训练,即以创作者主观的情感表达为目的,以纯调性的方式进行训练,如色彩与点、线,色彩与面积,色彩与明度,色彩与空间等;(4)色彩临摹训练,即通过临摹优秀范本领略作者技法特点、调性表现特点等。这些训练方式使学习者掌握了基本的色彩规律,也提高了对色彩的表达能力。学习者通常是获得了这些调性经验后,再去面对对象写生或创作。

二、石涛绘画的非经验性

对于创作者而言,调性的产生就像一种启示。我们周围的世界看起来不一样,新奇的感觉非常明显,一切都有差别。随着观者位置的变化,物象看似都会有所不同;每眨一下眼睛,物象都会有一些变化。世界如万花筒,万物不断地自我塑造着,创作时的调性经验选择岂能对其完全把握。

石涛在《画语录》之《山川章第八》说:“山川,天地之形势也。风雨晦明,山川之气象也。疏密深远,山川之约径也。纵横吞吐,山川之节奏也。阴阳浓淡,山川之凝神也。水云聚散,山川之联属也。蹲跳向背,山川之行藏也。

“高明者,天之权也。博厚者,地之衡也。风云者,天之束缚山川也。水石者,地之激跃山川也。

“非天地之权衡,不能变化山川之不测;虽风云之束缚,不能等九区之山川于同模;虽水石之激跃,不能别山川之形势于笔端。

“且山水之大,广土千里,结云万里,罗峰列嶂,以一管窥之,即飞仙恐不能周旋也。以一画测之,即可参天地之化育也。测山川之形势,度地土之广远,审峰嶂之疏密,识云烟之蒙昧。正踞千里,邪睨万重,统归于天之权、地之衡也。天有是权,能变山川之精灵;地有是衡,能运山川之气脉;我有是一画,能贯山川之形神。”

山川是天地万物形质的缩影。“风雨晦明”是山川的气象变幻,“疏密深远”是山川的透视空间,“纵横吞吐”是山川的节奏韵律,“阴阳浓淡”是山川的仪态情意,“水云聚散”是山川的通畅血脉,“蹲跳向背”是山川的行止动静。崇高明净是天的特征,博大深厚是地的本性，风云变幻是天与山川的联系，流泉激石是地向山川发出的呼唤。大自然的景象是千姿百态的，给人的感觉也不尽相同。大自然是复杂而又充满生机变化的，因此不是我们用几种色调就能把自然万物概括或表现得准确。天地若无特征和本性，山川就不会变幻多端；自然物象的色彩若无其独特调性，色彩也不会丰富多彩。山川虽然都受风云制约，我们却不能把九州的山川画成一个模样，调性则会随着风云变化而迥异。山川都因流泉激石而显得生机盎然，却不能说画家笔下的山川一定要雷同。山川形貌巨大，广土千里，洁云万重，罗峰列嶂。如果不得要领，就是会飞的神仙也没有办法对付通过管子看到的景物。石涛对绘画的表述非常真实而生动，他在三百多年前提出的理论和做过的实践已揭示了艺术的现象规律，这些到目前看来仍不过时。创作者如果在调性表达方式上不得要领，即使在调性训练中掌握了高超的色彩控制能力，笔下的物象也会表现得雷同。用经验化的调性概括变化多端的自然万物，与用管子观看世界无异，其结果常会与对象真实的色彩感觉大相径庭。

长期的色调训练，使创作者习惯用训练得来的经验面对对象，对象的色彩被迫往一个和谐的色彩关系靠拢，直至符合其色彩经验。如果光线发生变化，创作者通常根据经验需要，调整某些局部，以符合整体的统一。调性的统一和高雅直接关系到创作者的情绪，关系到是否要继续深入和完成创作，或者说关系到一幅画的成败。驾轻就熟通常是创作者获得作品创作成功的理想手段。石涛还在《山川章第八》末说，从正面看山，龙盘虎踞，远达千里；从侧面看山，千岩万壑，重重叠叠。他认为这都是天地造化的结果。天有改变山川精神气质的能力，地有运送山川血脉的工具，要用“一画”的法则和手段充分描绘和表现山川的形神。反思写生中根据创作意图选择调性表现对象，是不是不像石涛所述那样，而是把天地造化的对象在我们眼中经验化了，或概念化了呢？

三、调性的自主意识

现象学把绘画活动理解为是一种身体偶发事件或反射。如果创作者不选择如何行动，如果他不愿意控制他的身体，甚至他不按照他的要求以及他所期望的方式去做，那么，他移动身体的方式就不是他决定的方式。换言之，这种移动就是一种反射，作为反射，它由刺激引起。在绘画的例子中，刺激就是创作者面前的画面或物象。这种描述完全没有准确表达像绘画这样的行动的性质。最根本的是，反射是非自主的，而绘画活动显然是自主的。即使创作者没有通过思维的意向准确地确定所发生的事,也不意味着他无法掌握活动的发生。而且,创作者在创作过程中所遇到的图画情形,包括色彩,实际上不涉及任何可视为刺激物的东西。创作者要反应的东西不是某种给定的刺激物,不是无止境的相同,而是可以理解为某些粗略类型的特定情形。虽然如此,这些粗略类型仍保持了磨灭不掉的独特性。相同的物象在不同的时间,在相同的创作者看起来也会不一样。因此,创作者面对每一种情形都是全新的。那么,创作者并不是一遇到刺激物就产生条件反应,情形恰恰相反,即面对不断变化的东西,每次都需要发现一种新的不同的反应。[①]当同一物象在不同条件下,调性在悄然发生着变化,从而,创作者会产生不同的反应,进而捕捉对象真实的调性。此时,创作者如果有预先理想的色调,或在训练中获得驾驭各种调性的能力,这种反应只有退而远之了。调性的经验性对创作者而言不但不会起辅助作用,反而会起阻碍作用,致使创作偏离真实对象存在。面对新的刺激而产生的色彩反射是非自主的,但创作者的绘画活动却是自主的。如画家莫奈的油画作品《鲁昂大教堂》表现的是同一景物在不同时间里有不同色彩变化,莫奈根据对象的真实色彩变化捕捉对对象的不同感受,从而表现出完全不同的调性。

创作者在不同情绪的影响下感知这个世界的时候,被感知事物的调性会有完全不同的特征。感觉反射不同,也就有了不同色彩。创作者不断产生的新感受会被转化为他作品中新的调性元素。

石涛《画语录》之《四时章第十四》又说:“凡写四时之景,风味不同,阴晴各异,审时度候为之。古人寄景于诗,其春曰:‘每同沙草发,长共水云连。’其夏曰:‘树下地常荫,水边风最凉。’其秋曰:‘寒城一以眺,平楚正苍然。’其冬曰:‘路渺笔先到,池寒墨更圆。’

“亦有冬不正令者,其诗曰:‘雪悭天欠冷,年近日添长。’虽值冬似无寒意,亦有诗曰:‘残年日易晓,夹雪雨天晴。’以二诗论画,欠冷、添长、易晓、来雪,摹之不独于冬,推于三时,各随其令。亦有半睛半阴者,如‘片云明月暗,斜日雨边睛’。亦有似睛似阴者,‘未须愁日暮,天际是轻阴’。”

在大自然中,四季的风景,韵味各不相同,创作者对其产生的色彩反应也不一样。即使在同一季节里,阴天的风景和晴天的风景也有明显的差异。因此,在描绘时又要考虑到季节的变化和阴晴雨雪的区别。石涛也指明自然风景是变化无穷的,只有创作

①[英]尼吉尔·温特沃斯:《绘画现象学》,董宏宇、王春辰译,江苏美术出版社2006年版,第43页。

者亲身感受自然的细微差异、尊重自然的真实，面对变化的风景有新的反应，才能达到艺术的至高境界。所以说，创作者在复杂环境中产生的不同情绪反应，对调性的影响也会大不一样，创作者要抓住不同环境的不同色彩感受，避免调性雷同单一。在创作现场，这种色彩感觉有一定的时间持续性，画家在写生过程中要不断捕捉和强化这种感觉，把它统领到一个集中的色彩视觉区域，直至逼近物象本质的调性特征。创作者要尊重自己的客观真实感受，完全参与到绘画活动之中体验物象，捕捉真实调性，而不能凭借自己已有的调性经验去勉强概括物象的色调，以达到和自己预期的效果一致，反而和真实对象的调性相去甚远。如果这样，创作也就失去了自主性和创造性。

古代诗人们总是借景写诗抒情。描写春景的诗句，如"每同沙草发，长共水云连"。描写夏景的诗句，如"树下地常荫，水边风最凉"。描写秋景的诗句，如"寒城一以眺，平楚正苍然"。描写冬景的诗句，如"路涉笔先到，池寒墨更圆"。描写冬景的诗句也有不完全符合时令的，如"雪悭天欠冷，年近日添长"。虽然描写的是冬天，诗中却并无寒意。但这是对自然真实的尊重，因为冬天也有不太冷的时候，这类诗又如"残年日易晓，夹雪雨天晴"。如把这类诗当画来看，所谓"欠冷""添长""易晓""夹雪"这种不合季节的现象，不只是冬天可以看见，就是春天、夏天、秋天也可以看到。还有对半阴半晴的描写，如"片云明月暗，斜日两边晴"。也有对似晴似阴的描写，如"未须愁日暮，天际是轻阴"。自然的变化是丰富多彩的，也是极其复杂的。春秋、秋冬，晴天、阴天、雨天，不是绝对的，这些远比我们的经验更为丰富和复杂，同一景物在不同时间的调性也不是绝对相同的。尊重自然的客观性和真实性，是艺术创新的根本源泉。创作者面对对象写生时，根据自己预先的意图选择调性来表现对象也显然是经验性的、不可取的。面对似晴非晴、半阴半晴等复杂情况时，我们只有尊重对象的真实，才能准确地、自主地把握对象、升华对象，而把握调性也是如此。

四、调性的归纳和精神性

创作者在表现客观对象时，会不断观察对比场景中不同物体的色彩、不同色相的物体。处于一个现实的色彩环境中，被观察对象的色彩持续刺激着创作者的视觉，使其产生色彩感受，这个感受最终会形成创作者脑中的调性倾向。创作者会对调性进行调和，调和在一个真实而又和谐的色域中。在这个过程中观察方法显得尤其重要，因为它是调性归纳的基础。这种整体观察方式打破了物体本来的生物结构和体积空间，是从根本上区别于传统写实的观察方法。

因没有考虑物体的体积和空间等因素,故这里称物体为图形结构。解构物体带来的后果是物体图形结构的无序性,因此,必须考虑物体图形结构的规整性。在对色彩做整体性比较观察和调整时,只有图形结构同时被提炼和归纳,才会产生整体连贯性。

整体连贯性是气息的连贯,气息的连贯是创作者实现绘画意图的前提,也是创作者抒情达意的意识媒介。气息连贯,画面自然会产生韵味。即便是莫兰迪的极小幅的瓶瓶罐罐,气息仍然不断,画面生动而又流畅。有气才会有韵,这和谢赫所提出的"气韵生动"有着异曲同工之处。从某种意义上来说,这种方法是写意油画的一个基本表现方法,同时也能赋予作品精神性。

不拘于物体本来的形体结构,并不是说不追慕真实的对象的真实存在。然真实性是相对的,是相对色彩的明度和纯度而言。在写生现场,对象的明度和纯度都会随光线的变化而变化,创作者永远无法和时间赛跑,因此主观归纳性是可行的,即将色彩的明度和纯度归纳在一个相对合理的范畴。那么该如何把握这个度呢?便还是要回到石涛所言的"识"和"受"的问题,先"识"而后"受"。在尊重对象真实的情况下进行理性归纳,便有了优雅、激烈、明快、沉郁等不同的调性。创作者的主观情感和其对现场景象的整体调性感受,会及时而又微妙地反复契合。一种偶然性在画家主体意识的参与和引领下被激发,这种现场偶然性不断激发出创造性,创造性则反映出精神性。富于变化的自然景象刺激画家的新鲜感受,使其不断冲破已有的色彩经验,反映自然也同时创造出第二自然。

参考文献:

[1]徐复观:《中国艺术精神》,广西师范大学出版社2007年版。

[2]潘天寿:《潘天寿论艺》,上海书画出版社2010年版 。

[3]杨成寅:《石涛画学》,陕西师范大学出版社2004年版。

[4][英]尼吉尔·温特沃斯:《绘画现象学》,董宏宇、王春辰译,江苏美术出版社2006年版。

近30年来中国画艺术观念与创作实践[①]

任仲佩　丁月华[②]

中国画在世界美术领域内自成体系，由于它独有的中国式的审美观念、独特的工具材料和造型方式，故被称为“中国画”，又被国人简称为“国画”。中国画不仅包括文人画，也包括属于画工系统的画。中国画近年来已走上多元化发展道路，笔者参考王云亮的《现当代中国画理论及创作研究》、殷双喜的《当代中国画文脉研究》、当代中国画杂志社的《当代中国画名家创作档案》等文献，对现今我国的中国画进行进一步归类，认为其大体分为以传统中国画观念为基础的创作实践、以非传统的西画观念为基础的创作实践、将传统中国画观念和非传统的西画相结合的创作实践三类，并且这三类中又有不同的细分类型。

一、以传统中国画观念为基础的创作实践

(一)传统延伸类

1.广义的文人画与新文人画

广义的文人画与新文人画代表人物有王镛、董欣宾、崔子范、贾又福等。广义的文人画是指对传统文人画的继承与发展，因为这种广义的文人画中有些题材虽然是前人涉及过的，但后来的艺术家从造型到思想寄托都进行了不同程度的革新，画面中注入了时代思考和新的艺术特征。这一类文人画表现的是一种哲学理念，画的虽然是自然风景，却不是真实景观，笔触反映的是艺术家单纯、天真的风趣和情怀，是他们对大自然和生活的个人思考和无尽的热爱。这种文人画有一种向往自然的人文态度，包含着一种苍茫与雄浑的艺术境界。

中国新文人画指的是20世纪80年代末90年代初中国艺术界出现的一种文化现象，它继承并延续了古代文人画的特征，但画面的表现、形式语言的运用又带有当今时代的鲜明特性。代表画家有边平山、王和平、王孟奇等。

①原载于《美术教育研究》2016年第17期。

②任仲佩，重庆师范大学美术学院在读研究生。丁月华，重庆师范大学美术学院副教授，博士，硕士生导师。

2.重彩工笔花鸟画

重彩工笔花鸟画着力于发掘传统工笔花鸟画的精髓,这类作品具有深沉而静穆的审美情趣,作者表现的是现代式的古典绘画情怀。代表画家有江宏伟等。这种类型的画在物性特征和精神思想上具有高度的契合,这种契合表现在艺术家对艺术精神的孜孜追求和对大自然的高度敬仰上,能达到物我两忘的境界,即“凝视”和“永恒”。

3.吸收民间艺术的中国画

汲取民间民俗艺术造型和色彩特征并用笔墨手法加以表现的中国画创作者众多,以张培成为代表。这些艺术家有着对民间艺术独特的洞察力,他们从古代壁画中发现朴素沉稳的线条组合和充满神秘的斑驳效果;从民间剪纸和陶艺中发掘明快温和的色彩对比;从戏曲戏剧中发现具有舞台表现力的画面构成,而在空间表现上又具有西方现代艺术的韵味,有时二维,有时三维,让单调的题材产生新的韵味。对这种类型的艺术家来说,有时候创新必须要冒一定的风险。所以,他们在小幅作品中用点线面、色彩表现轻与重、远与近等效果,展现画面意味、情境等;但在尺寸相对较大的作品上,画面又具有温柔淡雅的海派特点。

(二)东方传统笔墨表现构成主义

东方传统笔墨表现构成主义通过整合和实验,将鲜明的西方现代绘画形式与同样鲜明的东方现代艺术观念整合在一起,使其走向对立统一。这种手法夸大传统笔墨的审美特征,强调将“气”“势”“韵”等传统笔墨语言进行夸张处理乃至极致。因为其构成手法是中国传统的笔墨形式,所以画面整体既具有中国画的特点,又具有西方绘画的构成感。典型代表有卓鹤君、罗平安、卢禹舜等。

二、以非传统的西画观念为基础的创作实践

(一)水墨行为艺术和水墨装置艺术

水墨行为艺术和水墨装置艺术多以水墨为介质,手法以非传统中国绘画方式为主,如肌理、拼贴等,但也有用毛笔来表现的。其以抽象的、现代的形式表现现代人焦虑、反抗的心理状态,反映现代人对传统文化的解构与批判。该类型的图式强调视觉冲击力,强调抽象的造型表现,如自然肌理抽象、笔墨符号解构抽象。虽然这种类型表现的是对传统的批判和抗争,但在意蕴上依然具有传统中国画的精神。这种类型的探索者有谷文达、刘国松等。

(二)实验水墨各种组合类

实验水墨各种组合类是以传统中国画的笔墨纸砚为材料,但在指导思想上背离了传统中国画的作画范式,转而模仿西方艺术观念,以拼贴、涂鸦为手段创造不同于二维平面的三维立体作品。代表艺术家有王天德、陈铁军。陈铁军将毛笔的笔锋剪去,用留下的笔根蘸着综合了建筑涂料的墨汁,用几近癫狂的方式向经典、高雅的作品宣战,这一创作方式充斥着反传统的意味。陈铁军的尝试对当代水墨画界具有重大的影响,他以水墨的形式表现了现代人生活中无法回避的一种焦虑和躁动的负面情绪,他将个人意志植入国画,展现出了"张力"在现代水墨画中不同的魅力和地位。

三、将传统中国画观念和非传统的西画相结合的创作实践

(一)中西结合类

1.继承徐悲鸿、蒋兆和的中西结合的中国画写实技法

继承徐悲鸿、蒋兆和的中西结合的中国画写实技法的代表画家有周思聪、刘国辉、王子武等。他们一方面继承了由徐悲鸿、蒋兆和等艺术前辈开创的"融合中西"的现实主义新画风,采用西方油画的透视、解剖等技法,注重画面的整体或局部的立体感;另一方面又汲取了中国历代画家用笔用墨的精华,在用线上仍然遵从中国传统的笔法。这些画家在继承传统用线的基础上,发展并丰富了水墨人物画的写实主义手法。他们的作品富有个性,趣味横生,有意识地强调具有现代风格的东方格调和民族气韵。

2.发展林风眠的中国画非写实技法

发展林风眠的中国画非写实技法并吸收了西方现代主义绘画特点的典型代表画家为吴冠中。吴冠中提出了"形式决定一切"的艺术观念。吴冠中的创作实践虽然有西方的结构、立体、野兽主义的趋势,但是到后来转换成了一种中国式的柔情和雅致,创建了现代绘画的新语意。吴冠中的抽象画中融入了图式结构理念,画中传达的是他对现代艺术发展的个人观点。在他创作的水墨画中,我们可以感觉到画面中清新与畅达的氛围。

3.云南重彩画

云南重彩画的画面形象接近几何图形的变形,具有交错摆布的特点,勾线方式类似铁线描技法,色彩兼具西方绘画色彩特点及我国少数民族地域装饰画色彩形式。代表画家有丁绍光和蒋铁峰等。丁绍光广泛汲取了敦煌壁画、汉代画像石和画像砖以及历代青铜器的装饰构图方法和西方现代派画家的构图方法,形成了独特的装饰性构图形式。

(二)对传统笔墨语言进行再造类

对传统笔墨语言进行再造是一种将笔墨与非笔墨相结合的技法。艺术家以阻断、重构、再造等形式,将肌理、拓刷、拼贴等艺术手段植入传统笔墨语言中,由此改变了传统笔墨的图式和规范,推出新的表达机制。图式上讲究创新改革,在精神上仍表现出对某种传统笔墨观念的怀旧情结。这种实验水墨的代表有石果、张浩等。石果逐渐将自己的艺术创作由一种生存方式提升为一种文化顿悟,从而显示出他在中国当代实验水墨画领域的独特位置。石果以抽象图式的概念,利用团块、截面、框架等形态对现实物体表象加以某种精神拟喻性的抽离,形成了独特的非传统的水墨画系统。在他看来,实验精神是正在发生和成长中的现象,实验态度给予人们更大的自由,以锤炼语言、提纯精神。实验就是话语权重归于当代艺术家个人的自我训练。

(三)表现主义类

表现主义类的画面整体效果具有表现性,主张表现精神的美和传达内在的信息,强调艺术语言的表现力和形式的重要性。它以西方表现主义艺术观念为基础,以传统笔墨的审美特征为表现形式,以此表现当代人的一些现实心理状态和社会文化问题,如哀怨、纠结、孤寂、梦魇等。代表画家为李孝萱、王彦萍等。

四、结语

以上是笔者对近年来中国画艺术观念的宏观分类。中国画在当代如何发展是个重要的课题。对中国画的探究不再是死板地在书本上寻找答案,而要更多地从实践出发,面对现实问题并加以解决,批判地汲取全球的艺术观念,当然,最终要回归到对中国文化价值的叩问。关于笔墨系统和水墨体系的建立,再到对第三形态的关注与研究,这个过程既漫长又坎坷。我们要努力探索中国画与中华文化、笔墨与视觉传达、中国画的传统与当代、中国画消费与审美等各种关系。尽管多年来中国画的探究道路是崎岖而艰难的,但也有收获,让我们感到自豪并对未来寄予希望。当代中国画领域不但取得了很多可喜的成绩,而且我们也正走在光明的道路上。中国画就如同我们伟大的中国梦一样,“前途是光明的,道路是曲折的”,只要我们牢记艺术的崇高使命,加强文化自觉性,在复杂的世界艺术格局中保持自身特色,就可以开辟出新的发展前景。

参考文献：

[1]《王镛　书法欣赏》,《艺术市场》2011年第9期。

[2]李凝:《闲看五色——张培成的水墨艺术》,《中华儿女(海外版)·书画名家》2014年第7期。

[3]刘永仁:《火灼即思考　王天德"孤山"之绝境逢生》,《美术文献》2012年第4期。

[4]陈爱萍:《从写实主义到表现主义——浅析周思聪水墨人物画的风格演进》,《国画家》2006年第3期。

[5]皮道坚:《九十年代中国实验水墨》,世界华人艺术出版社1998年版。

[6]西沐:《中国画当代艺术概论:中国画当代艺术30年》,中国书店出版社2009年版。

浅论地域性特征对西南地区油画创作的影响[①]

查红梅[②]

艺术作为文化的子系统，其地域性也以文化的地域性为理论基础。西南地区文化具有边缘性、封闭性的特点，这是由地理位置的边缘性、自然条件的封闭性，以及历代王朝统治的松散性所决定的。西南区域文化不同于以汉族为主的中原文化，是一种多元一体的山地、边缘生态文化，是各少数民族在不同历史阶段长期积淀而形成的特色区域文化。

一、西南地区的地域性特征

边缘生态和多元一体的特殊的历史、地理环境，为西南地区的文化传统保持自身鲜明特性提供了得天独厚的条件。西南地区的文化较少受到外部环境的直接影响和干扰，因此较好地保持了原始的特色。例如，渔猎文化、游牧文化、山地农耕文化、棒棒文化、码头文化，以及表现各少数民族风情、习俗与礼仪等具有鲜明的地方民族特色的文化，都在这里得以传承和发展。而原为中原文化的一些文化现象，虽然在中原地区已经消失或基本消失，但在西南民族地区至今仍然有所存留，甚至还在不同程度地影响和支配着人们的社会活动和习俗规范，成为一种传统既定模式。如布依族婚俗中的“驯服认亲”、被誉为“中国戏剧的活化石”的安顺地戏、铜仁的傩文化以及侗族的大歌等。

西南地区长期处于中国主流文化的边缘，使得各种文化现象在此得以杂糅共生。就文化的生态环境而言，边缘生态中的生命活力和生命样态尤为丰富和多样。艺术领域中的主流观念和创作规范在这些地域往往难以维持其绝对的控制力，相反，各种具有地域文化特色和审美心理的因素不断得到加强。一方面，以边缘自然生态和文化为

①本文系2012年重庆社会科学规划项目青年项目（项目编号：2012QNYS032）和2013年重庆社会科学规划重大项目（项目编号：2013TBWT01）研究成果之一。原载于《艺术教育》2016年第9期。

②查红梅，四川美术学院研究生。

主要表现对象的艺术作品不断产生，聚焦底层民众生活的艺术作品也屡见不鲜。在20世纪80年代初期，以四川美术学院为主体创作的艺术作品，就以伤痕美术和乡土绘画蜚声全国，这些作品承载了知识分子的人文关怀精神，具有特殊的时代意义。在乡土绘画的鼎盛时期，西南艺术的艺术意识又在悄然改变，从写实性乡土绘画转变到表现性乡土绘画，再发展到对人与自然、人与社会，理性与情感、直觉和欲望等问题高度重视的生命流绘画，形成了"新潮美术时期"完全不同于中国其他地域艺术的潮流。而另一方面，由于西南聚居着大量的少数民族，艺术家们从这些少数民族的文化生活和传统艺术中汲取传统文化的养分，融合在油画艺术创作中。艺术家们不仅长期关注少数民族的生活，通过写生采风，创作具有民族特色的艺术作品，而且从艺术创作的手法和方式上，也对少数民族艺术从各方面加以整合，并从中提炼出蕴含民族审美精神、识别个体身份的文化内涵。

在"全球文化"浪潮中，区域性的文化艺术不仅要面对来自西方现当代各种艺术思潮的洗礼，还要应对现代传媒文化、都市消费文化、电子网络文化等文化形态的冲击。与各种文化思潮和艺术观念长期不断地碰撞与交融，使其鲜明的个性特色明显减弱。而新的文化思潮和艺术观念互相依存，共性明显增强，最终形成了区域文化艺术中既开放又封闭的多元一体的新型文化形态。正如四川美术学院教授王林所说："也许是受感性、多元、久远的长江文化影响；也许是由于西南方言既属北方语系又分化甚剧，自成体系之故；也许是多民族杂处、多文化交汇，地域封闭而心态开放的原因，西南艺术家在当代艺术中总是不由自主地表现出自身鲜明的特点，而在中国当代艺术中显得举足轻重。"

就油画创作艺术群体来看，西南地区既有生于斯长于斯的本土艺术家，如对大巴山农民、大巴山生活有着对"父亲"一般感情的罗中立，被誉为带有浓厚的"文化身份"特征的《茶馆》系列的创作者陈安健等；也有从外地来这一地区工作的艺术家，如深受四川地域文化影响和熏陶的浙江籍画家艾轩；多次体验藏区地域风情，以《西藏组画》引起美术界与文艺界极大震惊的陈丹青；不遗余力推进和发展西南艺术的叶永青等。这些艺术家虽然各有不同的审美取向和价值关怀，但其油画作品中的地域性特征是显著的。

二、油画风格的地域性

(一)写实手法

20世纪末,中国油画的创作逐渐突破传统的单一模式,从西方现当代艺术中引入更多新的风格和元素,照相写实主义、现实主义等艺术思潮融入本土艺术创作中,形成了具有鲜明地域特征的写实油画风潮。从西南油画"乡土"时期对巴渝地域文化特色的突出,到后来"生命流"对云贵地域特色的挖掘,再到向"都市文化"的转变以至"新乡土"的回归,都表明西南油画强烈的地域性特征。1980年,罗中立的《父亲》以知识分子的人文关怀视角,表现了苦难的大巴山农民本色;陈丹青的《西藏组画》则以牧歌情怀歌颂了高原上自然纯朴的人性之美。艺术家们以写实手法表现乡野的美、质朴粗犷的人物和他们近乎原始的生活。而陈安健"照相写实"《茶馆》系列油画作品,陈卫闽"传统边缘画法"怀旧系列《道具》,乃至近年来赵晓东和沈桦笔下的农民工,都不同程度上折射出艺术家的现实主义精神。

(二)抽象手法

当代油画中的抽象手法与中国传统文化独特的"意象"美学关联甚深,所有客观景物皆可作为主观情思的象征物来加以表现。中国艺术家以意率境,不求细节的实写,不求形似求神似,由此可以看到中国传统审美文化的精髓。而在西方油画表现主义的影响下,画家周春芽运用独具特色的"中国式"表现主义油画作品的审美表象,向人们陆续展现出他个人的本土主义风格,把人文主义语境的构建与表达彰显得淋漓尽致。画家朱小禾也从20世纪80年代中期就开始关注艺术语言的实验,他的线性抽象作品运用某种书写笔法进行抽象运作,其目的不是为了建构某种纯粹的、绝对的和空白的形式,以及无缘无故的形式游戏,而是为了表达更深远的想象、叙事和记忆。

(三)观念表现

画家王川的作品体现的是一种抽象水墨风格。他的作品《墨·点》中将水墨画最基本的表现元素——点,加以放大,并大胆避开了墨色深浅、氤氲的视觉效果,以极少主义与硬边绘画的观念开启了使用笔墨的新方式。而画家杨述的作品,以看似随心所欲但又深思熟虑的画法和构造方式,来记录时间的连贯性及心外心内的变化,以大块色域分割画面,将真实形象符号化、色彩化,表现出一种近乎涂鸦的创作方式。这些涂鸦式的抽象语言看似所指含混不清,却在整体上关涉当代人的情绪和欲望,将具有普遍性的私密体验公开化,使画面成为都市信息与私人生活的组合与装配,以此来表达其想象和戏谑、嘲讽和批判。

三、油画语言的地域性

艺术语言涉及主题和形式两大方面。主题的凝定所彰显的是“人”与“事”之间的叙事同构，不同时空环境中的人及其生存的境况；而形式语言则通往艺术的本体价值，形式要素最终形成画面的形象体系和艺术家的个人风格。在这个整体结构中，艺术的自律性是最终的目标和结果。

在陈安健《茶馆》系列光影斑驳的细节中，一位女孩与吸烟的老者隔座打量，半边脸融化在从屋梁投射来的光线中，状若发呆。在光影中，稚气和苍老对比，传统与现代对比，时代变迁，岁月荏苒，在淡淡的笔调里布下世界的象征。画家曹阳的《门影》系列，通过光影表现空旷、静寂而神秘的特征，曹阳以坐禅般的耐心安静地描绘着中华民族传统建筑和家园记忆之“门”，构建了“真实、自然和感悟式”的艺术语境。

色彩的运用和表达能起到重要的心理暗示作用。如周春芽利用大量空置的单色背景，以线造型，突出书法意味的笔意，在强烈的色彩表达中传达出极为震撼的意蕴。近年来的《桃花》系列更是运用乡土色彩谱系，将自然和人文景观融为一体。周春芽认为，红色是公众颜色，具有强烈刺激与爆发的效果，黑色让人感到真实和亲切，而绿色代表了抒情、浪漫，预示着一种爆发前的骚动。艺术家将色彩本土化、内心化，运用象征主义的联想把思维外化到自己的作品当中，并结合自由、率性、随意、快速的作画风格传达了自己内心的真实感受。

同时，油画作品中的肌理、笔触也是独具表现力的艺术语言。这方面除了特别具有代表性的罗中立之外，画家李强的油画作品则在充满水墨意味的画面中，以简约的笔法和内敛的心理尺度呈现出“精神世界中隐隐作痛的矛盾”。而画家张杰的作品中灵动多变的笔触，意味深邃的肌理效果，形成了一种充满节奏与旋律感的笔意表现。

四、结语

西南地区油画艺术是一种对社会文化价值的表达，坚持西南油画的地域性发展，并不是否定西南油画的现代性发展。立足于多元一体的边缘地域性特色，在现代多元化发展中凸显自己的特征，彰显自己的民族性与文化传统，有着积极的现实意义和长远意义。

参考文献：

[1]王林：《艺术问题与批评立场——西南当代艺术述论》，《文艺研究》2008年第9期。

试析汉唐古典舞身体语言建构[①]

赵　倩[②]

汉唐古典舞自20世纪90年代创立至今，以独特的艺术风格和深厚的文化内蕴成为舞坛新秀，并且其自身体系逐步完善，在教学及表演方面皆得到了长足的发展。每次观看汉唐古典舞的表演，都会被它那不同于当下任何舞种的身体语言所吸引，那新颖的肢体运动套路是其最大的亮点。而孙颖教授之所以能够建构出这套全新的身体语言系统，除了对传统艺术的热爱，更多源于他敢于批判、反思的精神以及“广而后深、博而后专”的文化素养。

一、汉唐古典舞身体语言建构的历史依据

孙颖教授在《中国汉唐古典舞基训教程》中说：“……创造这门基训课的基本观念是以汉、唐、魏晋精神和艺术气质为审美主干，以汉、唐和明、清戏曲舞蹈为支点，研究史籍文献和文物中的舞蹈形象资料，并以民族学、社会学、宗教学、哲学、礼法、习俗等社会科学作为文化解码，激活丰富的文物资料，破解古典舞蹈发展、演变的历史，并通过与相邻艺术审美共性的印证，是在自己的文化母体内，不依借、不搬套外来艺术所形成的中国古典舞基训课。”[③]可见孙颖教授并非是“就舞蹈论舞蹈”，也并没有将舞蹈艺术看作是一门孤立的艺术，而是将同一时代所有的艺术门类以及社会思潮都看作是一个整体，通过宏观的、多方面的、多角度的考证，确定舞蹈艺术在某一特定时代的风貌。同时，孙颖教授也没有将某一时代的舞蹈艺术看作是唯一的舞蹈资源，他通过上溯远古，下追当代，娓娓道出了一条从古至今舞蹈艺术的发展脉络，从稚拙到古朴，从繁荣到衰落。

①原载于《北京舞蹈学报》2016年第2期。

②赵倩，重庆大学艺术学院舞蹈系副主任，讲师，主要研究方向：汉唐古典舞。

③孙颖：《中国汉唐古典舞基训教程》，上海音乐出版社2010年版，第1页。

以下将从民族特色、地域特色以及时代特色三方面分析汉唐古典舞的身体语言风格。但这三方面并非是各自孤立存在的，而是相互影响、相互渗透的。

(一)汉唐古典舞身体语言的民族特色

汉唐古典舞创建之初便提出了要以“弘扬民族文化”为根本，那么民族性的概念是什么，艺术民族性的核心和灵魂是什么，中华民族的民族性是怎样的，身体语言是否具有民族性以及在身体语言的建构中如何体现民族性，就成为需要分析的问题。民族性的基础是文化认同，包括语言、文字、历史等。艺术的民族性，简言之就是民族的本质特点所形成的艺术上的特殊性。民族不同，各自所处的地理环境、经济状况、文化传统以及风俗习惯也不尽相同，甚至还会产生巨大差异。艺术的民族性最重要、最基本的内涵在于表达民族精神，用民族精神去观察客观事物。因此，民族精神是艺术民族性的核心和灵魂。

舞蹈作为艺术的一个门类以及社会生活的一部分，不可避免地打上了民族性的印记。同样是在18世纪，欧洲法国的芭蕾舞日臻完善，而中国的戏曲艺术经过“徽班进京”也得到了极大地丰富与发展。为什么法国人不唱戏曲，而乾隆皇帝从没想过要看芭蕾舞，这就是民族性的不同所决定的。民族文化不同，则由此形成的艺术风格迥异。不接触西方文化，中国人永远跳不出芭蕾舞；不接触东方文化，西方人永远想不到竟然还有中国戏曲这种区别于话剧的舞台表演形式。因此，我们完全可以肯定，舞蹈作为艺术的门类之一，是能够体现出民族性的，而作为舞蹈表现形式的身体语言，必定是能够具有自身的民族性的。

别林斯基说：“每一民族的民族性的秘密不在于那个民族的服装和烹调，而在于它了解事物的方式。”[①]正如中国艺术表现注重写意，从水墨画中就可见一斑。墨分焦、浓、重、淡、清五色，且在画中“留白”、题跋是中国水墨画的特色；而西方则是求真继而求美，艺术表现偏向写实，在西方的绘画中特别强调色彩的搭配以及对光影的表现。对于同一事物的认识方式、表达方式不同，则形成了不同的民族性。那么，如果想在身体语言的建构之中体现民族性，首先要以民族的眼光去了解民族的文化，并且要静下心来探索。通过查阅大量典籍资料，孙颖教授认识到，在中国的历史上有一个漫长的乐舞时代，且不同阶段、不同民族皆有丰富多彩的舞蹈形式，虽然大多至今已经失传，但这仍旧为探究中国古代的乐舞艺术提供了前提和依据。因此，在建构汉唐古典舞的

①转引自王宏建：《艺术概论》，文化艺术出版社2010年版，第189页。

身体语言时，孙颖教授坚持“立足传统”，从广博精深的历史文化之中汲取灵感源泉。正因为孙颖教授坚实的文化底蕴，最终奠定了汉唐古典舞身体语言的民族性。而汉唐古典舞身体语言的民族特色就在于它不依借、不照搬西方的芭蕾舞、现代舞等舞种现成的模式，而是以中华民族的历史文物、文献为参考资料，以历史文物中的造型艺术(绘画艺术、雕塑艺术、书法艺术)为建构基础，最终形成了汉唐古典舞富有民族特色的身体语言，并弘扬了民族文化，增强了民族认同感。

(二)汉唐古典舞身体语言的地域特色

一方水土养一方人。地域不同，人们的风俗、习惯、性格、语言、饮食等都会出现极大的差异。我国幅员辽阔，除了多民族属性以外，以秦岭—淮河为界，我国南北地区在很多方面亦存在差异。一般来讲，北方人民性格豪爽憨厚，南方人民则机敏细腻；北方的园林建筑多彰显磅礴大气，南方的园林建筑则体现了小巧精致；北方文学有现实主义的集大成者《诗经》，南方文学则有浪漫主义的引领者《楚辞》……我国地域的差异使舞蹈艺术也具有了朴素与浪漫、厚重与灵动的不同风格。

那么，在汉唐古典舞中，如何通过身体语言体现地域性呢？首先，我国不同地区的差异性一直都是存在的，但在几千年的历史发展中，这些地区的文化艺术曾相互融合过。纵观历史，我国文化艺术的鼎盛往往是伴随着不同地区的文化艺术的频繁交流与融合而产生的，比如汉魏、隋唐时期，因为政治、战乱等原因，南北方人口迁徙、交流频繁，造就了不同地域艺术的交流沟通。但即使交流融合，每个地区的文化艺术仍旧具有其自身的独特性，这是地区的经济、政治、宗教等多方面因素共同作用的结果。其次，地域特色虽在相互融合之中增加了共性，但这些共性在融入了一个地区的文化艺术之后，反而增进了当地文化艺术的个性。比如说唐代的“十部乐”，编汇了多个地区的乐舞，这些不同地区的乐舞相融之后，为唐朝的乐舞注入了新的活力，形成了新的特色。李太白在《观胡人吹笛》中有诗句：“胡人吹玉笛，一半是秦声。”可见不同地区的艺术在相互影响下的融合。

因此，汉唐古典舞在肯定地域差异性的同时，分别发展了不同的身体语言风格，正如百花园中争妍斗艳的鲜花，它们各有特色，没有一种花是可以取代其他的花而独自存在的。如汉唐古典舞基训组合中的《姑苏行》与《满江红》，两者因南北地域文化差异，动作风格亦表现出灵巧与雄壮的区别，使用的套路并不重复。以剧目为例，同样是唐代这一历史背景，塑造边疆少数民族小姑娘形象的《小胡旋》和表现中原地区宫廷之内女子飒爽英姿又不失娇媚的《小破阵乐》就是两种不同的风格。前者以唐代盛行的"胡旋舞"为创作依据，以旋和转作为剧目的主题动作，以竞技嬉戏为主线，突出表现了少数民族小姑娘天真活泼的个性以及边疆民族特有的舞蹈风格；后者根据历史资料，以唐明皇与杨贵妃改编《秦王破阵乐》为依据，既保留了《秦王破阵乐》的精神，又体现出唐明皇与杨贵妃改制此舞的意趣，充分展现了女子戎装的飒爽英姿与娇媚俏丽。前者的服装通过胡服与胡帽体现出边疆少数民族特有的风格；而后者身披斗篷，手持兵戈，则体现了中原人特有的装扮。

因此，汉唐古典舞并非当下很多舞种的重复，其多样的身体语言风格体现了明显的地域特色。

（三）汉唐古典舞身体语言的时代特色

我国是一个拥有悠久历史和灿烂文明的国家。不可否认，经济基础决定上层建筑，随着经济水平的发展，同一民族、同一地域在不同时期的时代精神和时代风貌都会有所差异，因而，每个时期都有它独特的时代特色。在汉唐古典舞中，孙颖教授选择以"断代研究"来把握时代特色。在课程架构中专门设立相关课程——"中国古代舞蹈教程"，以历史朝代为划分标准，通过对不同朝代的经济、政治、社会思潮、相邻艺术的研究，把文化理论与专业实践相结合，做到掌握时代风格、把握时代脉络，使汉唐古典舞的身体语言能够表现不同时代的风格，从而具有时代特色。

先秦时期，"楚灵王好细腰"，并且楚地盛行巫风楚舞，结合当时文物中的羽人形象，产生了剧目《楚腰》。而汉代产生的，汉代以后即失传的盘鼓舞是两汉时期的一大特色。因此在舞剧《铜雀伎》中，舞段《群伎献艺》和《相和歌》分别是盘和鼓作为道具的舞蹈，舞者脚着缝制了木珠的珠鞋，在盘和鼓上击打出节奏，如此的舞蹈形式既是古代艺术的体现，亦是当下舞蹈的创新。以诗人谢灵运为题材编创的《谢公屐》，体现了魏晋时期人文精神的觉醒；唐代乐舞在唐明皇与杨贵妃的推崇下达到了巅峰，《小破阵乐》即是当时乐舞水准以及形式的体现。到宋代出现了队舞形式的舞蹈，根据这一舞蹈形式编创的剧目《玉兔浑脱》，展现了端庄、秀丽、清淡、优雅的气氛。明清时期的大家闺秀被封建思想所禁锢，缠足习俗摧残了女性的身心，因此女子的体态、步态皆不同于以往未缠足时期，剧目《挽扇仕女》中便体现了缠足这一现象，同时还表现出孙颖教授对于历史批判继承的态度。

因此，汉唐古典舞并非风格单一，只有一条动作思路，而是以不同的时代风格为依托,形成了不同风格的汉唐古典舞作品,或雄浑健壮,或清丽婉约,或放浪形骸,或灵动秀美……汉唐古典舞的民族性、地域性以及时代性决定了它的丰富性和多样性。不能说汉唐古典舞的风格难以把握,因为即使它的风格再多变,也是建立在民族性的基础之上,正所谓"万变不离其宗",汉唐古典舞的根是深深地扎在中华民族传统文化的沃土之中的。

以上笔者从民族性、地域性以及时代性从宏观的角度对汉唐古典舞身体语言的建构进行了剖析,了解到汉唐古典舞的创构思路是立足本土文化。下面笔者将以具体实践为切入点,从更加细致的角度分析汉唐古典舞身体语言的建构。

二、"单词—短句—组合(小品)—剧目"的扩充流程

汉唐古典舞身体语言的建构并非是一蹴而就的,而是经过思考,通过"连词成句"的方式,以造型元素为核心逐步进行扩展的。笔者将从选材、动作连接以及风格气质三方面分别叙述汉唐古典舞身体语言的建构。

(一)历史资料的甄选

舞蹈是一门表演艺术,具有不可复制性,在历史传承中给世人的直观性不像绘画、建筑那样明显。古代没有录像技术,我们充其量只能在绘画或雕塑中窥见当时舞蹈艺术的凤毛麟角,或者通过当时观看舞蹈表演的文人雅士对舞蹈的描述略窥其貌。但并不能因为没有可供直接参考的历史资料我们就认定历史上的舞蹈艺术是"不可知"的。因为舞蹈艺术虽然独立,但并不孤立,通过相关艺术和社会思潮我们可以了解不同时代舞蹈艺术的变迁与发展。正如在原始时期粗放混沌的状态下,舞蹈艺术不可能是精致细腻的一样,这一时期生产力水平低下,艺术生产作为一种精神生产,也还未完全从物质生产中独立出来,人们对自然的恐惧以及敬畏形成了以巫术等信念为基础,集"诗、乐、舞"三元素为一体的原始艺术。这从出土的原始时期彩陶盆上的纹饰中就可见一斑。

随着生产力的发展、阶级的出现、掠夺战争的出现以及宗教的出现,原始社会逐步瓦解,奴隶制社会逐渐形成,此时的奴隶主占有了社会中的多数财富,于是便出现了中国历史上乐舞艺术的发端:宫廷乐舞。作为统治阶级的所有物,乐舞伎人的命运难以自主,但就是这样一群名不见经传的小人物,在数千年的历史长河中造就了一个又一个乐舞艺术的巅峰。虽然当年的乐舞艺术已经失传,但我们仍然可以从历史上遗留下来的文艺宝藏中感受乐舞艺术的风韵。其中最能直接借鉴的便是文物中的造型艺

术。不论是绘画、雕塑还是书法,不同时期的艺术皆有其时代风貌。霍去病墓前的石雕“马踏匈奴”与唐人的随葬品唐三彩就有着完全不同的风格,前者线条粗犷,却体现出雄浑的气势和内在的力量;后者制作精美,体现了那个时代工艺美术的卓著成就。汉代画像石中的舞姿造型与唐代仕女图中的形象大有不同,前者古朴大气,后者雍容端庄。在书法中,不同时代流行不同的书法,而一个时期的流行书法也体现出了当时的时代精神和风貌:小篆字形整齐,转角处较圆滑;隶书横笔首尾方中带圆,转角处多呈方折;楷书字形方正,笔画平直,风格古雅,整齐端庄;行书流畅飞动,刚柔相济,富有很强的表现力;草书分为“章草”“今草”和“狂草”,其中“狂草”更是独具风格。因此,观绘画雕塑取其形,观书法取其神,运用得当,方能得同期舞蹈之风貌。

以汉代为例,汉代是乐舞艺术的一个鼎盛时期,民族之间的交流互通造就了乐舞艺术的长足发展。而汉代盛行的厚葬之风亦给今人留下了不可多得的精神财富。汉画像、汉画砖以及汉代的陶俑、玉雕等文物之中皆有可“为我所用”的部分,那么,筛选历史资料便成为汉唐古典舞身体语言建构的第一步。虽然汉代文物中与乐舞表演相关的文物凤毛麟角,但是对于建构身体语言已足够。因为汉唐古典舞并非是照着历史文物亦步亦趋,而是通过文物资料掌握动作语言的方法后举一反三,再加上孙颖教授的思考与二度创作而形成的独特语言体系。不同的文物资料展示了不同的风格,仅以汉代为例:玉舞人灵性、说唱俑滑稽、盘鼓舞苍劲……不一而足;而舞者道具的不同亦体现着风格的差异,如筒袖、巾袖、博袖、陀螺袖等都极大地丰富了汉唐古典舞的身体语言。在汉代舞蹈学习中,学生可通过搜集、整理、总结文献资料,模仿造型艺术中的动作,感受汉代舞蹈风格的古朴大气,进而自行编创具有“汉代气质”的舞蹈、小品,从而深入了解汉代风貌,最终达到“知其然,亦知其所以然”的目的。

(二)连接动作的构思

1.舞姿类型划分

面对如此多的乐舞艺术资料,首先需要进行分类。就好像在文字语言中我们划分出了名词、动词、形容词等不同的词性一样,根据舞姿动作性质的不同,我们将文物中舞蹈形象的舞姿分为动态舞姿和静态舞姿两种。造型艺术具有瞬间性和永固性的特征,画像只能表现舞者动作的瞬间性,即舞者运动过程的瞬间以及舞姿形成的瞬间。那么所谓动态舞姿就是在舞者运动过程中重心失重的瞬间捕捉的舞姿;而静态舞姿则是在舞者处于相对静止稳定的状态下捕捉到的舞姿。

2.舞姿的解码激活

将历史文物中与舞蹈相关的部分筛选出来,并根据舞姿动作的性质将舞姿区分为动态舞姿与静态舞姿,然后连接动作,将仅限于二维空间的舞姿形态或三维空间的舞姿动作进行解码激活。

根据文物中舞姿造型存在方式的不同,解析二维空间的舞姿和解析三维空间的舞姿略有差异。相对存在于三维空间的舞姿,二维空间中的舞姿更具有不确定性,因为观察者往往只能看到舞姿的一部分。比如画像中的视角展现了舞者身体的右侧面,那么画像中舞者左侧身体的舞姿形态便不会那么直观,这就需要观察者大量地考查同一时期与乐舞艺术相关的文物资料后进行推理与想象,再通过实践,将得出的多种可能性中更为合理的那些挑选出来,带入画像中的舞姿中,使存在于三维空间中的人通过模仿做出画像二维空间中的舞姿的形态。而存在于三维空间的舞姿形态就容易模仿得多,但需要注意的是,汉唐古典舞虽充分发掘了古代的文物资料,却并非只求“形似”的模仿,风格气质皆是“发于内而形于外”,这在后面“风格气质的考量”中会详细叙述。

虽然汉唐古典舞并非只求“形似”,但塑型是其基础,就好像写文章一样,虽然强调文章的内容和情感,但前提是作者要能够熟练地遣词造句,否则即使内心有着充沛的情感,也难以表达出来。对于汉唐古典舞来说,每个文物中的舞姿形态都是它身体语言的“单词”,是组成最终的成品舞的最基础的元素。因此,教学的最初任务就是打好塑型的基础。

3.“以点带线”的扩充方式

文物中的舞姿除了因为存在方式的不同而造成解析的难度有差异外,还会遇到因动作性质的不同而造成的困扰。静态舞姿不必多说,因为它并没有出现重心的变化,因此并不会给解析和模仿带来太大困扰。主要是动态舞姿,尤其是在汉画像石、汉画像砖中的动态舞姿,它所体现出的重心变化是显而易见的。这就要求我们在解析中做到“以点带线”,即从文物中的舞姿重心失衡的瞬间,推测出舞者是如何形成这个舞姿的,以及这个舞姿在重心失衡之后将会导致何种可能。因为造型艺术的瞬间性往往把握住了最有典型意义的那一瞬间,所以体现在汉画像、陶俑以及各种造型类的文物中,以动态舞姿最为典型,对动态舞姿解码激活时必须要通过推理与想象使舞姿的“来处”与“去处”符合逻辑。一个动态舞姿并非只有一种形成与结束的可能,通过实践往往可以得出多种可能性,而这些可能性就会作为动作与动作之间的连接被汉唐古典舞的身体语言系统保留下来。就好比要组成一个句子时词语之间需要连接润色,而静态舞姿就好像是名词,动态舞姿好比是动词,光有名词不足以组成句子,需要动词在名词之间起调和润色的作用。以静态舞姿和动态舞姿这两大类"单词"可以组成无数种"静态舞姿—动态舞姿—静态舞姿",而这就是汉唐古典舞从"单词"到"短句"的最基本的扩充方式。

需要说明的是,汉唐古典舞的连接动作既非照搬已有的舞种(中国古典舞、西方芭蕾舞以及现代舞),亦非凭空而造。艺术作品是艺术家主观意识的物态化,而艺术家的主观意识脱离不开他所生活的时代的经济、政治、哲学以及个人阅历、文化修养、道德情操等要素,因此,不能说汉唐古典舞就是古代舞蹈的复现,而是今人对古代文化艺术的诠释,所有的舞姿连接都是加入了编创者的主观思考的。通过主观思考、理论研究到具体实践,汉唐古典舞一步步走出了一条逐渐明晰的弘扬民族文化的道路。

(三)风格气质的考量

风格气质因时代、民族、身份等因素之异而异,对于汉唐古典舞的风格,孙颖教授给出了自己的思考。

孙颖教授认为当时已有的古典舞因为以戏曲舞蹈为依托,所以"武生之气"过重,表现风格略为单一,不能体现历史中人物风格的多元化。而乐舞艺术所能表现的风格气质仅是古典舞蹈的一个方面,乐舞艺术的表演者代表的是乐舞伎阶层,这一阶层属于王公贵族的财产,是没有人身自由的一群人。身份的差异决定了气质的不同,乐舞伎虽然造就了中国历史上一个个乐舞艺术的繁盛时代,但并不代表汉唐古典舞只能表现这样一群人。除了乐舞伎,汉唐古典舞还可以表现很多不同身份地位的人。比如在汉魏时期,上流社会的文人士大夫之间流行着一种交谊舞蹈,名为"以舞相属"。这类舞蹈在出土的汉画像石、汉画像砖上以及留世的文字资料中有所记载,其形式多是前一人舞罢,相属于另一人,被相属之人须起舞为报,并且在舞中要遵守规则,该旋转时必须旋转,若被相属之人不起舞为报,或没有按照既定的规则起舞,则被视为是对对方的不尊重,还有可能会引发宾主之间的矛盾。由此可见,"以舞相属"首先在性质上是一种交谊舞;其次,它的参与对象都是当时上流社会有身份有地位之人;再次,"以舞相属"也有属于自己的一套规则,并且文人雅士可以通过此种场合交流感情、增进情谊。因此,文人之间的交谊舞蹈与乐舞伎所表演的舞蹈两者之间有本质的区别。其一,两者身份地位不同。其二,两者所取悦的对象不同,前者是以自娱为主,后者以娱人为主。其三,两者表达感情的方式不同。文人士大夫往往可以直抒胸臆,喜怒哀乐皆有发泄表达的途径，说通俗些就是“有任性的权利”，乐舞伎作为被统治阶级，是被压迫的一群人，因此他们即使内心悲苦也无从诉说，并且在乐舞表演中时刻提心吊胆，强颜欢笑亦是家常便饭。陵墓发掘出的殉葬乐舞奴隶尸骨，曹魏时有名的“铜雀伎”，唐代的“陵园妾”，说明了宫廷乐舞伎的悲惨命运，也说明乐舞艺术的性质和地位。综上所述，两种舞之间存在着本质的差异，而这些差异决定了两者风格气质的不同。

孙颖教授还认为，戏曲舞蹈是经过长期发展后程式化的结果，而程式化的动作总需要有所依托。比如说“起霸”，它表现的是武将上阵前所做的整盔、束甲等一套舞蹈动作，这套动作在京剧之中是剧情发展的必要存在，而如果把它单拿出来放在一个不太相关的舞蹈剧目之中，就会令人不知所云。在不依借戏曲舞蹈以及芭蕾舞的前提下，孙颖教授首先将把握风格气质锁定在时代上，其次根据不同时代划分出不同阶层的人物，这就形成了汉唐古典舞风格气质的多样性：同样是乐舞伎人的表演，表现汉魏时代风貌的舞剧《铜雀伎》和表现唐代宫廷风貌的舞蹈《小破阵乐》在风格形式上截然不同；表现对象同样是文人雅士，《以舞相属》的彬彬有礼和《谢公屐》的潇洒清凛亦形成鲜明对比；表现对象同是小姑娘，展现魏晋时期携手踏青的《踏歌》和唐代边疆少数民族的《小胡旋》是两种风格；舞剧《铜雀伎》中的舞段《献胡女》与《小胡旋》在动作的编排上存在明显差异，同样是表现少数民族的舞蹈，因为时代背景不同，前者更显朴实，后者则更显灵巧。相似的身份地位，不同的时代背景，塑造了不同风格的形象角色。但可以肯定的是，即使风格存在差异，汉唐古典舞的身体语言始终没有被“西化”，汉唐古典舞的作品之中找不到芭蕾舞和现代舞的影子，风格的差异性体现的是中华民族历史文化的流变。把握风格气质的角度之一是了解时代和身份，其次就是服装和道具的运用。汉唐古典舞将仅见于汉画像石、汉画像砖之上的盘鼓舞这种表演形式搬上了舞台，并且将博袖服饰作为舞蹈服装的一部分带入了舞蹈之中，不可谓不是一大创新。盘鼓舞是流行于汉代的表演形式，汉代以前及汉代以后皆无此舞，它是汉代舞蹈的一大特色，同时也表现出汉代人对“天人感应”思想的信仰与崇拜。因此，汉唐古典舞中只要有盘鼓舞，就能体现出汉代舞蹈大气、浑厚的风格。博袖在古代一向是上流社会的人的身份象征，它传递的是中华民族千年的文雅风气，它是文化与身份的象征符，尤其在艺术风气最为自由自觉的魏晋时期，博袖似乎成为纵情山水的文人的表征。因此，但凡汉唐古典舞中博袖服饰的舞蹈，男子皆洒脱文雅，女子皆端庄典雅，博袖服饰的存在奠定了舞蹈稳重、雅致的风格基调。孙颖教授在《中国古典舞评说集》中说过动作即风格[①]。可以说,风格作为内化的元素,必须通过外在的介质体现出来,就好比绘画是通过外在的色彩、线条、图形等元素体现风格一样,舞蹈的外在元素则是舞者的动作以及旋律与节奏,其中最基本的就是舞者的动作。芭蕾舞的动作伸展向上,拉丁舞的动作明快热情,印度舞的手势灵活多变,等等,这些都是风格的外化,也体现出了一个民族的文化与信仰。因此,舞蹈语言的风格性需要通过动作体现,而动作作为身体语言,就是民族文化的最好表达。

三、结语

孙颖教授所建构的汉唐古典舞身体语言,立足传统,以解码激活的方式开启了舞蹈理论研究的新篇章,对不同历史年代传承下来的文化艺术的研究,将是汉唐古典舞身体语言建构的不竭动力。作为体现民族风格的舞蹈,汉唐古典舞质于内、形于外的民族特色,是经得起推敲而且值得观者回味的。

①孙颖:《中国古典舞评说集》,中国文联出版社2006年版,第118—122页。

风光摄影的应用心理研究[①]

王美木[②]

一、风光摄影的心理观察

(一)明确目标的心理观察

在视知觉心理学中,有意识、有目的地观察是需要一定的努力才能完成的。当我们确定了可观察的明确目标后,就要迫使自己集中精力对要拍摄的景物给予特别的关注,甚至拍摄目标一点小小的变化也会让我们的敏感度提升。在目标变化到我们的最理想状态时,按下快门,便捕捉到了这一刻的景象。一旦心中有了明确的目标,才能让我们注意力更加集中,更留意这个目标的一切信息与变化。

例如我们的目标是拍摄“湖泊、渔船、晚霞、飞鸟”,这四个元素确定了我们需要先找到湖泊,再看哪些位置有渔船,等待太阳落山的时候进行拍摄,而飞鸟则是不可预测的,只能等待。此过程中当我们已经确定了“湖泊、渔船、晚霞”后,“飞鸟”就是我们观察的明确目标。我们会集中一切注意力等待飞鸟出现在构图中最适合的位置,但整个过程如果没有等来飞鸟,只能宣告当日拍摄的结束。

而在这一过程中,假如我们将观察的目标由“湖泊、渔船、晚霞、飞鸟”改为“湖泊、渔船、晚霞”,我们就不会无功而返,而这一目标的改变可以是临时的,也就是说,可以先将拍摄目标改变为“湖泊、渔船、晚霞”,并同时等待“飞鸟”的出现,这样,你当天的风光拍摄就不会无功而返。可参考《赛里木湖》进行体会。

---

①原载于《重庆文化研究》2016年第3期。

②王美木,重庆市文化艺术研究院副研究馆员。

《赛里木湖》 摄影:王美木

(二)"无心插柳"的运气也来自时刻留意周边的观察

延续上述的例子,假如我们既定的目标是"湖泊、渔船、晚霞",然而在拍摄过程中,有"飞鸟"出现,同时我们也观察到了,我们及时地把观察目标改成"湖泊、渔船、晚霞、飞鸟",这个时候拍摄到的画面可谓是"无心插柳"的意外收获,是一种运气。

因此对于观察者来讲,在确定一个明确的目标进行有计划的观察时,对周边的情况也需要时刻留心。风光摄影中留心观察很重要,如果运气不错,瞬间发生的变化会有很多,当然也不排除最终还是会无功而返,但是能够获得"运气"的前提是不断观察、勤于思考。

除了预期的有目标的观察,也要不定期地对周边多观察,尽量不放过那些事先无法预期的而且是我们需要的突然出现的景物。比如拍摄梯田风光时,想要同时拍摄云彩的变化,或者在等待雾气的升起,倘若我们换一个角度,就能拍摄到众多影友集中注意力也无法拍摄的画面,这就是"无心插柳"的常见例子。

(三)摆脱固定模式观察的心理

运用固定模式观察,容易让风光摄影艺术仅停留在概念或者唯美阶段,难以得到一幅过目不忘的作品,作品缺少独特的魅力。风光摄影中,要避免固定模式束缚观察力的情形。拍摄者要尽量告诉自己不要看山是山、看水是水,不要简单地按照头脑中已经特征化的形象去认知或感受大自然的风光,而应该尽情释放自己的想象力,提高观察的多元化视觉潜能,仔细观察并发现与常人固定观察模式大相径庭的景象。可参考《大山骆驼日落》进行体会。

《大山骆驼日落》 摄影:王美木

二、风光摄影的心理预想

(一)心理预想

在未正式拍摄之前,拍摄者要对拍摄对象进行画面预设,设想最需要的理想画面。但更重要的是要进一步观察拍摄对象所能表现的潜在画面,再抓拍自己想要的画面,然后经过技术上的处理,最终获得自己事先想要的那一幅画面。

要知道即使是最真实的照片也不会和实物完全一样,由于各种技术上的原因,最后得到的画面与实物还是会有差别,我们可以加强或减弱这种差别,但无法消除这种差别。相机和肉眼观察到的景物并不完全相同,相机并不像眼睛那样把注意力集中于视野中心,而是把“视野”内的一切景物都以大致相等的清晰度进行“观察”。人眼只对整个景物进行粗略浏览,相机通常会把全部景物如实地记录下来。所以对于同一处风景,相机只做一种客观的影像记录,而我们可以对同一景物想象出几个不同的影像,然后将最接近我们主观要求的更富有艺术性的景物进行拍摄,最后得到艺术性极强的风光摄影作品。

比如拍摄黄昏里的小镇,可以将小镇的建筑物作为表现主体,可以将天上的云彩作为画面的趣味中心,可以将画面中的其他元素,如牛、羊、鸟、水、树木等作为重心。而这些就需要我们提前对最终的画面做出想象,或者说预想。

作为初学者有一个困难，即需要把五颜六色的风光景物当作只有灰色的景物来进行观察，同时还要把立体的景物想象为平面的影像。因为相机最终拍摄出的画面是脱离现实的，至少从空间感来讲，相机会直接把立体的风景转化为平面的影像。因此其表现的形态和比例都会与我们眼睛看到的不一样。虽然说摄影的初衷是纪实，但实际上，从诸多风光摄影作品中不难看出，无论从光影的角度，或构图的角度，还是从色彩搭配的角度，它们都是经过了摄影师的主观判断和选择后，最终得到的艺术性的画面，并没有真实地反映现实景物。可参考《等待日落的羊群》进行体会。

《等待日落的羊群》 摄影：王美木

（二）预想方法

拍摄中我们更多的是观察景物的表现，而不是景物本身，而影像就是由摄影师完成的景物表现。想要得到理想的景物表现就要从影像的角度来观察景物，并对其分析、研究，找出其意义、本质、形态、纹理等元素间的相互关系，这要求我们的眼睛，要有影像视觉的观察力。

第一，选择一个较为简单的景物，找出其中色调最暗的部分。就黑色而言，初看时，我们认为黑色的衣服可能是最暗的，但稍微细看，就会觉得黑影子比黑色衣服更暗一些。事实上，许多看上去很暗的景物，甚至看上去就是黑色的景物，不过是深灰色而已，并不是真正的纯黑色，包括学校里的黑板、黑色的汽车等。在没有更深色的元素与这些景物比较的情况下，这些景物很可能被视为纯黑色，并在预想和后期制作中也作为纯黑色来处理。但是在预想和拍摄前，得先把这样的暗部，视为深灰色，而不是纯黑色，至于后期预想的画面，可以把其处理为纯黑色。

第二,找到景物中最亮的部分。这与找出最暗部分相同,景物中最亮的部分有可能是我们平日里认为的一块白色的棉布,但那些闪闪发光的金属表面却比一块白布更为耀眼。例如,在太阳光下,我们把光亮的银钥匙放在一块白布上进行拍摄,从最后的画面中,我们就不难看出,闪闪发光的钥匙会比白布显得更加明亮,钥匙上的高光将表现为很小的一块纯白色,而白布只是浅灰色。但是没有钥匙,白布就是"最白"的物体。

第三,在观察了最暗和最亮的色调之后,可以观察一下中间色调。在观察白色部分的同时,可以观察浅灰色部分,同样在观察黑色部分的同时,可以观察深灰色部分。而在其中间就有一个基本色调——中灰色调。因此,一个物体所表现的色调如何,不但要看它本身的色调值,同时还要看它与其他景物色调值之间的关系。

以上三种色调观察法,对预想这个环节十分重要,因为据此我们可以判断出拍摄的画面究竟是怎样的。

第四,提升和验证预想或者观察力。将拍摄的照片,在第二天的同一时间、同一地点、同样的天气中进行对比,依此鉴别我们对景物的观察力究竟如何。

在风光摄影中,光影的变化、构图的取舍,都是需要提前预想的。预想会让风光摄影事半功倍。而其中光影色调的判断尤为重要。测定景物的亮度,并根据测出的结果决定用什么样的曝光,甚至在后期制作中如何再次进行色调的创作。预想并不是一件困难的事情,许多有成就的摄影家都自觉或不自觉的有这种本领,虽然他们可能不是有意识的这样去思考或使用这个方法。任何一个摄影者,认真从事摄影多年后,是能够较好地理解预想这一过程的。对预想的探索与运用,能帮助风光摄影者在较短的时间内有更好的技术提升。

三、光影对风光摄影审美心理的影响

(一)光影带来的情感变化

光影是影响风光摄影美感的重要因素之一,尤其对受众的审美心理有较大影响。光影的变化直接关系到作品美感和思想内容。正面光可以营造出明朗、鲜明的审美心理;侧面光可以营造出生动、活泼、立体而富有变化的审美心理;逆光可以营造出简洁、神秘、富有魅力的审美心理;而漫射光则可以带给人柔和、安宁、抒情的审美心理。可参考《山下的村落》进行体会。

《山下的村落》 摄影:王美木

(二)光影的基本审美心理与取舍

漫射光给人柔和与安宁的审美,但有时候需要注意其难以把握的高反差问题,不能以为处于漫反射光下的景物总是"柔性"的。在一些复杂的景物中,可能有亮度值很低的深凹处,比如石块或者木头所形成的黑影,这些是不可忽视的。如果曝光是在互易效应影响的范围内,这些低影调部分会进一步降低其影调值,最终会影响整个作品的美感,所以前面提到的观察与预想,在这个时候显得十分重要。所以说,顺光、侧光、逆光这三种光影对风光摄影的审美心理影响并不是绝对的。

再比如把景物和云彩一起拍摄,问题就比较复杂。除非是在开阔的原野上,照射在景物上的光线比较平,否则,摄影者将面临一个很长的影调阶的问题,对此很难完全控制。这里所要强调的是云彩和景物两者的曝光取舍问题,因为取舍会影响到最后观者对作品的审美。假如我们对云彩的亮部进行曝光,会导致天空表现得不够明亮,画面中的其他阴影部分与天空部分将在影调上失去平衡。虽然云彩中的高影调部分得到了足够的表现,但是从整个画面的审美来讲,会给人一种较为沉重和压抑的感觉,使一幅本来明朗、鲜明的画面发生了颠覆性的变化。所以在同时拍摄云彩和景物的时候,曝光选择极为重要,最好根据阴影部分进行曝光。

四、风光摄影的审美心理表现

在拥有了预想的方法后,可以通过摄影技术对审美心理进行表现。审美心理有直觉、有错觉。直觉大多来自摄影师的经验和本能,而错觉能够营造一些奇特、独到、浮想、新奇、联想和意境的审美心理。审美心理表现还涉及纪实和写意。既然通过预想能得到一幅艺术性很高的风光摄影作品,那么写意会更为重要。用简洁干净的画面,来表现情感和某种精神,如神韵十足、清新朴实、真切含蓄、朦胧抽象、优雅柔美、雄奇豪迈等,都是风光摄影的审美表现。

现当代重庆漆器髹饰技艺的发展与传承演变研究[①]

黄亚玲[②]

重庆漆器髹饰技艺，起源于商、周，发展于秦、汉，鼎盛于隋、唐，绵延于宋、明、清。尤其是近现代发展史上一个重要的推动者，即中国工艺美术教育的先行者沈福文先生，他一生致力于漆器制作技艺的研究与创新，是我国新漆艺的开拓者和屈指可数的漆艺史论家和教育家。20世纪50年代，他在四川美术学院开办了中国现代高等教育中第一个“漆器美术设计专业”，为国家培养漆器美术设计的专门人才。为了把理论与实践相结合，四川美术学院在学校建立了供学生实习的漆器实验工厂，后发展为集体所有制的重庆美术漆器厂。这一产学研相结合的教学模式在工艺美术教育的发展中发挥了重要作用。重庆漆器无论在学校教学研究方面，还是在依靠个体经营传承的企业发展方面，都经历了从鼎盛到落寞，到再度振兴的过程。因此，重庆漆器髹饰技艺的传承演变与时代的发展是分不开的。

一、重庆漆器髹饰技艺基本概念的界定

重庆漆器髹饰技艺，主要指传统大漆制作技艺，以及由此延伸出的研磨彩绘、彩色蛋壳镶嵌、金银粉分光罩漆等髹饰技艺。2008年6月，重庆漆器髹饰技艺被列入第二批国家级非物质文化遗产名录。目前，这门技艺主要在重庆市渝中区、沙坪坝区、大渡口区、城口县等地传承发展。与市级“漆艺”相关的非物质文化遗产项目根据保护单位与申报地区不同，代表性项目有四项，它们分别是：2007年，重庆市第一批非物质文化遗产名录项目“重庆漆艺”，此项目成功申报为国家级项目；2009年，重庆市第二批市级非物质文化遗产名录项目“漆器髹饰技艺”；2011年，重庆市第三批市级非物质文化遗产名录项目“城口漆艺”；2014年，重庆市第四批市级非物质文化遗产名录项目“重庆大漆

①原载于《重庆文化研究》2014年第4期。

②黄亚玲，重庆市文化艺术研究院助理研究员。

制作技艺”。这几个项目相互联系,兼容并包,是重庆漆器髹饰技艺传承与发展的基础。重庆漆器髹饰技艺目前有国家级非物质文化遗产代表性传承人1人,市级传承人9人。详见表1。

表1 重庆漆器髹饰技艺及相关市级非物质文化遗产项目资源情况

序号	项目名称	市级项目批次	获批时间	申报地区或单位	市级传承人数量	备注
1	重庆漆艺	第一批	2007年	重庆市文化艺术研究院	6	“重庆漆艺”2008年成功申报为国家级非物质文化遗产项目。“重庆漆器髹饰技艺”现有国家级传承人1人。
2	漆器髹饰技艺	第二批	2009年	沙坪坝区	1	
3	城口漆艺	第三批	2011年	城口县	1	
4	重庆大漆制作技艺	第四批	2014年	大渡口区	1	

我国是世界漆树资源最为丰富、分布最为广泛的国家。秦岭、大巴山、巫山、武陵山、大娄山、乌蒙山、邛峡山一带地区,是我国漆树的分布中心。[①]重庆的城口县、巫溪县等地为国内生漆的重要产地,也为重庆漆器髹饰技艺的发展提供了良好的自然条件和原料来源。利用化学漆或工业手段生产,摒弃传统手艺的漆器创作不在非遗项目保护的范围。

目前,我国国家级非物质文化遗产名录中,与“漆艺”相关的项目有17项,各项的核心技艺特色鲜明,技法多种多样。例如山西平遥推光技艺、福州脱胎技艺等。重庆漆器髹饰技艺主要技法有:研磨彩绘,彩色蛋壳镶嵌,金银粉分光罩漆,彩漆变涂,描金、描银、手绘,堆漆彩绘工艺,印漆贴金等。其中以“研磨彩绘”技法最具特色,闻名全国。“研磨彩绘,是在漆胎上彩绘装饰完工后,全面罩漆,俟其十分干燥后,再经过研磨显出全部花纹,这样彩漆花纹与底漆一样平滑,因为彩漆较稠厚,彩绘花纹后,自然比漆底高出一层,再罩一层底色漆,磨显出全部花纹,有如嵌在其中,这是研磨彩绘的特点。”[②]在我国漆器“髹涂”的众多技艺中,“研磨彩绘”独树一帜,是一代又一代手艺人传承与创新的结果,这也是重庆漆器髹饰技艺传承最为关键的内容。

二、重庆漆器髹饰技艺在现当代的传承演变

2003年10月通过的《保护非物质文化遗产公约》对“非物质文化遗产”的定义为:“指被各社区、群体,有时是个人,视为其文化遗产组成部分的各种社会实践、观念表

①乔十光:《漆艺》,中国美术学院出版社2008年版,第37页。
②沈福文、李大树:《漆器工艺技法撷要》,轻工业出版社1984年版,第41页。

述、表现形式、知识、技能以及相关的工具、实物、手工艺品和文化场所。这种非物质文化遗产世代相传，在各社区和群体适应周围环境以及与自然和历史的互动中，被不断地再创造，为这些社区和群体提供认同感和持续感，从而增强对文化多样性和人类创造力的尊重。”[①]重庆漆器髹饰技艺作为一个群体性传承特征明显的传统技艺类项目，从技艺的历史渊源与发展背景上看，主要是群体性传承、教育性传承、师徒传承等方式相互作用，相互影响，形成了目前重庆漆器髹饰技艺的传承生态，在漫长的发展历程中，经历了传承的演变。

(一)成为“学科”的“漆器”专业在高校的传承

考古人员依广汉古墓出土的漆器铭文论断：“巴蜀漆艺”最远可上溯至商、周时代。东汉后瓷器烧制技术逐渐成熟和普及，漆器的生产开始衰落。清朝末年，政府施行新政，振兴实业，客观上推动了包括漆工艺在内的多数民间工艺的发展。1903年，四川省劝业道周怀孝在成都成立劝工场，设立了卤漆科，组织老一辈漆器艺人帮工传艺，培养了一批漆器艺人。从1906年至1911年，巴蜀地区连续成功举办6次劝工会。这些极大地助推了巴蜀地区的漆器制造业的发展。20世纪30年代，巴蜀地区仅成都一地经营漆器的店铺就有50家之多，工人达200余人，并形成了专门的漆器生产经营区域，如科甲巷、太平街、小科甲巷等，其中经营漆器尤为著名的商号有“瑞昌号”和“同发号”。[②]巴蜀地区漆艺的长期发展是重庆漆器髹饰技艺发展的文化根基和基础，而重庆漆器髹饰技艺在现当代的发展离不开四川美术学院的“漆艺”学科。

1938年，我国著名漆艺史论家沈福文与李有行、雷圭元、庞薰琹、赵太俤、王曼硕在四川成都成立了“中华工艺社”。1938年12月8日，中华工艺社第一次在媒体上发布招生信息，在成都报纸《新新新闻》第四版刊登了题为“招考美术工艺练习生”的广告。内容中的报考资格为“年在十三岁以上十六岁以下高小毕业之男生志愿学习新法制造美术漆器者”，报名的时间、地点为“十二月十二日上午十时至十二时下午二时至四时携带证书至上东大街三十六号中华工艺社筹备处”。中华工艺社的产品主要是漆器和油纸伞。漆器生产制作由沈福文负责。“中华工艺社”也成为我国工艺设计教育发展的雏形。[③]在“中华工艺社”的基础上，1939年成立了“四川省立高级工艺职业学校”，设立了印染、漆器、家具、染丝等专业。1940年春，正式改名为“四川省立技艺专

①《保护非物质文化遗产公约》总则第2条中对非物质文化遗产的定义。

②谭晗：《重庆漆器髹饰技艺的传承与保护研究》，四川美术学院硕士研究生学位论文，2014年。

③黄亚玲：《李有行教育思想及色彩写生体系研究》，四川美术学院硕士研究生学位论文，2011年。

科学校”,这也是四川美术学院的前身。由此可见,重庆漆器髹饰技艺现当代的发展传承自20世纪30年代起,就是民间技艺与高校教育相结合的模式。此后,漆器相关的专业一直在四川美术学院传承发展,“漆艺”也是民间工艺最早走入高校的技艺之一。到20世纪80年代,四川美术学院乃是全国唯一设置漆艺专业的学校。

1984年初,四川美术学院漆画展先后在成都、重庆、武汉展出,展览作品124幅,45000多名观众参观了展览。[①]此后,四川美术学院在“漆艺”教学方向上更加偏向于漆画艺术,漆画材料与形式都发生了变革,材料不再限于生漆,表现手法上更加多元化,漆器也逐渐倾向于个人的艺术创作表达。

(二)重庆美术漆器厂的群体传承

1956年4月,由中央手工业管理局投资,在四川美术学院实验工厂的基础上,组建了重庆美术漆器厂,总人数25人,产品主要出口外销。到1958年技艺人员发展到115人,完成漆器出口2.62万套。1959年完成6.23万套,人员也增加到300多人。1963年,由于出口中断,漆艺人员调离,漆器生产除保留35人制作礼品、展品外,其余转向收音机生产。1973年,在轻工部工艺美术总公司和四川省、重庆市投资扶持下,新建厂房,恢复扩大了漆器生产,生产人员增加到112人。1975年到1985年,轻工部决定恢复重庆漆艺的生产,重新录用和招回了约80人,由老艺人黄纯容、陈思碧、张廷荣、王志华、朱以均、刘淑珍、张书瑶等带领学工学习髹漆技艺。1982年,重庆美术漆器厂恢复,但出口任务时断时续。1998年,重庆美术漆器厂依照上级要求,将房屋资产用作抵押贷款,成为工艺美术公司的集团成员。由于外来文化和市场经济的冲击,美术漆器厂几乎停产,除退休、内退外,其余人员全部下岗。2000年,重庆美术漆器厂约4000平方米的厂房被迫出售抵债。自此,重庆漆器厂在经营了40余年后宣告解体。

这一阶段,重庆漆器厂囊括了重庆漆器专门人才,重庆漆器髹饰技艺的发展从四川美术学院作为“学科”的漆器专业走向更广阔的市场,依托集体所有制的企业形式取得了极大的发展,这是重庆漆器髹饰技艺在现当代最为辉煌与鼎盛的时期。漆器生产工序复杂,最为主要的有制胎、髹漆、装饰、打磨等。在漆器厂,漆器的生产有专门分工,工艺的传承是典型的群体性传承模式,漆器制作的每道工序都有专人负责,漆器生产大多在流水线上完成,每个人负责自己的工作部分。少部分人可以熟练掌握漆器制作的全部技艺以及具备精湛的技艺。

①四川美术学院校史编纂委员会:《四川美术学院校史1940—2009》,西南师范大学出版社2010年版,第10页、95页。

（三）从"集体"走向"个体"的传承现状

重庆漆器厂解体以后，漆器人才迫于生计，大都转行谋生。2001年，为了传承重庆漆艺，原重庆美术漆器厂下岗职工高玉平重新集资租房，找回老艺人刘淑珍、程天德、王宗秀等成立了明珠漆艺有限公司，恢复了传统漆艺的生产。2004年，在重庆生漆原产地城口县，成立了重庆山神漆器有限公司。2006年，重庆市目前唯一的一位国家级传承人陈思碧[①]创立了陈思碧工艺美术大师工作室。此后几年，在重庆地区还成立了重庆奇秀工艺美术有限公司、重庆大志漆艺工作室、沈氏漆艺工作室等几家从事漆艺生产的个体企业。但是，大部分企业学徒较少。年事已高的传承人进行漆器生产的难度较大，产出已不多。虽然传承人都带徒授艺，但是，真正能坚持学艺的人并不多，这是目前漆器传承最大的危机。代表性传承人统计见表2。

为了延续这门手艺，传承人只有自己从脱胎到打磨独立完成所有步骤，这对于以前在漆器厂只从事某个环节的工作的人而言是一种挑战。在技艺方面，部分从事漆艺生产的人员在进行大漆制作的同时，为了生计及节约时间，也使用化学漆及工业手段进行创作以补贴大漆生产。詹蜀安、程天德近几年在从事漆器生产的同时坚持在职业学校从事漆器的教学工作，高玉平也到四川美术学院漆器实验室做教学辅导工作。但是，就目前的就业形势来看，高校学生毕业后从事漆器设计的屈指可数，传承现状依然不容乐观。

表2　目前重庆漆器髹饰技艺及相关技艺的市级以上代表性传承人（按年龄从高到低排序）

序号	项目名称	传承人	出生年月	工作单位	获得称号
1	重庆漆器髹饰技艺	陈思碧（国家级）	1924年1月	重庆美术漆器厂	中国工艺美术大师
2	重庆漆器髹饰技艺	刘淑珍	1935年4月	重庆明珠漆艺有限公司	重庆市工艺美术大师
3	重庆漆器髹饰技艺	詹蜀安	1941年7月	重庆市工艺美术研究所	四川省工艺美术大师
4	重庆漆器髹饰技艺	程天德	1947年3月	重庆明珠漆艺有限公司	重庆市工艺美术大师
5	重庆漆器髹饰技艺	朱华	1952年5月	重庆美术漆器厂	四川省工艺美术大师
6	城口漆艺（城口县）	蔡泽荣	1954年3月	重庆山神漆器有限公司	重庆市工艺美术大师

①陈思碧：生于1924年，1956年调入重庆美术漆器厂。1957年作品《蛋壳嵌凤盘》荣获第六届世界青年联欢节美术竞赛银奖。首创漆器"彩色蛋壳镶嵌技法"，即将蛋壳镶嵌技术运用到漆器作品中。

续表

序号	项目名称	传承人	出生年月	工作单位	获得称号
7	漆器髹饰技艺(沙坪坝区)	胡香维	1957年1月	沈氏漆艺工作室	重庆市工艺美术大师
8	重庆漆器髹饰技艺	高玉平	1964年4月	四川美术学院	重庆市工艺美术大师
9	重庆大漆制作技艺(大渡口区)	王黎阳	1983年12月	重庆钵水斋漆器厂	

三、对重庆漆器髹饰技艺传承发展的思考

重庆漆器髹饰技艺从古至今,形成了独特的地域文化价值。在现当代的发展历程中,重庆漆艺,从学校的"作坊"到辉煌的漆器厂再到目前"小打小闹"的个体经营的传承演变,呈现出手工艺行业从鼎盛走向衰落的经历。近几年,国家在非物质文化遗产保护方面实行了诸多政策,例如实施"非物质文化遗产国家级代表性传承人抢救性保护工程""传承人群进校园""传承人群培训""生产性保护"等,在很大程度上推进了非物质文化遗产保护与传承工作。重庆市近年来对重庆漆器髹饰技艺的传承与保护做了很多工作,然而,目前来看,重庆漆器髹饰技艺的传承现状依然不是很乐观。笔者认为,对于重庆漆器髹饰技艺,如果一直将工作重点放在"保护"上,会越来越缺乏活力,只有提升了"传承"能力,才能更好地发展。

(一)扩大传承人群

从历史发展来看,重庆漆器髹饰技艺有广泛的传承基础和传承人群,这些人集中在四川美术学院和原重庆美术漆器厂,至少有数百人从事漆艺生产。但是目前,重庆漆器髹饰技艺市级以上传承人还不到10人,加上漆艺相关的重庆市工艺美术大师,也才20余人。重庆漆器髹饰技艺扩大传承人群,让更多的老艺人传授所掌握的漆艺,让传承群体壮大规模,这需要社会的共同关注。

(二)加强校企合作

重庆漆器髹饰技艺在现当代的发展与四川美术学院密不可分,四川美术学院也是重庆漆器髹饰技艺发展的重要基地。然而目前此技艺在教学与传承方面界限较为明显。希望能有更多的传承人走进校园,更多的学生走进漆艺工作室,漆艺工作室与学校建立合作机制,培养更多有意从事漆器创作的专门人才。

(三)结合文创产业

在国家大力提倡振兴传统技艺的当下,传统技艺更应该与文化产业相结合,特别是文化创意产业在保留传统核心技艺的同时,需要从审美与形式上创造更加符合时代特征的产品。这就要求传承人提高专业水平,关注时代,创造出更有时代精神的作品。

重庆漆器髹饰技艺历史悠久,从鼎盛时期的闻名全国,到如今需要"保护",这个传承演变过程体现了手工技艺传承的无奈。在各级政府与相关单位的配合下,此项目的保护与传承也有望得到社会的关注。唯有漆器创作人才与市场保持持续的活力,重庆漆器髹饰技艺才会有可持续发展的空间。

文化转型与书法意义的古今嬗变[①]

张兴成[②]

现代社会和文化的巨变对书法产生了深刻的影响，也在新的语境中重新塑造着书法的价值和意义，不同的文化形态会赋予书法不同的存在理由和艺术理想。厘清书法在不同文化语境中的意义，有利于正确认识当代书法的价值取向与艺术创变的思想基础。

一、修身与成人：古代文化语境中的书法意义

“以此养生，以此忘形，以此玩世，以此流名。”（郑杓《衍极》）书法在古代社会中有着多重的功用和价值。特别是以儒家为主流的士大夫阶层，将书法的意义与政教、伦理联系在一起，要求书法之美与礼法之用合而为一，认为书法具有沟通天道与人心的独特功能，在用笔、结体、章法等方面都要体现生命与伦理的节奏与规范。

古代书论在追溯书法的起源时，多从文字对文化传播、规范与教化的重要性引申至书法的重要。“然书之作也，帝王之经纶，圣贤之学术，至于玄文内典，百氏九流，诗歌之劝惩，碑铭之训诫，不由斯字，何以纪辞？故书之为功，同流天地，翼卫教经者也。”（项穆《书法雅言·书统》）文字的书写与王政的敷宣、人伦的教化、德行的培养、心性的修持被视为一体，它们的共同点在于拥有对世界、社会和人心秩序化、规范化的逻辑与力量。古人论书之统绪，常常述及先秦儒家教育的基本内容——“六艺”。“六艺”之“书”是儒生必须学习的技能，也是儒生修身的基本方式。因此，对于汉代以来以儒家意识形态为道统、政统和学统纲领的历代王朝，进行书学铨选，不仅仅是在选拔书写能力突出的“刀笔吏”“中书舍人”和“书学博士”，同时也是通过对“楷法”等规范、标准和风气的引导来实施道德伦理教化。

---

①本文系西南大学2015年中央高校基本科研项目“书法与儒家思想关系研究”（项目编号：1509105）的阶段性成果之一。原载于《艺术广角》2016年第3期。

②张兴成，西南大学文学院副教授，书法研究所副所长，主要研究领域为文学理论与文化批评、中国美学、书画艺术理论。

受理学的影响，书法的修身意义得到了强化。程颢说："某写字时甚敬，非是要字好，只此是学。"在程颢看来，恭恭敬敬地写字能培养一个人的心性，而良好的心性不仅仅是成为艺术家的前提，也是古人立身天地之间、成就诸多事业的基础。"作书能养气，亦能助气。静坐作楷书数十字或数百字，便觉矜躁俱平；若行草，任意挥洒，至痛快淋漓之候，又觉灵心焕发。下笔作诗作文，自有头头是道，汩汩其来之势。故知书道，亦足以恢扩才情，酝酿学问也。"（周星莲《临池管见》）由修身功用进而演化出书法养生的观念，"书者，抒也，散也。抒胸中气，散心中郁也。故书家每得以无疾而寿"（何乔《心术篇》）。

孔子说："志于道，据于德，依于仁，游于艺。"（《论语·述而》）有的儒者认为艺与道、德、仁同样重要，"诗教""乐教"等艺术教育与"礼教"等道德教育也应被同等重视。所谓"不学诗，无以言""不学礼，无以立"（《论语·季氏》）。因此，"人正则书正……人由心正，书由笔正，即《诗》云'思无邪'，《礼》曰'毋不敬'。书法大旨，一语括之矣"（项穆《书法雅言·心相》）。项穆此语直接点明了书法与儒家诗教、礼教之目的的一致性。解缙说得就更夸张了："书之为艺，非他艺比也。万世圣贤重之。盖宣人文、施治化、述六经、应万事，经天纬地，不能外此。至百千万年日用而不可阙者，岂他技之能比哉！"解缙把书法的政教功能提到高于其他一切技艺的程度。然而，有些儒者认为这里存在一个由重到轻的次序，相比道、德、仁而言，艺是最后的，也是最不重要的，因此不能沉溺于艺，书法被视为是"末艺""末事"。"君子立身，务修其本。扬雄谓'诗赋小道，壮夫不为'，况复溺思毫厘、沦精翰墨者也。"（孙过庭《书谱》）书法非圣人之业，"夫学者之于文艺，末事也。书之工拙，又艺之至微下者也。学者蓄德器，穷学问，其事至繁，安能以有用之岁月，耗之于无用之末艺乎?"（康有为《广艺舟双楫·购碑》）可见，儒家对于书法意义的看法是非常矛盾与辩证的。儒家强调中庸，对任何事都要求有个"度"，过度的沉溺书法可能玩物丧志，过于功利化便成了劳身役心的枷锁，"然而此艺不须过精。夫巧者劳而知者忧，常为人所役使，更觉为累；韦仲将遗戒，深有以也"（颜之推《颜氏家训·杂艺第十九》）。"儒者之工书，所以自游息焉而已，岂若一技夫役役哉!"（朱长文《续书断》）欧阳修认为书法能寓意、乐心、消日、自适，表达了文人闲适自娱的游艺观念。"自此以后，只日学草书，双日学真书。真书兼行，草书兼楷，十年不倦当得名。然虚名已得，而真气耗矣，万事莫不皆然。有以寓其意，不知身之为劳也；有以乐其心，不知物之为累也。然则自古无不累心之物，而有为物所乐之心。"（欧阳修《试笔·学真草书》）然而，这种怡情养性的态度在理学家看来却是对书法教化功用的矮化，书法“功将礼乐同休，名与日月并曜，岂惟明窗净几，神怡务闲，笔墨精良，人生清福而已哉？”（项穆《书法雅言·神化》）

“达其情性，形其哀乐。”（孙过庭《书谱》）“或寄以骋纵横之志，或托以散郁结之怀。”（张怀瓘《书断序》）这是对书法抒情功能的概括。情与理的对立常常被误解为儒家文艺观的核心，认为儒家过度强调理而忽略情。其实在儒家书论中，从来就不乏对书法抒情功能的肯定。先秦儒家诗学讲“乐而不淫，哀而不伤”，强调抒情要有度，但并不排斥抒情本身。重视儒家“道统”、强调“文以载道”的韩愈，在《送高闲上人序》中对书法的抒情性做了前所未有的张扬，以能将各种情感体验“一寓于书”的张旭为例，批评了高闲受佛教影响排斥情感的艺术观。清代刘熙载也有类似看法：“张长史书悲喜双用，怀素书悲喜双遣。”（刘熙载《艺概·书概》）同样是狂草，张旭是激情澎湃的倾泻，而怀素的草书似乎是“排除情感的、抽象的玄意的挥扫”[①]。

“同自然之妙有，非力运所能成。”（孙过庭《书谱》）这句话或许最能体现道家对书法的审美取向。儒家强调按照社会规范和理想积极进取，不断地完善自我，希圣希贤，做一个有用的人；而道家则强调“无为”，绝圣弃智，做个以儒家为主导的世界所认为的“无用的人”。赵之谦在《章安杂说》中说：“书家有最高境，古今二人耳。三岁稚子，能见天质；绩学大儒，必具神秀。”三岁稚子代表了无为任性的自然之境，绩学大儒体现了文化修为的大成境界。前者是道家的理想，后者是儒家的追求；前者做减法，“为道日损”，去除一切人为的污染与文明的异化，回到初心与本真；后者做加法，“为学日益”，通过不断学习和雕琢，把自己打磨成知识与人伦的楷模。学习中国书法的过程就是个“文而化之”的过程，既雕且琢，复归于朴，当达到“通会之际，人书俱老”时，艺术即可走向完美，人生也可获得圆满。

二、主体性与自我表现：现代文化语境中的书法意义

按照西方现代哲人的设想，现代文化形态应该建立在主体性原则基础之上。“按照这个原则，当我的一切言行对于我只是一种显现，它们所取的形状完全由我支配时，我才是作为艺术家而生活着。”[②]这是现代艺术观念的核心，它赋予现代艺术极强的批判性、表现性和独创性品格。然而，在现实社会发展过程中，主体性原则出现了分裂。由

①熊秉明：《中国书法理论体系》，四川美术出版社1990年版，第137页。

②［德］尤尔根·哈贝马斯：《现代性的哲学话语》，曹卫东译，译林出版社2004年版，第22页。

于宗教和传统一体化世界观的瓦解，现代主体性原则在科学地认识工具理性、道德的实践理性和审美的表现理性之间分化出不同的逻辑和追求，经济技术领域的实际效益原则、政治领域的合法性原则与文化领域的自我实现原则产生了尖锐的冲突。这种矛盾与冲突进一步促使现代文化与艺术对自我表现精神的强化。与经济、政治体系的非人化和类型化模式相反，现代艺术坚持"个性化""自由化"和"反体制化"精神。"在这里，个人的感觉、情绪和判断压倒了质量与价值的客观标准，决定着文艺作品的贵贱……文化的民主化倾向会促使每个人去实现自己的'潜力'，因此也会造成'自我'同技术—经济秩序所需的'角色要求'不断发生冲撞。"[①]三大领域的冲突和机制断裂成为我们理解近二百年来西方文化和现代艺术精神的基本结构。

现代艺术观念改变了传统儒学赋予书法的"美用"一体观，书法的审美意义得以凸显，书法向极力追求个性表现和形式创新的现代艺术理想不断靠近。近代以来中国人对艺术精神的理解基本上就是建立在西方现代艺术理念基础之上的，艺术与文化的"个性化""自由化"和"反体制化"精神也正好契合中国现代精神的需要，只是现代艺术观念批判的对象不仅仅是现行的政治体制与经济技术，还加上了中国的传统。以现代艺术和文化的精神理念来审视书法，书法必然表现出与传统社会中完全不同的意义和功能。新时期以来，被称为"纯艺术化""专业化"的当代书法发展之路实际上就是一个不断向西方现代艺术理念靠近的不归路。从文化层面讲，推进书法的"现代艺术化"进程的因素主要有两个方面：一方面是理论上，从康有为以来的书法理论，特别是二十世纪八九十年代的书法美学，不断用西方现代艺术理念改造我们对传统书法的理解，在学科上逐步建立起一套现代艺术学的教育体系；另一方面是实践上，三十多年来，以展览和大赛为推动力的当代书法创作和表现形态在不断地强化"个性化"和"创新"等现代艺术理念与价值取向。

就现代艺术理念而言，中国传统的书法观都是"反艺术的艺术观"。现代艺术强调艺术家的主体自由和艺术表现形式至上，对此，儒家的"反艺术性"表现在对艺术家的主体自由的规训，强调书家的个人主体性应服从更高的道德规范和社会秩序，儒家艺术的一面则表现在技术的层面上强调"法"与"技"的重要性。与此相反，道家艺术的一面表现在高扬艺术家的主体自由性，强调非理性，认为书家要表现的是个人主体摆脱社会规范后的天性、本真与自由，其"反艺术"的一面在于对"法"与"技"的否定。但不

---

①[美]丹尼尔·贝尔：《资本主义文化矛盾》，赵一凡等译，生活·读书·新知三联书店1989年版，第26—27页。

管是道家还是儒家,都将书法的功用定位在“成人”之上,都体现出与现代艺术观,尤其是所谓的“为艺术而艺术”观念的明显不同。

从鲁迅、宗白华一直到李泽厚,都将魏晋时代视为“人的觉醒”与“文(艺)的自觉”时代,魏晋书法被视为中国书法走向艺术自觉的开始,王羲之被视为与颂功德、讲实用的两汉文艺截然对立的真正抒情的、感性的“纯”文艺的代表之一。[①]这种历史叙事与古人(特别是儒家)对王羲之的看法明显不同。王羲之被视为中国书法的最高典范,固然有书法发展的原因,比如书体、笔法的演变等,但更重要的还是文化选择与道统、政统的需要。从唐代李世民为《晋书·王羲之传》作“赞”,称王书“尽善尽美”,到明代项穆《书法雅言》,基本上都是参照儒家的标准,将王羲之塑造成书法领域中的孔子,以王羲之为代表的帖学传统也被确立为“正统”。“宰我称仲尼贤于尧、舜,余则谓逸少兼乎钟、张,大统斯垂,万世不易。”(解缙《书法雅言·书统》)“是以尧、舜、禹、周,皆圣人也,独孔子为圣之大成;史、李、蔡、杜,皆书祖也,惟右军为书之正鹄。”(解缙《书法雅言·古今》)儒家视王羲之为艺术的“尽美”与伦理的“尽善”的合一,而现代美学则删除了伦理的“尽善”,只留下艺术的“尽美”,王羲之成了“为艺术而艺术”的代表。事实上,如果用现代艺术的这种观念去观察书法史,会看到,在王羲之之前,赵壹所批评的东汉那些痴迷于草书之人,已经是在追求“纯”艺术了。他们不在乎任何的实用性,尽管乡邑不以此较能,朝廷不以此科吏,博士不以此讲试,四科不以此求备,征聘不问此意,考绩不课此字。徒善书不达于政,而拙草不损于治。却依然“专用为务,钻坚仰高,忘其疲劳,夕惕不息,仄不暇食”(赵壹《非草书》)。这难道不是一种“为艺术而艺术”的态度?!不同的文化观念给予历史不同的解释,因此也赋予书法不同的意义。如果我们仅仅用文化结构的相似性来做判断,比如将魏晋时期的情与理、道德规范与个性自由等二元对立结构与现代审美精神结构等同,就是用抽象的历史的相似性来代替复杂的历史事实,必然得出错误的结论。问题是,艺术的实际发展常常不是建立在对过往历史的正确理解基础之上,而是建立在时代的理想与需要基础之上,当代书法选择王羲之之艺术性而抛弃其伦理性价值,不仅潜在地影响了当代帖学书法走向形式主义道路,同时也导致当代书家对书法修身功能的忽略。

众所周知,贯穿中国古代书论的一个核心命题是书品与人品的关系。很多人以二者在现实中是否真的契合来审视这一命题的合理性,而且主要是以道德伦理与书法成

---

①李泽厚:《美的历程》,安徽文艺出版社1994年版,第101—102页。

就之间的契合度为准。实际上,这种思维是对古典书法意义的误解,不仅儒家,道家书论也强调人品与书品的统一,只是儒、道两家理解的"人品""艺品"的内涵有所不同。按照现代艺术观念,古人强调艺成为下,人成为上,人品比艺品更重要,这种观念不利于书法向"艺术"发展,可能会限制书家主体的表现自由。可是,在古人看来,这不仅不是对书法发展的阻碍,相反是从文化精神上不断地提升书法的品质,使书法从无关创作者主体人格修为的"技",上升为一种能够改造人心、修身养性的"道"。人品与书品的统一或许是一种文化理想,但没有这个理想,书法可能始终停留在书写技能的层面,书写者至多算个匠人,缺乏审美和精神上的超越性与高度。

三、商品化与主体的异化:后现代文化语境中的书法意义

后现代文化对书法的古典和现代意义都有一定程度的消解和改变。后现代主义宣称启蒙的失败与"主体的死亡",在当代艺术中,主体精神的苍白与异化现象的确表现得比较突出。

艺术的商品化被视为后现代文化的主要特征之一,这一趋势导致我们不得不对艺术的当代价值进行重估,这与古人对书法的道德伦理和修身价值的强调完全背离。现代艺术理论强调的艺术自律和艺术家的自我主宰精神也遭到全面挑战,因为商业和市场的逻辑不仅改变了书法家的主体精神和社会角色,同时也改变了艺术的创作和传播方式。在德国古典美学家,尤其是康德、席勒和黑格尔那里,审美经验是拒绝商品化的,美和艺术的最高法则是自律化,即不属于任何商业(功利的)和科学(认识论的)的领域。然而,"后现代主义的文化已经从过去那种特定的'文化圈层'中扩张出来,进入到人们的日常生活,成为消费品"[①]。商品化的逻辑已经成为我们这个时代的无意识反应。

后现代主义艺术模糊了"高雅"与"大众"之间,以及艺术与日常经验之间的界限,导致当代艺术内涵的混乱和价值的失序。当代书法中"丑书""民间书法"对精英书法、文人书法等"正统"的挑战,引发了对书法本质的重新理解与争鸣。按照"民间书法"的观念,古人的一切"书迹"都可以成为取法的对象,都可以称为"艺术"。这在一定程度上打破了以前帖学传统的统治地位,带来了审美的多元化,但毫无疑问也颠覆了以往的价值序列,导致价值相对乃至价值虚无。当古人的一切书迹都可称为艺术,那些曾

①[美]杰姆逊:《后现代主义与文化理论》,唐小兵译,北京大学出版社1997年版,第164页。

经被遗忘的边缘的“民间书法”甚至比“正统”的“经典书法”更具启发性和创新性，这种思维无异于取消了一切建立在艺术品与日常生活用品差异基础上的原则和体系。难怪有人会追问，按照这种逻辑，今天民间无处不在的汉字书写，是不是都应该被称作书法艺术呢？[①]当所有的东西都是艺术时，也就意味着所有的东西都不是艺术，即便真正的艺术，也将失去其尊严与独特性。

以电子媒介为主的技术革命是催生后现代文化的主要力量之一。媒介革命也将引发艺术的生产、展示和传播革命。当我们还在讨论书法从书斋走向展厅，书法正在被展览、大赛改变时，一个更深远的变革已悄然发生，那就是网络等对书法的影响。网上展览、手机微展的影响力有可能超过现实中的展览，尽管目前还主要是把现实中的展览搬到网上而已。虚拟技术让展览不再受具体时空的限制，使其更加契合这个时代的生活节奏和生活方式。

从全球化到“地球村”，从“小时代”到“微时代”，当今文化越来越“碎微化”。微时代可能导致我们认知的碎片化、相对化、情绪化、表层化。正在发生的阅读变革，是将阅读建立在“亢奋注意力”（hyper attention）而非“深度注意力”（deep attention）基础之上。前者是一种转换迅速、寻找刺激、偏爱多样化、缺乏耐心的注意方式；后者是持久地聚焦于某物、充满耐心的阅读。[②]古人在书斋里可以长时间把玩一件作品，甚至数十年间无数次对某件作品进行深度探究，而现代人在展厅里面对数百件作品，可能花费的时间只有一两个小时，或许在每件作品面前最多停留几十秒。更有甚者，据研究，人们浏览大部分网页不会超过十秒，而浏览手机信息，已经有一个非常形象的表述叫“刷屏”，“刷”地一下，堪称神游！

网页、手机等新的传播和展示方式会给书法的艺术形式和存在意义带来哪些具体的影响和变化呢？这是一个有待进一步观察和研究的课题。技术的过多介入是否会改变书法创作的本质，使书法不再是艺术天才不可复制的表现，而是变成一种高科技产品？电脑和手机屏幕观看方式会不会改变我们的书法接受习惯，焦点化的凝视方式会不会改变书法呈现形式，进而影响笔法、字法和章法？由于手机屏幕的尺寸极小，幅面大、字数多的作品展示效果不佳，会不会导致新的少字作品和小型品的流行？为了让自己的作品在一“刷”而过的瞬间展示出令人惊叹的效果，虚拟展览可能会比展厅展览更加强化书法的视觉化趋势。由于网络和微信等展示方式的便捷易行，会不会打破

①张兴成：《“重写书法史”与艺术经典的泛化问题》，《文艺研究》2011年第8期。

②周宪：《时代的碎微化及其反思》，《学术月刊》2014年第12期。

目前官方和协会组织把控的筛选机制，由此带来新的艺术民主化？事实上，我们在网页上和微信中已经看到许多颇有才华、水平很高但并未通过国展或兰亭奖而得到认可的新人。微信、QQ等正在建构各种艺术圈子，培育不同的趣味，带来书法批评的多元化和相对化。这些虚拟空间将现实中的人群进行区隔，让持不同意见者找到自己的“豆瓣小组”和“朋友圈”，因此有可能改变现实中由文联、书协主导的一体化格局。当然，QQ、微信也可能建构出相对排他的、封闭的小圈子，圈中的人们沉浸在虚拟社区中惺惺相惜、自我陶醉，缺乏对艺术世界的完整把握，难以对不同的趣味和艺术进行客观、公正的认识和评价。手机等自媒体的发展，使得每个人都可能拥有自己的新闻发布中心和舞台。只要申请一个微信公众号，就可以随意给自己和朋友办展览，这也有可能导致微展泛滥，视觉垃圾遍布，降低了艺术的门槛。同时，微展还正在成为商业广告推广和消费的新方式，将书法也“资讯娱乐化”(infotainment)，让人们不再关心艺术本身，而是关注艺术圈的那些鸡零狗碎的事情。

总之，后现代文化对现代艺术张扬的主体性与自我表现精神构成巨大的冲击，艺术的商品化导致艺术创造变成商品生产，艺术家的个性、独创性乃至风格都在逐步消失；对经典的解构使得艺术的崇高性和神圣性遭到怀疑，艺术的门槛变低，艺术家的主体精神在矮化；电子媒介等正在建构新的“微主体”，它不再是启蒙观念所设想的具有整体把握能力的理性主体。

四、结语

在古今社会与文化的转型过程中，书法的存在意义和精神追求也在发生剧变，古典书法的许多内涵和品质的确在流失和消解。当代书法在追求形式创新之时忽略文化内涵的沉淀，当代书家在强调个性的表现之时遗忘修养的提升，这是人所共见的问题。但我们必须承认，中国书法的现代史还非常短暂，不能简单地与古代书法的辉煌相比，书法将与其新的社会和文化语境发生碰撞，迎来新的变局。因此，梳理书法意义的古今嬗变，正是为了更好地理解书法演变的思想和文化基础，为当代书法的健康发展辨明方向。

中国书画艺术笔墨语言的当代指向[①]

邱正伦[②]

就当下中国书画艺术创作和笔墨语言的整体面貌而言，其主要格局依然是题材上的现实主义、技法上的中西合璧、观念上的标新立异。虽然自20世纪90年代以来出现了水墨实验、实验水墨、新水墨，包括新新水墨，但就其真正的艺术观念而言，依然“兴奋”地停留在文字命名方面。中国书画艺术笔墨的当代转型依然前途未卜，从更彻底的意义上说，当代笔墨价值的构建依然停留在一般的自我陶醉之中。从表面上看，当代书画艺术界热闹非凡，只要一谈到书画艺术，就免不了要谈笔墨；只要一谈到笔墨，就免不了将历代大师的“座位”搬出来，然后自己坐上去夸夸其谈，实际上这些都与中国书画艺术笔墨语言的当代价值指向并没有丝毫的关系。

在笔者看来，中国书画艺术创作出现了转型中的焦虑，一部分人总想将中国书画艺术“往回拉”，似乎越古人越好；另一部分人总希望将中国书画艺术往当代“挪动”，似乎越新人越好。在这两种思潮之中，我们都无法找到富有启示性的文化信息，以此来照亮中国当代艺术的文化形象。事实上，中国书画艺术在文人书画传统性和当代性之间并没有绝对性的冲突和不可跨越的鸿沟，在笔者看来，深厚的学院精神正好是衔接传统与当代的一座桥梁。所以说，我们需要坚守的就是中国书画艺术的精神传统。需要说明的是，我们需要秉承的学院精神并不是当下中国美术院校通行的教学模式，而是学院传统积淀而成的人文精神和具有独立思想的笔墨学养。正是这种深厚的学院人文精神和由此而来的学养才能在根本意义上促使中国当代书画艺术进入一个形象鲜明的境地。

在中国书画的笔墨谱系中，汉字的书写性始终是它的内在基因或者说是灵魂。为什么可以这样认定？在笔者看来，汉字不仅起源于图像，而且迄今为止依然和图像保

---

①原载于《美术观察》2016年第5期。

②邱正伦，西南大学美术学院教授，博士生导师。

持着最亲密的血缘,我们因此饱含激情地将汉字叫作形象性的文字。它的美感既显而易见,又神秘莫测。人们习惯于将汉字叫作书写的艺术,包括由此而来的中国书画艺术,诸如写意人物、写意花鸟、写意山水等。有一点十分富有启示性,即汉字首先出现在中国,出现在东方,这和太阳从东方升起保持着某种同样的诗意性指向。更进一步讲,中国本土的书画艺术是中国文化形象的一面镜子,透过它中国的形象清晰可见,特色鲜明,意味深长。

比如汉字,从六书的象形、指事、形声、会意、转注、假借等功能看,都是意象功能的延伸。它本身既体现出客观自然的生命形态,又显现出人文世界的生命气象,观天文以察时变,观人文以化成天下。汉字犹如中国文明的火烛,几千年来照耀着中华民族文化前行,照亮了中华民族鲜明的文化轮廓。不论是从六书的生命本体论而言,还是从甲骨文、金文、篆书、隶书、楷书、行书、草书等书写方式而言,包括由此而引发的写意画、诗书画,它们共同构成了中国文化的鲜明轮廓和由此而来的国家形象。这其中不存在任何虚拟和矫饰,它确实是中国本土文化形象的生命显现和历史沉淀,它是整个中国国家形象的文化核心和文化根本,注定与这个民族一样生生不已、源远流长,因此只能不断建构,绝不能消解与动摇。

现实的境况确实如此。一方面在全球化背景下,中国书画艺术的重塑不可能逃离这种处境,如果非要这样,中国书画艺术也只能成为孤零零的一棵树,即便这棵树是一棵参天大树;另一方面我们的当代中国书画在面临全球化思潮席卷时全面失语,不分青红皂白地一味照搬,削足适履,硬将中国书画艺术按照西方的"文化尺寸"进行"裁剪",结果将中国书画弄得不伦不类,甚至面目全非。比如,不仅仅油画全部按西方的标准创作,其中也包括将中国书画艺术照着西方的文艺理论进行改造和修正,将中国书画艺术强制性纳入西方造型艺术理论原则进行裁判和定位。这样导致的结果是:油画尊崇焦点透视,中国书画是散点透视,不知不觉就将中国书画纳入透视理论中进行阐释。事实上,中国书画压根就和透视无关,它既不否定透视,也不需要透视,更不尊崇透视。油画当然属于透视艺术,属于造型艺术,但中国书画根本上不属于透视和造型,甚至可以说它的优势就在于超越了一般意义上的透视和造型,它沿着中国汉字的意象文明而来,包含着写意、表意、达意的东方意象美学特质,从古到今,源远流长,从未中断。

更进一步说,中国书画艺术的笔墨语言本身就蕴藏着生气勃勃的艺术形象。这种笔墨语言和艺术形象深植于中国本土文化的深厚土壤中,或者说中国书画艺术的笔墨形象是从中国本土文化中生长出来的,是中国本土文化的视觉馈赠。《易传·系辞》说,“在天成象,在地成形”,唯人参与,方为形象。所以,只要是天上之物,我们几乎都以象命名,诸如天象、气象、云象、星象,而很少用诸如天形、气形、云形、星形称谓;只要是地上之物,我们大都以形称之,诸如地形、山形、人形、树形、花形。人为天地之心,“惟人参之,性灵所钟,是谓三才。为五行之秀,实天地之心,心生而言立,言立而文明,自然之道也”(刘勰《文心雕龙·原道》)。由此可见,形象是通过天地之间的人形成的。没有人的参与,就无所谓形象。所谓“书不尽言,言不尽意,圣人立象以尽意”讲的正是这个意思。艺术创作的过程,实际上就是观物取象的过程,也就是立象以尽意的过程。仅就中国书画笔墨形象的理论而论,我们知道中国人对笔墨的认识是从毛笔和墨的使用开始的,无论从哪一个角度讲,笔与墨最初的意义仅仅是绘画的原材料,一旦经历画家的创作,笔墨就上升到一种中国书画特有的文化内涵上,上升到特有的中国艺术境界上。在这一过程中,笔墨形象理论经历了一个由用笔带动用墨的过程,并且逐渐形成了以笔主形,以墨成象的情形,笔墨在本质意义上就是中国书画创作的艺术形象。

有一种现象必须指出,在当代全球化语境下,中国书画艺术依然存在着某种根深蒂固的文化依赖性和文化惰性。不少书画家也标榜返回传统,但是他们返回的方式确实令人担忧。比如有人也倡导返回沿用传统文人书画的创作方式,但是他们并没有从中国传统文人书画的笔墨精神予以继承和发扬,而是程式化地传抄。这样既丢失了传统文人书画的文人精神,又不由自主地将自己的笔墨世界变成了当今市面上所流行的新民间行画,诸如牡丹王、梅花王、兰花王、竹子王、菊花王、老虎王,还包括青蛙王子,等等。虽然这些“王们”在当今的艺术市场上很受欢迎,卖出高价,但是从中国书画深厚的文化传统来看,他们丢掉的正好是具有东方美学的精神火种,致使中国书画艺术沦落为当今艺术市场上随处可见的民间工艺品。

“九层之台起于累土,千里之行始于足下”,要重塑中国书画自身的笔墨文化形象,首先必须从根本上立足于中国自身深厚的文化土壤,同时必须经由实质上的现代性转型。当今世界艺术的格局正在发生新的变化,世界艺术的中心也在随之发生新的迁移和转变,东方艺术越来越受到世界的关注,一种属于东方的审美精神正在悄然升起,并且逐渐成为一种清晰可见的风向标。但是机遇和挑战从来都是结伴而生,如何抓住和应对这一机遇和挑战，就成为摆在当代中国书画艺术家面前最首要的问题。正是在这种背景下，中国当代艺术必须一方面从容地返回到中国本土文化的源流之中，“问渠那得清如许，为有源头活水来”；另一方面又必须目不转睛地面对当今世界的发展形势，打破一切束缚自己的条条框框，以全面开放的文化胸襟参与到世界潮流中。事实上已经出现了一种充满希望的情景：一批又一批的当代中国书画艺术家，执着于本土艺术经验的当代表达，他们的探索与表达极具启示性。比如在创作探索中，不少艺术家表现出了一种强大的文化自信心，他们将中国文人书画的书写性同当代艺术的表现性密切结合起来，让东方线条与当代色彩在画面上波动，形成强烈的色彩漩涡和生命表现力。从本质上讲，这应该是中国本土文化在当今全球化语境中一种强烈的生命勃发，一种呼喊与召唤，一种引颈高歌的热情表达，这一切将预示着艺术界的东方欲晓，预示着当代中国书画艺术的喷薄日出。

川剧音乐中的胡琴腔[①]

邹俊星[②]

川剧音乐中的胡琴腔分【西皮】和【二黄】两大类，故又称皮黄腔，属板腔体皮黄声腔系统，来源于徽调、汉调。关于皮黄腔的由来，根据戏曲史书的记载，【西皮】源于陕西秦腔；【二黄】的来源有三种说法：源自湖北黄陂、黄冈，源自安徽【四平腔】及江西宜黄。皮、黄合流之后，最早的皮黄腔剧种是徽调和汉调。川剧胡琴腔继承了湖北汉调和安徽徽调的传统，吸收了汉中【二黄】与曲艺中四川扬琴的优点，在长期的衍变过程中，逐渐形成具有四川地方特色的川剧五大声腔之一的胡琴腔。【西皮】腔适宜表现激昂慷慨、活泼明快的情感；【二黄】腔则适宜表现凄凉沉郁、缠绵悱恻的感情。从板式来看，胡琴腔大致分为四种：(1)节奏较自由的板式有〔倒板〕(又叫〔帽子〕)、【二黄】〔扣扣〕〔三板〕〔滚板〕〔哀词〕〔昆头子〕等；(2)〔流水板〕(又叫〔二流板〕)，即有板无眼，记1/4拍子。【西皮】慢、中、快三种速度的〔二流〕腔(包括〔五鸡头〕)，都属这类板式；(3)〔夹夹板〕，即"一眼板"，2/4拍子，有【二黄】〔幺板〕〔连眼一字〕〔垛一字〕及快〔平板〕和【西皮二流】等；(4)〔一字板〕，即"三眼板"，4/4拍子，有【西皮】【二黄】和【阴调】的〔一字〕，【二黄】〔夺子〕〔老调〕〔平板〕等。

川剧胡琴腔在唱腔和伴奏上，已形成较多的程式，如唱腔中的"立柱""齐腔""甩腔""留腔"等，伴奏中锣鼓的衔接，胡琴的过门、架桥等都有较为完整的程式。胡琴腔由唱腔和伴奏(胡琴、锣鼓、吹奏乐)组成，而最能直接表现人物思想感情、塑造人物形象，鲜明地展现胡琴腔音乐特色的就是唱腔。本文将川剧胡琴腔的唱腔，分【西皮】和【二黄】两大类予以叙述。

---

①原载于《重庆文化研究》2016年第1期。

②邹俊星，重庆市文化艺术研究院助理研究员。

一、西皮

【西皮】唱腔属宫、羽交替调式。旋律高亢激越，节奏明快流畅。既可以单独使用，也可以与【二黄】交替使用。【西皮】唱腔的板式有〔倒板〕〔一字〕〔二流〕〔三板〕〔滚板〕〔大过板〕〔哀词〕等。此外还有〔浪里钻〕〔梅花西皮〕等从曲调到伴奏都发生了较大的变化的唱腔。

(一)【西皮一字】

【西皮一字】唱腔旋律优美，抒情性较强，用于表现咏叹性情绪或叙述性情节，是【西皮】唱腔的板式中的主要板式之一，在生、旦、净、丑行当中的各种角色中以及悲喜剧情节中均可使用。其用法有〔倒板〕起〔一字〕和平起〔一字〕两种形式。

1.〔倒板〕起【西皮一字】:多用于激越、悲愤、威武、雄壮的场面。可以立四柱，也可以不立四柱。四柱是指第二句到第五句带〔大过板〕专腔的四句腔，而第一句〔倒板〕不算立柱。凡立四柱，则必须在第五句时插入〔大过板〕。

例如，《长生殿》唐明皇(生)、杨贵妃(旦)对唱〔倒板〕—〔一字〕—〔大过板〕，唐明皇先唱第一句〔倒板〕“并香肩携玉手同把陛下”，杨贵妃接唱第二句〔一字〕“但则见一钩月照定中华”，唐明皇接唱第三句〔一字〕“但未知那双星可曾瞧下”，杨贵妃接唱第四句〔一字〕“倘若瞧下一定要怜悯于咱”，唐明皇接唱第五句时则唱〔大过板〕“撩朕衣王跪在长生殿下”。又如，《三祭江》孙尚香(旦)唱〔倒板〕—〔一字〕—〔大过板〕，孙尚香先唱第一句〔倒板〕“为兄江山身死了”，接唱〔一字〕(第二句至第四句)“祭叔灵魂上青霄，叹二叔心如明镜照二叔的志量高，桃园结义似同胞”，当孙尚香唱第五句“出世来先把黄巾剿”的“剿”字拖腔时，则插入〔大过板〕。

2.平起【西皮一字】:平起【西皮一字】与〔倒板〕起【西皮一字】，主要区别是前者开头不用〔倒板〕。而另一区别为平起【西皮一字】是按上下句唱腔的顺序排列构成的，而〔倒板〕起【西皮一字】，接〔倒板〕的头一句〔一字〕唱腔，是【西皮一字】的下句唱腔，这就是两种形式的【西皮一字】的区别。其余在〔一字〕部分插入〔大过板〕转〔二流〕和“齐腔”均完全相同。

(二)【西皮二流】

【西皮二流】是【西皮】唱腔中使用较为广泛的主要板式之一。曲调流畅明快，富于叙述性，多用于问答、争辩、劝解、自述或叙事情节。【西皮二流】板式结构有〔倒板〕起和平起两种形式。凡用大锣鼓，表现热烈紧张、情绪激动的剧情，多用〔倒板〕起腔。

例如,《三尽忠》陆秀夫(生)唱〔倒板〕“一城地一旅师众心一统”,接〔二流〕“况我有海滨地足可称雄。臣料贼发食米必多恼众,过几日定撤回行色匆匆。那达儿张世杰义旗挥动”,(讲白)“趁元酋不防备”后(齐腔)“转败为攻”。

情绪较为平静的场合,则多用平起〔二流〕。唱腔是上下句的反复,唱句多少不限,但不能少于四句。末句前半句要处理成〔放腔〕格式,也可以处理成“讲白”,而后半句则要以“齐腔”结束。

例如,《后帐会》铁镜公主唱平起【西皮慢二流】,第一句“十五载”三字用“讲白”,“守寡我活造罪”用“放腔”,接〔二流〕“好容易盼得奴夫归。铁镜女过营的事不美”,(讲白)“怕的是迎新弃旧”后(齐腔)“奴要守孤帏”。

另外还有【西皮快二流】,速度较快,情绪急迫,用于争辩、紧张、激烈的情节,通常以〔碰板〕开唱,其结构与【西皮二流】基本上相同。

例如,《访普》赵匡胤(生)唱【西皮快二流】“四员虎将气昂昂,一个更比一个强。你有功来王有赏”,(放腔)“凌烟阁上”后(齐腔)“姓名扬”。

(三)【五鸡头】

【五鸡头】是【西皮慢二流】唱腔中的一句专腔。用于〔倒板〕转【西皮慢二流】的第二句唱腔,和平起〔二流〕的首句或第二句唱腔,起腔前先奏【五鸡头】锣鼓和简短的起腔过门,节奏舒缓,情绪潇洒,适于表现人物回忆思索、镇静自若等情节。

例如,《空城计》诸葛亮(生)唱【五鸡头】“我正在城楼观山景,耳听得城外乱纷纷。……”又如,《斩袍围城》赵匡胤(生)唱〔倒板〕“乾德王酒醉桃花宫,”接【五鸡头】专腔“韩素梅生得来好一个貌容”,转【西皮慢二流】“走关西来和关东,王结交一帮好宾朋。……”

(四)【浪里钻】

在【西皮二流】唱腔中,部分唱句插入〔散板〕,当唱完这句〔散板〕后,紧接一个专用“过门”,这种插入〔散板〕与紧接一个专用“过门”的组合就叫【浪里钻】。实际上它只是【西皮二流】唱腔的一种变化形式。【浪里钻】由于唱腔是〔散板〕与“过门”形成的特殊情趣,因此给人一种不稳定的感觉,故适宜表现诙谐、试探、逗趣、思索等带有幽默感的剧情,多用于《关前认夫》《楚宫恨》《送京娘》《三家店》《黑风帕》等诙谐风趣戏。【浪里钻】很少单独使用,较多的是在唱【西皮二流】时,有以上剧目之剧情需要插入时,便将【西皮二流】转唱〔散板〕,并以“浪里钻过门”相衔接,用这样的形式将唱腔转成【浪里钻】,但最后须再转回〔二流〕收腔。

例如,《楚宫会》太子建(生)唱平起【西皮二流】中,到"我本得一个君臣礼",接"浪里钻过门"唱〔散板〕"她是我的结发妻",再接"浪里钻过门"唱〔散板〕"我本得见个夫妻礼",又接"浪里钻过门"唱〔散板〕"她与父王共忱席",接"浪里钻过门"……以上将【西皮二流】转唱〔散板〕,并以"浪里钻过门"相衔接,这种变格的唱法就叫【浪里钻】。

(五)【西皮三板】

【西皮三板】是一种散唱形式,节奏较为自由,伴奏的鼓板与京剧的〔摇板〕相似。语言性强,字多腔少,情绪急促。腔格为上下句,带朗诵性质(下句旋律性稍强)。多用于表现紧张、激动、决断、发泄等的剧情,各个行当中的各种角色都能适用。唱腔较【西皮二流】更为紧凑,唱句之间用〔三板〕锣鼓点句。上句文场用(乃 – 壮 –),武场用(把弄壮 –)单捶;下句文场用(课打乃 – 壮乃壮 –),武场用(把弄壮共壮 –)两捶或武〔三板〕锣鼓。【西皮三板】唱腔,也有〔倒板〕起和平起两种起腔形式。末句一般用〔三板〕扫腔,也可以转〔二流〕收腔。

例如,《三尽忠》陆秀夫在〔三板〕过门中(讲白)"这一回贼势大异常凶猛",(把弄壮 –)唱〔三板〕"效邓艾抄阳平直捣蜀中。(把弄壮共壮 –)臣不才仗先帝英灵护拥,(把弄壮共壮共壮 –)",(讲白)"请銮舆出岗城"(把弄壮 –),(齐腔)"暂避其锋"。

(六)【西皮阴三板】

【西皮阴三板】是【西皮三板】的一种比较悲哀的唱腔,其形式与高腔【幽冥钟】相似。唱腔旋律多下行,上句多落"3"或"2"音,下句落"1"音。锣鼓伴奏与〔三板〕不同,每句唱完后均击〔单捶〕,收腔时须转为〔二流〕后"齐腔"。音调低沉,情绪凄凉哀鸣,用于人物伤痛、悲哀等剧情。

例如,《宝鸡山》唐僖宗(生)唱【西皮阴三板】"……孤好比齐小白在夹墙遭难,(当)又好比梁武帝台城升天。(当)三魂后睁开了昏花眼,(当)又则见宝盖和长幡。(把乃壮 –)",转〔二流〕"一朝人王身遭难,(齐腔)唐僖宗饿死宝鸡山"。

(七)【西皮滚板】

【西皮滚板】唱腔是〔散板〕形式,字多腔少,朗诵性强。多用于剧中人物较于悲痛之时向别人哭诉或求情的情节。【西皮滚板】唱腔也有上下句腔格,但句式的划分是根据人物情绪的变化,把几句唱词接起来,一气呵成地唱完。唱腔中不用锣鼓和过门。开始叫板时称"哭头",再起〔倒板〕锣鼓开唱〔滚板〕。唱完〔滚板〕后要通过"哀词"转〔二流〕后收腔。

例如,《宝鸡山》唐僖宗(生)叫板(哭头)“田爱卿!”起〔倒板〕锣鼓开唱〔滚板〕“王叫了一声田爱卿,王哭一声田总宰。李克用父儿倒反长安,帅保王来此避兵。既要保王就不该弑王,既要弑王当初就不该保王,卿保得寡人回朝王把江山与卿平分。再若不然你为王来我为臣,(哀词)喂呀我不明白的田总宰”。转〔二流〕后收腔。

(八)【梅花西皮】

【梅花西皮】是由【西皮一字】和【西皮二流】胡琴伴奏变化的一种形式。唱腔曲调仍为【西皮一字】和【西皮二流】的原腔,只是在胡琴伴奏时用【二黄】把位演奏【西皮】旋律。由于【二黄】与【西皮】的旋律各异,而且两者的调式、音域、音型也不同,因此,伴奏的指法和旋法都应相应地有所变化。【梅花西皮】虽然唱腔未变,但已是改变了高低音型伴奏的一种唱腔,因此具有【西皮】与【二黄】的双重韵味。

二、二黄

川剧【二黄】是“宫”调式和“徵”调式的交替调式。唱腔分正调【二黄】(简称【二黄】)、反调【二黄】(简称【阴调】)、【平板】(包括〔瓜子金〕〔人参调〕等)、【老调】四个腔调。其中正调【二黄】是主要腔调,唱腔情绪浑厚、深沉、含蓄、舒缓。【阴调】唱腔则属于一种悲调,能表现悲伤的感情。【平板】唱腔较为沉静幽雅,其中,〔瓜子金〕〔人参调〕等唱腔多用于少女之类的角色,旋律优美流畅,情绪活泼欢快。【老调】唱腔高昂跌宕,多用于表现人物慷慨激昂的情绪。

(一)正调【二黄】

正调【二黄】,包括〔倒板〕〔昆头子〕〔幺板〕〔鸡头板〕〔夺子〕〔夺一字〕〔一字〕〔二流〕(又叫〔扣扣板〕)、〔三板〕〔滚板〕等不同的板式唱腔,以及〔大过板〕〔二回头〕〔黄豆曲〕〔哀调〕等不同的专用唱腔。在这些板式唱腔中,只有〔一字〕〔二流〕〔三板〕〔滚板〕唱腔可以独立使用。

1.【二黄一字】

【二黄一字】是【二黄】腔调中的主要板式唱腔之一,节奏舒缓,抒情性强,用途广泛,凡属于抒情性的叙述情节,各种角色及悲喜剧情,均可使用。

【二黄一字】有快、慢之分。唱腔结构有平起和〔倒板〕起两种形式。平起〔一字〕开始不唱〔倒板〕,直接由〔四板头〕过门起腔,第一句句尾要唱〔大过板〕专腔,也可以唱〔一字〕腔或其他专腔,再接唱上下句的反复,末句“齐腔”前的上句要“放腔”,最后一句用“齐腔”。〔倒板〕起〔一字〕则分立柱与不立柱两种格式:立柱的先唱一句〔倒板〕,接一句〔夺子〕,从第三句起分句立柱;不立柱则在唱〔倒板〕后,第二句接〔夺子〕,第三句正式转入【二黄一字】,以后唱句及齐腔格式与平起【二黄一字】相同。

例如,《曲江打子》郑北海(生)唱【二黄一字】:第一句〔倒板〕“见奴才不由人神魂飘散”,接〔夺子〕“不由人这一阵”转〔一字〕“气涌胸前。……”

2.【二黄二流】与【二黄三板】

【二黄二流】与【二黄三板】唱腔,都是节奏比较自由的,伸缩性较强,用途较广,各种角色的剧情均可使用。

〔二流〕(又叫〔扣扣板〕)唱腔的节奏虽然比较自由,但它受鼓板中速节奏的制约,因此形成了唱腔自由而不散的特点。凡属简短的自述、争辩、问答、哀叹、抒怀等叙述性剧情,都可以用〔二流〕唱腔来表现。例如,《樊馆》樊于期(生)唱平起【二黄二流】“叹人生志不遂满腔热血,天不佑使孤臣流落异国。遭此况如黄连味难似蔗,见群鸦当头叫”,接唱(留腔)“耳烧面热”。

〔三板〕唱腔是字多腔少,语言性强,情绪急促,节奏较为自由,鼓板节奏较快,与京剧的〔摇板相似〕。〔三板〕唱腔在较快的节奏中进行,有时也要行一句腔,如《马房放奎》中“到叫我杀他的好来放他的妙”的“妙”字行腔,就是很好的例子。又如《马房放奎》陈容(生)唱【二黄三板】,(放腔)“二相公哭啼啼双膝跪倒”,唱〔三板〕“他口口声声叫奴饶。倒不如将他释放了,我家爷岂肯把我饶!执短刀将他来杀了,他……无罪人怎受我这一刀?妙!难坏了!”(齐腔)“猛想起小姐陈翡桃”。

3.【二黄滚板】

【二黄滚板】唱腔,节奏较自由,朗诵性较强。常在悲剧情节发展到高潮时,插用在【二黄一字】和【二黄二流】中。转唱〔滚板〕要通过“叫板”或“哀词”来起唱。唱完〔滚板〕后,也要用哀词过渡到【二黄二流】或【二黄三板】唱腔后,才能“齐腔”。【二黄】和【西皮】的〔滚板〕,除唱腔旋律不同外,其余的句式划分、唱腔情绪和使用情况均基本相同。如《三娘教儿》薛保(生)唱【二黄滚板】,(叫板)“三娘哇!”接平起【二黄滚板】“我叫了一声三娘,我哭了一声主母,从前我同老东人下江贸易,不幸他一命生亡。……”至“那时但恐旁人道说三娘不仁了”时,最后一句中“喂呀啊”三字唱“哀词”,再转〔二流〕“我痛心的三娘。……”

(二)反调【二黄】(【阴调】)

反调【二黄】(【阴调】)是【二黄】唱腔中的悲调。反调【二黄】只有〔一字〕和〔二流〕

两种板式，其结构形式（腔格、句式的规律及唱啌与伴奏的关系）均与【二黄一字】【二黄二流】基本相同。

1.【阴调一字】

【阴调一字】唱腔，是较为抒情的咏叹调性质，多用于生离死别和各种悲痛的叙事情节，传统戏《三祭江》《北海祭祖》《樊馆》等均使用【阴调一字】唱腔。由于所表现的剧情都较为沉痛悲伤，因此在唱【阴调一字】时，舞台气氛较为安静。

（1）【阴调一字】的结构形式有平起和借用【二黄倒板】接【阴调夺子】转【阴调一字】这两种结构形式。此外，【二黄三板】也可以转【阴调夺子】接【阴调一字】。平起【阴调一字】不用转调。由【二黄倒板】或【二黄三板】起后转入【阴调一字】的唱腔，由于【二黄倒板】和【二黄三板】是【二黄】调门，因此下句接【阴调夺子】就必须转调。

【阴调一字】也有〔大过板〕和〔二回头〕专腔，使用方法与【二黄一字】相同。【阴调一字】可转【二黄二流】或【二黄三板】，一般多在下句转腔，并在转腔时转调。

例如，《北海祭祖》郑北海（生）唱【二黄三板】"郑北海闻此言咽喉哑，止不住伤心泪点点如麻。昏沉沉倒椅上我不能言话"，转【阴调夺子】（同时转调）唱"我一声郑元和屈死的冤家"，再转【阴调一字】"想当初幼小时将儿哺大，元和儿实指望到后来富贵荣华。又谁知儿做事有伤风化，岂不是玷污我清白传家。不打儿犹恐怕旁人笑骂，难道说平白地将儿害杀！"转【阴调数板】"一时间未顾到无后为大，死九泉见先父我有何话答？这是父一时间度量不大，未顾到树伤根怎能发芽？到而今绝宗嗣"，转【阴调慢一字】"惹人笑（哦）"，经〔二回头〕唱"话（呀）"，转回【二黄二流】（同时转调）"倒不如弃官职告老还家……"

（2）【阴调一字】的转腔转板：【阴调一字】只能转【二黄二流】和【二黄三板】。凡遇【阴调一字】的情绪越来越悲愤时，就转唱【二黄三板】；而当情绪有所缓和时，则须转唱【二黄二流】。【阴调一字】转【二黄二流】或【二黄三板】的一般规律，是将要转腔的前面四个字唱成【二黄一字】再"齐腔"，同时五度转调，下句后半句转成【二黄二流】或【二黄三板】。

例如，《樊馆借头》中的【阴调一字】转【二黄二流】：上句唱【阴调一字】"到苏州蒙太子许多恩义"，下句前面"君待臣如"四个字用"齐腔"，后面"手脚解衣推食"几个字转成【二黄二流】。

2.【阴调二流】

传统戏《马房放奎》的【阴调二流】（又叫【阴扣扣】），格式较为完整。这类唱腔情绪低沉、压抑，旋律多下行，转腔转调十分和谐自然。第一句【二黄二流】用"起腔"或"放腔”,第二句经五度转调唱【阴调二流】,上下句旋律节奏均为较自由的散板形式。唱至最后两句,转回【二黄】原调,最后用【二黄三板】或【二黄扣扣】板的“齐腔”结束。

例如,《马房放奎》奎荣(生)唱【阴调二流】:“叫板”后第一句【二黄二流】“放腔”唱“二相公免虑休悲痛”,第二句“老汉言话你记心中”经五度转调唱【阴调二流】,唱至最后两句“打开了玉笼飞彩凤,奔断金锁走蛟龙”转回【二黄】原调,最末一句“奔断金锁走蛟龙”用【二黄三板】的“齐腔”结束。

(三)【二黄平板】

【二黄平板】唱腔和京剧的【四平调】相似。属于这一类唱腔的还有〔步步姣〕〔玉姣枝〕〔瓜子金〕〔人参调〕〔佛句子〕等。它们在曲调、板式、结构等方面,均与【二黄平板】唱腔较为相似,都是由【二黄平板】唱腔变化出来的。本文只简单介绍【二黄平板】唱腔。

【二黄平板】唱腔用途广泛,不受角色的限制。凡属潇洒、愉快、安闲、沉静的叙事,或散闷抒怀等情节,都可以采用。如《三尽忠》陆秀夫看书散闷抒怀的情节,《卸甲封王》郭子仪被封为汾阳王时那种喜悦欢畅的情节,都用【二黄平板】唱腔来表现。

【二黄平板】唱腔因所表现的剧情多是平和抒怀的情绪,故多用小打锣鼓起唱。一般用“平起”的形式,有时可用【二黄倒板】接〔夺子〕转【二黄平板】。若唱词句数较多,则须转腔转板。【二黄平板】唱腔可以单用,也可以转为其他板式唱腔,末句可以处理成【二黄一字】的“齐腔”形式。

例如,《三尽忠》陆秀夫(生)唱【二黄平板】“正心诚意大学中,秉烛观书事无穷。平天下只要皇图巩,岂如恢复总无功”,就是【二黄平板】“平起”“平收”的一种形式。另外,【二黄平板】还有转其他唱腔的多种形式。

在唱【二黄平板】时,若遇剧情有所变化,而剧词的句数又多,若用上下句反复唱到尾,不但不能表现剧情的变化,而且使得唱腔如同“一道汤”似的单调无味。遇到这种情况,在唱完四句【二黄平板】后,可根据剧情的变化,转唱其他板式的唱腔。

1.【二黄平板】转【二黄一字】

关于【二黄平板】转【二黄一字】的运用,因为剧情在开始是抒情,后转入叙事,这时开头抒情部分唱【二黄平板】,到叙事时就转唱【二黄一字】。如《三尽忠·观书》一场,就是用【二黄平板】转【二黄一字】。在转唱腔时,要在上句字末的拖腔转入〔倒座子〕专腔和专用过门(可以只用〔倒座子〕专腔而不用专用过门)后才能转到〔一字〕上去。还可以在下句直接转入【二黄一字】。如《三尽忠·观书》陆秀夫(生)唱〔平板〕上句"岂如恢复总无功"的"功"字拖腔就转入〔倒座子〕专腔,之后接专用过门转唱【二黄一字】。

2.【二黄平板】转【二黄二流】或【二黄三板】

唱【二黄平板】时,若剧情由抒情的潇洒安闲转为徐缓或激动情绪时,前者大多转【二黄二流】,后者则可转【二黄三板】。【二黄平板】转【二黄二流】或【二黄三板】时,只需将【二黄平板】下句的后半句腔转唱成【二黄二流】或【二黄三板】。如《仙姬送子》七仙姬唱【二黄平板】转【二黄二流】中,唱〔平板〕下句前半句"也不枉七仙姬"后,转【二黄二流】唱下半句"送儿下灵霄"。【二黄平板】转【二黄三板】与转【二黄二流】的方式完全相同。

3.【二黄平板】转【二黄夺一字】

在【二黄平板】中,若出现三字句、四字句的叠韵句式时,就可以转唱【二黄夺一字】。由于词句和腔调上的反复重叠,因而使唱腔产生一种轻快、跳跃的情绪。〔平板〕转〔夺一字〕,在上下句的板上都可以转唱,〔夺一字〕可以"齐腔",也可以转回〔四平板〕后收腔。如《仙姬送子》七仙姬唱〔平板〕下句"霎时半虚空鼓乐笙箫"后,转〔夺一字〕唱"紫雾腾腾火焰飘,祥光霭霭瑞气千条。彩上招凤翎毛,八幅罗裙孔雀交。金光灿灿五龙爪,鹿鹤纷飞把翅摆。离紫府下青霄,好一似"转回〔平板〕唱"群仙去赴蟠桃"。

(四)【老调】

【老调】是川剧胡琴【二黄】唱腔,曲调雄壮高亢。上下句旋律,多为反复一次。起腔有由〔老调〕过门"平起"和由【二黄一字】转唱两种方式。"齐腔"可用【老调】下句唱腔的格式和用【二黄一字】"齐腔"或"甩腔"的形式。【老调】的伴奏有两种方式。表现慷慨激越情绪用唢呐伴奏,如《单刀会》关羽(红生)唱唢呐伴奏的【老调】,唢呐先吹奏"头子"后唱"一江风卷起了波涛涌,扁舟惊破浪千重。……"而带有抑郁、感叹或夜静更深的情景则用胡琴伴奏,如《长生殿》等剧目。唢呐与胡琴的伴奏过门略有不同,相比而言,唢呐伴奏过门要稍简单些,均不加花。

笔者有幸在最近观看了沈铁梅演唱的《三祭江》,其中一段【阴调一字】表现出孙尚香失落、幽怨、痛苦、绝望的复杂心绪,行腔自然流畅,声韵间蕴含着筋骨之气,显现出柔中有刚的艺术美。这种演唱比较接近人物心声的自然形态,从这个意义上讲,她的"唱"可以等同于心声的"叫"。"叫"的结果会使人频频"回"头倾听。倾听的结果却叫人"断肠"。在这种叫人"断肠"的感受中,以此文来表达笔者对川剧胡琴腔的一些体会。

校园戏剧：演出市场建构背景下的价值再认识[①]

黄　波[②]

当我们谈论“校园戏剧”的时候，常常都会谈到些什么？

从首届北京大学生戏剧节算起，至今已十多个年头，而全国各地的大学生戏剧节、青年戏剧节、校园戏剧展演等活动也渐成燎原之势。透过众多热闹喧嚣的演出表象，人们当然能清楚地知道校园戏剧在提升学生综合素质、培养戏剧艺术人才、培育戏剧观众等方面的重要价值，然而因为演出剧目稚嫩、学生剧社业余等，校园戏剧却又难以得到社会更多更持久的关注。我们对校园戏剧演出活动背后更为丰富的高校戏剧资源通常缺乏更加全面的认识和发掘，也就难以将其与正在成长中的地方戏剧演出市场进行有意识的对接。

正是基于上述原因，我们有必要重新审视校园戏剧作为一种重要的戏剧现象对当下戏剧市场建构所蕴含的重大意义。由此我们才能够超越以往对校园戏剧的简单化和单一性解读，重新发现其多重戏剧艺术价值与潜在的市场资源。这对于更加有效地建构戏剧演出市场，显得关系重大且刻不容缓。

当我们把校园戏剧置放于当下逐渐成形的戏剧演出市场的大环境下，从完整的戏剧产业价值链的角度来重新看待校园戏剧的时候，会发现它的内涵其实是相当丰富而多元的。除了戏剧演出之外，还隐含着推动戏剧演出市场成长发展所必需的多种优质资源，只不过这些在戏剧产业价值链上的丰富资源往往被文化主管部门、专业戏剧机构等演出市场行为主体习惯性地忽略，戏剧资源的优化配置功能得不到有效彰显。这在一定程度上导致了戏剧演出市场（尤其是戏剧文化欠发达的“戏剧外省”）在自身发展上的当下困境和未来隐忧。

---

①原载于《当代戏剧》2016年第1期。

②黄波，重庆市文化艺术研究院副研究员。

不错，从惯常的认知角度看，远离功利色彩和商业气息的校园戏剧与当下风起云涌的都市戏剧市场似乎并没有直接的关联，至少，作为校园戏剧显性载体的校园剧社及演出作品并没有成为戏剧市场的重要行为主体和消费客体。但事实上校园戏剧却以一种深远而多元的方式成为当下戏剧演出市场的“泛行为主体”，因此，它应该与文化主管部门、国有专业戏剧院团、民营商业剧团、演出经纪公司和演出剧场等市场主体一道，参与完整有序的现代戏剧演出市场的建构。彼此之间的良性互动、价值互补和戏剧资源的优化配置将是戏剧演出市场健康发展的题中之意。之所以我们把校园戏剧称为戏剧演出市场的“泛行为主体”，是因为它所涵括的校园剧社、大学生观众群体、校园戏剧作品、高校戏剧理论及文本学术研究成果将有可能转化为戏剧市场的重要主客体角色和重要推动力量，那么，关键就看我们怎么样去开发和对接这些优质戏剧资源，完成校园戏剧多重艺术价值的市场转化。

首先，在现代戏剧演出市场建构背景下，校园戏剧的首要价值便是未来戏剧观众群体的蓄积和培养。根据目前各家演出经纪公司和演出场馆的统计来看，掏钱买票走进剧场观看戏剧（话剧）演出的群体年龄普遍在25至35岁之间，文化程度普遍在大学本科以上，可以说真正的戏剧观众其实主要是高校的各类毕业生。他们具有较高的文化修养和审美鉴赏能力，追求时尚生活品位，关注内心的富足与成长，敢于并乐于在戏剧等艺术消费方面投入资金和热情。也就是说，所进行的针对大学生的戏剧普及，其实在很大程度上是关乎生活消费观念的培养，这个问题在社会中老年群体中已经无从改善。所以，面对数量巨大的大学生群体做好戏剧普及推广，实在是建构现代戏剧市场最为重要的工作步骤。然而我们的文化和教育部门如果仅仅利用大学生戏剧节或校园戏剧展演进行戏剧文化的普及和戏剧观众的培养，显然还远远不够。我们可以更有效地借助专业戏剧艺术机构的力量和相关主管部门的政策扶持，在校园中营造更加浓郁的戏剧氛围，为广大学生培养更高的戏剧审美鉴赏能力。

一是在专业戏剧院团送戏下基层的活动中，高校更应该成为服务对象，同时在剧目演出的基础上，应该积极开展内容更加主动化、形式更加多样化的互动交流活动。

近年来，国家积极倡导各专业艺术院团进社区、进乡村、进学校的艺术普及演出活动，然而从未来演出市场的成长角度考虑，培养高校学生成为市场消费主体的任务显得尤为重要。因此，专业戏剧院团应该认真研究大学生的审美情趣和思想特征，制订针对性强且能够持续运作的校园演出计划，让大学生在参与学校剧社的演出活动之外还能够长期接触到艺术价值更高、风格更加多样的专业戏剧演出，让专业戏剧院团进校园的演出活动不流于形式，更不能仅仅成为获取政府财政补贴的功利手段。上海话剧艺术中心总经理杨绍林就曾经讲过，专业戏剧院团起码应该拿出一半以上的精力去做校园的普及和推广工作，因为这样做就是在为自己谋求生存与发展。对于当下的戏剧演出来说，一些人文思想深邃、艺术水准精湛、表现手法新颖的艺术作品，可能暂时还难以得到市场的普遍认可和观众的普遍理解，但在思想活跃、文化水平较高的大学生中却容易得到共鸣。这些作品能够引领未来戏剧市场和观众审美趣味的不断成长，所以，在校园未来戏剧观众中进行这样的艺术作品的演出和熏陶，可以为戏剧市场培育更有品位、更具甄别能力的观众资源，也就能在很大程度上减少各种平庸低俗作品在市场上出现的概率。

二是在常规的演出、排练等活动之外，文化、教育部门可以利用校园剧社这个载体，支持指导教师和同学们广泛开展各种戏剧活动，以扩大艺术视野，感受戏剧魅力。

随着全球经济文化交流的日益广泛，一些代表国际戏剧最新潮流的境外戏剧机构也加大了与国内文化艺术机构的交流与合作。2015年5月和10月，四川外国语大学的博艺莎剧社在指导教师曾立的带领下，与社会文化机构合作，成功引进了英国TNT剧院的原版莎士比亚名剧《哈姆雷特》和《驯悍记》，在校园内引起轰动，门票一抢而光。演出后TNT剧院举办了莎翁经典解读、观众交流和剧场游戏等活动，同学们大开眼界，获得了极为难得的感受戏剧、学习经典的机会。这样一些剧社活动，培养了校园观众群体的戏剧素养，扩大了戏剧文化的传播。当然，这也给相关主管部门带来了管理方面的新问题，比如，交流演出活动的经费筹措，剧院在学校卖票演出与国家营业性演出管理条例的矛盾等。这些都还有待我们去争取政府部门的大力支持，寻找更加合理的解决办法。

其次，利用政府的制度设计和资金投入，培养校园戏剧人才和扶持优秀戏剧作品，是市场环境下发掘校园戏剧在艺术创作生产方面重要价值的必要手段。可以说，中国戏剧的发展从来都离不开校园力量的推动和支撑，早期话剧大师级人物和载入艺术史册的经典作品自不必言，单看这些年来北京师范大学北国剧社、浙江大学黑白剧社等校园剧社的表现，以及南京大学《蒋公的面子》等校园戏剧作品的影响，就足以证明校园戏剧人才和创作潜力不容小觑。可以相信，在当下教育体制改革步伐加快的形势下，在全社会戏剧文化氛围不断浓厚的大环境中，校园同样会不断出现更多的优秀戏剧作品和青年戏剧人才，而这些作品的完善和人才的成长又非常需要文化和教育等主管部门的重视与呵护。我们现在强调在全社会范围内推进文化大繁荣大发展，鼓励社会力量推动文化事业和文化产业建设，那么政府的文化扶持政策和诸多配套措施也同样应该惠及校园的戏剧创作和人才培养。例如，重庆市文化委员会在2015年出台了关于资助文艺创作的资金扶持计划，包括民营剧社和独立戏剧创作者申报的一批原创戏剧作品得到了公共财政的资金扶持，极大地刺激了戏剧界人士的创作热情。然而，由于校园环境的相对封闭以及信息交流的不畅通，这样的好政策还难以真正落实到校园剧社和学生戏剧创作者那里，文化主管部门也还没有与教育部门携手，搭建起一个交流沟通的有效渠道，也不能通过这样的渠道深入细致地为广大青年学生进行戏剧创作做专业引导和政策解读服务。如果未来能够出台更多上述类似的创作扶持和人才培训计划，结合高校戏剧通识教育，通过政府相关部门的悉心孵化，势必可以为我们的戏剧市场增添更多、更加优质的作品资源和人才资源。

再次，高校长期积淀的戏剧学术理论成果与专业戏剧院团的演出实践相结合，将有利于逐渐增强戏剧演出市场的整体人文底蕴，强化戏剧演出的文本价值，带动戏剧主创人员提升对经典作品的阐释能力和引领观众的戏剧审美趣味。当前，戏剧演出市场虽然普遍呈现出较为积极的发展态势，但戏剧演出中远离经典、"去文本化"、迎合观众的纯娱乐倾向，乃至各种剧场低俗现象也屡见不鲜，这些现象即使在国有专业戏剧院团中也往往容易成为影响戏剧创作生产的负面力量。同时，由于影视艺术和商业市场的冲击，一些专业院团原本就很稀缺的理论人才、编导人才流失严重。另外一些纯粹依赖市场而生存的民营戏剧制作机构更是受资本和票房的制约，其演出的剧目缺乏戏剧文学的深厚价值和对现代人文思想的坚守和高扬。长此以往，我们的戏剧市场前景堪忧。

可以说，像重庆这样的西部城市，因为人才、机构等戏剧资源的相对匮乏和对外文化交流的相对有限，当地高校的戏剧理论成果和文本研究价值，与专业戏剧院团的舞台演出一样，都是促进地方戏剧市场积极发展的弥足珍贵的引擎燃料。倘若各自能够打破专业成见和行业领域的种种限制，放开视野，以优势互补和相互学习的态度实现学术交流、资源共享，那么，笔者相信本土演出市场将会出现一些新鲜而极有意义的变化。在这方面，地处重庆市内的四川外国语大学和西南大学长期以来在莎士比亚作品文本分析及当代欧美戏剧的理论研究上推出了大量的学术成果。其中，以李伟民教授等为代表的专家团队的"莎士比亚戏剧在中国语境里的接受与流变"等诸多研究成果对当下经典戏剧的现代阐释和搬演都有较高的理论指导价值。而对于本土的国有与民营戏剧院团来说，不仅需要创作出反映都市现代生活的各种所谓的情感戏、职场戏，更需要在专家的帮助和理论的指导下深入研究莎士比亚、尤金·奥尼尔、阿瑟·米勒、老舍、曹禺等戏剧大师的伟大作品以及国际戏剧的最新动态走向，为戏剧市场的可持续发展和观众的心智成长承担起艺术家的责任和展现出艺术家的情怀。

最后，随着国家城镇化建设的发展和大学教育的全面推进，更多的三、四线城市拥有了各种类型的高等学府。这些高校地处中小城市，完全可以在自身教学范畴之外，积极发展学校的美育教育，以校园艺术活动的开展带动一个区域的戏剧发展及高雅艺术市场的培育和建设，以便成为当地的综合文化机构和艺术传播中心。文化艺术市场的建立具有阶段性和区域梯级逐次开发的特点，国家的艺术资源分布和艺术市场建构也存在规划上的不平衡难题，而我们的高校则可以借鉴美国各地高等院校常年举办各种莎士比亚艺术节、社区露天音乐节的普遍做法，聚合自身的多重文化艺术资源，为当地的戏剧发展及高雅艺术市场建设铺垫基础。

地处重庆远郊合川区的重庆邮电大学移通学院，就是这样一个拥有远见卓识和文化情怀的新型高等学府。其在深化教育教学改革、开发校园的艺术资源，进而带动中小城市艺术市场发展等方面走出了一条探索之路，成为中国教育协会通报表彰的典型案例。作为一所纯工科大学，学院成立了艺术教育中心，兴建了一个现代化的大剧院、若干个实验小剧场和配套的排练厅，从国内外聘请专业艺术教师打造人文气息浓厚的现代化学府，以期达到在学生艺术通识教育基础上更高层次的"完满教育"的终极目标。学院每年在4月和10月分别举办规模宏大的戏剧节和音乐节，全校老师同学积极投入，每个院系推出的戏剧原创作品好戏连台，关于戏剧创作和鉴赏的讲座、论坛和工作坊活动接连不断，戏剧表演在大小剧场、露天舞台和湖边草地随处可见。同时，各种演出活动也吸引了合川城区众多市民的热情参与，共同享受艺术带来的快乐和美好。其实，这样的盛大文化活动对于长期缺乏高雅艺术演出的合川来说，已经不仅仅具有建设尚未开发的戏剧演出市场的价值，而且在推进中小城市的现代化转型、提升学生和广大民众的精神素质等方面彰显出更加深远的文化战略意义。

隆学义主要戏剧文学作品述评

周津菁[①]

著名剧作家隆学义先生于2015年2月23日去世。为了总结隆学义戏剧创作成果，推进理论界对隆学义戏剧艺术的讨论及研究，笔者整理了隆学义先生的主要戏剧作品（本文所研讨的一部分作品文本来自于隆学义遗著《文心雕虫》，另一部分未公开发表的剧目作品文本来自于成、渝、黔各相关戏剧演出单位），此作述评。据不完全统计，隆学义一生共写作二十余部戏剧作品，主要有川剧《金子》《鸣凤》《白露为霜》《东坡先生》《草民宋士杰》《貂蝉之死》《梦蝶》《布衣张澜》《梁强》《春潮急》《梁祝鸟》，京剧《江姐，江姐！》，黄梅戏《雷雨》，汉剧《金莲》，方言话剧《河街茶馆》，新闻话剧《拍虎》，曲剧《刘姥姥进大观园》等。这些作品有的是对名著的改编创作，有的则是原创。隆学义另有《冲霄楼》等十余个整理剧目。本文将对隆学义毕生具有代表性的戏剧文学作品进行梳理和述评。

一、川剧《金子》

隆学义的《金子》是对曹禺话剧《原野》的川剧化尝试。《原野》以仇虎为主角，写他的苦难与复仇。隆学义写《金子》，改换切入视角，以金子的命运轨迹展现那个时代妇女的磨难和挣扎，凸显金子叛逆中的善良美好，磨难中的痛苦撕裂，迷茫中的追寻希望，她不赞同“冤冤相报又轮回”和滥杀无辜。尽管天涯茫茫，难逃社会藩篱，但她绝不屈服阴暗没落。她呼唤宽容，背负毁灭，希冀光明，这些独立意识和价值追求，完成了金子从比较单一的个性到多侧面、多层次的性格转变。隆学义将金子置入爱恨情仇的矛盾漩涡，使仇虎的复仇过程依附于金子的人生历程，组成她命运交响的撞击部分。隆学义将原著中的主角由仇虎换为金子，实现了主角的“变性”以及对金子个性的“变格”，将原著《原野》中的“复仇”主题转化为川剧《金子》中的“宽容”主题。《金子》的唱词

①周津菁，现任重庆市文化艺术研究院艺术研究室主任，副研究员。

文学个性鲜明，隆学义借助陈望道的《修辞学发凡》和钱锺书的《通感》，恰当地运用了对仗、排比、顶真、回文、叠词、借代、谐音、镶嵌、节缩、拟人、比喻等修辞格，力求作品具有可读的文学性、可视的形象性、可歌的音乐性、可舞的动作性、可懂的通俗性、可品的丰富性。[①]该剧由重庆市川剧院演出。

二、川剧《鸣凤》

川剧剧本《鸣凤》改编自巴金小说《家》。隆学义在《成都·巴金·〈鸣凤〉》中写道："在《家》里，我对丫头鸣凤印象犹深。一朵荷花出水、一枝百合初开似的少女，她的纯真被暴风撕碎，她的美好为淫雨毁灭。"[②]这部戏主要讲述鸣凤追求自由爱情而不得，被封建主义毁灭的故事。鸣凤在巴金的《家》中只是一个"戏份"极少的小人物，她的生命如同萤火虫的光亮倏忽闪烁，最终消弭在阴沉的黑暗中。隆学义的川剧《鸣凤》选取了萤火虫的意象，奠定了这部戏的唯美基调，并将此意象以歌、舞、说白等戏曲形式加以表现。创作立意点的奇特，使这部戏并没有将"铺叙故事"作为叙事重点，而将笔力用于人物情感跌宕变化的关节点上。该剧分为五场："情绽""爱鸣""惊变""敲窗""投湖"，每一场戏的设计，都是为了生动淋漓地呈现一位少女心灵的成长与挣扎。而那些造成青春毁灭的"封建社会的人和事"，为服务写心、写意和抒情而被一一安排在了鸣凤的"周围"，形成了有机的故事结构和情感布局。该剧由重庆三峡川剧团演出。

三、川剧《白露为霜》

川剧《白露为霜》改编自曹禺话剧《日出》。故事讲述了沉浮在浊世中的陈白露，目睹少女小东西的悲惨遭遇，却救助不得；面对方达生苦苦劝告，却不能自拔，最终她用安眠药结束了自己生命，就像白露为霜一样，融化在日出之后，回到泥土之中。该剧以"芦苇花飞白，白露结清霜。清霜如女郎，女郎绿水旁。日出清霜化，清心泥土藏"这首小诗贯穿始终，极富象征意味，确定了该剧的"诗话"特征。曹禺的《日出》是一部现实主义戏剧，人物关系错综复杂，隆学义对其进行大量剪裁，使其适合戏曲"歌舞演故事"的演出形式。《白露为霜》对曹禺经典的重塑，具有现实意义。陈白露身上展现了当下都市女性的性格特征和命运困惑：在物欲横流的社会中，人人皆渴慕幸福，而支撑幸福的到底应该是"物质"，还是"精神和自由的理想"？在隆学义笔下，陈白露的精神世界

①隆学义：《文心雕虫》，中国文联出版社2011年，第338—339页。

②隆学义：《文心雕虫》，中国文联出版社2011年，第338页。

正挣扎在这两种抉择之中：她走向社会，没能经受住金钱和物质的诱惑，因此她有沉沦的一面；而另一面，她心中仍然保持着对当年纯真爱情的眷恋，同时也在跟金八这样的恶势力做斗争。隆学义发挥了戏曲写意的优越性，将曹禺《日出》中所蕴藏的象征主义意味进行了深刻挖掘。“白露结清霜”的清曲反复吟诵，昭示着该剧的精神内涵：太阳出来了，霜就该化掉了——光明终将属于未来的人们，而丑恶和衰败的东西只能埋藏在过去。这是对曹禺《日出》戏剧意义的发掘、呈现和发展，是当代戏曲对话剧经典的又一次升华。该剧由重庆三峡川剧团演出。

四、川剧《草民宋士杰》

传统京剧和川剧里都有宋士杰的艺术形象，在隆学义眼中，关于宋士杰的老戏通常故事冗繁、节奏缓慢、人物不够丰满，尤其对人物内心缺乏挖掘，缺少深厚的人文精神和艺术感染力。他在打造川剧《草民宋士杰》的过程中一反常态，充分体现出“不让好人受冤刑，不容贪腐逞淫威，不教英雄流血泪”的价值观念。隆学义的剧本《草民宋士杰》充满着正能量。他更在剧本说明中写道：“作为以笔耕为生的剧作家，在不违背历史真实的土壤上，适当注入了现代意识，我应该有这样的权利与权力。”该剧将人物形象的塑造巧妙地贯穿于故事情节的推进过程中。讼师宋士杰的“民间”生活十分草根，谐趣而富有生活气息的夫妻对话，贫贱却悠然的底层生活状态……使戏剧情节看似散实而未散，戏剧场景看似流于自然而又经过了精心剪裁。官、民、痞、匪……各色人等以一种诙谐、巧妙而深刻的姿态存在于戏剧故事之中，给人乐趣，耐人寻味，恰似一面镜子，照见了当今的社会。一方面，隆学义的《草民宋士杰》摆脱了传统戏曲叙事的冗长和烦琐；而另一方面，这个剧本也是隆学义先生在创作了《鸣凤》《东坡先生》等几个“散文化”戏曲作品之后的回归——他采用了传统的“线性”文学思维模式，来组合、调节和融通他对戏曲的“散文化”文学构思。宋士杰散文式的诙谐生活因“义女”杨素贞的出现而改变了模样，“救女收女”“改状递状”“取证抄证”“抗贪揭贪”……隆学义按照传统戏曲文学“线性”思路为男主角的行动、思想和情感发展脉络谋篇布局，然而，他的人物绝对不会为“故事”而“故事”，跟着情节跑。他时刻不忘生活的“散文化本质”，和以塑造人物形象为中心的“现代戏曲发展走向”，这使得他的剧本“收得起来”，也“放得下去”，张弛有度。呈现在这个戏剧故事空间里的则是：没有因为讼师宋士杰要为义女申冤这一个戏剧动机，而放弃“铺展”“人性”，宋士杰的诙谐、热忱、顽皮、懦弱、勇敢……这些平凡人该有的样子，都被准确地排布在剧本的各个环节之中。无论是讲"戏曲故事",还是写"生活散文",隆学义的创作目的是"写人"和展示人类生活中那些说不清道不明的"本质""状态"和"情绪"。该剧由四川省川剧院演出。

五、川剧《貂蝉之死》

川剧《貂蝉之死》共分为五场:"水淹下邳""貂蝉休书""关羽慕蝉""群雄惊艳""残月芳魂"。该剧以《三国演义》第十九回"下邳城曹操鏖兵,白门楼吕布殒命"的情节和人物为创作基础和戏剧文化背景,讲述了善良贞烈的貂蝉爱慕关羽厚德载物又豪放勇猛的英雄气概,欲嫁之而不得,终而饮剑自尽的悲剧故事。传统折子戏"白门楼"在各地方戏中流布甚广,是一场艺术格调刚健硬朗的"男人戏",充满了权术的火药味。隆学义独具匠心地将男人之间的明争暗斗和心理角逐,化为"群雄惊艳"貂蝉美色而惊起的醋浪情波。曹操及刘、关、张等辈各自处于自己的立场,显示出对"美女"微妙的反应。貂蝉就仿佛一面镜子,照射出男权社会内部人与人之间相互攻伐的激烈对抗性与"一团和气"障掩下的虚伪性。男性世界的"对抗与虚伪"和女性世界的"忠义、贞烈、纯洁"之间形成了鲜明的对比。貂蝉以纯洁的女性之思渴慕、向往着英雄,而英雄是男权社会的产物,美人在惊艳英雄之后,至多不过作为群雄逐鹿的筹码、作为物品——正如剧作者设计的象征性符号:貂蝉手中的白玉连环,小小扇儿——被赠送。从貂蝉的角度来说,她修书给关羽以救下邳百姓的计策,足可见她的胆识和爱心,但男权社会并没有看到她的剑胆琴心,仅视她为一个玩物。即使作为玩物,能嫁给大将军关羽,也是善终,但是刘玄德携张飞入洞房赠礼,暗示"扶汉兴刘",把貂蝉最后的幸福希望全部带走。男权社会有对善恶忠奸的一整套评价标准,对于柔弱的女性来说,或许"英雄的魅力"意味着灾难,关羽不是吕布,不可能与她耳鬓厮磨,而要去马革裹尸。在这样的情境中,貂蝉是无奈的,女性的天真、纯情和忠贞与男权社会的运行方式天然地被隔阂着。隆学义写《貂蝉之死》,已经触及女性对男权社会进行无力对抗的深度上。此外,该剧将关羽请下神坛,把他由神变为了人。他一反平日高高在上的圣者形象,除了一贯的"浩荡之英雄气"外,还拥有了凡人的无奈、委屈和困境。这无疑使戏曲艺术中的"关羽形象"变得更加丰富与厚重。该剧由重庆市川剧院演出。

六、川剧《梦蝶》

隆学义的川剧《梦蝶》是传统川剧《南华堂》或京剧《大劈棺》的故事新编。传统故事中写:庄周得道,路上遇见一个刚死了男人的小寡妇,她使劲扇坟,坟干了便可改嫁。庄周回家后试探妻子田氏，他伪装病死，入殓，幻化成楚王孙，携一家僮来家。田氏见英俊潇洒的楚王孙，顿生爱慕，想嫁给他。洞房中楚王孙忽然患了头痛病，说死人脑髓可治，田氏于是劈棺欲取庄周之脑，庄周突然跃起，责骂田氏，田氏羞愧自杀，庄周弃家而走。这个传统故事劝诫妇女恪守妇道，从一而终，维护封建男权社会的权威。同一时期，还有另外两位女性剧作家，也都对《南华堂》进行了改编：徐棻的《田姐与庄周》综合考察特殊人物的文化身份、性格特征以及他们所处的历史传统语境，营造出戏剧情境，在传统故事的情节框架下，讨论这些人物的复杂人性；王夔的《庄周试妻》则讲述了忠贞聪慧的女主人公云姜与庄周斗智斗勇，反抗"荒唐试妻行动"的故事。虽然这两部戏剧思想的着力点不同，但两位女性剧作家的笔力都主要用在了云姜与庄周之间相互对抗的戏剧关系上，而隆学义则跳出了庄周与田氏之间纠结而诡谲的戏剧关系，反而去大肆抒写男女恋情之纯、之美、之善。楚王孙一跃成为第一男主角，与女主人翁田氏演奏了一段美而不淫、情不自禁的恋曲。戏剧人物庄周则隐喻着黑暗的伦常世界对自然人性的戕害。荒诞、空谈、伪善、藏奸、骷髅般的伦常本质反衬出田氏之纯、王孙之美。我们几乎能从田氏与王孙之间琴瑟相和的戏剧情境中看到《玉簪记》中陈妙常和潘必正那相互依偎的背影。隆学义用爱人、悯人、重情的戏剧构想，冲淡了阴森恐怖的"大劈棺"意境，展示了他尤重人情的戏剧创作思想。该剧由重庆市川剧院演出。

七、川剧《娄山关月》

该剧讲述了"红军攻克娄山关"重大历史事件背后的一则故事：老猎人秦二伯与他女儿月姑及女婿因避苛政，分别隐居娄山关下。月姑，丈夫病亡，料理完丧事后，发现户外草丛中藏有一个伤病的哑巴。月姑不畏人言，遵义施仁，百般掩护，并替他治病疗伤，细心照顾。秦二伯知情后，质问女儿不守节操，生怕招来杀身之祸，举枪威逼哑巴，月姑以身相护。哑巴突然说话，原来他是红军"寄"在月姑家的伤病员冯君。白军搜山，秦二伯为保护冯君英勇牺牲。冯君伤愈，月姑指明一条秘密通往娄山关的羊肠小道。娄山关上，霜月初升，正是红军攻打娄山关的前夕。冯君归队将红军部队引上秘密小道，一举攻克娄山关。面对宏大的历史叙事要求，隆学义采取了"小处着眼"的文学构思方式。通过小人物、小事件来辐射和表现大的历史主题，符合川剧的传统艺术形式。在两个小时之内，以川剧的"空灵""写意"形式完成对"娄山关"大型战争场面的描述，这并非川剧之长。川剧高腔深于抒情，长于咏叹，易于表现处于戏剧矛盾纠结中的人物感情。因此，以川剧来描绘大战役背后的小事件，更能把故事写深写透，发挥川剧的抒情之长。质朴的地方方言、浓郁的地方风情与险恶的战争环境相互交织，表现出红军与白军对抗的激烈性以及革命工作的复杂性、艰巨性。乡民们并非一开始就信任红军、愿意给予帮助。在剧情的推进中，剧作者以“生活的”“情感的”浸润法，一丝一丝表现百姓与红军鱼水交融的过程。隆学义不仅成功地塑造了主人公月姑泼辣、勇敢、善良的鲜活形象，还呈现了以秦二伯为代表的几位性格各异、觉悟迥然的乡民在战争时代的抉择与觉醒。该剧由遵义市川剧团演出。

八、川剧《布衣张澜》

该剧分为引子“布衣忧患”、第一场“布衣犟项”、第二场“布衣清泉”、第三场“布衣苦舟”、第四场“布衣情深”五个部分。隆学义摘取了张澜的几个人生片断，以民生为重心，以布衣为象征，力图展现他一身正气、两袖清风、表里如一、方正做人的高洁风范以及和百姓水乳交融的布衣精神。“布衣”是贯穿各场的主题意象，这使得该剧具有明显的象征主义特色。由于政治人物题材的限制，剧作家必须更加尊重政治、历史的真实性和体现“史实求是”的戏剧原则，充满创造力的“臆想”和“编造”便需要更多地让位于“史实”的表达需要。虽然隆学义确有能力讲好张澜的每一则生活小故事，但基于上述原因，该剧充其量只能算作情景剧——因为缺乏大的戏剧构架。而“布衣”意象的使用和深入塑造，很好地解决了全剧的“松散问题”。让简单的平凡的故事发光，于小处见大，发挥戏曲深于抒情的优势，将整部戏剧的思想意蕴不断推高。该剧由四川民中川剧院演出。

九、川剧《东坡先生》

2012年，隆学义创作了川剧《东坡先生》。这部作品一方面突破了线性故事的叙事结构，另一方面则保留和深刻发扬了传统戏曲注重写意的美学特色。这“一破一立”展现出隆学义正在尝试一种以唯美的戏曲情境呈现历史文化大人物的全新戏剧文化思路。全剧使用了国画的点染技巧，追求散文的随意与空灵。每一场的题目不再用于说明情节的节点或戏剧主要分段的内容，而是尽情“吟风赏月”，满载着苏东坡蓬勃的诗情。该剧引子曰“东坡雪”，主要展示苏东坡与其弟苏辙在雪中并行，畅谈“为官为民”的中国士大夫生存哲学的动人情景，全剧分为五场，分别以“东坡风”“东坡月”“东坡涛”“东坡情”“东坡云”为题目，隆学义巧妙地将官场厮斗、朝野纷争隐于幕后，而着力呈现苏东坡的诗情画意、儿女情长、文人交际、缘结百姓……这些看似散文化的生活场景，被极巧妙地编织在苏东坡"在朝""在野""几起""几落"的人生境遇中，起伏的心路旅程，激发了一代文坛巨匠更为波澜壮阔的诗情喷发。这样写，聪明地规避了剧作者对历史文化名人横加评点的轻妄之举，让历史回到历史，生活回到生活。别人写历史文人是在造神，而隆学义仍旧是在写人。值得一提的是，隆学义为呈现苏东坡背后风起云涌的朝野大事，用了白描的手法——仅以太监来宣布是"贬谪"，还是"升迁"。这极富喜剧色彩的太监形象，恰似国画中浅浅的几笔勾描，为呈现苏东坡更大的情感与生活空间"留白"，让苏东坡尽力去展示他文人式的生活方式。现代戏剧的最高目的，无非在于塑造鲜活生动的人物形象。一般的剧作者都会选择在情节与冲突中去展示人物，而隆学义的《东坡先生》则选择了一种让人物复归"生活情境"的方式。这是一步险棋，也是一种创新。他激活、重塑、深化了戏曲的"写意"美学传统，并用"美"的、"空灵"的散文化戏剧形式，以及幻美的诗词歌赋去再现一代文豪的心灵状态。而观众们则会在历史和生活交融互渗的混沌情境中，去寻找他们心中的苏东坡。

十、京剧《江姐，江姐！》

现代京剧《江姐，江姐！》以全新的视角，在史实的基础上，以情感与气节为脉络骨髓，艺术地再现了一个立体、丰满，充满着人格与人性魅力的江姐。由于历史和观念的缘故，人们对"大义凛然"的英雄江姐更为熟知，而不太了解江姐的"平民"本色。隆学义的着力点，恰好就在于对"平民"江姐的塑造上。剧中写到，江姐接受组织安排，与地下党负责人老彭假扮夫妻潜伏下来，并在险恶的斗争环境中建立了深厚的战友之情。当老彭得知妻子幺姐在云阳被日本飞机炸死时，悲痛万分，江姐抚慰老彭的心灵，并与他逐渐产生感情，后二人真正结为连理，育有一子云儿。而其实幺姐并未被炸死，她前来寻夫，江姐在与她真诚对话的过程中，展露出一个革命女性丰富而真切的感情：她真诚、痴情而又充满了革命的斗志和大无畏的牺牲精神。幺姐理解了江姐和丈夫在特殊年代所经历的事情，并肩负起抚养云儿的重托。无论是面对老彭的死，还是面对自己的牺牲，隆学义笔下的江姐都比以往"红岩"题材作品中的江姐多了几分女性的柔情。江姐的大无畏牺牲精神之所以伟大，并不是因为江姐生就为一个英雄豪杰，而恰恰是因为江姐本是一个百姓的女儿，一个平凡的女人，她躲不开痴情缱绻，她逃不脱恐惧软弱，但是特殊的历史时代对革命女性提出了超乎寻常的要求：她有时必须比男人更果敢，更坚强；为了事业，她必须将自己的婚姻幸福作为革命胜利的筹码，而当陷入爱情之时,又必须为革命与奉献而吞食凄苦,抛却感情;她必须面对丈夫的死亡、骨肉的分离,最终微笑着面对自己的死亡。戏剧的发展需要动力,人物的性格需要张力,历史戏剧创作的过程就是要挖掘历史,寻找这些动力和张力。史实中江姐的生活从未被粉饰和拔高,而隆学义的作品中江姐的柔情成就了她的刚毅,她的平凡映衬了她的伟大。隆学义的"平民江姐"虽然备受评论界争议,但她的确是一个从平凡生活中站立起来的光鲜艺术形象。该剧由重庆市京剧团演出。

十一、黄梅戏《雷雨》

黄梅戏《雷雨》根据曹禺同名话剧改编。隆学义按照戏曲结构单纯、抒情性强的艺术规律,根据安徽黄梅戏剧院的演员条件,将周萍立为该剧主角,并由此重新组织事件,安排场景。隆学义尊重曹禺原著的基本故事脉络,讲述由继母和继子、亲生兄妹的"乱伦"关系而引发的命运悲剧。隆学义在保留命运悲剧的基本意蕴的同时,更深挖了周萍这个人物,主要从两个方面展开:一是将周萍作为全剧矛盾漩涡的中心,一切家庭矛盾、复杂的人伦关系皆因他而展开。母与子、兄与妹、父与子……冲突、关系和矛盾复叠伸展。隆学义使用传统戏曲"一人一事"的单向线性构成法,去串联、聚合和引爆极致的戏剧关系,仿若原子弹的裂变过程,周萍引发了巨大的冲突和情节"爆炸"。二是周萍不仅是全剧结构的扭结点,也是情感最为深邃的集合点。与话剧相较,戏曲唱腔、程式、歌舞深于抒情达意。黄梅戏中周萍一次次用歌唱的形式搅动自己的灵魂之湖,深刻地展现了他灵魂的各个侧面。这个卑微、懦弱的灵魂,是如此向往自由和真诚的生活,但他单薄的肩膀扛不起爱情,他低垂的额头撞不破封建家庭的桎梏,因此他和繁漪的爱情以失败告终。命运的捉弄又使他遭遇了同母异父的亲妹四凤。隆学义的贡献在于,他通过对周萍性格特征的深入挖掘,为我们展示了《雷雨》的另一面——它不仅是一个命运悲剧,更是一出性格悲剧。周萍反复吟唱着:"泪珠儿凝成骤雨向天下送;郁气儿化作狂风朝地上吞! 待雨后天晴时,还世界清心、净水、绿野、碧空。"这是戏曲文学对"雷雨"意象的感性表达。它昭示着周萍受到悲剧命运和沉郁、孱弱性格的双重压迫,挣扎不得,走向毁灭,同时却在期冀灵魂的升华。该剧由安徽省黄梅戏剧院演出。

十二、汉剧《金莲》

广东汉剧《金莲》取材于中国古典小说《金瓶梅》。隆学义设定了本剧中潘金莲的人物小传：金莲自幼喜爱金银珠玉，平日积攒残金碎玉，私下打造了一双金莲鞋儿，珍藏在檀香盒内。原想用此堂堂正正、体体面面地嫁一个好丈夫，不料命运捉弄，金莲被买来卖去，转来送去。后因西门庆诱逼，毒害武大郎获罪，沦为西门庆的第五妾。这双金莲鞋儿始终伴随潘金莲，成了与瓶儿、春梅争春斗艳、献媚求宠的世间玩物，也是金莲获罪沦落、赎罪自救、罚罪毁灭的命运见证。[①]金莲的性格与命运走向，基本尊重了《金瓶梅》原著精神，然而更加深入的人性挖掘和对女人命运的历史拷问，则是《金莲》一剧的贡献。不同于魏明伦的川剧《潘金莲》——在荒诞不经的时空穿越中寻求不同文化语境中的人物对比来反观潘金莲的文化位置，隆学义的《金莲》的戏剧技巧更为质朴——背靠传统戏曲"线性"叙事方法，运用舞台时空的灵活切换与对接形式——并不十分追求戏剧样式的新奇性。以故事情节带出封建生活内容，站在女性的角度，将封建生活的真实一层一层剥开来：明眸善睐、莺歌燕舞、风情万种的浮华生活下埋藏着苦命女人们挣扎的灵魂，她们的基本生存欲求（包括身体和心灵上的）得不到满足，却受到族权、夫权的重重压迫。隆学义十分细腻地描绘了女人们为好好"活"一回而争宠斗艳，终而失去理智，走向堕落、毁灭的"变态"过程。瓶儿和春梅为了与金莲争宠，暗自设下"断根汤"（堕胎药）欲害金莲，而金莲将此毒计识破之后，竟然对瓶儿无辜的孩子官哥痛下毒手。在展示了金莲"可怜可恨又可悲"的心路旅程后，隆学义终以一种宽容的态度，来面对中国封建女性群体。女人们不过是想嫁个好男人，好让身体和心灵得到应有的满足。对于隆学义作品中的金莲来说，一身英雄气的武松，并不比满身淫邪的西门庆更加"人道"。在"存天理灭人欲"的掩饰之下，男人尽可花天酒地，享尽乐趣，而可怜卑微的女人，总是一切恶果与道德灾难的承担者。勇于正视自我欲念的潘金莲，常被称为"破鞋"，而隆学义恰恰十分珍视这一双鞋儿，并把它们敬重地藏于檀香盒内。这一戏剧意象的设计与呈现，无疑是对中国封建男权社会的有力反讽。该剧由广东汉剧院演出。

十三、戏曲《罗生门》

戏曲《罗生门》取材于芥川龙之介的小说《竹林中》，并参考了黑泽明的同名电影。

①隆学义：《文心雕虫》，中国文联出版社2011年，第115页。

《罗生门》原著创意沾染着浓厚的日本民族文化特色，隆学义对其进行改编时需要做到两化，一个是“中国化”，另一个是“戏曲化”。“中国化”的过程，便是要微调和处理角色性格特征和情节走向，让这个故事更加符合中国观众的审美习惯；“戏曲化”的过程，是要以戏曲唱、念、做、打的形式，表现这个悬疑故事。在隆学义笔下，日本的强盗化身为中国观众所熟知的盗墓贼“夜猫子”，武士变为风度翩翩的中国男子十郎，十郎之妻三娘看似正如原著中妻子那般娇弱，而且她还是一名即将临盆的孕妇。按照原著的基本情节走向，故事的开始，便是夜猫子见到美貌的三娘而心生歹意，他引诱十郎去盗墓，并趁机劫持捆绑了他，并在他的面前强暴了三娘。之后的情节，电影是以“不完全叙事”或“蒙太奇”的手法来展现玄妙离奇的情节走向，而隆学义则运用了戏剧舞台的特殊形式，用三场戏，展开了故事结局的三种可能性。第一种：受辱的三娘在盗墓贼处欲寻死而不得，又挑唆盗墓贼与丈夫十郎决斗，导致了十郎的死亡。第二种：受辱的三娘受到了十郎的唾弃，她欲寻死，又遭十郎污蔑，盛怒之下，她用匕首杀死十郎，又欲自杀，忽要分娩，为了新生命，她放弃了自杀的念头。第三种：受辱的三娘欲挑唆盗墓贼杀掉十郎，十郎说服盗墓贼饶了他一命，却发现妻子三娘狠毒无比，不顾情分，要他性命，在盛怒和绝望之中，十郎饮刀自杀。隆学义对戏曲的单线叙事法进行了调整，故事至此，花开三朵，任由情节各自生长。这使整个故事扑朔迷离，引人入胜，发人深思。在这场命案的审判台前，谎言与真相相互交织，良知与昧心纵横相错，人性和兽性时时对弈，共同拷问着世界上最为复杂的生理与文化现象——人性。然而，为了适应“中国化”“戏曲化”的需要，隆学义最后精心铺设了故事的结局，让三娘产下婴儿，新的生命意味着救赎和宽容，这让晦暗阴沉的故事增添几许亮色，冲淡了日本文学的沉闷，而更符合中国戏曲观众的审美习惯。

十四、话剧《河街茶馆》

方言话剧《河街茶馆》以抗战时期陪都重庆的河街茶馆为载体，表现世俗平民的爱国情结、生存状态和生活方式。如果说乡土是一片静止的湖水，当大时代到来，它便被激起层层涟漪，这样的时代，也最能呈现一个民族深层次的精神潜质。20世纪40年代，日军对重庆的狂轰滥炸结束了宁静的乡土生活，像蚂蚁一样在大地上求生存的人们遭遇了与他们祖辈不同的命运，他们必须直面战争。突如其来的死亡与亡国威胁激发了他们的生命能量，让他们更加深刻而丰富地呈现了自己的精神价值和气质特点。

隆学义选择抗战中的乡土重庆这样一个独特的时空作为话剧背景,显示出了一位资深艺术家的眼界与魄力。本剧的主要场景——河街茶馆,聚集着老重庆底层社会的各色人等,唱号子的、打火罐的、杀猪的、抬滑竿的、卖白糕的、卖药的、挖耳匠、打更匠、水烟客、落魄文人等。话剧舞台上活跃着一群有名的、没名的人,他们叽叽喳喳、吵吵闹闹,和着盖碗碰撞的叮当声,展现出老重庆生活的一个片段。这些性格开朗、心直口快的老重庆人的首先集体亮相,为主角幺姨妈的出场奠定了基础。这群人卑微、平凡、俚俗,但是在他们身上有一种活下去的生命意识。隆学义在戏中想要表达的就是:中华民族的生命力,正源于底层劳苦人民抗争的精神、乐观的态度和不竭的生存欲望。《河街茶馆》的语言是该剧的一大特色,重庆方言质地铿锵、火爆泼辣,是豁达豪迈的重庆人性格的彰显。费孝通说:"语言只能在一个社群所有相同经验的一层上发生。"意思是说有着大致相同或相似生活经验的人们共有着一方语言,这种语言除了表达事物和行动本身的意义以外,还是人们共同世界观和价值观的透射。隆学义十分注重语言本身所具有的戏剧功用,他善于在方言俚语中,呈现地域文化的独特魅力,并以语言为载体,传导重庆文化以及中华文化的精神气度。该剧由重庆市话剧团演出。

十五、新闻讽刺剧《拍虎》

新闻讽刺剧《拍虎》的题材源自我国2007年轰动世界的"中国华南虎照事件"。全剧以草根农民周正农拍虎获奖、涉嫌造假为线索,折射了社会转型时期真与假、善与恶的较量,曝光了丑陋的劣根性,颂扬了民众的打假精神,呼唤诚信的回归与对民生的关注。该剧讲述了汉西地区国威县老猎人周正农因拍摄到濒临灭绝的野生中国虎,一夜之间成为轰动世界的"拍虎英雄"。省动物厅副厅长华悯农、新闻中心主任蒲克主持召开新闻发布会,对他进行表彰,颁发奖金两万元。在接受记者采访时,周正农语无伦次,颠三倒四,笑话百出,差点露出马脚,弄得华悯农、蒲克连忙掩盖。会后县上紧锣密鼓地筹备成立"中国虎自然保护中心"和举办"中国老虎节"。不料网民纷纷质疑虎照是年画老虎。国家科学院植物研究所研究员吴得志更以脑袋担保,揭露虎照有假,让他们慌了手脚。华悯农采取抓阄的方式,选出周正农与蒲克他们两人用脑袋去赌输赢。周正农叫苦不迭,明知被当了"焖鸡",也只得发扬"焖鸡精神"硬着头皮去赌脑袋。虎照造假败露,周正农被拘看守所内,他美梦破灭,噩梦连连。他几多委屈,却只能承担一切罪责,接受法院判决,完成了他从"拍虎英雄"到"造假典型"的命运流转。

在对人物周正农的塑造上，隆学义借用了果戈理的尖刻，卓别林的幽默，契诃夫的犀利和鲁迅的锋芒，试图塑造一个中国当代喜剧典型人物，这个形象可笑可悲又可悯可怜。其思维、语言、行动的基调是喜而不谑、哀而不伤、露而不浅、俗不伤雅，荒诞并不恶搞。圆滑不失质朴。面对苦乐叠加的现实，祸福不定的命运，难堪的矛盾，难解的烦恼，他需要发作、宣泄、呐喊、倾吐、解脱和自我解嘲、自我搞笑、自娱自乐、自悲自喜。剧中运用相声、小品、谐剧等多种手法，叩问灵魂，把荒谬与合理糅合在一起，对“正龙”进行淋漓尽致的心理解剖和夸张动作展示。①该剧由重庆金子文化传播工作室演出。

①隆学义：《文心雕虫》，中国文联出版社2011年，第229页。

回归民间的戏剧力量

——谈303话剧社与“全民戏剧工作坊”[1]

蒋长朋[2]

一、从演出市场谈303话剧社的民间戏剧姿态

根据道略演艺产业研究中心的统计数据显示，2011年到2012年，全国戏剧步入迅速发展时期，特别是小剧场戏剧，呈现出井喷状态，但伴随而来的是小剧场的“三俗”问题日益严重。2013年，市场开始逐渐淘汰低端、低俗的剧目，单纯搞笑的剧目逐渐失去了观众。2014年全国话剧演出增幅明显放缓，观众数量和演出票房增长不足3.0%[3]，特别是小剧场话剧新创剧目数量、演出场次、观众、票房均呈下滑趋势。

重庆的话剧市场与全国情况略有不同。以重庆市文化艺术研究院2013年—2015年的统计数据为例：

2013年，重庆演出市场共上演话剧41部，118场。

2014年，重庆演出市场共上演话剧56部，比2013年增加了36.6%；话剧演出192场，比2013年增加了62.7%；话剧观众56245人次。

2015年，重庆演出市场共上演话剧54部，比2014年减少了3.6%；话剧演出193场，比2014年增加了0.5%；话剧观众75031人次，比2014年增加了30.9%。同时，2015年，重庆本土剧团（共3个）演出话剧109场，其中，303话剧社演出话剧83场；观看重庆本土剧团演出的观众23465人次，其中，303话剧社观众8776人次。

对比重庆与全国的话剧演出情况，2014年全国话剧演出增幅放缓的时候，重庆的话剧演出却呈现了“良性增长”，到2015年，重庆的演出剧目和场次趋于平缓，但观众人数却又有增长。虽然如此，但重庆话剧市场情况是落后于全国的。而在当下全国演

---

①原载于《重庆文化研究》2016年第4期。

②蒋长朋，重庆市文化艺术研究院助理研究员。

③王珏：《戏剧演出：告别低俗与泡沫》，《人民日报》2015年5月7日。

艺市场发展普遍低迷的状况下，重庆演艺界之所以还能显示出些许生机，303话剧社发挥着重要的市场作用。303话剧社的崭露头角与市场、政策等多方面因素有关，但其中较为重要的就是他们艺术生产的“民间立场”。例如，从作品呈现来看，无论是移植剧目还是原创剧目，他们都会充分关注观众与市场的接受方式和能力，这使得他们戏剧的生长总是扎根于民，对观众自然比较有亲和力。

二、303话剧社“全民戏剧工作坊”的创意由来

在全国各地戏剧市场不景气的大环境下，重庆303话剧社却在近年来的演出市场中收获了一大批年轻观众。303话剧社借鉴国内外“戏剧工作坊”的经营模式，结合自己的创意和设想，于2016年4月组织策划并实施了一项全民参与的公益戏剧活动，即成立“303话剧社全民戏剧工作坊”并启动工作。其工作内容是：在专业戏剧制作团队的指导下，集结社会各行各业的戏剧爱好者，以非功利的态度，开展戏剧演出活动。具体为大家共同推举导演、挑选演员、甄定剧目、相约排练，最后呈现出一场完整的戏剧演出。从第一季的《暗恋桃花源》和第二季的《乱套了》，到第三季《恋爱的犀牛》，已经有越来越多来自不同行业的戏剧爱好者参与其中。

303话剧社“全民戏剧工作坊”工作的顺利推进，主要得益于拥有受众。中国话剧主要受众的构成方式有四种。一是票友，也就是专注于某一剧团的人，比如北京人艺的粉丝，他们喜欢人艺的演员、传统、剧作甚至一切，会频繁地关注人艺的演出资讯；又例如“开心麻花”周围，也聚集着不少迷恋“麻花”喜剧风格的爱好者。二是文艺青年和学生，他们可能由一本小说、一个编剧、一个导演、一个演员，甚至是一种“调调”而爱上一部剧作，例如话剧《恋爱的犀牛》。文艺青年还是很多话剧的现场演出的主要受众，他们有时间、精力和热情，而特殊年龄阶段所特有的“内心的彷徨”又需要宣泄——现场演出中“人对人的直接沟通”“热闹自由”恰好迎合了他们的需求。三是“小资”白领，大部分演出已经被他们当成一种非凡的谈资。四是某些明星的粉丝，他们为追捧明星而追捧话剧，而他们的热爱与话剧艺术几乎无关。

随着国内演出市场的不断发展，近年来，为扩大受众，戏剧、舞蹈等各种类型的工作坊越来越多。这些工作坊的主要目的不在于盈利，而是为了在更大范围内吸引爱好者，普及艺术知识和提高大家对各类艺术的认识和理解，满足观众和艺术家彼此的交流需求。为了收到良好的效果，这些工作坊大多限制参与人数，因此，有时工作坊的票

往往比正常演出的票更难买到。工作坊的每组活动通常都包括一场带全套布景的演出,并穿插现场交流的互动环节。当然,除了免费的交流性工作坊以外,还有一类是比较偏重商业诉求的工作坊,或称戏剧拓展。它们是为企业服务的,通过聘请戏剧导演来达到凝聚团队向心力、增强团队成员表达能力和换位思考能力的目的。

三、民间立场语境下的戏剧文化拓展

重庆303话剧社组织策划"全民戏剧工作坊",从某种意义上来讲,它的核心作用就是用参与的方式扩大宣传,培养观众"同戏剧一起生活"的习惯。具体方式如下:

一是剧目选择。303话剧社通过微信公众平台发布两部备选剧目,由观众投票选择,再据此确定排演剧目。近年来有个别小剧场戏剧,打着戏剧的幌子,引入一些低俗的内容,为了杜绝此现象,303话剧社"别有用心"地控制了排演剧目的选择范围。比如第二季备选的英国喜剧大师雷·库内经典作品《乱套了》和俄国讽刺作家果戈理代表作《钦差大臣》,向参加活动的非专业戏剧演员传递出"致敬经典,远离低俗"的信号。

二是幕后团队招募。通过微信网络平台向各行各业热衷于戏剧事业的爱好者们发出邀请,邀请参与包括制作、舞美设计、服装、化妆、道具、摄影、宣传等幕后工作。用当下流行的一个说法,这就是资源整合。有的戏剧爱好者因为自身原因,可能不那么善于出现在公众的视野,那么选择加入幕后制作就成为他们的参与方式。第二季的幕后团队有来自企业的老板、外企的翻译、银行的职员,也有从事设计、建筑、婚庆等工作的人员以及高校学生。他们有效利用自己工作领域的优势提供相关资源,包括舞美设计、舞美搭建的物料和道具等。大家不求报酬,只是利用工作之余的闲暇时间来共同完成一台演出。

三是演员海选。剧社召集大众评审在海选现场投票打分,大家可以根据报名参加海选的演员的现场表现,选择自己认可的演员。这种方式其实也是借鉴了当下类似于《中国好声音》《我是歌手》等综艺节目的方式,给了观众参与的机会,不再局限于以往只是"买票—看戏"的过程。

四是排练阶段。因为全民参与的特殊性和公益性,人员管理比较复杂,所以排练之前,剧社就和演员确认了参加排练和演出的时间。虽然是没有报酬的公益演出,但也特别设定了相应的规章制度。比如排练签到,剧场内禁止吸烟、禁止吃东西等。这就告诉了那些没有过剧场看戏经历的幕后工作人员和演员剧场与充斥着爆米花、可乐味的电影院之间的区别，这就是对新的戏剧观众进行了一次剧场礼仪知识的普及和传播。在第二季排练阶段，有人每次排练往返要花4个小时在轻轨上，也有人参加排练后回家赶工作加班到深夜。因为这是纯粹的公益戏剧，所有人都没有工作餐，一切费用自理。除此之外，还需要自备服装和部分道具。所有不计报酬的付出，都是缘于对戏剧的热爱。同时，剧组在排练阶段特别设立了开放日，供戏剧爱好者现场观看，了解戏剧的生产过程。“全民戏剧工作坊”除了戏剧普及的功用之外，还是对专业戏剧教育的一种补充。整个剧组构成中几乎没有科班出身的人，因为通过这种相对低门槛、受众广的活动形式，能让普通大众有更多的机会参与到戏剧活动中来，这对于戏剧观众的培养大有裨益。“全民戏剧工作坊”第二季中还开设了沙龙单元，邀请重庆市川剧院小生演员张生与大家分享戏曲艺术。

五是演出呈现。“全民戏剧工作坊”的演出是由303剧场免费提供场地，演出票则是以各种形式的抢票活动免费发放。“全民戏剧工作坊”的“全民”概念在这里得到最大程度的体现。剧组最后的舞台呈现无疑是最为重要的一个环节，来自不同行业和社会背景的演职人员都会邀请自己的家人、朋友参与抢票，这就拓展了303话剧的社会和市场影响力。可能单从艺术本体上来说，由于演员的非专业性，艺术质量不一定很高，但却发挥出最大的宣传功效。国企、私企、银行、地产、互联网、教育等，每一个行业都有演职人员，在他们的推荐和引导下，将有更多的人走进剧场观看演出，并喜欢戏剧。扩大宣传，培养戏剧观众，正以这样一个悄无声息的“渗透”方式，由点及面，轰轰烈烈地进行着。

在娱乐方式多样化的今天，重庆303话剧社“全民戏剧工作坊”以“自下而上”的“草根”形态，塑造出重庆都市戏剧的一种独特面貌，也较为敏锐地反映了这个社会中年轻人的思想情感。虽然它算不上重庆文化中分量很重的因子，但正以“鲜活”和“敏感”吸引人们选择“戏剧”的生活。

后　记

《重庆文化研究》(2015年卷)出版后,在社会上获得了广泛的好评,并引起了较大的社会影响。为了进一步促进我市文化艺术研究工作,展示文化艺术研究成果,更好地发挥研究成果的积极作用,重庆市文化艺术研究院于2017年初,继续策划编辑出版《重庆文化研究》(2016年卷)。主要选收重庆地区专家学者2016年在公开刊物发表的文章,兼收少部分内部刊物发表的文化艺术研究文章。2016年卷于2016年3月起征稿,得到了全市各高校、文化单位以及广大文化艺术工作者的大力支持。截至5月底,共收到文化艺术研究稿件200余篇。

对于编辑工作,我们在上卷的基础上,继续完善了几个遴选标准:注重文化艺术各门类平衡,优先选入核心期刊发表的文章,优先选收具有学术前瞻性的文章,优先选收具有现实意义的文章。据此,入选文章64篇,70余位作者,近50万字。分为宏观文化、巴渝文化、公共文化、文化产业、文化遗产、文化传媒、艺术研究等部分。

由于时间仓促,难免疏漏和存在不足,敬请批评指正。

2017年6月